REVISÃO E AUDITORIA ÀS CONTAS

Intervenções do Bastonário

JOSÉ VIEIRA DOS REIS
1.º Bastonário da Ordem dos Revisores Oficiais de Contas

JOSÉ VIEIRA DOS REIS
1.º Bastonário da Ordem dos Revisores Oficiais de Contas

REVISÃO E AUDITORIA ÀS CONTAS

Intervenções do Bastonário

ALMEDINA

REVISÃO E AUDITORIA ÀS CONTAS

AUTOR
JOSÉ VIEIRA DOS REIS
1.º Bastonário da Ordem dos Revisores Oficiais de Contas

EDITOR
EDIÇÕES ALMEDINA, SA
Avenida Fernão de Magalhães, n.º 584, 5.º Andar
3000-174 Coimbra
Tel: 239 851 904
Fax: 239 851 901
www.almedina.net
editora@almedina.net

PRÉ-IMPRESSÃO • IMPRESSÃO • ACABAMENTO
G.C. GRÁFICA DE COIMBRA, LDA.
Palheira – Assafarge
3001-453 Coimbra
producao@graficadecoimbra.pt

Janeiro, 2008

DEPÓSITO LEGAL
266948/07

Os dados e as opiniões inseridos na presente publicação
são da exclusiva responsabilidade do autor.

Toda a reprodução desta obra, por fotocópia ou outro qualquer processo,
sem prévia autorização escrita do Editor,
é ilícita e passível de procedimento judicial contra o infractor.

PREFÁCIO

O desempenho social de cada instituição depende muito da capacidade de se ajustar às necessidades especiais de cada época, o que por sua vez depende do sentido de missão, dedicação e capacidade dos membros, especialmente dos capazes de gerir a mudança.

É uma honra testemunhar o empenhamento e capacidade de José Vieira dos Reis em ajustar o quadro profissional dos revisores de contas às necessidades da época em que presidiu ao Conselho Directivo da Câmara dos Revisores Oficiais de Contas (CROC), de 1998 até 2000, e, depois, até 2006, em que desempenhou o cargo de bastonário, primeiro bastonário, da Ordem dos Revisores Oficiais de Contas (OROC).

Quando alguém dedica esforços a uma instituição, ou a uma causa que não é exclusivamente sua, é muito vulgar sentir-se credor em virtude do esforço evidenciado, e portanto dispensado de prestar contas. Tenho especial prazer em anotar que o primeiro bastonário da OROC assumiu atitude que dignifica a profissão: cumprida a missão que se impôs, presta contas e deixa testemunho sobre as circunstâncias em que empenhou o seu esforço.

Os mandatos de Vieira dos Reis ficaram marcados pelo esforço para aumentar a coesão profissional, que não se confunde com a defesa de interesses corporativos, antes corresponde ao envolvimento da generalidade dos profissionais no propósito de tornar a profissão mais eficaz e ajustada às necessidades e conveniências sociais. Para tal muito contribuiu a continuada preocupação com a visibilidade profissional, especialmente vivida enquanto Vieira dos Reis foi Presidente do Conselho Directivo. Na vida social as presunções aceites facilitam, ou complicam, o bom desempenho das instituições. A visibilidade de cada instituição, visibilidade tanto para os membros como para toda a sociedade, contribui para criar presunções e é uma condicionante, ou talvez mesmo uma das principais determinantes, do seu desempenho. É inegável que o instituto socioprofissional dos revisores, ao passar de Câmara para Ordem, ganhou visibilidade e peso social. Esse ganho de visibilidade e importância foi acompanhado pelo reconhecimento da responsabilidade social da profissão, como um todo, e de cada um dos profissionais em particular.

Face ao balanço, tão positivo, dos mandatos de Vieira dos Reis, sinto-me particularmente honrado com a oportunidade para deixar registado o meu reconhecimento como profissional, e convidar todos, mas muito especialmente os colegas e todos os interessados no instituto dos Revisores, a ler o seu livro, que interpreto como um testemunho de prestação de contas.

A capacidade e empenho de Vieira dos Reis na promoção da profissão ensejou muitas intervenções públicas, algumas das quais sobre assuntos com particular interesse. Permito-me, a título de exemplos, indicar dois:

- 2.14 O presente e o futuro da profissão de revisor oficial de contas em Portugal,
- 3.4 Plano Oficial de Contas para as Artes do Espectáculo.

O primeiro destes temas consta de comunicação proferida em Vigo em 9 de Junho de 2001. Depois de fazer breve alusão à história da figura do revisor em Portugal, de destacar as principais áreas de actuação e exemplificar funções, Vieira dos Reis foca em especial a conveniência da intervenção do revisor no Sector Público, complementando as possibilidades do Tribunal de Contas e eventualmente outras instâncias públicas cujas funções incluem a de emitir opinião sobre as contas, a necessidade do revisor se adaptar ao novo contexto tecnológico em que existe informação em tempo real, a necessidade do revisor compreender a mudança num contexto de *"cada vez maior internacionalização e globalização das economias"*. Simultaneamente o revisor é solicitado a acompanhar as alterações, num continuado esforço de formação profissional e actualização da informação de que dispõe.

Esta visão da evolução profissional não só mantém actualidade como tem vindo a ser confirmada pelo desenrolar de factos e situações.

A propósito do plano de contas para as Artes do Espectáculo, Vieira dos Reis começa por sumariar a problemática do contabilista: entender a realidade, definir a informação a produzir, tomar como referência quadro conceptual que possibilite a informação com o conteúdo e qualidades visadas, depois desenvolver um conjunto de soluções. Considera que a informação a produzir é função da definição dos objectivos face ao reconhecimento das necessidades dos utilizadores, facto que, em especial mas não só nas artes do espectáculo, implica a adopção de modelos diferentes para actividades semelhantes. Tornando evidente o erro decorrente de utilizar o mesmo modelo de informação quer a sobrevivência da instituição dependa dos seus resultados como empresa, quer dependa de subsídios; deixa o leitor com os problemas de ajuizar sobre a transposição de modelos do sector empresarial para o sector público, do sector focado no lucro para o sector em que é preciso medir os serviços prestados e justificar o financiamento por terceiros, sejam eles benfeitores, mecenas, ou o Estado em que estamos integrados.

Tal como não considero erro ter usado roupa leve, no Verão, quando, no Inverno, opto por roupa mais pesada, tal como reconheço que fui mudando de alimentação e hábitos ao longo da vida, também não associo a justificação de mudança a decisão anterior errada. Em coerência penso que o facto de um modelo ter funcionado bem não legitima a sua perpetuação, e que interpretar bem as condicionantes de um período não equivale à garantia absoluta de interpretar igualmente bem as do período seguinte. As instituições sociais vivem em mudança, quando os responsáveis sabem interpretar e acompanhar a evolução do contexto, que vai mudando.

Neste quadro de ideias só posso aplaudir Vieira dos Reis quando nem reclama do passado nem pretende que o futuro seja igual ao que, para si, foi presente. Evidenciou esta postura na posse para o mandato iniciado em 1998, quando expressamente disse: *"a implementação desta estratégia profissional* (a mencionada na documentação da sua candidatura) *não porá em causa, antes respeitará e consolidará o lado positivo do passado e procurará fazer em segurança, a ponte para um futuro mais exigente, mais aberto e mais global, mas também mais competitivo."* Confirmou a sua forma de estar na sua passagem de testemunho, em 2006, quando salientou os entendimentos pressupostos pelos assuntos então pendentes e aponta a quem lhe sucede as dificuldades para vencer os *"desafios que se lhes vão colocar no futuro próximo"*.

Sou de opinião que a fiabilidade e transparência da informação financeira desempenham papel essencial na vida democrática, e a Ordem dos Revisores Oficiais de Contas é um dos pilares em que assentam. Também sou de opinião que a liderança de Vieira dos Reis contribuiu para aumentar o sentimento de responsabilidade dos profissionais e a confiança social no trabalho dos Revisores Oficiais de Contas.

Este livro que, repito, pode ser tomado como uma prestação de contas, é também uma colectânea sobre assuntos que interessam não só aos revisores mas a todos os contabilistas e gestores financeiros. É um privilégio ter oportunidade para recomendar a sua leitura, e a reflexão sobre os temas abordados por José Vieira dos Reis em tomadas de posse, entrevistas, apresentações e outras intervenções.

HERNÂNI OLÍMPIO CARQUEJA
ROC n.º 1 (activ. suspensa)

APRESENTAÇÃO

Quando nos candidatámos aos órgãos sociais da então Câmara dos Revisores Oficiais de Contas (CROC) para um mandato de três anos, a iniciar em 1998, o nosso lema era "**Pela Renovação e Desenvolvimento da Profissão – A Mudança Necessária**", conscientes de que a profissão não vinha a ter a utilidade social necessária e a visibilidade suficiente, em ordem a corresponder às exigências e responsabilidades nacionais, nem tão pouco vinha a seguir o rumo adequado no contexto da União Europeia. A nosso ver, a profissão estava numa situação de bloqueio. Era necessária uma mudança. E essa mudança passava pela implementação de uma nova estratégia profissional, cujos pontos-chave incidiam, em síntese, numa maior e melhor afirmação externa da Câmara, num alargamento do mercado profissional, numa forte aposta na vertente técnica, numa melhoria generalizada da qualidade do trabalho e das condições do seu exercício e numa ponderada revisão dos regimes jurídico e regulamentar da profissão.

Voltámos a candidatarmo-nos em 2000, com o mesmo lema, mas convocando os Revisores para "**Uma Nova Etapa Profissional**", propondo responder aos desafios postos à profissão no início do Século XXI, no contexto do novo regime jurídico publicado através do Decreto-Lei n.º 487/99, de 16 de Novembro, o qual atribuiu à Ordem a responsabilidade exclusiva no nosso país pela revisão/auditoria às contas, seja legal, estatutária ou contratual.

Voltámos ainda a candidatarmo-nos em 2002, continuando com o mesmo lema, mas inserido em "**Um Novo Ciclo Institucional**", essencialmente sustentado no novo regime jurídico, numa altura em que era preciso reganhar alguma confiança perdida mercê de relevantes acontecimentos internacionais, no que toca a escândalos financeiros, que acabam sempre por ter inevitáveis repercussões profissionais a nível interno.

Foram estas as linhas gerais de orientação que pautaram a nossa actuação durante os oito anos em que estivemos à frente dos destinos da Ordem.

O presente livro constitui um repositório desenvolvido dessas linhas gerais de orientação, nas suas várias vertentes. Desde a implementação da estratégia profissional, ao desencadear das acções específicas para a sua concretização, quer no que toca à regulação, controlo e disciplina da profissão, à reorganização da Ordem para responder eficazmente a essa estratégia, quer no que respeita à contabilidade e às normas internacionais de contabilidade, à revisão/auditoria às contas e à consultoria, à ética e à deontologia, ao euro, à 8.ª Directiva da UE sobre a actividade profissional, passando pelos Congressos, Encontros, Comemorações e Homenagens, até ao prestar de contas em forma de balanço durante o período dos nossos mandatos.

E mesmo no que respeita ao futuro imediato merecem destaque dois temas: um, referente às autarquias locais, cujo tema pusemos na agenda profissional e política e deixámos preparado um pacote legislativo entregue ao Governo sobre a revisão/certificação legal das contas destas entidades, a qual veio a ser consagrada no âmbito da Lei n.º 2/2007, de 15 de Janeiro; outro, relativo à revisão do Estatuto da Ordem, cuja proposta aprovada em Assembleia Geral deixámos igualmente preparada e entregue ao Governo, com a definição de um sistema de supervisão pública adequado ao nosso caso, tendo em vista, fundamentalmente, a transposição da 8.ª Directiva da UE, que acabou por ser publicada já depois de terminado o último mandato.

Pretende-se tão só dar à estampa uma fase da vida desta profissão e da Instituição que a representa. É nossa convicção que se revestirá de interesse directo para todos os profissionais, como para outros destinatários com interesse em se dedicarem ao conhecimento e estudo de um período que entendemos relevante da vida de uma profissão regulamentada em Portugal.

Estamos, porém, certos que não esgotámos todos os temas e aspectos vividos e envolvidos durante este período. Trata-se aqui, estejamos conscientes disso, de uma visão pessoal e institucionalizada da profissão, veiculada por alguém que assumiu o papel de actor principal juntamente com as equipas de Colegas, com o pessoal da Ordem e as entidades externas, nacionais ou internacionais, com quem tivemos o privilégio de trabalhar aos diversos níveis de competências e responsabilidades, no quadro dos cargos e funções que desempenharam.

Oito anos é um pequeno período (1/4) da história de uma profissão que leva já mais de 30 anos de vida. Deixo-vos este apontamento, em jeito de prestação de contas como Presidente da Câmara (em 1998 e 1999) e Bastonário da Ordem (de 2000 a 2005). Que seja útil não só para o presente, mas sobretudo para o futuro. Agradeço a todos os que me acompanharam e colaboraram neste percurso profissional e assim contribuíram para que este livro se tornasse uma realidade. Bem hajam.

Setembro de 2007

JOSÉ VIEIRA DOS REIS

1
AS TOMADAS DE POSSE

1.1 Democraticidade eleitoral

(Discurso proferido em 30 de Dezembro de 1997 no acto de posse dos Órgãos Sociais para o triénio 1998/2000)

O acto de posse acabado de realizar significa, pelo menos, duas coisas: por um lado, que as regras democráticas inerentes às eleições do passado dia 24 de Outubro funcionaram, e, por outro lado, pela primeira vez, foi globalmente possível verificar-se uma alternância politico-profissional nos órgãos sociais da CÂMARA.

Mas significa algo mais. Significa também e sobretudo a possibilidade outorgada pelos Revisores Oficiais de Contas à profissão e à CÂMARA através do mandato que nos foi confiado para o triénio de 1998-2000, de se poder levar a cabo uma estratégia profissional, em conformidade não só com as exigências e responsabilidades nacionais decorrentes da atribuição à CÂMARA do estatuto de associação pública, mas também com os desenvolvimentos que a profissão tem vindo a conhecer em particular no contexto da União Europeia.

A referida estratégia profissional contém-se nos seguintes pontos-chave do programa de acção maioritariamente sufragado pelos Revisores Oficiais de Contas:

- Por uma nova metodologia de acesso à profissão, articulando funcionalmente os programas de estudo, estágio e exame;
- Pelo alargamento do mercado profissional;
- Pela aposta na vertente técnica como suporte essencial do desenvolvimento da profissão, tendo na formação profissional um dos seus eixos essenciais;

- Pela abertura da CÂMARA à comunidade externa mais ligada e conexa com a profissão;
- Pela melhoria generalizada da qualidade do trabalho prestado e das condições do exercício da profissão;
- Pela reorganização e profissionalização dos serviços da CÂMARA, reforçando os seus meios técnicos e humanos; e
- Pela apresentação de propostas de revisão dos regimes jurídico e regulamentar e pela participação em outras acções legislativas.

Simplesmente, esgotadas as listas concorrentes no dia das eleições, o êxito da implementação desta estratégia profissional passa, antes de mais e acima de tudo, pelo maior consenso possível dos Revisores Oficiais de Contas.

São eles que, em primeiro lugar, terão de se pronunciar e de protagonizar esta estratégia, no quadro das suas competências e responsabilidades estatutárias e na linha da função social e de interesse público que desempenham. O que pressupõe o seu co-respectivo dever de presença e colaboração, nomeadamente, nos órgãos sociais, comissões técnicas, grupos de trabalho e demais actividades e realizações da CÂMARA. Mas passa também necessariamente pela procura persistente do diálogo e da concertação com o poder político, a Administração Pública, as entidades supervisoras, a comunidade empresarial, os gestores, os técnicos, as instituições de ensino superior e os organismos profissionais, públicos e privados, nacionais e internacionais, mais ligados ou conexos com a profissão.

A CÂMARA deverá, em nosso entender, intensificar esforços para se abrir a essa comunidade externa, no sentido de uma maior aproximação recíproca e, com isso, marcar a sua posição em todas as matérias que directa ou indirectamente lhe digam respeito. Será na intensificação biunívoca que se cumprirá um dos eixos essenciais do estatuto de associação pública antes referido.

Neste contexto recai sobre os órgãos sociais ora empossados uma enorme responsabilidade, a qual constitui também, e em contrapartida, um desafio aliciante e inadiável. Mas que fique claro, que a implementação desta estratégia profissional não porá em causa, antes respeitará e consolidará o lado positivo do passado e procurará fazer em segurança, a ponte para um futuro mais exigente, mais aberto e mais global, mas também mais competitivo. O desafio é fazer com que a nossa profissão se mantenha, não só a par dos seus desenvolvimentos futuros, quer a nível nacional, quer internacional, como também desempenhe aí um papel activo e preponderante.

A CÂMARA tem não só de assumir inteiramente o seu papel estatutário de garantia da representatividade, da idoneidade e da qualidade do trabalho prestado pelos Revisores Oficiais de Contas, como simultaneamente de pugnar pela visibilidade necessária a tornar mais conhecido e reconhecido o labor dos seus membros. A garantia da credibilidade da informação financeira ao dispor dos mais diversificados destinatários, conferida pela Certificação Legal das Contas, representa não só um valor imperativo da nossa profissão, como é também e cada vez mais uma exigência do mundo dos negócios dos nossos dias, por sua vez acentuada com a crescente internacionalização e globalização das economias.

A profissão está, assim, colocada perante uma maior necessidade e utilidade sociais do seu trabalho e os destinatários deste têm vindo a reconhecer nele um valor acrescentado de que não podem nem devem prescindir.

Permitam-me agora que, de entre os membros cessantes dos órgãos sociais, destaque o nome do Colega Presidente do Conselho Directivo Manuel de Oliveira Rego, que durante 17 anos pertenceu a este órgão, 11 dos quais na Presidência do mesmo. É devido o nosso agradecimento a um homem que durante tanto tempo e num período tão relevante da profissão, a ela e à CÂMARA lhe dedicou o seu melhor. É um dever fazê-lo, mas é antes de mais e acima de tudo um acto de justiça reconhecê-lo. A profissão e a CÂMARA muito lhe devem. A sua dedicação e bom senso contribuíram decisivamente para a dignificação e o prestígio que hoje disfrutam. Naturalmente com estilo e objectivos próprios, esperamos ser dignos continuadores da sua acção.

Aos restantes membros empossados gostaria de agradecer a disponibilidade manifestada e o seu empenho nos cargos sociais que vão exercer.

Neste momento é também devida uma palavra à Sra. Yvélise Correia Mendes, que tão zelosamente colaborou com a CÂMARA e os

Revisores Oficiais de Contas durante mais de 21 anos e que se vai reformar a partir do final de amanhã. Quero também agradecer-lhe toda a colaboração prestada e desejar-lhe o melhor para si e para a sua família por muitos e bons anos.

Por outro lado, quero dirigir uma saudação muito especial a todo o pessoal, assessores e outros colaboradores da CÂMARA e dizer-lhes que contamos com eles, dentro do espírito de lealdade, dedicação e profissionalismo a que nos habituaram, elementos-regra de conduta em qualquer entidade organizada.

Permitam-me por fim, o agradecimento à CÂMARA, como representante da nossa classe profissional, pela confiança em nós depositada.

Tudo faremos por a merecer.

1.2 Continuar a estratégia da renovação e do desenvolvimento profissional

(Discurso proferido em 22 de Maio de 2000 no acto de posse dos Órgãos Sociais para o triénio 2000/2002)

O acto de posse acabado de efectuar, legitimado pelo voto democrático dos revisores, significa antes de mais e sobretudo a assunção de uma enorme responsabilidade profissional e uma atitude de lealdade para com todos os revisores, tal como o referimos no nosso Manifesto Eleitoral e no Programa de Acção. Mas significa também a afirmação de uma atitude de desprendimento pessoal e de inteira dedicação ao mandato que nos foi confiado para o triénio de 2000 a 2002.

É este compromisso fundamental que assumimos perante os revisores, a profissão e a Ordem. Fazemo-lo com a convicção de que estamos em condições de podermos **continuar a empreender a estratégia de renovação e de desenvolvimento profissional iniciada em 1998**, agora dentro de um novo contexto institucional, cuja expressão essencial teve lugar com a publicação do novo regime jurídico dos revisores através do Decreto-Lei n.º 487/99, de 16 de Novembro.

Com este acto de posse está também a dar-se início a um **novo ciclo de vida desta Instituição,** após mais de 25 anos da sua existência como Câmara dos Revisores Oficiais de Contas. Ao preencherem-se hoje os órgãos sociais da Ordem dos Revisores Oficiais de Contas ficam reunidas as condições para que se possa implementar nas suas diversas vertentes o que de fundamental e estruturante decorre do novo Estatuto. E dele decorre que, pela primeira vez na história desta Instituição, **lhe foi atribuída a inteira responsabilidade em Portugal pela revisão/auditoria às contas, seja legal, estatutária ou contratual,** de acordo com as normas técnicas por si aprovadas ou reconhecidas, sem prejuízo das atribuições especificamente conferidas ao Tribunal de Contas ou a qualquer organismo da Administração Pública. O que não acontecia até aqui, uma vez que lhe estavam apenas reservadas atribuições em matéria de revisão legal, não lhe cabendo qualquer jurisdição na área das auditorias estatutárias e contratuais. E será nesta nova área de actuação que seguramente se vai jogar uma boa parte do futuro desta profissão e deste novo regime jurídico.

Por duas razões essenciais: uma, prende-se com a extensão a esta área de actuação da disciplina normativa e do controlo da Ordem; outra, tem a ver com a correspondente introdução dos critérios éticos, deontológicos e de responsabilidade da profissão. E desta conjugação resultará, certamente, um mercado profissional mais qualificado, exigente e disciplinado, proporcionando a melhoria da qualidade e da credibilidade da informação financeira a prestar pelas empresas e outras entidades, em particular as cotadas nas bolsas de valores.

Enfrentar esta **nova etapa profissional** constitui um desafio e um aliciante para estes novos órgãos sociais. Um desafio, no sentido de contribuírem para levar à prática o que de fundamental e estruturante decorre do novo Estatuto, nomeadamente em dois pontos principais: por um lado, no que se refere ao novo regime de acesso à profissão e ao alargamento do âmbito da revisão/auditoria às contas a entidades públicas ou privadas de relevante actividade e dimensão económica e social, que possuam ou devam possuir contabilidade organizada nos termos dos planos contabilísticos aplicáveis e preencham os requisitos estabelecidos no n.º 2 do art.º 262.º do Código das Sociedades Comerciais, compreendendo-se naturalmente neste âmbito as auditorias aos beneficiários de fundos comunitários e/ou do

Estado, quando não estejam obrigados a revisão legal das contas; e, por outro lado, no que toca ao novo regime jurídico das Sociedades de Revisores Oficiais de Contas (SROC), que foi harmonizado com as situações e tendências dominantes na União Europeia, por forma a se poderem constituir novas SROC ou se transformarem as actuais firmas de auditoria nacionais ou ligadas a organizações internacionais, de acordo com algum dos tipos jurídicos previstos no Código das Sociedades Comerciais, mantendo no entanto a sua natureza civil, contribuindo assim para a reorganização e clarificação do mercado profissional da revisão/auditoria às contas no nosso País. Mas este desafio transforma-se ao mesmo tempo num aliciante, por termos a convicção de estarmos a trabalhar para a melhoria da qualidade e da credibilidade da informação financeira e com ela a prestar um **serviço de relevante interesse público e social**, elevando desse modo cada vez mais o prestígio da Ordem e a credibilidade e confiança na profissão.

Todavia para o conseguirmos precisamos de reforçar os níveis de credibilidade e de confiança com a sociedade em geral e com a comunidade empresarial em particular. É nesta relação que se encontra o ponto axial da nossa actividade. E não nos basta sermos exclusiva ou sobretudo técnicos altamente qualificados. No dia em que formos apenas prestadores de serviços, descurando os valores éticos e deontológicos da profissão, estaremos seguramente a contribuir para a sua destruição. E é nesta incessante procura de um sentido **ético-deontológico** da profissão de revisor que se deve buscar o fundamento do reforço da relação de credibilidade e de confiança a que fizemos referência.

Mas se é assim no plano **ético-deontológico,** precisamos igualmente de reforçar, agora no **plano institucional**, as nossas relações com o Estado, designadamente a Administração Pública em geral e a Administração Fiscal em particular, com as entidades supervisoras, com o Tribunal de Contas, com as instituições de ensino superior, com os gestores e quadros técnicos das empresas e com os organismos profissionais, nacionais e internacionais, mais ligados ou conexos com a profissão.

E precisamos ainda, **no plano interno**, de desenvolver a formação profissional e de reestruturar, reorganizar e desconcentrar os

Serviços da Ordem. Com efeito, por um lado, propomo-nos reformular o actual curso de preparação de candidatos a revisores, com vista a assegurar uma adequada **qualificação específica** à realização do exame de admissão à Ordem, bem como desenvolver e actualizar os programas de formação permanente e de actualização pontual, por forma a melhor corresponder às necessidades suscitadas pelas evoluções tecnológicas e as transformações dos mercados que mais relevantemente se vão colocando aos revisores, a que se liga igualmente a necessidade de aperfeiçoar o processo de gestão dos estágios e de acompanhamento dos estagiários. E, por outro lado, como forte aposta na vertente técnico-profissional, propomo-nos concluir a reestruturação do **Departamento Técnico**, assente num modelo de organização por sectores e interesses de actividade, aberto à participação **consultiva** de representantes das entidades supervisoras do mercado e de outras ligadas ou conexas com a profissão, favorecendo assim os mais altos padrões de qualidade dos serviços a prestar pelos revisores, para além de continuarmos a reorganizar e a desconcentrar os Serviços da Ordem, nomeadamente com a passagem regulamentar da Delegação do Norte a **Secção Regional** em articulação com a melhoria das suas condições de instalação e de funcionamento, tendo como finalidade dotar a nossa Instituição dos meios materiais e humanos capazes de poderem responder eficazmente às crescentes e mais abrangentes necessidades dos revisores.

Por sua vez, e com o objectivo de dar corpo a esta nova etapa profissional, propomo-nos apresentar à Assembleia Geral da Ordem, em execução do novo estatuto jurídico, propostas de **revisão dos correspondentes regulamentos profissionais**, tendo por base nomeadamente os seguintes princípios orientadores:

- Reforçar a sua **autonomia** como única entidade nacional responsável pela regulamentação, disciplina e controlo da profissão;
- Conferir maior **operacionalidade, coordenação e eficácia** aos seus órgãos sociais; e
- **Flexibilizar e desburocratizar** os processos de decisão.

O sentido ético-deontológico e os desafios acabados de referir constituem bem o exemplo do perfil dos revisores e das tarefas que é necessário empreender com vista a prosseguirmos o projecto de renovação e de desenvolvimento da profissão iniciado em 1998, por forma a se poderem enfrentar e resolver os problemas que nos estão e vão continuar a ser postos, quer a nível nacional, quer a nível internacional e em particular no que se refere à União Europeia.

Isto significa que, num tempo de globalização e de internacionalização das economias, num tempo de mudanças vertiginosas no conteúdo e nos meios e formas de processamento das revisões/auditorias às contas, num tempo em que a evasão e a fraude fiscais atingem níveis preocupantes no nosso País e num tempo ainda em que não chega sequer a 10% o número de empresas em Portugal presentemente obrigadas a ter revisor oficial de contas, a responsabilidade é enorme, o desafio é grande, mas por sua vez o aliciante de se estar a trabalhar **em prol do interesse público e da profissão** compensará o esforço que os membros dos órgãos sociais da Ordem hoje empossados irão desenvolver.

Queremos expressar uma palavra de agradecimento a todos os Colegas, quer tivessem votado em nós, quer não o tivessem feito. A partir de agora constituímos os órgãos sociais da nossa Ordem e, por isso, estamos ao serviço de todos os revisores, assim como contamos da mesma forma com o vosso apoio.

Ao Senhor Ministro das Finanças e a todos os Convidados, queremos agradecer a vossa presença.

A todas as empresas e outras entidades públicas ou privadas, que têm colaborado e que certamente continuarão a colaborar com a Ordem e com os revisores, o nosso reconhecimento.

E dos Colaboradores da Ordem queremos continuar a ter e a merecer o seu empenho e dedicação.

Uma última palavra, *"the last but not the least"*, vai para a minha família que me incentivou a continuar e que sempre me tem apoiado e continuará a apoiar nesta fase da minha vida profissional.

Muito obrigado a todos

1.3 Maiores responsabilidades profissionais para vencermos os difíceis desafios

(Discurso proferido no acto de posse dos Órgãos Sociais para o triénio 2003/2005 em 08 de Janeiro de 2003)

O acto de posse acabado de realizar, legitimado pelo voto, em lista única, de cerca de 48% dos Revisores com capacidade eleitoral activa, se, por um lado, nos permite interpretar que a confiança junto dos Revisores saiu reforçada face ao anterior acto eleitoral, por outro lado, confere-nos maiores responsabilidades profissionais e sociais para vencermos os difíceis desafios que a Ordem, a profissão e os Revisores têm de enfrentar, não só a nível interno, como também a nível internacional e, em particular, no contexto da União Europeia, na sequência de um intenso debate ainda em curso, iniciado depois do caso *Enron*, e das medidas que de várias instâncias se anunciam vir a tomar ou já tomadas.

Pelo nosso lado, estamos em crer que o actual quadro legal e regulamentar da nossa profissão resistirá bem, em termos gerais, às medidas até agora anunciadas ou já tomadas a este propósito, sem prejuízo naturalmente de ajustamentos pontuais que se venham a revelar necessários.

Em todo o caso, este novo mandato de 2003 a 2005, que agora se inicia, envolve a concretização, entre outras, das seguintes **acções específicas** para continuarmos a levar à prática a estratégia profissional anteriormente iniciada e que voltou a ser sufragada no acto eleitoral de 30 de Outubro último:

1. No âmbito do **regime de acesso à profissão,** aperfeiçoar o já elevado nível de exigência do exame de admissão à Ordem, bem como aplicar e desenvolver o novo Sistema de Acompanhamento e Avaliação dos Estágios.

2. Na **área técnica,** continuar a reforçar o Departamento Técnico como suporte essencial da profissão e da capacidade e qualidade de intervenção da Ordem, nomeadamente:
   - Na actualização das **normas técnicas de revisão/auditoria às contas,** por forma a contemplarem sectores de actividade, organizações e/ou operações cada vez mais complexos e de risco mais elevado;
   - No alargamento das **Comissões Técnicas e dos Grupos de Trabalho,** continuando a contar com a colaboração consultiva de representantes de entidades ligadas ou conexas com a profissão e de especialistas em matérias para ela relevantes;
   - No empenhamento activo em relação à preparação, divulgação e implementação de um **novo modelo contabilístico nacional,** tendo em vista a aplicação das Normas Internacionais de Contabilidade (NIC) a partir de 2005, nos termos do correspondente Regulamento do Parlamento Europeu e do Conselho, bem como do acordado entre a Ordem e o *International Accounting Standards Board* (IASB); e
   - Na realização e participação em **sessões especializadas,** nacionais ou internacionais, sobre temas de interesse relevante para a profissão.
3. No que toca **à formação profissional,** continuar a realizar e//ou a promover cursos de formação e actualização profissional, tendo em vista o melhor desempenho, não só dos Revisores, como de outros interessados, assim como organizar de forma sustentada cursos de formação e de divulgação generalizada das NIC do IASB, promovendo em especial a constituição de formadores credenciados.
4. Quanto ao **alargamento do mercado profissional,** continuar a trabalhar no sentido de se concretizar a intervenção dos Revisores em entidades públicas ou privadas de relevante actividade e dimensão económica e social, especialmente nos Serviços e Fundos Autónomos, Autarquias Locais, fundações e demais entidades sem fins lucrativos.

5. No que se refere à **transparência do mercado e à independência profissional,** promover, acompanhar e controlar o cumprimento estatutário de inscrição na Ordem das organizações nacionais e internacionais de auditoria às contas e serviços relacionados até ao final de 2004, bem como reforçar as acções no domínio do cumprimento e do aperfeiçoamento do Código de Ética e Deontologia Profissional, em linha nomeadamente com a Recomendação da Comissão Europeia sobre esta matéria, de Maio do ano passado.
6. Em relação ao **controlo de qualidade** dos trabalhos realizados pelos Revisores no âmbito das suas funções de interesse público, manter o sistema instituído pela Ordem há nove anos a esta parte e aperfeiçoar o seu funcionamento e coordenação com a CMVM, tendo também em conta a correspondente Recomendação da Comissão Europeia, de Novembro de 2000, e as recentes orientações da *International Organization of Securities Commission* (IOSCO).
7. No que respeita às **relações com organismos profissionais congéneres e conexos**, nacionais e internacionais, reforçar a representação e participação da Ordem, não só nos organismos a que já pertencemos, como também promover modalidades de cooperação activa com outros organismos profissionais, designadamente dos países de expressão oficial portuguesa.
8. No âmbito da **reorganização e profissionalização dos serviços da Ordem,** reforçar e consolidar a profissionalização dos serviços, aperfeiçoar o sistema de gestão departamental e passar por via regulamentar a Delegação do Norte a **Secção Regional** em articulação com a melhoria das suas efectivas condições de funcionamento resultantes das novas instalações acabadas de adquirir na Avenida da Boavista, no Porto.
9. No que toca ao **desenvolvimento e participação da Ordem em acções legislativas e regulamentares**, propomo-nos desenvolver as acções que se mostrarem adequadas a ajustar pontualmente a profissão às exigências que se forem revelando necessárias, bem como participar na actividade legislativa e regulamentar por iniciativa externa em matérias que se compreendam no âmbito das atribuições da Ordem.

10. E quanto a **outras acções estruturantes,** nomeadamente ao nível do conhecimento e convivência profissional e social, são de destacar:

 • A realização este ano do **VIII Congresso,** que esperamos seja uma oportunidade crucial para um balanço da profissão desde o último Congresso realizado em 2000 e uma reflexão sobre o seu desenvolvimento no futuro próximo;
 • A realização em 2004 do **VII Encontro Galaico-Duriense** (*) **de Revisores/Auditores de Cuentas;** e
 • A promoção durante este mandato de **esquemas complementares de segurança social dos Revisores, familiares e colaboradores,** na modalidade que for considerada mais adequada no contexto da profissão.

Isto significa que, num tempo de globalização e de internacionalização das economias, num tempo de mudanças vertiginosas no conteúdo e nos meios e formas de processamento das revisões/auditorias às contas, num tempo em que é preciso reganhar alguma confiança perdida mercê de relevantes acontecimentos internacionais que acabam sempre por ter inevitáveis repercussões profissionais a nível interno e num tempo ainda em que **não chega sequer a 10% o número de empresas em Portugal presentemente obrigadas a ter Revisor,** a responsabilidade é enorme, os desafios são difíceis, mas por sua vez o aliciante de se estar a trabalhar **em prol do interesse público e da profissão** compensará seguramente o esforço que os membros dos Órgãos da Ordem ora empossados irão desenvolver. Todavia, para o conseguirmos precisamos de conquistar melhores condições de trabalho, de actuar com integridade, independência e competência e de reforçar os níveis de confiança da sociedade, em geral, e da comunidade empresarial, em particular, na nossa profissão. Não nos basta sermos exclusivamente ou sobretudo técnicos altamente qualificados. É necessário também pôr permanentemente em prática os valores éticos e deontológicos da profissão.

As acções específicas acabadas de referir e o sentido ético-deontológico da profissão são bem o exemplo dos difíceis desafios a vencer e do modo de actuação dos Revisores, com vista a prosseguirmos com êxito o projecto de renovação e de desenvolvimento a que nos propusemos, por uma Ordem ao serviço da melhoria da prestação das contas públicas ou privadas em Portugal, satisfazendo nessa medida o interesse não só dos seus mais diversos destinatários, como também do imprescindível combate à evasão e fraude fiscal. Tudo faremos para o conseguir e assim cumprir por inteiro o nosso Estatuto.

A partir de agora constituímos os Órgãos da Ordem e, por isso, estamos ao serviço de **todos** os Revisores, quer tivessem votado em nós, quer não o tivessem feito. Contamos, mais uma vez, com o vosso apoio e empenhamento para podermos continuar a levar à prática com sucesso neste mandato a estratégia profissional de novo sufragada no acto eleitoral que legitimou esta tomada de posse.

Aos demais membros ora empossados gostaria de agradecer a disponibilidade manifestada e o seu empenhamento nos cargos que vão exercer.

Ao pessoal e demais colaboradores da Ordem, quero dirigir uma saudação especial e dizer-lhes que continuamos a contar convosco, dentro do espírito de lealdade, dedicação e profissionalismo a que nos habituaram.

A todos os Convidados, quero agradecer a honra que nos deram com a vossa presença.

À minha família, que me incentivou a continuar e sempre me tem apoiado, permitam que lhe dirija uma particular palavra de agradecimento e de compreensão pelos incómodos que o desempenho destas funções lhe tem causado e vai seguramente continuar a causar.

Igualmente vai uma palavra de agradecimento aos meus sócios e a todo o pessoal da sociedade de revisores de que faço parte pela colaboração prestada nesta fase da minha vida profissional.

Muito obrigado a todos.

Nota:
(*) Passou a chamar-se "Luso-Galaico".

2
A PROFISSÃO E A ORDEM DOS REVISORES OFICIAIS DE CONTAS

2.1 Firmas de auditoria podem vir a fazer revisão de contas
(Entrevista concedida ao semanário "Independente" em 23 de Janeiro de 1998)

Vieira dos Reis é o novo Presidente da Câmara dos Revisores Oficiais de Contas. Na primeira entrevista após a sua eleição, deixa antever que o estatuto destes profissionais, que vai ser revisto, poderá abrir mediante determinados requisitos, a actividade às firmas de auditoria. E também que as sociedades de revisores oficiais de contas poderão passar a ter responsabilidade civil profissional limitada ao invés do que actualmente acontece.

Como encontrou esta casa depois de 11 anos de presidência de Oliveira Rego?

Sou revisor há 18 anos. Houve um processo de evolução, de afirmação e de consolidação da profissão durante este tempo, aliás, com bastante relevância para o período do Dr. Oliveira Rego. Por outro lado, houve uma evolução técnica bastante positiva e algum fortalecimento da estrutura interna da Câmara.

Curiosamente, os três principais slogans da sua lista foram os mesmos usados por Oliveira Rego quando, em 1994, ganhou a presidência da Câmara contra José Pena. Se as ideias são as mesmas, o que mudou, afinal? Mudaram as pessoas?

Essas são três ideias centrais que esta direcção acolheu porque se mantêm actuais. São apenas um núcleo central de ideias, mas não quer dizer que esta direcção se fique por elas. Temos outras.

Por exemplo?

Queremos melhorar o poder de afirmação da Câmara, quer junto da sociedade em geral, quer junto da administração pública e das entidades supervisoras, bem como da comunidade empresarial e das instituições de ensino superior. Por outro lado, queremos melhorar a qualidade do trabalho e das condições do exercício da profissão.

Actualmente, os revisores estão sujeitos a honorários mínimos. Até quando irá manter-se esta situação?

O período de vigência dos honorários mínimos caducou no final de 1997. A Câmara tomou, entretanto, uma deliberação no sentido de prorrogar a sua manutenção. Neste sentido, está na Assembleia da República uma proposta de autorização legislativa para prorrogar os honorários mínimos por mais de três anos que irá ser apreciada e votada brevemente.

Está confiante quanto a uma votação favorável?

Sim, estou. É uma medida transitória e de continuidade.

Porquê adiar o inevitável?

Entendemos que a profissão não se encontra ainda em condições de enfrentar um regime de liberalização total dos honorários. Há, com efeito, razões objectivas para manter os honorários mínimos, pelo menos, por mais 3 anos. Depois, logo se verá.

O que acontecerá quando os honorários forem liberalizados?

O que a Câmara pretende é que se pratiquem honorários justos. A melhor forma disso suceder é reconhecer a qualidade do trabalho prestado e a sua utilidade perante os seus destinatários.

O que são honorários justos?

Têm a ver com honorários que se praticam de acordo com o mercado. Ou seja, tendo em conta a natureza, profundidade e responsabilidade do trabalho prestado, o tempo a despender e os preços praticados no mercado.

Será durante o seu mandato que as sociedades de revisores oficiais de contas vão passar a ter responsabilidade limitada?

O actual conceito de sociedade de revisores oficiais data de há 18 anos. Daí para cá muita coisa mudou, em particular com a entrada de Portugal na União Europeia. Em face da situação actual é nossa intenção abrir estas sociedades a novos tipos e naturezas jurídicas, mas sujeitas a determinados requisitos. Nomeadamente quanto ao objecto, à posse do capital, ao exercício da gestão, à composição da firma e às competências exclusivas e específicas dos revisores oficiais de contas.

E no caso concreto da responsabilidade?

Em matéria de responsabilidade das sociedades de revisores, na sequência das sugestões inscritas no Livro Verde da Comissão Europeia, iremos estudar a hipótese de limitar a responsabilidade civil profissional destas sociedades.

Isso poderá acontecer até ao final do vosso mandato?

A hipótese irá ser enquadrada na revisão que vamos retomar, de imediato, do estatuto profissional, nomeadamente nesta vertente.

Será a primeira medida a concretizar?

É uma das primeiras. Outras estão a caminho.

A abertura da vossa actividade às firmas de auditoria é uma delas?

Dentro do que acabei de dizer sobre a abertura das sociedades de revisores oficiais de contas a novos tipos e naturezas jurídicas – se o modelo que estamos a preparar for aprovado, quer pela Câmara, quer por Lei – essas firmas terão hipótese de se poderem adaptar ao modelo. Dar-lhes-emos a possibilidade de elas poderem vir a ser consideradas sociedades de revisores nos termos do nosso estatuto profissional.

E esse modelo permite que as auditoras façam revisão oficial de contas?

Dá-lhes essa abertura. Há lugar para todos. O que se pretende é um mercado profissional de qualidade com transparência e respeito pelas normas legais e regulamentos da profissão.

Mas o que é uma abertura? Ou as auditoras passam a fazer revisão, ou não.

Tudo o que posso dizer é que depende delas quererem, ou poderem, adaptar-se ao modelo que vier a ser aprovado.

A Câmara foi forçada a fazer essa abertura?

Não. Forçada, não. É uma evolução dos tempos.

2.2 A nova revista

(Editorial da revista "Revisores & Empresas" n.º 1 de Abril/Junho de 1998)

É chegada a altura de darmos à estampa a revista "**REVISORES & EMPRESAS**", órgão de comunicação social da Câmara dos Revisores Oficiais de Contas. Este acontecimento corresponde, por um lado, ao cumprimento do estabelecido no Plano de Actividades para 1998 e, por outro, tem em vista dar resposta adequada às novas exigências de comunicação da Câmara e dos seus membros com a realidade envolvente.

Assim sendo, a revista pretende constituir o regular ponto de encontro dos Revisores Oficiais de Contas (ROC), que se quer livre, plural e independente, não só quanto à apresentação de matérias de índole estritamente técnico-profissionais, como também de informações/notícias circundantes à Câmara e ao ambiente sócio-cultural dos ROC, que manifestem relevante interesse para a profissão. Pretende também constituir um espaço de reflexão por parte de pessoas ou entidades ligadas à comunidade empresarial, ao ensino e a outras instituições conexas com a profissão. Por consequência, a revista exorbitará o universo dos ROC, possibilitando-lhes chegar a outros *fora* e, por sua vez, acolher opiniões com interesse e utilidade profissionais.

Os textos de opinião são da responsabilidade dos seus autores e podem não constituir o ponto de vista ou a linha de orientação da Câmara sobre a matéria versada.

A organização temática de cada número da revista terá, por princípio, uma natureza flexível e multidisciplinar e será da responsabilidade de um Conselho de Redacção, supervisionado pelo seu Director; contando com um conjunto aberto de Colaboradores Permanentes, composto por ROC e não ROC, de forma a potenciar a visibilidade e o interesse externos da (pela) Câmara e da (pela) profissão. Aos quais se juntarão todos os outros Colaboradores que participem em cada um dos seus números.

Quando as situações o justificarem, poderão ser editados números especiais ou separatas de artigos ou temas nela inseridos.

A sua vertente promocional e comercial é um objectivo a prosseguir, como um dos meios de financiamento de a viabilizar ou de minimizar os seus custos.

A revista terá uma periodicidade trimestral e a sua distribuição, para além dos ROC, pretenderá abranger o maior número possível de pessoas e entidades ligadas ao meio económico e financeiro, à Administração Pública e a instituições de ensino e outras conexas com a profissão.

A revista contará com uma estrutura de apoio e secretariado da Câmara.

Em suma, uma revista de qualidade, que seja simultaneamente um espaço de comunicação e um factor de visibilidade externa da Câmara e da profissão.

Neste número são apresentados temas diversificados, todos de relevante interesse profissional e de grande actualidade. Vão desde o *Euro*, com a síntese geral do que aconteceu na 3.ª Conferência, organizada em conjunto pela FEE – *Fédération des Experts Comptables Européens* e pela Câmara, e que teve lugar em Lisboa no passado mês de Maio, passando pela revisão/auditoria, e com um texto sobre alguns problemas que se levantam a nível da auditoria informática, pela contabilidade, com textos sobre os novos desenvolvimentos da contabilidade: contabilidade social, o justo valor e o conceito *"Time and Fair View"*, pela fiscalidade, com o enunciado das garantias dos contribuintes no anteprojecto da Lei Geral Tributária, e pelo controlo financeiro na UE, com especial incidência a nível das despesas ligadas à pesca, a que acrescem informações e notícias do foro mais interno, quer da Câmara e dos revisores, quer da profissão no mundo.

Nesta altura é devida uma palavra de reconhecimento a todos quantos lançaram e colaboraram, desde o início com, o **BOLETIM** da

Câmara e ao longo dos seus anos de edição o ajudaram a manter até esta data. Constituiu, sem dúvida, uma etapa importante da nossa vida profissional. Com a revista "**REVISORES & EMPRESAS**" abre-se uma nova etapa. O objectivo é, agora e sempre, estar a par das realidades que nos cercam e contribuir para o reforço do prestígio da profissão.

2.3 A profissão: problemas e desafios

(Editorial da revista "Revisores & Empresas" n.º 2 de Julho/Setembro de 1998)

Quando em 1969 se consagrou pela primeira vez na legislação portuguesa a figura dos Revisores Oficiais de Contas (ROC), certamente que se estaria longe de pensar a evolução que ela viria a ter até aos nossos dias.

Desde logo rodeada de determinadas garantias de independência funcional e hierárquica relativamente às empresas ou outras entidades a que presta serviços e sujeita a um complexo de direitos e deveres específicos, por forma a proporcionar um elevado grau de exigência técnica e de conduta ética e deontológica, a profissão de ROC tem vindo a afirmar-se progressivamente na comunidade empresarial e social. Esta afirmação é fruto, não só da postura estatutária dos ROC, como também, é justo dizê-lo, da crescente mundialização da economia e dos mercados e da introdução de novas tecnologias de comunicação. O que faz com que a informação contabilística e financeira publicada pelas empresas seja cada vez mais utilizada no plano nacional e internacional por um crescente número de utentes para com base nela tomarem decisões, o que, por sua vez, implica que a profissão tenha de responder; não só a mais solicitações do mercado, como também de âmbito mais vasto, com vista a emprestar a imprescindível credibilidade a essa informação.

No entanto, será conveniente recordar que o primeiro estatuto jurídico dos ROC foi publicado em 1972 e que a Câmara foi criada em Fevereiro de 1974.

Passada a década de 70, em que foram dados os primeiros passos, fortemente condicionados pelos momentos políticos, económicos e sociais entretanto vividos, inicia-se na década de 80 um importante processo de afirmação profissional, formalmente sustentado por um estatuto profissional revisto – consubstanciado no Decreto--Lei n.º 519-L2/79, de 29 de Dezembro – e materialmente apoiado por uma maior exigência no acesso e no exercício da profissão com a realização anual de exames de acesso e a sujeição dos ROC a normas técnicas de revisão legal das contas.

Chegados à década de 90, com o nosso país já integrado na Comunidade Económica Europeia, foi entretanto necessário fazer alguns ajustamentos ao estatuto jurídico então em vigor, devido não só às significativas modificações que se operaram no ordenamento jurídico interno e comunitário, como também por imperativo da experiência adquirida. Daí que foi publicado o Decreto-Lei n.º 422--A/93, de 30 de Dezembro, hoje em vigor, a carecer, por sua vez, de outros ajustamentos por forma a adaptá-los às novas exigências legais e profissionais.

Todavia, não se trata de uma profissão isenta de problemas e de desafios. Para alguns a revisão/auditoria de contas já chegou à fase da maturidade. Ou seja com a mundialização da economia e dos mercados está a acentuar-se a concorrência e a concentração dos mandatos e com a introdução de novas tecnologias de comunicação e o desenvolvimento da informação em tempo real está a pôr-se em causa a necessidade/utilidade de uma revisão/auditoria apenas à informação financeira anual das empresas ou outras entidades e a verificar-se uma procura crescente da revisão/auditoria à informação periódica, conduzindo, cada vez mais, à noção de auditoria em contínuo. Para outros, a construção do mercado único europeu, agora com mais um pouco, decorrente da introdução da moeda única, está a colocar novos desafios à profissão e aos seus organismos representativos. Um mercado único europeu irá mais tarde ou mais cedo, implicar a adopção de um conceito comum europeu de revisão/auditoria das contas. E, assim sendo, o papel que irá pontificar a nível dos organismos representativos da profissão é o de serem os garantes da acreditação profissional e da qualidade do trabalho prestado, independentemente dos Estados-membros de origem de cada um dos profissionais.

Passados quase 30 anos sobre a consagração legislativa desta figura, e, atenta a evolução operada não só a nível da crescente relevância que vem sendo reconhecida ao papel dos ROC na defesa do interesse público, como a nível do seu perfil, da exigência técnica e da disciplina destes profissionais, apesar dos problemas e dos desafios existentes, é hoje possível afirmar que se trata de uma profissão empresarialmente mais necessária, tecnicamente mais qualificada e socialmente mais digna e respeitada. Continuará a ser essa a nossa aposta.

2.4 Revisor Oficial de Contas: A profissão em Portugal

(Artigo publicado na revista "Revisores & Empresas" n.º 2 de Julho//Setembro de 1998)

Até meados do século XVIII as relações comerciais entre Portugal e o estrangeiro estabeleciam-se essencialmente através de empresas estrangeiras, excepto o comércio com o Brasil que era feito por nacionais. Foi, pois, com o Marquês de Pombal que se constituíram as chamadas companhias majestáticas, verdadeiros monopólios mercantis, visando sobretudo o desenvolvimento das relações comerciais entre Portugal e o Brasil. São disso exemplo a Companhia Geral do Grão Pará e Maranhão (1753), a Companhia Geral da Agricultura das Vinhas do Alto Douro (1756) e a Companhia Geral de Pernambuco e Paraíba (1759).

Antecedentes

Todavia, praticamente não existia qualquer **acção de fiscalização** destas companhias. Os primeiros passos nesse sentido foram começados a dar um século depois, com a publicação em 1865 de uma portaria regulamentadora das funções do **fiscal ou fiscais** designados pelo Governo como seus representantes nas companhias de comércio, como à época eram chamadas as sociedades anónimas, as quais só se podiam constituir por **autorização especial do Governo** e aprovação dos seus estatutos, na sequência, aliás, do estipulado no primeiro Código Comercial Português de Ferreira Borges de 1833. Eles tinham o direito de assistir às assembleias gerais dos sócios, quando o julgassem conveniente, e de aí emitirem a sua opinião sobre as questões que dissessem respeito à execução ou interpretação dos estatutos. Esta forma de fiscalização veio a revelar-se, no entanto, pouco eficaz, por se confinar praticamente à presença nas assembleias gerais de sócios e á emissão de meras opiniões.

Daí que com a denominada Lei das Sociedades Anónimas de 1867 se criou pela primeira vez em Portugal um órgão próprio de fiscalização destas sociedades, **o Conselho Fiscal**, composto pelo menos por três sócios, eleitos e exonerados em assembleia geral, a quem competia desempenhar as seguintes funções:

– Examinar, sempre que o julgasse conveniente, a escrituração da sociedade;
– Convocar a assembleia quando o julgasse necessário, exigindo-se neste caso o voto unânime do conselho, quando fosse composto de três elementos, e dois terços dos votos, quando a ele pertencesse um maior número de associados;
– Assistir com voto unicamente consultivo às sessões da direcção, sempre que o julgasse conveniente;
– Fiscalizar a administração da sociedade;
– Dar parecer sobre o balanço, inventário e relatório da administração.

Porém, a fiscalização das sociedades anónimas recebeu um novo impulso com o Código Comercial de Veiga Beirão, aprovado por Carta de Lei de 1888 (em parte ainda hoje em vigor), ao considerar o Conselho Fiscal como órgão interno de fiscalização dessas sociedades, com composição e funções melhor definidas e mais extensas que as da citada Lei das Sociedades Anónimas de 1867. E no caso particular das sociedades anónimas que explorassem concessões feitas pelo Estado ou por outra entidade pública ou a que tivessem sido atribuídos quaisquer privilégios ou exclusivos, tais sociedades poderiam também ser fiscalizadas pelos chamados **"Delegados do Governo"** de acordo com o disposto no citado Código Comercial.

Posteriormente à entrada em vigor deste Código foi publicada vária legislação específica sobre o regime de fiscalização das sociedades anónimas e das cooperativas, sem no entanto revogar expressamente as correspondentes disposições daquele diploma. De entre essa legislação merece ser sublinhada a Lei n.º 1995, de 17 de Maio de 1943 ([1]), que estabelecia que a fiscalização das sociedades por acções seria exercida por **peritos ajuramentados com intervenção do Tribunal**. Tais peritos deveriam fazer parte de uma **Câmara dos Verificadores das Sociedades por Acções**, a quem caberia designar, em regra, dois verificadores para a fiscalização do funcionamento daquele tipo de sociedades. Todavia, esta lei que poderá ser de algum modo considerada a precursora da profissão de Revisor Oficial de Contas, nunca chegou a ser regulamentada, não tendo por isso entrado sequer em vigor.

Assim sendo, foi só em 1969, com a entrada em vigor do Decreto-Lei n.º 49381, de 15 de Novembro[2], que se aperfeiçoou o regime de fiscalização das sociedades anónimas e se **consagrou pela primeira vez em Portugal a figura dos Revisores Oficiais de Contas (ROC)**. Com esta lei definiram-se melhor as regras de constituição e funcionamento do órgão interno Conselho Fiscal, os poderes e deveres deste órgão e dos seus membros, as suas incompatibilidades e impedimentos e a natureza da sua responsabilidade no exercício destas funções. Tudo isto no sentido de proporcionar maior eficácia, imparcialidade e profissionalismo à acção fiscalizadora deste tipo de sociedades.

Decorrido cerca de um século depois da Lei das Sociedades Anónimas de 1867 e do Código Comercial de Veiga Beirão de 1888, podemos, no entanto, constatar que os poderes do Conselho Fiscal não sofreram grande aperfeiçoamento. Assim, os poderes do Conselho Fiscal, de acordo com o Decreto-Lei n.º 49.381, de 15 de Novembro de 1969, passaram a ser os seguintes:

a) Fiscalizar a administração da sociedade;

b) Vigiar pela observância da lei e dos estatutos;

c) Verificar a regularidade dos livros, registos contabilísticos e documentos que lhes servem de suporte;

d) Verificar, quando o julgue conveniente e pela forma que entenda adequada, a extensão da caixa e as existências de qualquer espécie de bens ou valores pertencentes à sociedade ou por ela recebidos em garantia, depósito ou outro título;

e) Verificar a exactidão do balanço e da conta de resultados ou de ganhos e perdas;

f) Verificar se os critérios valorimétricos adoptados pela sociedade conduzem a uma correcta avaliação do património e dos resultados;

g) Elaborar anualmente relatório sobre a sua acção fiscalizadora e dar parecer sobre o relatório, balanço, contas e propostas apresentadas pela administração;
h) Convocar a assembleia geral, quando a respectiva mesa não o faça, estando vinculada à convocação;
i) Cumprir as demais obrigações impostas pela lei e pelos estatutos.

Onde, porém, se verificaram aperfeiçoamentos e inovações significativos com esta lei foi ao nível dos poderes e deveres dos membros do Conselho Fiscal, perante a administração das respectivas sociedades, os sócios e terceiros.

Foi, por conseguinte, com esta lei que se integraram pela primeira vez os ROC nos Conselhos Fiscais das sociedades anónimas, e, ainda, que a assembleia geral de accionistas poderia confiar a uma Sociedade de Revisores Oficiais de Contas o exercício das funções do Conselho Fiscal, não procedendo então à eleição deste[3].

Os revisores oficiais de contas
Origem e evolução

Consagrada legalmente a figura dos ROC, haveria que dar corpo à sua organização e modo de funcionamento e de responsabilização. Neste sentido foram publicados o Decreto-Lei n.º 1/72, de 3 de Janeiro, que disciplinou a profissão e criou a Câmara dos Revisores Oficiais de Contas (CROC) e, dois anos mais tarde, a Portaria n.º 83/74, de 6 de Fevereiro, que a veio a regulamentar. Entretanto, em 1973, a Comissão de Inscrição fez publicar a primeira "**Lista dos ROC**" com um número total de 59 ROC[4].

Passada a década de 70, em que foram dados os primeiros passos, próprios da sua adolescência e condicionados pelos momentos políticos, económicos e sociais entretanto vividos, inicia-se a década de 80 com um marcado **processo de afirmação profissional,** formalmente sustentado por um Estatuto Jurídico revisto, consubstanciado no Decreto-Lei n.º 519-L2/79, de 29 de Dezembro, o qual veio a revelar-se um esteio fundamental no enquadramento institucional e no desenvolvimento da profissão. Entretanto, em 1986 consumou-se a adesão de Portugal à Comunidade Económica Europeia. Por esse facto este diploma legal foi objecto de alguns ajustamentos, consubstanciados no Decreto-Lei n.º 422 -A/93, de 30 de Dezembro. Com efeito, foi dada particular observância às regras constantes da Directiva do Conselho n.º 84/253/CEE (8.ª Directiva), respeitante à harmonização das condições de acesso à profissão, à garantia de independência e às regras relativas às incompatibilidades profissionais. Aproveitou--se ainda a oportunidade para se tomarem em conta as implicações relevantes da aprovação do Código das Sociedades Comerciais (Decreto-Lei n.º 262/86, de 2 de Setembro), da reforma fiscal de 1989 e do Código do Mercado de Valores Mobiliários de 1991.

Passada, por sua vez, a década da afirmação profissional, eis--nos na segunda metade da década de 90, que seguramente será a da **consolidação profissional,** agora num espaço mais alargado e concorrencial da União Europeia (UE).

O problema da designação de ROC

Revisor, como aquele que revê, que torna a ver. Cada vez mais os suportes materiais do trabalho do Revisor são os écrans, as *diskettes,* os livros, os documentos, etc.. E são estes suportes que o Revisor tem de rever, de modo a formar e emitir a sua opinião sobre as contas de determinada empresa ou entidade ou de um certo conjunto delas. Revisor *versus* Auditor é a alternativa. Etimologicamente **auditor** significa aquele que ouve, ouvidor (juiz). Por conseguinte, Revisor seria um ouvidor, o que não traduz hoje o essencial do seu modo de trabalhar [5]. É curioso verificar que, sendo a designação de auditor (auditoria) bastante usada na linguagem vulgar, ela não está institucionalmente consagrada, com generalidade, na linguagem profissional, quando se quer invocar a figura de Revisor ou equivalente. É o que acontece, em particular, nos países da UE, onde apenas a Espanha (em 1991) passou a utilizar a designação de *auditor de cuentas*. E mesmo nos países de raiz anglo-saxónica, geralmente apontados para se invocar a designação de auditor, dada a tradição e o peso desta classe profissional, ela também não está geralmente transposta e reconhecida para a linguagem profissional. Neles são geralmente utilizadas com referência a Revisor ou equivalente as expressões de *"Chartered accountant"* e de *"Certified public accountant"* ou equivalentes.

Nos países da UE e noutros países europeus também não há uma harmonização de designações a este respeito. Apesar disso, constatamos que a designação de Revisor ou equivalente está consagrada, pelo menos, na Alemanha, Áustria, Bélgica, Dinamarca, Luxemburgo, Noruega e Suécia ([6]).

Oficial, este termo foi mantido, com vista a de algum modo poder fazer a distinção entre as funções do Revisor fundadas em imperativo legal e de interesse público e as de outro Revisor que não revistam esse imperativo ou interesse, mas sejam ditadas por vontade ou finalidade meramente particulares.

De Contas, como indicativo do pano de fundo em que se situa o objecto principal de actuação do Revisor. E esse objecto principal, são as contas das empresas ou de outras entidades. É sabido que, para além das contas, o Revisor também deve fiscalizar a gestão e zelar pela observância das leis e dos estatutos das empresas ou de outras entidades, como pode desempenhar outras funções atribuídas por lei ou pelo seu estatuto profissional, mas são as contas que constituem, sem dúvida, o *"leit motiv"* do objecto principal de actuação do Revisor. A par da expressão de Revisor (Oficial) de Contas, aparece por vezes a de **Revisor de Empresas.** Só que a expressão Revisor de Contas parece-nos que caracteriza melhor as funções do Revisor, uma vez que na empresa poderá haver, e até há, outros tipos de Revisores: revisores da área do pessoal, da de comercialização, da de produção, etc..

O problema formal da designação continua em aberto. Mas a questão substantiva centrada em redor da posição e utilidade empresarial e social das funções inerentes a esta figura, é, para nós, o ponto mais relevante.

Funções dos ROC

Em Portugal os ROC exercem **funções de interesse público** e funções de **consultores e docência** em matérias que integram o programa do exame de acesso à profissão.

Dentro das funções de interesse público, a lei atribui-lhes competências exclusivas e competências específicas. São suas **competências exclusivas:**

a) A revisão legal de empresas ou de outras entidades, consistindo esta no exame das contas em ordem à sua certificação legal;

b) O exercício de quaisquer outras funções que por lei exijam a intervenção própria e autónoma de revisores sobre determinados actos ou factos de empresas ou de outras entidades.

Estão presentemente sujeitas a **revisão legal** as empresas públicas, as sociedades anónimas e as sociedades por quotas com Conselho Fiscal. As sociedades por quotas sem Conselho Fiscal também estão a ela sujeitas quando durante dois anos consecutivos ultrapassem dois dos três limites seguintes [Portaria n.º 95/97, de 12 de Fevereiro, respectivamente]:

– Total do balanço (activo líquido) 350.000 contos
– Total das vendas líquidas e outros proveitos 600.000 contos
– Número médio de trabalhadores e empregados 50

A revisão legal de empresas ou de outras entidades processa-se mediante a integração dos ROC nos órgãos internos de fiscalização (Conselhos Fiscais nas sociedades anónimas ou nas Comissões de Fiscalização nas empresas públicas)[7]. À revisão legal das sociedades por quotas sem Conselho Fiscal aplica-se o disposto a esse respeito quanto às sociedades anónimas, com as devidas adaptações.

O universo das empresas ou outras entidades objecto de revisão legal abrange actualmente cerca de 14.000, para um conjunto da ordem das 200.000 empresas (sociedades anónimas, sociedades por quotas e empresas públicas) existentes em Portugal.

Do conjunto de competências exclusivas que por lei exigem a **intervenção própria e autónoma de revisores** sobre determinados actos ou factos de empresas ou de outras entidades, destacamos as estabelecidas no Código das Sociedades Comerciais (CSC) e no Código do Mercado de Valores Mobiliários (Código do MVM).

No Código das Sociedades Comerciais:

Com a publicação em 1986 do CSC as competências dos ROC foram alargadas quanto às seguintes matérias:

a) Certificação do balanço especial, quando exigível, para o aumento de capital por incorporação de reservas de todos os tipos de sociedades comerciais ou civis sob a forma comercial (art.º 91.º);

b) Colaboração com qualquer sócio que o requeira no exercício do seu direito à informação (art.º 214.º, n.º 4);
c) Intervenção em processos de aprovações judiciais de contas (art.º 67.º, n.º 4);
d) Certificação do balanço intercalar que deve preceder, nas sociedades anónimas e em comandita por acções, o adiantamento sobre lucros no decurso do exercício (art.º 297.º);
e) Elaboração de relatórios ou emissão de pareceres relativamente a todos os tipos de sociedades comerciais ou civis sob a forma comercial, sobre as entradas em bens diferentes de dinheiro para a constituição ou aumento de capital, sobre a transformação, a fusão e a cisão de tais sociedades, e sobre as contas anuais dos seus liquidatários (nomeadamente, os art.ºs 28.º, 29.º, 98.º, 99.º, 132.º, e 155.º);
f) Parecer sobre o apuramento feito pela sociedade do lucro que deve servir de base à determinação das importâncias destinadas aos obrigacionistas, assim como sobre o cálculo dessas importâncias (art.º 362.º, n.º 2).

No Código do Mercado de Valores Mobiliários:

Com a publicação do Código do MVM, através do Decreto-Lei n.º 142-A/91, de 10 de Abril, tendo já em conta a redacção dada pelo Decreto-Lei n.º 261/95, de 3 de Outubro, foram também aumentadas as competências dos ROC, quando associados sob a forma de SROC e desde que estas estejam registadas como auditores no registo especialmente organizado (art.ºs 103.º a 108.º) pela Comissão do Mercado de Valores Mobiliários (CMVM), exigindo-se-lhes a emissão da sua **opinião** num impropriamente designado **Relatório de Auditoria (RA)** ou **Parecer**[8] relativamente às seguintes matérias:

a) **Documentos de prestação de contas anuais** previstos na legislação aplicável quanto às sociedades comerciais e empresas públicas com valores cotados em bolsa, a publicar conjuntamente com estes documentos [art.º 341.º, n.º 1, d) e n.º 2, c)];
b) **Informação semestral** a publicar pelas entidades indicadas na alínea anterior (art.º 342.º);

c) **Informação trimestral** a publicar pelas sociedades com acções cotadas (art.º 343.º), conforme Portaria do Ministro das Finanças n.º 1 222/97, de 12 de Dezembro, sob proposta da CMVM.
d) Pedido de registo de uma **oferta pública de subscrição** (OPS) [art.º 134.º, n.º 1, l)];
e) Pedido de admissão de valores mobiliários à **cotação oficial em bolsa** [art.º 313.º, n.º 1, b)];
f) Pedido de admissão de valores mobiliários à cotação no **Segundo Mercado da bolsa** [art.º 368.º, a)];
g) Pedido de registo de uma **oferta pública de aquisição** (OPA) (art.º 539.º, n.º 2);
h) Pedido de registo de uma **oferta pública de venda** (OPV) [art.º 590.º, n.º 1, c)].

São **competências específicas** dos revisores, inerentes ao exercício da revisão legal, a fiscalização da gestão e da observância das disposições legais e estatutárias das empresas ou de outras entidades, sem prejuízo da competência atribuída por lei aos seus órgãos e aos membros destes.

Nos órgãos fiscalizadores das empresas

O legislador português, na sequência, aliás, da linha doutrinária tradicional, tem mantido os ROC integrados nos órgãos fiscalizadores das empresas. E é notório que na última regulamentação desta matéria em 1986, aquando da publicação do Código das Sociedades Comerciais (CSC), o legislador procurou assegurar ao conselho fiscal condições de maior imparcialidade e exigência técnica, muito embora tivesse acolhido praticamente a matéria introduzida com a reformulação do regime de fiscalização das sociedades anónimas aprovada em 15 de Novembro de 1969 com o Decreto-Lei n.º 49 381. Tais condições manifestam-se ao nível da definição ainda mais rigorosa das incompatibilidades que recaem sobre determinadas pessoas para poderem ser eleitas membros deste órgão (art.º 414.º do CSC), da composição, competência e poderes do conselho fiscal, da designação, destituição e deveres dos seus membros (art.º 413.º a 423.º do CSC), bem como da defesa dos interesses das minorias, cuja tutela é cada vez mais indispensável (art.º 418.º do CSC). É, também, inquestionável que, muito embora os membros dos órgãos de fiscalização sejam eleitos pela assembleia geral, eles **não devem ser considerados mandatários dos sócios** (accionistas). A fundar esta asserção vejamos o caso da sua destituição, em que deverá ocorrer **justa causa**, sendo ainda exigido que, antes de ser tomada a necessária deliberação, as pessoas visadas devam ser ouvidas na própria assembleia geral sobre os factos que lhe sejam imputados (art.º 419.º do CSC).

Entretanto, com as alterações introduzidas pelo Decreto-Lei n.º 257/96, de 31 de Dezembro, foi reformulada a natureza do conselho fiscal e a obrigatoriedade da sua existência, substituindo-a, regra geral, pela figura do fiscal único, corporizada nos ROC, continuando a atribuir-lhes os poderes e deveres do conselho fiscal, com as adaptações decorrentes da não pluralidade de membros do órgão fiscal único.

Mas é ao nível dos ROC que se acentuam as exigências e, concomitantemente, as suas responsabilidades no conselho fiscal. Os ROC têm **especialmente e sem prejuízo da actuação dos outros membros,** o dever de proceder a todos os exames e verificações necessários à revisão e Certificação Legal das Contas (CLC), **nos termos previstos em lei especial e bem assim os outros deveres especiais que esta lei lhe imponha**. Com efeito, tais **deveres especiais** dos ROC estão claramente previstos no Decreto-Lei n.º 422-A/ /93, de 30 de Dezembro, referente ao seu estatuto profissional. Nele se estabelece que os ROC desempenham as suas funções em **regime de completa independência funcional e hierárquica** relativamente às empresas ou outras entidades a que prestam serviços (art.º 40.º, n.º 1) e que o exame das contas e a consequente CLC obedecerão a normas emanadas da Câmara dos Revisores Oficiais de Contas (CROC) (art.º 37.º, n.º 5).

E qual a posição dos ROC no seio do conselho fiscal? A sua independência é organicamente total e a sua opinião é marcante. Por um lado, têm o direito (tal como os outros membros) de fazer declarações de voto sempre que discordem, fazendo inserir na acta os motivos da sua discordância (art.º 423.º do CSC). Por outro lado, o conselho fiscal deve apreciar o relatório anual sobre a fiscalização efectuada pelos ROC. E quanto à CLC o conselho fiscal tem de declarar expressamente no seu relatório a sua concordância relativamente a ela. Se dela discordar, deve consignar as razões da sua discordância, sem prejuízo do declarado pelo ROC. Dir-se-á que a opinião expressa pelos ROC na CLC marca decisivamente o sentido do parecer do conselho fiscal (art.º 451.º a 453.º do CSC).

Valor jurídico da Certificação Legal das Contas

Nos termos do seu estatuto profissional a Certificação Legal das Contas (CLC) exprime "a convicção do revisor de que os documentos de prestação de contas apresentam ou não, de forma verdadeira e apropriada, a situação financeira da empresa ou de outra entidade, bem como os resultados das suas operações, relativamente à data e ao período a que os mesmos se referem".

O exame das contas de empresas ou outras entidades pelos ROC, no âmbito das suas funções de interesse público, pode conduzir, como vimos, para além de uma impossibilidade de Certificação, à emissão de uma Certificação Legal das Contas, nas suas várias modalidades **(Certificação com e sem reservas, e, com e sem ênfases, Certificação com escusa de opinião e Certificação com opinião adversa)**, que deve acompanhar os documentos de prestação de contas a submeter à apreciação do órgão social competente, de acordo com o disposto nos art^{os} 263.º, n.º 5, 451.º, 453.º, 454.º e 508.º-D do C.S.C.. Ora, quando a CLC, sendo exigível, não acompanhar os documentos de prestação de contas, violando em consequência preceitos legais cuja finalidade exclusiva ou principal é a protecção do interesse público, **entendemos que a aprovação das contas nessas circunstâncias é nula** face ao disposto na parte final do n.º 3 do art.º 69.º do C.S.C.. E, como sabemos, nos termos do art.º 286.º do Código Civil, a nulidade é invocável a todo o tempo por qualquer interessado e pode ser declarada oficiosamente por qualquer tribunal.

No que se refere ao **registo e publicação**, a CLC relativa a determinadas sociedades comerciais faz parte integrante dos documentos de prestação de contas, a registar na Conservatória do Registo Comercial e a mandar publicar nos jornais competentes nos termos da lei específica. Não havendo CLC, ficam impossibilitados, não só o registo, como a publicação, quando obrigatória, dos documentos de prestação de contas dessas sociedades comerciais, o que implica a aplicação de determinadas sanções (art.º 168.º do C.S.C. e art.º 14.º e 17.º do C.R.C.).

A **nível fiscal** a CLC, quando legalmente exigida, **faz parte integrante da declaração anual modelo 22 do Imposto sobre o Rendimento das Pessoas Colectivas** (IRC), de acordo com o Quadro 42 desta declaração e o disposto no n.º 2 do art.º 94.º do respectivo Código. Não havendo CLC, fica impossibilitada a entrega integral da referida declaração anual, o que dará lugar à aplicação de coimas [art.º 32.º do Decreto-Lei n.º 20-A/90, de 15 de Janeiro, na redacção dada pelo Decreto-Lei n.º 394/93, de 24 de Novembro – Regime Jurídico das Infracções Fiscais Não Aduaneiras (RJIFNA)]. E, por outro lado, recusando-se a sua entrega, exibição ou apresentação, uma vez que a CLC é considerada um "**documento fiscalmente relevante**" (art.º 28.º, n.º 4, do RJIFNA), quando isso não constitua fraude fiscal, dará também lugar à aplicação de coimas de montante variável.

Um outro aspecto que interessa analisar é o atributo de fé pública de que é dotada a CLC, só podendo ser impugnada por via judicial quando arguida de falsidade, por força do que dispõe o n.º 7 do art.º 37.º do Decreto-Lei n.º 422-A/93. Isto significa que a CLC é considerada juridicamente um **documento autêntico,** investido da força probatória plena que lhe advém desse atributo, só podendo, por isso, ser impugnada por via judicial quando arguida de falsidade. Assim sendo, aplicar-se-lhe-á o regime dos art^{os} 369.º a 372.º do Código Civil relativo à prova por documentos autênticos, e, no caso de ser levantado incidente de falsidade, os regimes fixados nos art.^{os} 360.º e segs. do Código de Processo Civil e nos art^{os} 118.º a 124.º do Código de Processo Penal.

Importa agora saber em que medida os actos e os factos mencionados na CLC se consideram como correspondentes à verdade. Para o efeito, iremos socorrer-nos do disposto no art.º 371.º do Código Civil, que define a **força probatória material dos documentos autênticos.**

A CLC faz prova plena dos actos praticados pelo ROC e dos factos por ele atestados com base nas suas convicções. Quando no primeiro parágrafo da CLC (**introdução**), ao mencionar que:

– examinou as demonstrações financeiras anexas da empresa X, as quais compreendem o Balanço em 31/12/9x, a Demonstração dos Resultados do exercício findo naquela data e o correspondente Anexo ao balanço e à demonstração dos resultados, documentos que evidenciam determinados valores...;

E quando no quarto parágrafo da CLC (**âmbito**), ao referir que:
- **o exame a que procedeu foi efectuado de acordo com as Normas e as Directrizes Técnicas da Câmara dos Revisores Oficiais de Contas**, as quais exigem que o mesmo seja planeado e executado com determinado objectivo, devendo para tanto incluir:
  a) **a verificação, numa base de amostragem,** do suporte das **quantias** constantes das demonstrações financeiras e a avaliação das **estimativas** utilizadas na sua preparação;
  b) **a apreciação** da adequação das **políticas contabilísticas** adoptadas e da sua divulgação, tendo em conta as circunstâncias, e da aplicabilidade, ou não, do **princípio da continuidade;**
  c) **a apreciação** de ser adequada a apresentação das demonstrações financeiras, todos estes actos praticados pelo ROC e factos por si atestados se têm, não só por verdadeiros, como cobertos pela **força probatória plena da CLC.** Quem pretender impugna-los terá de provar o contrário, por via judicial, arguindo a falsidade da CLC, **não lhe aproveitando a apresentação da simples contraprova.**

E também quando no sétimo parágrafo (ou outro que lhe corresponda) da referida CLC (opinião) mencionar que em sua opinião:
- as demonstrações financeiras referidas **apresentam de forma verdadeira e apropriada,** em todos os aspectos materialmente relevantes, a posição financeira da empresa X em 31/12/9x, e os resultados das suas operações referentes ao exercício findo naquela data, em conformidade com os princípios contabilísticos geralmente aceites, os quais foram aplicados de uma forma consistente em relação ao exercício anterior,
- a **força probatória plena** dos factos ou actos mencionados neste parágrafo da CLC só vai até onde chegar a opinião do ROC. E essa opinião só vai até onde chegar o exame às

contas, nas condições técnicas concretas em que o mesmo foi efectuado, suportadas pela aplicação das normas e recomendações técnicas da CROC, nomeadamente com planeamento e execução considerados por si suficientes, por forma a proporcionar uma **base aceitável** para expressar a sua **opinião profissional e independente**. E nessa medida entendemos que, quando o ROC, em resultado desse exame, excepciona da sua convicção determinados factos ou actos que provocam desacordo ou limitem os citados documentos de prestação de contas a apresentarem, de forma verdadeira e apropriada, a posição financeira e os resultados da empresa X, **essas reservas** têm-se, não só por **verdadeiras**, como cobertas pela **força probatória plena da CLC.** Da mesma forma entendemos que, quando o ROC **sujeita a sua opinião a regularizações** de determinadas contas ou áreas patrimoniais que provocam **incertezas** na sua convicção, ou **atesta profundas distorções,** contrariando princípios contabilísticos geralmente aceites (em Portugal estes princípios são, aliás, obrigatoriamente aplicáveis), que o levam a uma **opinião adversa, tais regularizações ou distorções** têm-se também como cobertas pela força probatória plena da CLC.

Por sua vez, aos actos não praticados no exame do ROC ou aos factos por ele não atestados não chega, como é natural, a opinião do ROC. São actos ou factos que podem, consequentemente, ser impugnados **sem necessidade de se arguir a falsidade da CLC,** por não estarem cobertos pela sua força probatória plena. Igualmente não estão cobertos por esta força probatória, os **meros juízos pessoais** eventualmente feitos pelo ROC na CLC, uma vez que não se trata de apreciações profissionais, ficando por isso sujeitos à livre apreciação do julgador.

Por consequência, e **diferentemente do que acontece noutros países**, podemos afirmar que **em Portugal a CLC tem um valor jurídico superior a um parecer às contas não qualificado por lei como tal,** emitido por um auditor, uma vez que este parecer não possui a força probatória atribuída àquela.

A organização profissional dos ROC

A Câmara dos Revisores Oficiais de Contas

A CROC está definida na lei como uma **pessoa colectiva pública**, dotada de autonomia administrativa, financeira e patrimonial, a quem compete representar e agrupar, mediante inscrição obrigatória, os ROC e as SROC, bem como superintender em todos os aspectos relacionados com a profissão. Está sujeita por isso ao controlo do Provedor de Justiça.

A CROC representa uma modalidade de administração indirecta do Estado, traduzida numa devolução de poderes (que a este pertencem) a uma organização própria de profissionais, confiando nela a regulamentação e disciplina do exercício da correspondente profissão, sendo esta considerada de interesse público. Assim sendo, a CROC não poderá deixar de ser considerada uma estrutura profissional idêntica às **ordens profissionais stricto sensu.**

No final de 1997 estavam efectivamente inscritos na CROC 820 ROC, dos quais 458 exerciam as suas funções em 135 SROC. Do número total de ROC, 16% estavam sem actividade e 18% tinham a sua actividade compreendida no escalão correspondente a 1/3 da pontuação legalmente permitida.

O acesso à profissão

O acesso normal à profissão de ROC faz-se mediante a satisfação por uma pessoa dos seguintes requisitos gerais:

a) Ter nacionalidade portuguesa ou de outro Estado-membro da União Europeia ([9]);
b) Ter idoneidade moral para o exercício do cargo;
c) Ter idade compreendida entre os 25 e os 65 anos;
d) Estar no pleno gozo dos direitos civis e políticos;
e) Não ter sido condenado por qualquer crime gravemente doloroso nem declarado incapaz de administrar as suas pessoas e bens por sentença transitada em julgado, salvo se obtida reabilitação judicial;
f) Possuir licenciatura em Direito, Economia, Gestão de Empresas, Auditoria ou cursos equiparados ou o bacharelato em

Contabilidade e Administração ou cursos equiparados, ou quaisquer outros cursos que para o efeito venham a ser reconhecidos por portaria do Ministro da Educação, sob proposta da CROC;

g) Realizar com aproveitamento um estágio profissional;

h) Obter aprovação em exame.

O estágio profissional

De acordo com o Regulamento aprovado pela CROC em 1994, o estágio tem o seguinte regime:

a) A sua duração será, normalmente, de 3 anos, com um mínimo de setecentas horas anuais, devendo ser efectuado pelo menos 2/3 do tempo junto de patrono devidamente habilitado. Esta duração poderá ser **reduzida** para um mínimo de um ano pela Comissão de Estágio, mediante proposta do respectivo patrono. Esta Comissão poderá ainda **dispensar** de estágio aqueles que, tendo exercido funções públicas ou privadas durante 5 anos, ela considere possuírem experiência e conhecimentos necessários para admissão a exame;

b) Os estagiários, pelo menos trimestralmente, elaborarão relatórios sobre os trabalhos executados e serão submetidos a provas de avaliação sobre as matérias de programa do exame para ROC, com especial incidência nas matérias de contabilidade e revisão das contas individuais e consolidadas;

c) Será emitido, a final, um certificado de estágio com validade de 5 anos, comprovativo da sua realização ou regularização.

O exame

De harmonia com o Regulamento também aprovado pela CROC em 1994, o exame profissional tem o seguinte regime:

a) As matérias estão distribuídas por:

Matérias nucleares:
- Contabilidade Financeira
- Contabilidade de Gestão
- Gestão Financeira

- Auditoria
- Tecnologia da Informação
- Regulamentação e Exercício da Actividade Profissional
- Ética e Deontologia Profissional

Matérias de apoio:

- Direito e Fiscalidade
- Matemática e Estatística
- Economia;

b) Haverá 3 provas escritas, duas sobre as matérias nucleares com a duração de 4 horas cada e uma sobre as matérias de apoio com a duração de 3 horas;

c) Para os candidatos que não tenham reprovado nas provas escritas haverá duas provas orais sobre as matérias nucleares, com a duração de 15 a 30 minutos cada; não estão previstas provas orais para as matérias de apoio;

d) O exame será realizado, pelo menos, uma vez por ano, perante um júri de exame nomeado por despacho conjunto do Presidente do Conselho Directivo e do Conselho de Inscrição da CROC.

Evolução do processo de exames para ROC

Ano em que se iniciou o exame	Requerentes	Presentes na primeira prova escrita	Admitidos às provas orais	Aprovados no exame
De 1973 a 1984	381	135	76	68
De 1985 a 1994	1.866	1.040	479	350
Subtotal	**2.247**	**1.175**	**555**	**418**
Em 1995	206	139	44	35
Em 1996	207	119	39	23
Em 1997	176	139	40	33
Total	**2.836**	**1.572**	**678**	**509**
Percentagem em relação aos aprovados	18%	32%	75%	—

A inscrição na Lista dos ROC

Os ROC e as SROC só poderão exercer as suas funções depois de inscritos na lista, designada por "Lista dos ROC", organizada pelo Conselho de Inscrição da CROC.

Regularizado o estágio, obtida a aprovação no exame e reunidos os demais requisitos de inscrição revistos na lei portuguesa, as pessoas singulares podem inscrever-se como ROC a título individual ou como sócios de SROC. Em matéria de inscrição de estrangeiros vigora, como vimos, o princípio de reciprocidade com igualdade jurídica de condições.

As modalidades de exercício das funções de revisão legal de empresas ou de outras entidades

Os ROC desempenham as funções previstas no seu estatuto profissional numa das seguintes modalidades:

a) A título individual;
b) Como sócios de SROC;
c) Sob contrato de prestação de serviços celebrado com um ROC a título individual ou com uma SROC.

A designação dos ROC para as funções de revisão legal

A designação dos ROC (um efectivo e um suplente) para o exercício das funções de revisão legal compete à assembleia geral de accionistas ou de sócios das respectivas sociedades, normalmente por um período de 4 anos de mandato dos órgãos sociais.

Na falta de designação dos ROC pelo órgão social competente devem ser nomeados oficiosamente pela CROC, podendo no entanto esse órgão social confirmar esta designação ou eleger outros ROC para completar o respectivo período de funções.

Nas empresas públicas o ROC é, todavia, designado para fazer parte da Comissão de Fiscalização por despacho conjunto dos Ministros das Finanças e da tutela.

O estatuto específico dos ROC
Direitos e deveres específicos no exercício da revisão legal

No exercício da revisão legal, compete ao ROC:

a) Elaborar relatório anual sobre a fiscalização efectuada, concluindo, entre outros aspectos, sobre a modalidade de certificação legal das contas ou a declaração de impossibilidade de certificação legal e também sobre a conformidade do relatório de gestão com as contas do exercício, distinto do relatório e ou do parecer exigido por lei ao órgão de fiscalização em que se integre, dentro dos prazos legais que vinculam este último, a apresentar ao órgão de gestão e, se o entender, à assembleia geral;

b) Elaborar documento de certificação legal das contas, numa das suas modalidades, ou declaração de impossibilidade de certificação legal, acompanhada dos anexos que entender convenientes, a apresentar obrigatoriamente à entidade competente para aprovação das contas, juntamente com estas;

c) Subscrever o relatório e ou parecer do órgão de fiscalização em que se integre, sem prejuízo de declaração de voto, se o entender;

d) Requerer isoladamente a convocação da assembleia geral, quando o conselho fiscal, devendo, o não faça.

Contrato de prestação de serviços e honorários

Embora as funções dos ROC revistam basicamente características de interesse público, trata-se de uma actividade privada exercida como trabalho independente, mediante contrato de prestação de serviços, reduzido a escrito, a celebrar obrigatoriamente com as empresas ou outras entidades quando no exercício das funções de revisão legal.

O exercício das funções de revisão legal de empresas ou de outras entidades confere ao ROC o direito a honorários a fixar entre as partes, tendo em conta critérios de razoabilidade que atendam, em especial, à natureza, extensão e profundidade do trabalho, ao tempo a despender e aos preços praticados no mercado. No exercício de quaisquer outras funções dos ROC, a fixação de honorários também poderá ter em conta os critérios anteriores.

No entanto, a lei fixa honorários mínimos para o exercício da revisão legal calculados com base numa tabela específica, não podendo ser inferiores a 150.000$00 anuais.

Porém, no que respeita às empresas públicas, os honorários dos ROC como membros das suas Comissões de Fiscalização correspondem a uma remuneração mensal ilíquida igual a 25% do vencimento mensal que tiver sido atribuído, nos termos legais, ao respectivo Presidente do Conselho de Gerência ou de Gestão (Portaria n.º 369/ /86, de 18 de Julho).

Incompatibilidades e impedimentos

O estatuto profissional dos ROC rodeia o exercício das suas funções de um conjunto de incompatibilidades e impedimentos, tendo em vista garantir a independência, o prestígio, a dignidade e outros princípios de ética e deontologia profissional, no seu relacionamento, quer com outra profissão, quer com as empresas ou outras entidades a quem presta serviços.

Nesse sentido cada ROC não poderá exercer revisão legal em número de empresas ou outras entidades cujo total de pontuação ultrapasse 24 pontos, calculado de acordo com o quadro seguinte (trata-se de uma incompatibilidade específica de exercício) [10]:

Total do balanço mais proveitos e ganhos (em milhares de contos)	Pontuação de empresa ou entidade
Até 250 (exclusive)..	0
De 250 a 2.000 (exclusive)..............................	1
De 2.000 a 10.000 (exclusive)........................	2
De 10.000 a 50.000 (exclusive)......................	3
Igual ou superior a 50.000...............................	4

Todavia, para os ROC que não exerçam as funções que lhes estão atribuídas em regime de dedicação exclusiva, o limite de pontuação anteriormente fixado é reduzido a 1/3 (8 pontos), quer exerçam a profissão a título individual, quer como sócios de uma SROC.

O estatuto jurídico das SROC

Em Portugal estas sociedades revestem a natureza de sociedades civis, dotadas de personalidade jurídica. Têm por objecto o desempenho das funções atribuídas aos ROC, não podendo dedicar-se a qualquer outra actividade. Todos os sócios das SROC têm de ser ROC e não poderão ser sócios de mais de uma SROC. Igualmente todos os sócios são administradores da Sociedade de Revisores Oficiais de Contas salvo disposição expressa dos estatutos em contrário.

Por outro lado, **para efeitos fiscais,** as SROC são qualificadas como **sociedades de profissionais**, sujeitas ao regime de transparência fiscal, nos termos do art.º 5.º, n.º 1, b) e n.º 4, a), do Código do Imposto sobre o Rendimento das Pessoas Colectivas.

As normas técnicas, éticas e deontológicas aplicáveis aos ROC

As normas técnicas de revisão / auditoria da CROC

Nos exames das contas efectuadas pelos ROC, mesmo nos não decorrentes de disposição legal, e em todos os casos que deva ser emitido documento de certificação legal das contas, aplicar-se-ão as normas aprovadas pela CROC, designadas por "Normas Técnicas de Revisão/Auditoria (NTRA)", com aplicação às contas do exercício de 1997 e seguintes[11].

Estruturalmente dividem-se em cinco capítulos, a saber:

- Prefácio
  Enquadramento
  Documentação técnica anterior

- Introdução
  Emissão e força das normas e outras tomadas de posição
  Âmbito de aplicação

- Normas gerais

- Normas de trabalho de campo
  Acções preparatórias
  Planeamento
  Coordenação, execução e supervisão do trabalho

- Normas de relato

Materialmente os exames das contas realizados pelos ROC são qualificados como "Revisão/Auditoria de Contas" sempre que respeitarem as NTRA.

As NTRA são suplementadas e desenvolvidas por directrizes técnicas. Supletivamente, são aplicáveis as normas e recomendações internacionais de auditoria, emitidas pela *International Federation of Accountants* (IFAC).

As NTRA podem, por consequência, considerar-se substancialmente ao par, sob o ponto de vista técnico, das práticas de revisão de contas dominantes a nível internacional.

Manual dos ROC

Para um melhor desempenho das funções dos ROC, a CROC dispõe de um Manual, contendo normativos jurídicos que regulam a profissão, normas nacionais e internacionais de revisão de contas e de contabilidade, Directivas da UE, normas de ética e deontologia profissional, procedimentos de revisão, etc..

Este Manual é de actualização permanente e encontra-se já repartido por 7 volumes.

Controlo de qualidade

Nos termos da lei a CROC aprovou em 1994 o Regulamento do Controlo de Qualidade do cumprimento das Normas e Recomendações Técnicas de Revisão Legal das Contas emitidas pela CROC e, supletivamente, pelos organismos profissionais por ela reconhecidos.

Este controlo de qualidade visa numa **primeira fase** o exame aos trabalhos feitos pelos ROC sobre empresas com valores mobiliários cotados na bolsa. Numa segunda fase visará os trabalhos de revisão/auditoria feitos sobre todas as outras empresas ou entidades sujeitas a revisão legal.

O Código de Ética e Deontologia Profissional

O Código de Ética e Deontologia Profissional (CEDP) foi aprovado pela CROC em meados de 1987, e é igualmente extensivo aos estagiários e aos técnicos auxiliares empregados pelos ROC e SROC. Ele constitui um desenvolvimento e aperfeiçoamento das disposições que a este propósito estão enunciados, quer no estatuto profissional dos ROC, quer nas NTRA. Estão nele especialmente regulados os princípios da conduta pessoal (integridade e idoneidade moral e cívica), da competência, da observância do sigilo profissional, da abstenção de publicidade pessoal, dos deveres para com os colegas, os clientes, a CROC e outras entidades, da atribuição de honorários e das sanções aplicáveis.

Responsabilidades dos ROC

Os ROC quando integrados nos órgãos de fiscalização das empresas ou outras entidades (v.g., sociedades comerciais e empresas públicas) **respondem civilmente** perante estas, os sócios e os credores sociais pelos danos que lhes causarem com a sua conduta culposa, nos termos da lei geral, sem prejuízo da responsabilidade disciplinar, tributária ou penal em que eventualmente incorram. Esta responsabilidade deve ser obrigatoriamente garantida por seguro pessoal de responsabilidade civil profissional, com o limite mínimo de 25 milhões de escudos por cada facto ilícito, feito a favor de terceiros lesados ([12]). No caso das SROC estarem registadas para efeitos da CMVM devem ainda ter um outro seguro de responsabilidade civil profissional com o limite mínimo de 500.000 contos por cada facto ilícito, feito a favor de terceiros lesados.

Os ROC também **respondem disciplinarmente** quando com a sua conduta culposa violarem alguns dos deveres estabelecidos no seu estatuto profissional, nos regulamentos ou na decorrência das suas funções. Acresce que a violação de algum dos deveres contidos no CEDP é passível de responsabilidade disciplinar, se ao caso não couber responsabilidade penal. As penas disciplinares vão desde a advertência à expulsão. Desde meados de 1994 que está em vigor o presente Regulamento Disciplinar aprovado pela CROC.

A **nível tributário** e de acordo com o n.º 2 do art.º 13.º do Código do Processo Tributário (CPT) à responsabilidade, **dos membros dos órgãos de fiscalização e dos ROC nas sociedades em que os houver**, aplica-se o regime da responsabilidade dos administradores, gerentes e outras pessoas que exerçam, funções de administração nas empresas e sociedades de responsabilidade limitada, desde que **se demonstre que a violação dos deveres tributários das socieda-**

des resultou do incumprimento das suas funções de fiscalização, se bem que neste caso o ónus da prova recaia, ao contrário do que acontece com os administradores ou gerentes sobre a Administração Fiscal.

E ainda no que toca à **responsabilidade penal** esta decorrerá para os ROC quando os factos forem passíveis de serem considerados infracção penal nos termos e ao abrigo da lei penal e processual penal.

Por fim, os ROC devem participar ao Ministério Público os factos, detectados no exercício das respectivas funções de interesse público, que constituam crimes públicos.

Notas:

([1]) Lei cujo projecto teve como principal promotor o Prof. Pires Cardoso.

([2]) Sofreu entretanto algumas alterações através do Decreto-Lei n.º 648/70, de 28 de Dezembro, tendentes a resolver certas dúvidas suscitadas na sua interpretação e a tornar possível a aplicação das sanções nele previstas.

([3]) Inexplicavelmente com a entrada em vigor do Código das Sociedades Comerciais (CSC) aprovado pelo Decreto-Lei n.º 262/86, de 2 de Setembro, foi eliminada esta prerrogativa.

([4]) Ver Diário do Governo, III Série, n.º 130, de 73/06/02.

([5]) No sentido de pessoalmente preferir a designação de *auditor*, veja-se o Prof. Dr. Rogério Fernandes Ferreira, Direito das Empresas, INA, 1990, pág. 49.

([6]) Ver Anexo.

([7]) No caso de sociedades anónimas com capital inferior a 20.000 contos, já existia a opção de Fiscal Único. A revisão legal ainda pode ser exercida pelo órgão ROC no caso das sociedades anónimas cuja estrutura orgânica seja composta por Direcção, Conselho Geral e ROC.

([8]) Entretanto a CMVM veio esclarecer que face à nova versão do artigo 100.º, n.º 4, do Código do MVM, nada obsta a que a CLC e o Relatório de Auditoria (RA) sejam elaborados pelo mesmo ROC, desde que o auditor se encontre registado na CMVM. Veio ainda esclarecer que nada há a opor à eliminação física da existência de duas peças separadas, designadamente a CLC e o RA, uniformizando-as e consubstanciando-as num só documento intitulado "Certificação Legal das Contas e Relatório de Auditoria", para os casos em que o membro do Conselho Fiscal ou Fiscal Único, responsável pela emissão da CLC, seja um auditor inscrito na CMVM, nos termos do artigo 103.º do Código do MVM. Não nos parece, todavia, apropriado o título dado a este documento uniformizado, não só devido ao que estabelece o n.º 1 do art.º 37.º do Decreto-Lei n.º422-A/93, de 30 de Dezembro, como por se tratar de dois documentos com valores jurídicos distintos: a CLC é dotada de fé pública e o RA não. Com a uniformização deveria, por isso, prevalecer apenas o título "Certificação Legal das Contas".

([9]) É ainda admitida a inscrição de outros cidadãos estrangeiros que preencham os requisitos gerais exigidos, desde que o Estado respectivo admita portugueses a exercer profissão correspondente à de revisor em igualdade de condições com os seus nacionais, reconhecidas de harmonia com o legalmente estabelecido.

([10]) Os limites para as SROC são os que resultam do número de sócios multiplicado por 1,3; no caso de todos os sócios exercerem as funções que lhe estão atribuídas em **regime de dedicação exclusiva**, o factor será de 1,5.

([11]) Publicadas no Diário da República, III Série, n.º 295, de 23 de Dezembro de 1997. Foram revogadas as Normas Técnicas de Revisão Legal de Contas, publicadas no Diário da República, III Série, n.º 204, de 5 de Setembro de 1983.

([12]) O limite mínimo deste seguro para as SROC é, porém, de 100.000 contos vezes o número de sócios.

Abreviaturas

Anexo 1

CEE	– Comunidade Económica Europeia
CEDP	– Código de Ética e Deontologia Profissional
CLC	– Certificação Legal das Contas
CMVM	– Comissão do Mercado de Valores Mobiliários
CPT	– Código de Processo Tributário
CRC	– Código do Registo Comercial
CROC	– Câmara dos Revisores Oficiais de Contas
CSC	– Código das Sociedades Comerciais
Código do MVM	– Código do Mercado de Valores Mobiliários
FEE	– Fédération des Experts Comptables Européens
IASC	– International Accounting Standards Committee
IFAC	– International Federation of Accountants
IT	– Informações Técnicas
NTRLC	– Normas Técnicas de Revisão Legal das Contas
OPA	– Oferta Pública de Aquisição
OPS	– Oferta Pública de Subscrição
OPV	– Oferta Pública de Venda
RAE	– Relatório de Auditoria Externa
ROC	– Revisores Oficiais de Contas
RT	– Recomendações Técnicas
SROC	– Sociedades de Revisores Oficiais de Contas
UE	– União Europeia
UEC	– Union Européenne des Experts Comptables, Economiques e Financiers

As profissões de contabilistas/revisores na Europa Ocidental
Anexo 2

País	Associação profissional	Abreviatura
Bélgica	Institut des Reviseurs d'Entreprises	IRE
Bélgica	Institut des Experts Comptables	IEC
Dinamarca	Foreningen af Statsautoriserede Revisorer	FSR
Dinamarca	Association de Comptables Agréés [1]	ACA
Alemanha	Institut der Wirtschaftsprüfer	IDW
Alemanha	Institut der Vereidigte Buchprüfer	IdvBP
Grécia	Institut des Comptables Assermentés [1]	SOL
Espanha	Colegios Oficiales de Economistas de España [2]	COEE
Espanha	Instituto de Auditores Censores Jurados de Cuentas de España [2]	IACJCE
Espanha	Colegios Oficiales de Titulados Mercantiles y Empresariales de España [2]	COTMEE
França	Ordre des Experts-Comptables et Comptables Agréés	OECCA
França	Compagnie Nationale des Commissaires aux Comptes	CNCC
Irlanda	Institute of Chartered Accountants in Ireland [3]	ICAI
Itália	Consiglio Nazionale dei Dottori Commercialisti	CNDC
Itália	Consiglio Nazionale dei Ragionieri e Periti Commerciali	CNR
Luxemburgo	Ordre des Experts Comptables Luxembourgeois	OECL
Países-Baixos	Nederlands Instituut van Registeraccountants	NIVRA
Portugal	Câmara dos Revisores Oficiais de Contas	CROC
Portugal	Associação dos Técnicos Oficiais de Contas	ATOC
Reino-Unido	Institute of Chartered Accountants in England and Wales	ICAEW
Reino-Unido	Institute of Chartered Accountants of Scotland	ICAS
Reino-Unido	The Association of Chartered Certified Accountants	ACCA
Reino-Unido	Chartered Institute of Management Accountants	CIMA
Reino-Unido	Chartered Institute of Public Finance and Accountancy	CIPFA
Reino-Unido	Institute of Chartered Accountants in Ireland [3]	ICAI
Áustria	Kammer der Wirtschaftstreuhänder	KdW
Suíça	Schweizerische Kammer der Bücher-, Steuer-und Treuhändexperten	SKB
Finlândia	KHT-Yhdistys Foreningen CRG	KHT
Islândia	Félag Löggiltra Endurskodenda	FLE
Noruega	Norges Statsautoriserte Revisorers Forening	NSRF
Suécia	Föreningen Auktoriserade Revisorer	FAR

Notas:
[1] Em francês.
[2] Corporações de direito público que dão acesso ao ROAC – *Registro Oficial de Auditores de Cuentas* do ICAC (*Instituto de Contabilidad y Auditoria de Cuentas*).
[3] Abrange não só a Republica da Irlanda como a Irlanda do Norte.

2.5 Um estatuto para o presente e para o futuro

(Editorial da revista "Revisores & Empresas" n.º 3 de Outubro/Dezembro de 1998)

Depois de trabalho aturado desde o início do ano pela Comissão Técnica de Legislação e Regulamentos da Câmara dos ROC, o Conselho Directivo apresentou a correspondente proposta de Revisão do Regime Jurídico dos ROC à sua Assembleia Geral Extraordinária (AGE) para apreciação e votação, cumprindo, assim, um dos pontos do Plano de Actividades para 1998.

Iniciada no final de Novembro passado, a referida AGE prolongou-se por 6 (seis) sessões diárias, as quais foram amplamente participadas, o que revela bem do interesse que a classe profissional atribui a esta matéria.

Com esta revisão completa-se, no essencial, a adaptação desta actividade e do seu regime jurídico às normas comunitárias, iniciada com o Decreto-Lei n.º 422-A/93, de 30 de Dezembro, e aproveita-se também a oportunidade para se introduzirem outras alterações decorrentes da experiência entretanto adquirida, por forma a adaptar o Estatuto ora revisto às novas exigências profissionais e do ordenamento jurídico interno.

Especificamente, esta revisão estatutária pretende dar respostas às seguintes cinco questões essenciais, que preocupam a classe profissional e o mercado na prossecução do interesse público que lhes assiste.

A primeira questão tem a ver com a Câmara assumir, de pleno direito, o estatuto profissional de Ordem. E com isso passar a exercer jurisdição sobre todas as matérias de revisão/auditoria às contas, tenham elas origem legal, estatutária ou contratual, na decorrência, aliás, da crescente relevância que vem sendo reconhecida ao papel dos ROC na defesa do interesse público, subjacente à credibilidade do exame às contas de empresas e de outras entidades.

A segunda questão prende-se com a necessidade de harmonizar o regime jurídico das sociedades de revisores oficiais de contas (SROC) com as situações e tendências dominantes na UE, mediante a faculdade de se poderem constituir novas sociedades ou de se transformarem as actuais, mantendo-se a respectiva natureza civil, segundo os tipos jurídicos previstos no Código das Sociedades Comerciais (CSC). Mas tal faculdade dependerá entre outros requisitos, do controlo do capital social e dos direitos de voto e do exercício da gestão dessas sociedades ficarem sempre, com maioria qualificada, na posse dos ROC com salvaguarda em exclusivo do exercício das funções de interesse público por estes mesmos profissionais. Isto mesmo sem se descurar a articulação e ponderação destes tipos jurídicos de SROC com a responsabilidade pessoal e directa dos ROC emergente dos actos de serviço em que intervierem no âmbito dessas funções de interesse público.

Esta harmonização é um elemento essencial da instituição e funcionamento de um verdadeiro mercado único de revisão/auditoria às contas, por forma a progressivamente se eliminarem as restrições nacionais ao livre estabelecimento e à prestação dos correspondentes serviços a nível da UE. Harmonização que tinha já sido contemplada na Lei n.º 13/93, de 3 de Maio, e que por razões conjunturais não foi, na altura, executada. Por outro lado, esta harmonização irá possibilitar a sujeição à jurisdição da Ordem das actuais firmas nacionais ou ligadas às organizações internacionais de auditoria, mediante a sua transformação ou constituição de novas firmas de raiz com o formato jurídico ora proposto. Passar-se-á a ter, assim, um mercado profissional de revisão/auditoria às contas mais organizado, exigente e disciplinado.

A terceira questão tem a ver com o aumento da transparência da informação financeira publicada pelas empresas e outras entidades com valores cotados nas bolsas. Propõe-se, assim, que a designação para o exercício da revisão legal das contas destas empresas e outras entidades se deva circunscrever aos ROC/SROC inscritos e a inscrever na CMVM.

Com efeito, é dificilmente inteligível para o utente dessa informação financeira que se publiquem relativamente às mesmas contas anuais de empresas cotadas, uma certificação legal das contas (CLC) emitida por uma SROC, um relatório de auditoria (RA) emitido por outra SROC, na qualidade de Auditor Externo, e, ainda, como frequentemente acontece, um parecer (ou relatório) do auditor contratual (voluntário). E é ainda menos inteligível quando esses três documentos contêm textos praticamente iguais, só diferindo em função da qualidade em que a(o) interveniente está investida(o). Este estado de coisas, em nosso entender, não serve os fins do sistema jurídico e muito menos se justifica nesta fase de afirmativa maturidade da profissão. Pensamos que, nesta fase de generalização e aperfeiçoamento do sistema de controlo de qualidade, horizontal e vertical, por toda a classe profissional, não faz sentido existirem, no limite dois documentos emitidos por duas SROC, com valor probatório diferente, mesmo que formalmente incorporados num único. A manutenção da coexistência da certificação legal das contas e do relatório de auditoria poderá, inclusive, causar problemas legais e deontológicos de difícil resolução. Em caso de contradição ou divergência entre os dois documentos, o relatório de auditoria será reconduzido a um mero relatório de perito a valorar livremente, enquanto a certificação legal das contas permanecerá com o valor probatório pleno conferido pelo artigo 371.º do Código Civil. E ainda, em caso de contradição ou divergência entre os dois documentos, não se estará a contribuir para o descrédito da profissão em violação frontal com o dever legal dos ROC/SROC contribuírem para o prestígio da mesma, *ex vi* artigo 53.º do seu actual estatuto profissional?

A quarta questão tem a ver com a extensão da sujeição à intervenção dos ROC, no âmbito das suas funções de interesse público de revisão/auditoria às contas, de empresas ou de outras entidades que possam ou devam possuir contabilidade organizada e preencham os requisitos estabelecidos no n.º 2 do artigo 262.º do CSC, sem prejuízo das atribuições conferidas nesta matéria ao Tribunal de Contas ou a qualquer organismo da Administração Pública.

A quinta questão relaciona-se com o regime de acesso à profissão, passando pela exigência de licenciatura adequada como habilitação académica mínima e pela realização de um exame admissão à Ordem, seguindo-se um estágio profissional com a duração mínima de três anos e avaliações intercalares e final de conhecimentos.

Estas as questões essenciais. Mas, como já foi referido, aproveitou-se também a oportunidade para se alterarem outros aspectos, com vista a reforçar a autonomia da Ordem e a conferir maior e melhor operacionalidade, coordenação e eficácia aos seus órgãos sociais.

Não se trata, obviamente, de uma revisão estatutária apenas para o presente. Ela tem de ser vista também para o futuro, numa sociedade em mudança e cada vez mais entrelaçada. Para um futuro que se pretende seja o mais lato possível, já que não se pode estar permanentemente a alterar o quadro jurídico de uma classe profissional, qualquer que ela seja, e muito menos de uma, como a nossa, que se reveste de relevante interesse público e social.

É nossa convicção que esta revisão estatutária constituirá um marco importante na vida da nossa profissão. No entanto, os ROC terão de a assumir nas suas virtualidades e, quiçá, nos seus defeitos, nos seus méritos e, certamente, nos seus deméritos.

Ela é intrínseca e dinamicamente uma obra inacabada. É, todavia, desejável que sirva a generalidade da classe e, sobretudo, que esta nela se reveja. Mas é primariamente desejável que sirva o interesse público e a sociedade em geral, que dela são objecto, como corolário do exercício dos poderes e dos deveres públicos que Estado delegou na actual Câmara.

É neste entrecruzar de situações e interesses que se deverá avaliar esta proposta. Ela pretenderá ser, não a portadora deste ou daquele sector desta actividade, deste ou daquele interesse individual ou colectivo, mas deverá ser, na medida do possível, a bissectriz de todos os interesses relevantes e reconhecíveis, presentes e potenciais, de uma classe profissional vista como um todo.

Assim, sendo, resta ao Conselho Directivo manifestar a sua firme convicção de que esta proposta, a apresentar sob a forma de anteprojecto, contém razões e fundamentos bastantes para merecer do poder politico o seu melhor acolhimento e patrocínio.

Tudo faremos para que assim seja.

2.6 Os desafios na profissão no século XXI, no contexto da integração europeia

(Conferência proferida no Instituto Politécnico de Setúbal – Escola Superior de Ciências Empresariais D. Eugénia em 18 de Março de 1999)

A profissão de Revisor Oficial de Contas

Quando em 1969 se consagrou pela primeira vez na legislação portuguesa a figura dos Revisores Oficiais de Contas (ROC), certamente que se estaria longe de pensar a evolução que ela viria a ter até aos nossos dias.

Desde logo rodeada de determinadas garantias de independência funcional e hierárquica relativamente às empresas ou outras entidades a que presta serviços e sujeita a um complexo de direitos e deveres específicos, por forma a proporcionar um elevado grau de exigência técnica e de conduta ética e deontológica, a profissão de ROC tem vindo a afirmar-se progressivamente na comunidade empresarial e social. Esta afirmação é fruto, não só da postura estatutária dos ROC, como também, é justo dizê-lo, da crescente globalização e internacionalização das economias e dos mercados e da introdução de novos processos e de novas tecnologias de informação e de comunicação. O que faz com que a informação contabilística e financeira publicada pelas empresas seja cada vez mais utilizada no plano nacional e internacional por um crescente número de utentes para com base nela tomarem decisões.

Será conveniente entretanto recordar que o primeiro estatuto jurídico dos ROC foi publicado em 1972 e que a Câmara dos Revisores Oficiais de Contas (CROC) foi criada em Fevereiro de 1974, este ano a celebrar as suas bodas de prata. Passada a década de 70, em que foram dados os primeiros passos, fortemente condicionados pelos momentos políticos, económicos e sociais entretanto vividos, inicia-se na década de 80 um importante processo de afirmação profissional, formalmente sustentado por um estatuto profissional revisto – consubstanciado no Decreto-Lei n.º 519-L2/79, – de 29 de Dezembro, e materialmente apoiado por uma maior exigência no acesso e no exercício da profissão com a realização anual de exames de acesso e a sujeição dos ROC a normas técnicas de revisão legal das contas.

Chegados à década de 90, com o nosso país já integrado na então Comunidade Económica Europeia, foi entretanto necessário fazer alguns ajustamentos ao estatuto jurídico então em vigor, devido não só às significativas modificações que se operaram no ordenamento jurídico interno e comunitário, como também por imperativo da experiência adquirida. Daí que foi publicado o Decreto-Lei n.º 422-A/93, de 30 de Dezembro, hoje em vigor, a carecer, por sua vez, de outros ajustamentos por forma a adaptá-lo às novas exigências legais e profissionais.

Nesse sentido apresentámos ao Governo um **anteprojecto** de revisão do regime jurídico dos ROC, com vista a dar resposta a essas novas exigências. Com efeito, a crescente relevância que vem sendo reconhecida ao papel do revisor oficial de contas na defesa do interesse público, subjacente à credibilidade do exame às contas de empresas e outras entidades, e a preocupação de submeter à jurisdição da respectiva associação pública profissional tudo o que respeita à actividade de revisão legal das contas, auditoria às contas e serviços relacionados, justificam, dentro do quadro constitucional das associações públicas, a passagem da actual Câmara a Ordem. E, com a consequente atribuição aos revisores oficiais de contas de competências exclusivas relativamente ao exercício dessa actividade, bem como de quaisquer outras funções que por lei exijam a intervenção própria e autónoma destes profissionais sobre actos ou factos patrimoniais das mesmas entidades, todas as matérias de revisão/auditoria às contas, seja legal, estatutária ou contratual, ficam submetidas à disciplina normativa e ao controlo da Ordem.

Evolução do conceito de auditoria

Na economia global, de que o mercado único da União Europeia (UE) é um subconjunto, com a passagem da sociedade industrial para a sociedade da informação, questiona-se hoje em dia se continua a ser válido o enfoque tradicional baseado no risco de auditoria relacionado com os ciclos de transacções ou se haverá necessidade de ruptura com este enfoque para se poder dar resposta aos novos desafios colocados num mundo em constante turbulência, em que o **conhecimento do negócio** e a compreensão do meio em que a empresa está envolvida passarão a ser o fio condutor da auditoria às contas.

Está a desenhar-se, assim, um novo enfoque da auditoria, que passará a englobar a problemática da continuidade da empresa ou do "*going concern*". Mas deve sublinhar-se, desde já, que uma análise da continuidade da empresa por parte do auditor não significa uma garantia sobre a sua viabilidade futura, uma vez que o trabalho de previsão é inerente à função de gestão da empresa, que tem a obrigação de informar os utentes da informação financeira de que as contas têm subjacente a hipótese (ou não) de gestão continuada da empresa.

Embora os gestores (administradores/gerentes) não possam garantir a solidez permanente de uma empresa, parece razoável esperar que eles façam saber publicamente se, segundo o seu ponto de vista, e tendo em conta o **conhecimento do negócio** em que a empresa se insere e aquele em que prevê operar, esta dispõe de recursos financeiros adequados que lhe permitam prosseguir a sua actividade durante, pelo menos, 12 meses, a contar da data de aprovação das contas. Simplesmente, os utentes da informação financeira consideram que a análise da viabilidade futura da empresa é uma das principais funções dos auditores face ao contacto directo que têm com ela e à necessidade/obrigação de conhecerem os seus planos futuros.

Se bem que ainda não seja inteiramente assumido, o alargamento do âmbito e do alcance da auditoria ao *"going concern"* e ao **conhecimento do negócio** será, não só uma função própria da auditoria, senão mesmo, a breve prazo, uma das suas funções mais importantes. O que implica que a **informação financeira prospectiva** seja uma área a ganhar uma importância cada vez maior nos últimos anos, constituindo um complemento relevante às contas convencionais no contexto do mundo em turbulência em que vivemos. Só que a não existência genérica de normas pré-estabelecidas para a elaboração da informação financeira prospectiva e a consequente **ausência de um padrão de referência** não facilita a auditoria deste tipo de informação.

No entanto, trata-se de um conceito de auditoria que aparece já nos anos 60, não sendo, por isso, um conceito novo. Simplesmente, os organismos nacionais e internacionais de auditoria, incluindo os europeus, preocupam-se agora em delimitá-lo como norma de conduta geral do auditor ([1]).

Assim sendo, a tendência que firmemente se desenha, quando estamos prestes a iniciar o século XXI, nesta sociedade global de informação em constante turbulência, é que o âmbito e o alcance da auditoria serão cada vez mais alargados, por forma a abrangerem também a apreciação do *"going concern"* e do **conhecimento do negócio**. Parece haver, assim, um caminho irreversível, que está progressivamente a passar da **auditoria estritamente financeira à auditoria da estratégia das empresas.**

Face à inexistência de uma definição comum de auditoria e ao facto de subsistirem ainda diferenças significativas entre as legislações dos diversos Estados-membros, a Comissão Europeia publicou em 1996 um **Livro Verde** ([2]) **relativo ao Papel, Estatuto e Respon-**

sabilidade do Auditor de Contas na UE, no intuito de sensibilizar todos os interessados nesta matéria. Em Fevereiro de 1997, o Comité Económico e Social da UE emitiu o seu **Parecer** sobre o mesmo. E o Parlamento Europeu, na sua **Resolução** de Janeiro de 1998, salientou que o auditor desempenha um papel importante para o bom funcionamento do mercado único, ao assegurar a credibilidade das contas das empresas, e chamou a atenção para a necessidade de se suprimirem as eventuais restrições nacionais susceptíveis de restringir a liberdade de estabelecimento e de prestação de serviços a nível da UE.

Perante este estado de coisas, a Comissão Europeia instituiu recentemente um **Comité de Auditoria,** constituído por peritos nacionais nomeados pelos Estados-membros, de que a CROC é a representante de Portugal, especificamente encarregado das questões que se levantam em matéria de auditoria às contas.

As principais funções do Comité de Auditoria são as seguintes:

a) Analisar as normas internacionais de auditoria em vigor e a sua aplicação no contexto da UE, no intuito de determinar se essa aplicação responde à necessidade ou não de normas europeias nesta matéria;

b) Contribuir para os trabalhos a desenvolver pelo *International Auditing Practices Committee* (IAPC) da IFAC, incluindo a coordenação dos pareceres sobre os projectos de normas submetidas a consulta;

c) Analisar **os sistemas de controlo de qualida**de da auditoria nos Estados-membros e apresentar propostas tendo em vista a sua melhoria;

d) Analisar as propostas respeitantes a um conjunto básico de princípios fundamentais em matéria de **independência** elaborados pelo sector europeu de auditoria.

O Comité de Auditoria tem como prioridade essencial apresentar ao **Comité de Contacto das Directivas Contabilísticas** a sua posição relativamente a todas as questões que lhe sejam submetidas, nomeadamente as de natureza mais política, tais como a definição comum do conceito de auditoria, os sistemas de controlo de qualidade, a independência profissional e o conteúdo do relatório de auditoria no contexto da **UE**.

Um novo conceito de auditoria

Para alguns, processualmente, a auditoria tradicional já chegou à sua fase de maturidade. Acentua-se a concorrência e a concentração dos mandatos e o desenvolvimento da informação em tempo real está cada vez mais a pôr em causa a necessidade/utilidade de uma auditoria apenas à informação anual. Para além disso, é previsível que aumente a necessidade de uma maior intervenção do auditor em matéria de detecção de fraudes, levando ao desenvolvimento de novos processos e meios tecnológicos de auditoria, designadamente informáticos. E, em sequência, está já a verificar-se uma procura crescente de certificação da informação financeira, conduzindo à noção de "certificação em contínuo".

Assim sendo, a apresentação da informação financeira das empresas está condenada a evoluir para:

- Uma publicação mais rápida das contas anuais certificadas; e
- Um desenvolvimento das exigências e das práticas em matéria de relatórios intermédios e de informação em contínuo.

QUADRO 1

EVOLUÇÃO DA INFORMAÇÃO		
1. Periódica	ou	Em tempo real/contínua
2. Histórica	ou	Prospectiva
3. Baseada na noção de custo histórico	ou	Baseada na noção de valor
4. Financeira	ou	Global (incluindo dados não financeiros pertinentes)
5. Demonstrações de síntese	ou	Base(s) de dados com possibilidade de se extrair a informação desejada e de a configurar segundo as necessidades evidenciadas, com vista a se obter um nível de informação mais detalhado para possibilitar a análise

Fonte: AICPA

QUADRO 2

AUDITORIA TRADICIONAL	AUDITORIA DO FUTURO
As **contas anuais** acompanhadas da respectiva **certificação**.	A **informação financeira e não financeira em tempo real,** acompanhada de uma expressão do tipo **"auditoria em contínuo"**

Fonte: AICPA

Alguns aspectos do futuro da profissão de ROC no contexto da União Europeia

Constitui elemento essencial do funcionamento de um verdadeiro mercado único de revisão/auditoria a nível da UE, a eliminação das restrições nacionais por forma a progressivamente se facilitar o livre estabelecimento de revisores/auditores, individuais e sociedades de revisão/auditoria, de uns Estados-membros noutros Estados-membros e a livre prestação dos seus serviços.

Isso passa necessariamente pela redefinição e reforço do papel dos organismos profissionais nacionais. Ou seja, com a progressiva construção do mercado único europeu de revisão/auditoria, o papel da OROC, como única responsável institucional deste sector de actividade em Portugal, vai seguramente acentuar-se no domínio da acreditação das condições objectivamente necessárias para garantir no nosso país o livre direito de estabelecimento e de prestação de serviços de revisores/auditores habilitados noutro Estado-membro, com respeito pelos normativos legais, profissionais, deontológicos e de controlo de qualidade que regem aqui a actividade de revisão//auditoria às contas. O que implica, entre outros aspectos, pôr em funcionamento um sistema de troca de informações entre as autoridades competentes dos diversos Estados-membros, no respeitante à habilitação dos revisores/auditores e à aplicação dos demais normativos, e suprimir as restrições nacionais em vigor, que impeçam, por exemplo, uma sociedade de revisão/auditoria de um outro Estado--membro de criar em Portugal uma sucursal ou outra forma local de representação sob o mesmo tipo jurídico adoptado nesse outro Estado-membro ([3]). Quando se trate de uma filial, esta deverá adoptar um tipo jurídico autorizado em Portugal. Estes mesmos princípios dever--se-ão, evidentemente, aplicar em situação inversa.

Exactamente por estarmos atentos a este previsível evoluir da profissão, é que no nosso Plano de Actividades para 1998 inscrevemos um ponto relativo à abertura a novos tipos jurídicos de Sociedades de Revisores Oficiais de Contas (SROC), enquadrado no âmbito mais vasto da **revisão do nosso actual estatuto profissional** (Decreto-Lei n.º 422–A/93, de 30 de Dezembro), **cujo anteprojecto se encontra presentemente em apreciação pelo Governo**.

Com efeito, propomos abrir a profissão a novos tipos jurídicos de SROC, mantendo em todo o caso a sua natureza civil, **no sentido** de as harmonizar com as situações e tendências dominantes na UE, por forma a se poderem constituir novas SROC ou a se transformarem as actuais, mas subordinadas ao preenchimento de determinados requisitos, designadamente quanto ao objecto, à posse do capital e ao exercício da gestão, à composição da firma e à exclusividade e especificidade das competências dos ROC. Isto sem descurar a sua articulação e ponderação com a responsabilidade pessoal e directa dos ROC emergente dos actos de serviço em que intervierem no âmbito das suas funções de interesse público. Saliente-se, aliás, que esta possibilidade tinha já sido contemplada na Lei n.º 13/93, de 3 de Maio, não tendo, todavia, por razões conjunturais, sido executada.

O que irá possibilitar as actuais firmas de auditoria nacionais ou ligadas a organizações internacionais de encetarem processos de transformação ou de constituírem novas firmas de raiz, por forma a poderem preencher os requisitos específicos antes enunciados.

Note-se que o já referido caminho para a redefinição e o reforço do papel dos organismos profissionais representativos desta actividade a nível da UE, como é o caso da CROC em Portugal, exercerá certamente um forte poder de atracção às firmas de auditoria nacionais ou ligadas a organizações internacionais, de molde a entrarem num mercado profissional que se pretende cada vez mais organizado, exigente e disciplinado.

Esta preocupação, para além de se enquadrar na evolução que se perspectiva a nível da UE, inscreve-se também no objectivo essencial de protecção do interesse público e do interesse geral dos sócios, investidores e outros terceiros, e de clarificação do mercado profissional de revisão/auditoria às contas no nosso país e, consequentemente, do aumento da transparência decorrente da informação financeira publicada pelas empresas a todos os níveis e muito particularmente do mercado de capitais.

É que, provavelmente, em virtude do desencontro entre as reformas do mercado de capitais (Decreto-Lei n.º 142-A/91, de 10 de Abril) e do Estatuto dos ROC, existe uma dicotomia entre SROC e Auditores Externos inscritos para efeitos da CMVM, **eles próprios também SROC**, que a coerência do sistema jurídico impõe que seja eliminada. De facto, o Decreto-Lei n.º 261/95, de 3 de Outubro, já ensaiou a compatibilização das duas figuras, **mas não eliminou com-**

pletamente esta dicotomia, que, em última análise, não produz qualquer efeito útil. Não clarifica o mercado profissional da revisão/auditoria às contas, nem contribui para a maior transparência da informação financeira publicada pelas empresas com valores cotados nas bolsas de valores portuguesas.

Com efeito, é dificilmente inteligível para o utente dessa informação financeira que se publiquem **relativamente às mesmas contas anuais de empresas cotadas**, uma certificação legal das contas (CLC) emitida por uma SROC, um relatório de auditoria (RA) emitido por outra SROC[4], na qualidade de Auditor Externo, e, ainda, como frequentemente acontece, um parecer (ou relatório) do auditor contratual (voluntário). E é ainda menos inteligível quando esses três documentos contém textos praticamente iguais, só diferindo em função da qualidade em que a(o) interveniente está investida(o). Este estado de coisas, em nosso entender, não serve os fins do sistema jurídico e muito menos se justifica nesta fase de **afirmativa maturidade da profissão.** Pensamos que, nesta fase de generalização e aperfeiçoamento do sistema do controlo de qualidade, horizontal e vertical, por toda a nossa classe profissional, não faz sentido existirem, no limite, dois documentos emitidos por duas SROC, com valor probatório diferente, mesmo que formalmente incorporados num único. A manutenção da coexistência da certificação legal das contas e do relatório de auditoria poderá, inclusive, causar problemas legais e deontológicos de difícil resolução. Em caso de contradição ou divergência entre os dois documentos, o relatório de auditoria será reconduzido a um mero **relatório de perito a valorar livremente**, enquanto a certificação legal das contas permanecerá com o **valor probatório pleno** conferido pelo art.º 371.º do Código Civil. E ainda, em caso de contradição ou divergência entre os dois documentos, não se estará a contribuir para o descrédito da profissão, em violação frontal com o dever legal dos ROC/SROC contribuírem para o prestígio da mesma, *ex vi* art.º 53.º do seu estatuto profissional?

Tudo razões que apontam para a reforma do papel dos ROC no âmbito do Mercado de Valores Mobiliários. **A abertura antes referida das SROC a novos tipos jurídicos, mantendo a natureza de sociedades civis, no sentido de as harmonizar com as tendências e situações dominantes na UE, é um dos exemplos significativos**

dessa reforma. Pretende-se ultrapassar a situação pouco clara e transparente hoje em vigor a nível do mercado de capitais, eliminar a duplicidade de figuras e de documentos por elas emitidos, evitar a diluição ou a deslocação de responsabilidades profissionais, projectar as SROC e os seus profissionais igualmente a nível dos mercados de capitais europeus e internacionais e proporcionar a aceitação generalizada das contas das empresas portuguesas cotadas nesses mercados.

Face ao que antecede, passados quase 30 anos sobre a consagração legislativa desta figura, e, atenta à evolução operada não só a nível da crescente relevância que vem sendo reconhecida ao papel dos ROC na defesa do interesse público, como a nível do seu perfil, da exigência técnica e da disciplina destes profissionais, apesar dos problemas e dos desafios existentes, é hoje possível afirmar que se trata de uma profissão empresarialmente mais necessária, tecnicamente, mais qualificada e socialmente mais digna e respeitada.

Notas:
[1] Veja-se, a título de exemplo:
- IFAC – *International Federation of Accountants, International Standards on Auditing* (ISA), n.º 27.
- FEE – *Fédération des Experts Comptables Européens,* que também alarga o alcance da auditoria ao "*going concern*", uma vez que "aos objectivos tradicionais relativos ao cumprimento das normas legais, controlo interno estabelecido, aplicação dos princípios contabilísticos geralmente aceites, etc., acrescenta a obrigação de estimar os aspectos mais conflituantes como os relativos à continuidade da empresa como negócio..." [cfr., Sanchez Fernandez de Valderrama, 1. L. (1997), *Libro de Homenage a D. Melício Riesco*, ICAC, Madrid, pág. 7, citado em Da auditoria financeira à auditoria da estratégia, José Joaquim Marques de Almeida, Boletim da CROC, n.º 14, Janeiro/ /Março/98].
- CROC – Câmara dos Revisores Oficiais de Contas, Recomendação Técnica, n.º 11 (1.ª Revisão – Julho de 1994).

[2] JO C 321, de 28.10.96, pág. 1.

[3] Cfr., Comunicação da Comissão Europeia relativa ao futuro da auditoria na União Europeia (98/C,*143/03*), publicada no JO C 143, de 98.05.08, pág. 12.

[4] A CMVM veio entretanto esclarecer que nada há a opor à eliminação física da existência destas duas peças separadas, a CLC e o RA, uniformizando-as e incorporando--as num só documento intitulado "Certificação Legal das Contas e Relatório de Auditoria", nos casos em que uma SROC seja simultaneamente membro do Conselho Fiscal ou Fiscal Único e auditora externa inscrita na CMVM.

2.7 A Câmara dos Revisores Oficiais de Contas passa a Ordem

(Entrevista concedida ao semanário "Vida Económica – Suplemento Contabilidade e Empresas" em Julho de 1999)

No passado dia 2 do corrente mês, a Assembleia da República aprovou a Lei que autoriza o Governo a rever o Regime Jurídico dos Revisores Oficiais de Contas. No entanto, este processo legislativo só ficará completo quando sair o Decreto-Lei de execução da referida Lei.

O que motivou ou provocou a passagem da Câmara a Ordem, afinal uma exigência de há longa data por parte dos revisores oficiais de contas?

Finalmente reconheceu-se o interesse público na salvaguarda da credibilidade das contas das empresas e outras entidades, aliado, por um lado, às exigências específicas para o acesso à profissão e, por outro lado, ao exercício da jurisdição sobre todas as matérias de revisão/auditoria às contas, tenham elas origem legal, estatutária ou contratual, sem prejuízo das atribuições conferidas nesta matéria ao Tribunal de Contas ou a qualquer organismo da Administração Pública.

Por outras palavras, trata-se de se assumir *de jure* uma situação de facto (art.º 267.º, n.º 4, da Constituição).

Por certo que vários motivos estarão na origem da alteração da situação existente. Indique aqueles que considera mais importantes nesse sentido.

Desde logo, a razão de base prende-se com a necessidade de completar a adaptação do actual regime jurídico às normas comunitárias da 8.ª Directiva – 84/253/CEE, de 10 de Abril, designadamente no que toca à harmonização do regime jurídico das Sociedade de Revisores Oficiais de Contas (SROC) com as situações e tendências dominantes na União Europeia.

Além disso, houve que ter em consideração as modificações operadas no direito interno, nomeadamente na legislação comercial (introdução do regime do fiscal único, como regime regra, e dos deveres de prevenção e vigilância), na legislação tributária [Lei Geral Tributária (LGT) e Regulamento Complementar de Procedimento da

Inspecção Tributária (RCPIT)], no Regime Geral das Instituições de Crédito e Sociedades Financeiras (RGICSF) e no Código MVM (dever de comunicação de factos que indiciem infracções graves).

Face à nova realidade qual passará a ser a intervenção dos ROC nas empresas e outras entidades?

Essa intervenção passará a estender-se à revisão/auditoria às contas de empresas ou de outras entidades que possuam contabilidade organizada e preencham os limites estabelecidos no n.º 2 do art.º 262.º do Código das Sociedades Comerciais. Deste modo, passam a estar abrangidas, por exemplo, fundações, universidades, associações particulares sem fins lucrativos e organizações desportivas, que cumpram aquelas condições.

De acordo com o que refere, é possível concluir que a revisão estatutária vai elevar a qualidade da informação financeira?

Sem dúvida. Com a maior exigência nas condições de acesso à profissão, com a extensão da intervenção dos ROC a outras entidades, com a sujeição das firmas nacionais e internacionais de auditoria à disciplina e ao controlo da Ordem e, ainda, com a generalização do controlo de qualidade por parte dos revisores, haverá um aumento da qualidade da informação financeira, designadamente a publicada pelas empresas cotadas em bolsa.

Um outro aspecto que não pode passar em branco é aquele que se refere à abertura de novos tipos jurídicos de SROC...

Uma vez mais, trata-se de exigências da 8.ª Directiva. Trata-se também de projectar as SROC e os respectivos profissionais nos mercados de capitais internacionais e proporcionar a aceitação generalizada nesses mercados das contas das empresas portuguesas neles cotadas.

Mas muito mais importante é a eliminação da duplicidade de figuras no mercado de capitais nomeadamente ROC e auditor externo. Em paralelo procede-se à eliminação da duplicidade de documentos por eles emitidos, como são os casos da certificação legal das contas e relatório de auditoria.

Quais são então os novos requisitos para as SROC?

Antes de mais manter a sua natureza civil, podendo adoptar algum dos tipos jurídicos previstos no CSC, conformando-se neste caso, supletivamente, ao seu regime jurídico específico com o disposto neste Código.

Além disso, a maioria de três quartos do número de sócios, do capital social e dos direitos de voto pertencente sempre a sócios revisores oficiais de contas. Maioria de três quartos dos membros da administração, direcção ou gerência da sociedade pertencente sempre a sócios revisores oficiais de contas. Os únicos responsáveis pela orientação e execução directa das funções de interesse público serão ROC, sócios ou contratados mediante contrato de prestação de serviços outorgado com a SROC.

Por sua vez os sócios não ROC devem possuir licenciatura numa das matérias que compõem o programa de exame de admissão à Ordem. Os sócios ROC assumem responsabilidade solidária e ilimitada, emergente dos actos de serviço em que intervieram no âmbito das funções de interesse público, mesmo em SROC de responsabilidade limitada. No caso do capital da SROC ser representado por acções, estas são obrigatoriamente nominativas.

Porquê a existência de sócios não revisores?

Para satisfazer as actuais exigências da 8.ª Directiva e da profissão, esta de natureza pluridisciplinar, bem como potenciar o reforço da capacidade técnica e organizativa das SROC. Por exemplo, técnicos especializados em tecnologias da informação, licenciados em economia, ou em direito que possam vir a ser sócios. Contudo, não são responsáveis pela orientação e execução directa das funções de interesse público. Por estas funções só são responsáveis os sócios ROC.

Com a revisão estatutária o que sucederá com as empresas internacionais de auditoria?

Abre-se-lhes a possibilidade, caso preencham os requisitos exigidos, de entrarem para a Ordem e ficarem sujeitas à disciplina e ao controlo desta associação pública profissional. Por outro lado, eliminam-se as restrições nacionais ao livre estabelecimento e à prestação dos serviços de revisão/auditoria. Enfim, passa-se a ter um mercado profissional mais organizado, exigente e disciplinado.

O regime de acesso à profissão sofreu modificações. Porque razão?

A resposta é simples. A experiência vivida aconselhou, para além da exigência de licenciatura a tirar melhor proveito dos estágios. Assim, os estagiários, devem passar primeiro por uma prova de admissão à Ordem, reveladora de qualidades mínimas para se habilitarem ao exercício da profissão, para então se lançarem nos estágios que possuem, por sua vez, uma duração mínima de três anos.

E qual a razão, ou razões para a eliminação do conselho de inscrição?

Não se trata de uma eliminação propriamente dita. As suas competências passam para uma comissão de inscrição, esta na dependência directa do conselho directivo. Os objectivos passam por maior operacionalidade, coordenação e eficácia do respectivo funcionamento.

E quanto à criação da categoria de membros honorários?

Bom, esse é um caso evidente de uma maior abertura da Ordem à comunidade empresarial e social, consubstanciada na possibilidade de tais membros assistirem e serem ouvidos nas reuniões do conselho superior.

Desta feita, podem ser membros honorários as pessoas que, exercendo ou tendo exercido actividade de reconhecido interesse público para a profissão, sejam merecedoras de tal distinção, por proposta do conselho superior ou do conselho directivo aprovada em assembleia geral.

Por último, qual a cobertura da responsabilidade civil profissional?

A responsabilidade dos revisores no exercício das suas funções de revisão/auditoria às contas está garantida por seguro pessoal de responsabilidade civil profissional, cujo limite mínimo vai aumentar de 25.000 para 100.000 contos por cada facto ilícito, feito a favor de terceiros lesados. A responsabilidade das SROC está igualmente garantida, com o limite mínimo de 100.000 contos vezes o número de sócios.

2.8 O passado e o futuro dos ROC

(Entrevista concedida ao jornal "Semanário Económico – Management" em 3 de Dezembro de 1999)

Este ano, a CROC fez 25 anos. Quais eram os objectivos iniciais desta Câmara?

A Câmara foi criada pela Portaria n.º 83/74, de 6 de Fevereiro, portanto antes do 25 de Abril. Na altura, revestia a natureza jurídica de um organismo corporativo sujeito ao Ministro da Justiça. Foi realizada a primeira assembleia geral dos revisores oficiais de contas em 1 de Março de 1974, onde foram eleitos os primeiros órgãos sociais. O objectivo deste organismo era o de regular a actividade dos revisores oficiais de contas. Em 1969 tinha sido consagrada na legislação, pela primeira vez, a figura do revisor oficial de contas. Depois, foi publicado o primeiro estatuto dos revisores oficiais de contas, em 1972, no qual se previa a constituição da Câmara. O objectivo desta profissão, no fundo, é fazer exames às contas de empresas ou de outras entidades de molde a conferir-lhes credibilidade.

Entretanto, deu-se o 25 de Abril...

Aí passou-se por uma fase de alguma indefinição institucional e orgânica até finais de 1979. Nesse período foram, por designação ministerial, constituídos grupos de trabalho para tentar redefinir a profissão em função dos novos condicionalismos sociais, económicos e políticos. Então, punham-se problemas de saber se essa actividade deveria ser exercida em regime liberal ou em regime de funcionário público, qual era o âmbito da revisão de contas, questões relacionadas com a independência e a responsabilidade dos revisores, se o próprio organismo deveria ser de base privada ou um organismo público, etc. A partir da década de 80, com a publicação de um novo estatuto jurídico, a profissão passa por um processo de afirmação profissional, ou seja, começam a ser definidas algumas regras que se vieram a revelar altamente profícuas.

Que regras são essas?

Em primeiro lugar, a Câmara passou a ser uma pessoa colectiva de direito privado e utilidade pública até ao início de 1994 e tomaram-se algumas decisões durante este período que marcaram decisivamente a profissão. Uma das primeiras decisões foi a exigência de que, para se entrar na Câmara, era necessário fazer um exame, o que significa que hoje 70% dos membros da Câmara tivessem entrado por exame. Para além disso, constituíram-se as primeiras comissões técnicas: comissão técnica de formação, das normas e do manual, da legislação, das relações internacionais e da que é hoje designada por comissão do controlo de qualidade; sujeitaram-se os revisores, desde 1983, à aplicação de normas técnicas de revisão legal das contas, aprovadas pela Câmara, e à emissão da certificação legal das contas; reviram-se, mediante portaria, os regulamentos de estágio e de exame; desde 1988 que a Câmara tem vindo a publicar o Manual dos Revisores, recentemente disponibilizado em *CD-Rom*; por sua vez, a Câmara fez-se membro fundador de um organismo europeu representante da profissão, que é a FEE – *Fédération des Experts Comptables Européens* e membro da IFAC – *International Federation of Accountants*, passou a participar, desde o início, na Comissão de Normalização Contabilística e, há seis anos, instituiu um sistema de controlo de qualidade do trabalho de revisão das contas, inicialmente, aplicado às empresas cotadas em bolsa e, hoje em dia, já alargado a todas as empresas sujeitas à revisão de contas; e, por fim, a Câmara tem participado em várias iniciativas de carácter técnico-profissional, desde seminários, congressos, cursos, quer para os próprios revisores, quer abertas a outras entidades interessadas. Por outro lado, com a entrada de Portugal na CEE, com a publicação de um Código das Sociedades Comerciais e de um Código do Mercado dos Valores Mobiliários e com a reforma fiscal de 1988, verificou-se a necessidade de voltar a rever o regime jurídico, o que veio a acontecer no final de 1993. Daí que tenha sido publicado um novo regime jurídico para atender, não só às preocupações de ordem comunitária, como também às preocupações decorrentes destas alterações legislativas ao nível do direito interno. É por força deste novo regime jurídico que a Câmara passa a assumir o estatuto de pessoa colectiva pública e a chamar a si a auto-regulação, a disciplina e o controlo da profissão.

Porque é que passou de Câmara a Ordem?

Houve dois parâmetros fundamentais que justificaram a passagem de Câmara a Ordem: por um lado, a crescente relevância do papel dos revisores na defesa do interesse público e, por outro lado, submeter toda a actividade de revisão/auditoria às contas, quer seja legal, estatutária ou contratual, à jurisdição desta associação pública profissional. Mas a passagem da Câmara a Ordem não significa a atribuição de nenhum título de nobreza que se dá gratuitamente. Representa antes de mais, um desafio, uma acrescida responsabilidade quer da profissão quer do organismo regulador. A Ordem dos Revisores Oficiais de Contas passará assim a ser o organismo em Portugal que intervém, regula e disciplina toda a actividade de revisão/auditoria às contas, por força do novo regime jurídico consagrado pelo novo diploma legal, o Decreto-Lei n.º 487/99, de 16 de Novembro. Até aqui, só tinha a regulação de uma fatia desta actividade, que era a revisão legal das contas. Nesta matéria o que acrescem com este novo regime jurídico são essencialmente as auditorias contratuais ou estatutárias. Ou seja, em Portugal têm-se vindo a executar auditorias contratuais ou estatutárias por determinadas entidades que não são revisores oficiais de contas e que, a partir deste novo regime jurídico, terão de ser estes profissionais a responsabilizar-se por estas auditorias, sem prejuízo dos direitos adquiridos por essas entidades, quer sejam pessoas singulares, quer sejam pessoas colectivas, nacionais ou ligadas a organizações internacionais.

A questão da responsabilidade dos revisores oficiais de contas é sempre um ponto um pouco controverso. O facto de uma empresa ter as suas contas revistas por um revisor ou auditadas dá uma credibilidade à empresa que tem muito valor. Em que medida é que os ROC devem ser co-responsabilizados pelos erros detectados nas contas das empresas?

A responsabilidade civil do revisor, quando está no âmbito da revisão legal, é solidária com a administração ou gerência pelos danos que causar à sociedade e aos sócios com a sua conduta culposa e para com os credores da sociedade quando, pela inobservância culposa das disposições legais ou contratuais destinadas à protecção destes, o património social se torne insuficiente para a satisfação dos respectivos créditos. Para além disso, pela opinião técnica que emite, o revisor assume uma responsabilidade directa e pessoal. Por isso mesmo, tem a sua responsabilidade garantida através de um seguro de responsabilidade civil profissional feito a favor de terceiros lesados que, se for revisor a título individual, tem um limite mínimo da ordem dos 100 mil contos por cada facto ilícito; se for uma sociedade de revisores, a responsabilidade da sociedade é de 100 mil contos vezes o número de sócios. Mas, se houver outras disposições legais que obriguem a uma cobertura superior, terão que fazer um seguro por um valor superior. O seguro de responsabilidade civil profissional é um seguro que abrange não só os trabalhos de revisão legal das contas, como também os trabalhos de auditoria contratual ou estatutária por força do novo diploma legal.

Considera que o número de ROC é suficiente para as necessidades do mercado?

Temos um critério de exigência que consideramos apropriado. Todos os anos há, pelo menos uma vez, exames de acesso à profissão. Hoje, existem cerca de 900 revisores. Evidentemente, nem todos os revisores estão em exercício. A nível do mercado profissional consideramos que há lugar para mais revisores. Portanto, é uma profissão de futuro. Naturalmente esta actividade, tal como muitas outras, passa por um processo de transformação profunda e vertiginosa. Não há muitos anos, não tínhamos computadores pessoais, não tínhamos *faxes*, não tínhamos *internet*. Em Portugal não tínhamos sequer licenciaturas em auditoria, nem mercado de capitais e nem moeda única europeia. Toda esta mutação passou-se não há muitos anos. A nossa economia também sofre os impactos, naturalmente, da internacionalização e da globalização, o que significa que há algumas fatias desta actividade que se deslocam para outros locais, nomeadamente a nível da União Europeia. Mas também é um facto que as sociedades modernas são cada vez mais complexas, o que exige uma procura mais qualificada de revisores. Por outro lado, elas são cada vez mais plurais, o que leva à especialização, porque não se pode abranger a tudo. Além disso, os investidores estão cada vez mais a reivindicar os seus direitos a nível das empresas, o que leva a que cada vez haja mais empresas a sujeitar-se à intervenção dos revisores. É dentro destes dois pólos, uns prós outros contra, que a actividade se tem vindo a ajustar. Ou seja, nós temos cada vez mais de atender à formação que é o suporte técnico-profissional para o desenvolvimento da profissão e temos cada vez mais de nos abrir ao mundo e às entidades que nos rodeiam. Daí que, esta revisão do regime jurídico constitua uma plataforma necessária para a renovação e desenvolvimento da profissão.

Ao nível da formação, pode-nos dar dados concretos?

A questão da formação é uma matéria fundamental. Desde a década de 80, temos feito dois tipos de formação. Uma para candidatos a revisores oficiais de contas, que integra todas as matérias do exame. É um curso dividido por dois grandes grupos: matérias nucleares e matérias de apoio. Do lado das matérias nucleares temos as contabilidades, a gestão financeira, a auditoria, as tecnologias da informação e a regulamentação da profissão. Na área das matérias de apoio, temos a economia, a estatística, a fiscalidade e o direito.

Quais as novidades no acesso à profissão?

Introduzimos, pela primeira vez, uma novidade, ou seja, a exigência de licenciatura adequada como habilitação académica mínima nos cursos de auditoria, contabilidade, direito, economia, gestão de empresas ou quaisquer outras licenciaturas que possam ser reconhecidas pelo Ministro da Educação, com prévia audição da Ordem. A segunda novidade é que chegámos à conclusão que se deveria aperfeiçoar o sistema de acesso, introduzindo um exame de admissão de carácter vocacional, seguido de um estágio profissional. Este estágio, de acordo com as normas comunitárias, deverá ser de três anos. Por vários motivos, até para mais cedo se definir a vida profissional de quem quiser enveredar por esta profissão, o candidato passa a fazer o exame de admissão do tipo vocacional, seguido do estágio profissional com duas avaliações intermédias e uma final. Para este exame, a Ordem proporciona um curso de preparação para candidatos a revisores, que tem uma carga horária à volta das 350 horas e que se estende por um período de cerca de 9 meses. Outro tipo de formação é a contínua, aberta não só aos revisores como também a técnicos de empresas – economistas, gestores ou outros interessados.

Para este tipo de formação, é preciso ser membro da Ordem?

Não necessariamente. Temos cursos de formação contínua, onde estão, simultaneamente, revisores oficiais de contas e outros profissionais interessados.

Que tipos de matérias é que são leccionadas nestes cursos de formação contínua?

Damos necessariamente prioridade às matérias de auditoria, de fiscalidade, de direito das sociedades, de gestão financeira, de tecnologias de informação e de normas nacionais e internacionais de auditoria.

Qual é o papel que as novas tecnologias têm na formação?

Este conselho directivo introduziu este ano, pela primeira vez, o DRAI – Dossier de Revisão/Auditoria Informatizado. Contratámos com uma entidade externa, que já tinha investido e elaborado um programa de auditoria informatizado, a concessão de licenças que pusemos à disposição dos revisores de modo a poderem fazer trabalhos de auditoria sob forma informatizada. Esta é uma iniciativa que está em curso, que tem tido procura bastante e que foi acompanhada por acções de formação.

Só agora é que os revisores oficiais de contas estão a começar a ter contacto com as contabilidades informatizadas?

Não, nada disso. O que acontece é que alguns revisores ainda não tinham entrado na era da auditoria informatizada. E, portanto, o conselho directivo sentiu a necessidade de preencher essa lacuna. Mas há sociedades de auditoria que já trabalham com auditoria informatizada há alguns anos. A Ordem é que não tinha esta ferramenta disponível para os seus membros.

As novas tecnologias de informação tornam o trabalho do revisor mais fácil ou mais difícil?

Na perspectiva processual torna-o mais fácil. E na perspectiva de detectar os erros também. O trabalho do revisor tem também a ver com as condições concretas que existem nas empresas que ele está a auditar. Se a empresa não tem um sistema informático devidamente adequado às necessidades da auditoria também o revisor terá alguma dificuladade em implementar os seus procedimentos a nível informático.

Esta fase de transição para o euro vai tornar o trabalho do revisor mais difícil?

Não, antes pelo contrário. A nível do euro, o trabalho do revisor é sobretudo um trabalho de revisão de conformidade, ele tem de ver se os procedimentos instalados pelas empresas estão conformes ou não com as exigências da introdução do euro. Ou seja, se a empresa tem o tipo de facturação que é exigível, se a matéria de diferenças de câmbio está devidamente regularizada, uma vez que dentro da zona euro passa a não haver diferenças de câmbio. Por outro lado, a nível da informação financeira, a introdução do euro favorece a qualidade das auditorias no espaço europeu.

Mesmo nesta fase de transição?

Sim. Aliás, nesta fase de transição houve um grande entusiasmo no início. Agora o entusiasmo diminuiu, mas à medida que nos aproximamos do final do período de transição, voltará a aumentar. A entrada do euro não é uma dificuldade intransponível a nível do trabalho de revisão/auditoria.

A nível da Europa fala-se muito de contas ambientais. Qual é a situação em Portugal?

A Ordem aderiu recentemente ao chamado projecto EERA – *European Environmental Reporting Awards*. Este projecto foi lançado pela ACCA – *Association of Chartered Certified Accountants*, que é um organismo profissional do Reino Unido a que já se associaram mais sete organismos europeus. Vai haver um concurso nacional a promover pela Ordem de relatórios ambientais de empresas poluidoras ou potencialmente poluidoras que irá escolher um deles. Para esse efeito, já foi lançado um inquérito, ao nível das empresas nacionais, com o intuito de saber se têm ou não relatórios ambientais. Nesse concurso, vai-se escolher um relatório ambiental de uma empresa nacional que, por sua vez, irá ser apresentado ao concurso internacional promovido pela ACCA. Esperamos que, neste concurso da ACCA, Portugal já possa apresentar relatórios ambientais de empresas nacionais relativos ao exercício de 99.

Pode dar exemplos de empresas nacionais que vão apresentar contas ambientais?

Nós ainda estamos no lançamento. Ainda não temos o universo de empresas completamente definido mas já temos algumas respostas. Posso dar o exemplo de empresas como a CIRES que apresenta um relatório sobre o ambiente anexo às suas contas, bem como a CIN e a PETROGAL que fazem referências a alguns aspectos ambientais.

É um objectivo da Ordem incentivar as contas ambientais em Portugal?

Sim, estamos a acompanhar esta área, uma vez que a questão ambiental é uma matéria com cada vez maior relevância.

Quais são os maiores desafios que a Ordem enfrenta para os próximos anos?

O desafio fundamental é fazer com que a profissão seja cada vez mais credível e reconhecida. Esse é um objectivo estratégico. Para isso, pensamos que temos um papel relevante a prestar na qualidade e transparência da informação financeira, nomeadamente das empresas cotadas em bolsa.

Acha que a transparência ainda não é suficiente?

A informação precisa de ser mais sistematizada e de ser mais substantiva, menos formal. Ou seja, a informação financeira terá de se suportar mais nos princípios, critérios e métodos que subjazem à sua elaboração do que na forma como ela é apresentada. Com a recente publicação do Código dos Valores Mobiliários deu-se um passo importante. Agora, não são só as sociedades de revisores oficiais de contas as únicas a poderem inscrever-se na CMVM mas também os revisores oficiais de contas a título individual, desde que reúnam os requisitos necessários e suficientes que a CMVM venha a estabelecer, em colaboração com a Ordem. Este passo é importante porque acaba com uma discriminação que havia a nível da profissão. Por outro lado, o novo estatuto jurídico da CMVM permite à Ordem estar representada no Conselho Consultivo da CMVM e aí ser uma voz importante em matéria de informação financeira. Estão dados por isso passos importantes que irão fazer com que a informação financeira, nomeadamente a das empresas cotadas, seja mais transparente e de melhor qualidade.

Qual o vosso contributo nesse aspecto?

É fundamental. E tem havido uma excelente colaboração, formal e informal, com a CMVM, o que permitiu chegar a este ponto. Pelo nosso lado, vamos continuar a colaborar com a CMVM e com outras entidades supervisoras, como o Banco de Portugal e o Instituto de Seguros de Portugal. Para além do grande objectivo global e genérico de aumentar o prestígio da profissão, a estratégia passa pela abertura da Ordem às entidades mais ligadas ou conexas com a profissão. Nesta medida, vamos continuar a aprofundar o nosso relacionamento, não só com as citadas entidades, como também nomeadamente com a Administração Tributária, o IAPMEI, a Inspecção Geral de Finanças e o Tribunal de Contas. Por força desta nova revisão estatutária vamos ter intervenção de revisores a nível de funções de interesse público em entidades da Administração Pública, sem prejuízo das atribuições conferidas nesta matéria ao Tribunal de Contas ou a qualquer organismo da Administração Pública. A Ordem não quer nem pode invadir as atribuições desses organismos na área da revisão/auditoria às contas.

Acha que todas as entidades, sejam elas públicas ou privadas, a partir de um certo nível, deveriam ser auditadas?

O que entendemos é que, a partir de certos níveis, de total do balanço (activo líquido), de total das vendas líquidas e outros proveitos ou de número de trabalhadores, a intervenção do revisor se justifica. A nossa atitude independente, tecnicamente qualificada, permite-nos acautelar os vários interesses que se entrecruzam numa empresa ou instituto público. Portanto, o nosso papel é, desse ponto de vista, necessário e útil.

Qual o papel da Ordem ao nível das instituições europeias?

Para além de ser membro fundador da FEE e membro da IFAC, a Ordem dos Revisores Oficiais de Contas é representante de Portugal no Comité de Auditoria instituído pela Comissão Europeia. É uma área muito importante e sensível porque aí é possível conhecer e intervir na evolução destas matérias, quer em termos de discussão, quer em termos das propostas que a Comissão Europeia possa fazer.

O que pensa da harmonização ao nível da União Europeia?

A harmonização de sociedades de revisores oficiais de contas com as situações e tendências dominantes na União Europeia era um dos pontos que faltava regular, e que foi agora conseguido, a nível nacional, com o novo regime jurídico. Isto é importante porque vai permitir às sociedades de auditoria nacionais ou às organizações internacionais de auditoria ajustarem-se ao novo formato jurídico e serem membros da Ordem. Isso vai contribuir para disciplinar o mercado da revisão/auditoria às contas.

Agora, as grandes firmas multinacionais de auditoria podem pertencer à Ordem?

Sim, se cumprirem os requisitos necessários, podem inscrever-se e, assim, integrar um mercado mais exigente e disciplinado.

2.9 Uma nova etapa profissional
(Editorial da revista "Revisores & Empresas" n.º 7 de Outubro/Dezembro de 1999)

Acaba de ser publicado o novo regime jurídico dos Revisores, através do Decreto-Lei n.º 487/99, de 16 de Novembro. E com ele entra-se decisivamente no século XXI numa nova etapa profissional. Trata-se de um marco que consideramos importante na vida desta profissão. Não pelo facto da Câmara passar a Ordem, importante em si mesmo, mas não como se de uma espécie de título de nobreza que gratuitamente se atribui a alguém. Representa, antes de mais, um desafio, uma acrescida responsabilidade, quer para a profissão, quer para o seu organismo regulador, a que os Revisores, pelas provas dadas, saberão mais uma vez responder. E é neste contexto apropriado sublinhar que, pela primeira vez na história desta instituição, lhe foi expressamente conferida a atribuição de exercer jurisdição sobre tudo o que respeita à actividade de revisão legal das contas, auditoria às contas e serviços relacionados, de empresas ou de outras entidades, de acordo com as normas técnicas por si aprovadas ou reconhecidas. O que significa que esta associação pública profissional passa a assumir de **pleno direito** em Portugal a inteira responsabilidade institucional e orgânica sobre tudo o que respeita à revisão/auditoria às contas, seja legal, estatutária ou contratual, sem prejuízo das atribuições conferidas nesta matéria ao Tribunal de Contas ou a qualquer organismo da Administração Pública. O que não acontecia até aqui, uma vez que lhe estavam apenas reservadas atribuições em matéria de revisão legal, não lhe cabendo qualquer jurisdição no que se referia às auditorias estatutárias ou contratuais. E será neste novo espaço que seguramente se vai jogar uma boa parte do futuro desta profissão e deste novo regime jurídico. Por duas razões essenciais: uma, prende-se com a extensão a esta área dos processos e métodos de trabalho estabelecidos pelos normativos técnicos da Ordem; outra, tem a ver com a introdução dos critérios éticos, deontológicos e disciplinares da profissão. E desta conjugação resultará, certamente, um mercado profissional mais qualificado, exigente e disciplinado, favorecendo, ao fim e ao cabo, a melhoria da qualidade da informação financeira a prestar pelas empresas e outras entidades, objectivo essencial desta profissão. O que, se outras razões não houvesse, e há, estas seriam só por si bastantes para os Revisores assumirem este novo regime jurídico nos seus méritos e certamente nos seus deméritos, já que não se trata por natureza de uma obra acabada e muito menos perfeita. Mas se é desejável que este novo regime jurídico sirva os Revisores e estes o assumam, é também desejável que ele sirva a sociedade em geral e a comunidade empresarial em particular, que dele vão ser objecto. E é com base nestes pressupostos que cremos firmemente que este novo regime jurídico contém potencialidades para a profissão poder enfrentar os desafios presentes e futuros que se estão e vão colocar **nesta nova etapa profissional**.

2.10 Acesso à profissão de ROC tem novas regras

(Declarações ao jornal "Vida Económica — Suplemento Contabilidade & Empresas" de Maio de 2000)

Basicamente, o programa de acção da lista eleita possui dez pontos que pretendem dar resposta, tendo em conta as novas necessidades profissionais e de mercado, sempre numa perspectiva de que "o reforço da imagem dos revisores passa pelo prestígio da Ordem".

Assim, o acesso à profissão constitui, desde logo, uma das principais preocupações do Bastonário.

"Propomo-nos reformular o actual curso de preparação de candidatos a ROC, com o objectivo de assegurar uma adequada pré-qualificação específica à realização do exame à admissão à Ordem, bem como celebrar protocolos de colaboração com estabelecimentos de ensino superior, cabendo à Ordem ter um papel activo na escolha do corpo docente dos cursos correspondentes, tal como na fixação e actualização das matérias".

Adianta José Vieira dos Reis que é fundamental desenvolver o sistema de estágio profissional que passará por "uma avaliação progressiva e eliminatória ao longo do estágio e avaliação final perante um júri, com incidência em provas de carácter essencialmente profissional, pela valorização da figura do patrono e, ainda, pela graduação das condições de estágio profissional entre um e três anos, só podendo ser dispensado em casos excepcionais, devidamente fundamentados".

Ao nível da formação profissional, para além da realização de sessões de divulgação pontuais, a Ordem pretende consolidar uma estrutura permanente de formação, todavia, promovendo uma ainda maior descentralização das acções de formação e de actualização profissional. Por outro lado, vão ser efectuadas avaliações dos conhecimentos técnicos indispensáveis ao exercício da profissão aos ROC que não a tenham exercido por períodos superiores a cinco anos.

Alargamento do mercado profissional

Importante é igualmente a questão do alargamento do mercado profissional. Desta feita, a estratégia passa por "concretizar o alargamento do âmbito da revisão/auditoria às contas a entidades públicas ou privadas que possuam ou devem possuir contabilidade organizada, nos termos dos planos contabilísticos aplicáveis e que preencham os requisitos do n.º 2 do artigo 262.º do Código das Sociedades Comerciais, como por exemplo, municípios, hospitais, estabelecimentos de ensino, cooperativas e outras organizações sem fins lucrativos. Consideramos também útil sujeitar a auditorias os beneficiários de fundos comunitários e/ou do Estado quando não estejam obrigados a revisão legal das contas e reforçar as acções tendentes ao controlo e fiscalização das empresas sujeitas àquela".

A Ordem pretende continuar a reforçar o controlo da qualidade, para além de propor junto das entidades competitivas delimitar e clarificar as responsabilidades dos revisores. "Neste último aspecto, há que verificar da responsabilidade civil profissional dos ROC em função da evolução que esta matéria venha a sofrer nomeadamente no contexto da UE. Há ainda que delimitar e clarificar a responsabilidade fiscal subsidiária dos ROC, os deveres de prevenção e de vigilância atribuídos aos profissionais no âmbito do CSC, assim como o contexto das responsabilidades, tanto dos ROC como dos responsáveis pela apresentação e divulgação da informação financeira".

Tendo em conta um acréscimo da intervenção da Ordem na vida pública e associativa, o agora Bastonário quer levar a cabo uma revisão dos regulamentos profissionais e outras acções de carácter legislativo. Serão apresentadas à assembleia geral, na decorrência do novo estatuto jurídico, propostas de revisão dos respectivos regulamentos, com os objectivos de "reforçar a autonomia da Ordem como única entidade nacional responsável pela regulamentação, disciplina e controlo da profissão, conferir maior operacionalidade, coordenação e eficácia aos órgãos sociais e, ainda, flexibilizar e desburocratizar os processos de decisão. Obviamente, a intenção é também a de desenvolver iniciativas próprias de propostas legislativas e intervir na actividade legislativa e regulamentar por iniciativa externa".

Mas, para José Vieira dos Reis, é essencial reorganizar os serviços da Ordem, pois só desse modo será possível dar uma resposta eficaz aos desafios que se colocam actualmente. Algumas medidas são de destacar, como a criação da Secção Regional do Norte e, logo que se justifique, os pólos regionais.

Além disso, é fundamental concretizar um programa de actualização profissional para o quadro administrativo da Ordem, dotar esta de meios humanos e informáticos e reforçar a profissionalização dos respectivos serviços, em especial nos Departamentos Técnicos, de Formação e de Comunicação, para além de consolidar o sistema de gestão departamental.

Estreitar e reforçar relações

A Ordem possui objectos bem definidos no que respeita às relações com organismos profissionais congéneres e conexos. Entre vários, José Vieira dos Reis destaca a participação activa no Conselho Consultivo da CMVM e no Conselho Nacional de Profissões Liberais (CNPL), tal como desenvolver esforços no sentido da organização se fazer representar na Comissão de Normalização Contabilística da Administração Pública. Além disso, adianta o Bastonário, "é essencial promover modalidades de cooperação activa com os organismos congéneres europeus e dos países de expressão oficial portuguesa, sem esquecer o reforço do diálogo, com o perder politico".

Finalmente, o nosso entrevistado, de forma sintética, referiu outras acções que a Ordem pretende levar a cabo, nomeadamente pugnar por honorários justos, sem prejuízo do cumprimento dos honorários mínimos, e continuar a actuar de forma equilibrada na acção ética e disciplinar, dentro dos trâmites legais e regulamentares. Fundamental é, ainda, "promover o alargamento da aplicação concreta dos esquemas complementares de segurança social e de seguros de saúde dos ROC, familiares e colaboradores".

2.11 Um novo ciclo institucional

(Editorial da revista "Revisores & Empresas" n.º 9 de Abril/Junho de 2000)

Com a publicação do Decreto-Lei n.º 487/99, de 16 de Novembro, e a tomada de posse dos novos órgãos sociais em 22 de Maio passado, entra-se definitivamente num novo ciclo institucional, desta feita como Ordem dos Revisores Oficiais de Contas. Novo ciclo institucional de que o mandato que nos foi confiado pelos Revisores, legitimado por uma taxa de votação nas respectivas eleições de cerca de 43%, a maior de sempre em situação de lista única, dele constitui uma nova etapa profissional.

E uma nova etapa profissional com muitos e variados desafios. Desde logo, implementar tudo o que decorre de fundamental e estruturante do novo Estatuto dos Revisores. E neste domínio a prioridade é a revisão/adaptação, o mais rapidamente possível, dos diversos regulamentos profissionais. Simultaneamente, concretizar o alargamento do mercado profissional às entidades públicas e privadas que possuam ou devam possuir contabilidade organizada nos termos dos planos contabilísticas aplicáveis e preencham os requisitos estabelecidos no n.º 2 do art.º 262.º do Código das Sociedades Comerciais. A que se juntam outros desafios, como sejam, os de se envidarem todos os esforços no sentido de levar à prática a jurisdição da Ordem e dos Revisores no que se refere às auditorias estatutárias e contratuais e de se proporcionarem oportunidades para se aplicar o novo regime jurídico relativo às sociedades de revisores.

A par destes tais desafios, outros há que não poderemos descurar. São eles, o desenvolvimento da formação profissional, a qualidade do trabalho prestado em correspondência com uma legítima e justa contrapartida de honorários e a defesa de um posicionamento ético--deontológico em conformidade com os normativos aplicáveis.

Tudo isto são desafios que poderemos considerar fundamentais e estruturantes, quer decorrentes do novo Estatuto, quer da profissão. Mas eles só fazem algum sentido se enquadrados numa perspectiva de desenvolvimento e renovação da profissão, que atenda ao que se passa em sua volta, quer na ordem interna, quer na ordem externa, com particular destaque na União Europeia. É que se há desafios é porque não raras vezes lhe estão associados riscos ou ameaças e, por isso mesmo, é preciso estarmos permanentemente atentos para melhor os podermos enfrentar e resolver.

Não vai ser, como não tem sido, nada fácil este novo mandato. Mas com determinação, trabalho, dedicação, bom senso e a ajuda dos Revisores e das demais entidades envolvidas, certamente que conseguiremos levar a bom termo mais esta missão.

2.12 A *"Newsletter"*

(Editorial da "Newsletter" n.º 1 de Novembro de 2000)

Em cumprimento do nosso Programa de Acção decidimos iniciar a publicação de um novo meio informativo de comunicação entre a Ordem e os seus membros, tipo n*ewsletter,* que necessariamente reveste uma característica complementar à revista **"Revisores & Empresas"**.

Com efeito, trata-se de um elo de ligação mais próximo e frequente entre a Ordem e os seus membros, tendo por objectivo principal a divulgação de informações/notícias com base essencialmente em critérios de oportunidade e de relevante interesse sócio-profissional.

Ao tomarmos mais esta iniciativa, temos em vista não só melhorar o relacionamento entre a Ordem e os seus membros, como também provê-los de informações/notícias que contribuam para um mais eficaz e eficiente desempenho das suas funções, nas várias vertentes em que estas se decompõem.

Por ser o primeiro, este número apresenta-se excepcionalmente muito denso, dado o volume e a diversidade das informações/notícias a divulgar neste momento. É nossa intenção, nos próximos números, aligeirar o seu conteúdo, em benefício da oportunidade da sua publicação.

Queremos, por fim, dizer que serão bem acolhidas as críticas, comentários e/ou sugestões, que visem melhorar os objectivos que nos propomos alcançar com esta iniciativa.

2.13 A profissão, o presente e o futuro

(Editorial da revista "Revisores & Empresas" n.º 13 de Abril/Junho de 2001)

Com a publicação há um ano e meio de um novo Estatuto, através do Decreto-Lei n.º 487/99, de 16 de Novembro, e a passagem da Câmara a Ordem, para além de se operar um novo posicionamento institucional, abriram-se novas perspectivas à profissão. Se, por um lado, a Ordem passou pela primeira vez a assumir de pleno direito em Portugal a inteira responsabilidade sobre tudo o que respeita à revisão/auditoria às contas, seja legal, estatutária ou contratual, e aos serviços com ela relacionados, de acordo com as normas técnicas por si aprovadas ou reconhecidas, por outro lado, antevêem-se novas áreas de intervenção da profissão, em particular a nível de certas entidades do sector público com características de algum modo empresariais.

Mas se este novo posicionamento e estas novas perspectivas constituem uma responsabilidade acrescida, em linha com um maior reconhecimento público, profissional e social, também é certo que eles podem contribuir para um funcionamento mais disciplinado e exigente deste mercado profissional, que conta com um total de 900 Revisores e 150 Sociedades de Revisores e seus colaboradores, para cerca de 20.000 empresas sujeitas presentemente a revisão legal, o que significa que não chega a 10% as empresas no nosso país que têm as suas contas sujeitas à intervenção dos Revisores.

Paralelamente a profissão vem sofrendo uma mutação profunda e vertiginosa. Ou seja, caminha-se aceleradamente para novos cenários ou ambientes de trabalho, como é o caso da revisão/auditoria em cenários ou ambientes virtuais, com a informação financeira *on-line*, que implicará uma certificação apropriada. E, assim, cada vez mais se põe em questão o conceito tradicional de revisão/auditoria apenas à informação financeira anual. O que leva a informação financeira a evoluir para uma publicação mais rápida em relação à informação anual certificada e a um maior desenvolvimento das exigências e das práticas em matéria de relatos intermédios e de informação financeira em contínuo.

Alinham-se, por isso, questões novas sobre a revisão/auditoria às contas decorrentes nomeadamente da evolução científica e tecnológica e da transformação dos mercados, no quadro de uma cada vez maior internacionalização e globalização das economias. Questões novas que têm a ver, em especial, com a identificação de quem tem acesso à informação, com o conteúdo e os limites da informação a divulgar, com a sua segurança e conservação, com o sigilo profissional e com a responsabilidade profissional e social dos Revisores perante as empresas, os sócios, os investidores, as bolsas de valores, a Administração Fiscal, os credores e outros terceiros.

São estas e outras questões que caracterizam e orientam o cenário de mutação profunda e vertiginosa que se vem desenhando na profissão e que obriga os Revisores a um permanente esforço de adaptação de meios e a uma contínua formação e actualização de conhecimentos.

E é com esta situação presente que teremos de ser capazes de em cada momento construir o futuro, contando naturalmente com a experiência do passado e prevendo e interpretando os sinais dos tempos que nos vão sendo transmitidos pela sociedade em geral e pela comunidade empresarial e profissional em particular.

2.14 O presente e o futuro da profissão de revisor oficial de contas em Portugal

(Comunicação proferida no VI Encontro Galaico-Duriense de Auditores- -Revisores de Cuentas ocorrido em Vigo em 9 de Junho de 2001)

O presente

A figura jurídica e profissional do Revisor Oficial de Contas foi introduzida em Portugal há 32 anos (1969). E muito embora se mantenham e até se tenham acentuado os motivos que levaram à sua introdução no regime de fiscalização das sociedades anónimas, o certo é que, ao longo destes anos, os Revisores e a profissão têm vindo progressivamente a ser chamados a novas áreas de actuação e a funções mais amplas e diversificadas, obrigando-os por consequência a novas formas de organização estatutária e funcional, para poderem continuar a dar resposta adequada a estas novas solicitações da sociedade em geral e da comunidade empresarial em particular.

Com efeito, dentro das **novas áreas de actuação** que têm vindo por lei a ficar sujeitas à intervenção dos Revisores, no âmbito da revisão/auditoria às contas, destacamos:

- As empresas públicas (actuais entidades públicas empresariais);
- As sociedades comerciais por quotas a partir de certa dimensão;
- Os fundos de investimento;
- Os fundos de pensões;
- As cooperativas a partir de certa dimensão;
- As sociedades anónimas desportivas;
- Os institutos públicos autónomos, no âmbito do Plano Oficial de Contabilidade Pública (POCP); e
- Determinados serviços e organismos do Ministério da Educação (no âmbito do POC-Educação) e do Ministério da Saúde (no âmbito do POCMS), bem como os seus organismos autónomos sob tutela, que não sejam empresas públicas.

E dentro das **mais amplas e diversificadas funções** que têm vindo também por lei a ser atribuídas aos Revisores, sublinhamos:

- A elaboração de relatórios ou a emissão de pareceres sobre as entradas de bens em espécie para a constituição ou o aumento

do capital das sociedades comerciais, bem como sobre a transformação, fusão e cisão de tais sociedades;
- A elaboração de relatórios ou a emissão de pareceres sobre a informação financeira a publicar pelas entidades com valores cotados na bolsa de valores, bem como sobre determinadas operações a realizar em bolsa, nos termos do Código dos Valores Mobiliários; e
- A emissão de pareceres sobre as contas de empresas promotoras de projectos de investimento nomeadamente no âmbito dos correspondentes sistemas de incentivos.

Mas novas perspectivas se abriram à profissão, com a publicação há precisamente um ano e meio de um novo Estatuto, através do Decreto-Lei n.º 487/99, de 16 de Novembro, e a passagem da Câmara a Ordem dos Revisores Oficiais de Contas (OROC).

Novas perspectivas que representam, sobretudo, uma responsabilidade acrescida e mais um desafio, quer para a Ordem, quer para a profissão. Com efeito, **a Ordem passou pela primeira vez a assumir de pleno direito em Portugal a inteira responsabilidade institucional e orgânica sobre tudo o que respeita à revisão/auditoria às contas, seja legal, estatutária ou contratual, e aos serviços com ela relacionados, de acordo com as normas técnicas por si aprovadas ou reconhecidas.** Recorde-se que até à publicação deste novo Estatuto apenas lhe estavam reservadas atribuições em matéria de revisão legal das contas, não lhe cabendo por isso qualquer jurisdição quanto às auditorias estatutárias e contratuais de empresas ou de outras entidades.

E se este novo posicionamento institucional e orgânico da Ordem perante a sociedade em geral e a comunidade empresarial em particular lhe traz uma responsabilidade acrescida nas matérias de revisão/auditoria às contas, também é certo que ele constitui mais um desafio, qual seja, o de contribuir para um funcionamento mais exigente e disciplinado deste mercado profissional.

Mercado profissional que conta no nosso país com um total de 900 Revisores e 150 Sociedades de Revisores inscritos na respectiva lista oficial organizada pela Ordem, para cerca de 20.000 empresas sujeitas presentemente a revisão legal, das quais cerca de 100 com valores cotados na bolsa, o que significa que 90 % das 220.000 empresas portuguesas não têm as suas contas sujeitas à intervenção dos Revisores.

Por outro lado, recorde-se que o acesso à profissão de Revisor é feito através de um exame de admissão à Ordem por candidatos licenciados com curso superior adequado seguido de um estágio profissional com uma duração normal de três anos.

O futuro

Na linha da situação e da evolução anteriormente descritas antevêem-se novas áreas de intervenção dos Revisores e vem-se acentuando a necessidade de melhorar ou ajustar a sua forma de actuação, balizadas no entanto por dois critérios essenciais: por um lado, a intervenção dos Revisores em outras empresas ou entidades terá de confinar-se ao determinado por lei, estatuto ou contrato, e, por outro lado, ela não poderá, se for o caso, prejudicar as atribuições conferidas nesta matéria ao Tribunal de Contas ou a qualquer organismo da Administração Pública, antes poderá e deverá ser-lhes de algum modo complementar.

Mas se é verdade que se antevêem novas áreas de intervenção dos Revisores, nomeadamente a nível do sector público, também é evidente que a profissão vem sofrendo nos últimos tempos uma mutação profunda e vertiginosa.

Por um lado, caminhamos aceleradamente para novos cenários ou ambientes de trabalho, como é o caso da revisão/auditoria em cenários ou ambientes virtuais, com a informação financeira *on-line*, que implicará uma certificação apropriada. E assim, cada vez mais se põe em questão o conceito tradicional de revisão/auditoria apenas à informação financeira anual. O que leva a informação financeira a evoluir para uma publicação mais rápida em relação à informação anual certificada e a um maior desenvolvimento das exigências e das práticas em matéria de relatos intermédios e de informação financeira em contínuo.

Por outro lado, em período de transição para a moeda única europeia *(o euro)*, a revisão/auditoria às contas acentua a sua dimensão a nível da União Europeia, não só nos processos e formas de trabalho, como também no seu contributo para a melhoria da qualidade e da credibilidade da informação financeira.

Acresce que o acentuar da tendência desreguladora do Estado na economia implica maiores responsabilidades para os órgãos de governo das empresas e daí a relevância que assume a prestação de contas certificadas. Relevância que assume, num primeiro momento, da administração perante os sócios e, num segundo momento, de ambos (administração e sócios) perante a comunidade em que se insere a empresa. Isto significa que tal prestação de contas adquire uma nova dimensão ao passar a corresponder à necessidade de satisfazer um dever de informar mais amplo que integra a chamada responsabilidade social da empresa.

Alinham-se, por isso, questões novas sobre a revisão/auditoria às contas decorrentes nomeadamente da evolução científica e tecnológica e da transformação dos mercados, no quadro de uma cada vez maior internacionalização e globalização das economias. Questões novas que têm a ver, em especial, com a identificação de quem tem acesso à informação, com o conteúdo e os limites da informação a divulgar, com a sua segurança e conservação, com o sigilo profissional e com a responsabilidade profissional e social dos Revisores perante as empresas, os sócios, os investidores, as bolsas de valores, a Administração Fiscal, os credores e outros terceiros.

E outras questões se colocam que têm a ver, por exemplo, com novas formas organizativas de actuar dos Revisores. Nessa linha abrimos a profissão a novos tipos jurídicos de sociedades de revisores oficiais de contas, embora mantendo a sua natureza civil, no sentido de as harmonizar com as situações e tendências dominantes na União Europeia (UE) e possibilitar que as firmas nacionais e as ligadas a organizações internacionais de auditoria passem a integrar inteiramente um mercado profissional mais exigente, mais disciplinado e, por sua vez, mais organizado sob o ponto de vista normativo.

São estas e outras questões que caracterizam e orientam o cenário de mutação profunda e vertiginosa que se vem desenhando, que obriga os Revisores a um permanente esforço de adaptação de meios e a uma contínua formação e actualização de conhecimentos, a que se associam em particular os recentes desenvolvimentos na área da contabilidade relativamente à nova estratégia em matéria de informação financeira a prestar pelas sociedades cotadas, decorrente da adopção das Normas Internacionais de Contabilidade (NIC) do IASC pela Comissão Europeia e pela *International Organization Securities Commission* (IOSCO), estando presentemente em processo de apreciação nas instâncias comunitárias uma Proposta de Regulamento do Parlamento Europeu e do Conselho[1] relativo à aplicação destas normas, em que se propõe que todas as sociedades da UE cotadas num mercado regulamentado passem a elaborar as suas contas consolidadas de acordo com um único conjunto de NIC do IASC, o mais tardar, a partir de 2005.

E para a profissão de revisão/auditoria às contas a regulamentação proposta terá um impacto significativo, uma vez que ela constituirá um pilar relevante a nível do mecanismo de *"enforcement"* das NIC nos Estados-membros, na medida em que se passa também a exigir aos revisores/auditores que certifiquem se as contas foram adequadamente preparadas de acordo com tais normas. Nessa medida e com o objectivo de assegurar um alto nível de qualidade de revisão/auditoria equivalente em toda a UE, a Comissão Europeia emitiu em 2000 uma Recomendação sobre o Controlo de Qualidade[2], tendo, por sua vez, o Comité de Auditoria da UE vindo a tratar de matérias, tais como, os *standards* de revisão/auditoria, o relatório de revisão/auditoria e a independência dos revisores/auditores, com vista precisamente a alcançar tal objectivo[3].

A Ordem, sendo membro da IFAC – *International Federation of Accountants* há vinte anos a esta parte, estando por isso associada ao IASC, tem vindo a acompanhar com o máximo interesse os desenvolvimentos operados por este organismo na área da contabilidade. A demonstrá-lo está o facto de, quando iniciou a publicação do Manual do Revisor em 1988, nele ter aberto duas Divisões dedicadas às NIC e às SIC do IASC traduzidas para português e de relativamente a algumas normas ter emitido cartas de comentários durante o seu processo de elaboração.

E correspondendo ao acordo recentemente celebrado com o IASC para a edição em Portugal da versão traduzida das NIC pela Ordem, foi constituída uma Comissão de Revisão da Tradução das NIC, tendo culminado com o lançamento de um CD-ROM, intitulado **"Normas Contabilísticas Aplicáveis em Portugal"**.

O impacto da regulamentação proposta no nosso País, muito embora a sua aplicação possa vir a ser de início restrita a um número limitado de sociedades, tenderá, a nosso ver, por progressivamente evoluir no sentido de acompanhar os pontos principais da nova estratégia de relato financeiro que está presentemente em curso. Mas esta evolução não poderá deixar de ter em conta o essencial da nossa cultura contabilística, de matriz maioritariamente assente na Europa Continental, nem a nossa realidade jurídica, empresarial e social, nem tão pouco os nossos hábitos profissionais.

Por isso, vai ser necessário um esforço muito grande de levar as NIC ao conhecimento generalizado dos profissionais de contabilidade e de revisão/auditoria às contas, quer a curto prazo com **acções de formação e de divulgação**, quer a longo prazo, a realizar designadamente pelas escolas superiores de contabilidade e auditoria e pelas associações profissionais e empresariais.

Estes os traços essenciais do presente e do futuro previsível da profissão de Revisor Oficial de Contas no nosso país. E é com esta situação presente que teremos de ser capazes de em cada momento construir o futuro, contando naturalmente com a experiência do passado e prevendo e interpretando os sinais dos tempos que nos vão sendo transmitidos pela sociedade em geral e pela comunidade empresarial e profissional em particular.

Notas:
[1] COM (2001) 80, de 13.02.2001.
[2] COM (2000) 3304, de 15.11.2000, publicada no JO L 91 de 31.3.2001.
[3] Desde 1993 que a Ordem tem em funcionamento um sistema de controlo de qualidade dos trabalhos efectuados pelos Revisores.

2.15 *La empresa ibérica ante la globalização*
(Comunicação no X Encontro da AECA realizado em Setúbal em 27 de Setembro de 2002)

O cenário sócio-económico entre Portugal e Espanha: alguns indicadores

Muito embora se tenham cruzado séculos de história tantas vezes comum, ainda que com memórias diferentes, Portugal e Espanha reencontraram-se na Europa quando entraram em 1986 naquela que é hoje a União Europeia (UE), constituindo nos últimos 16 anos uma relação especial no contexto europeu. No essencial, partilham os mesmos projectos estratégicos na UE, no Mediterrâneo, no Atlântico e na América Latina.

Nas relações económicas bilaterais, a balança comercial e os investimentos vêm reflectindo a sua proximidade geográfica: para Portugal, a Espanha é hoje o seu primeiro parceiro, primeiro destino das exportações (20%) e primeiro fornecedor (25%), muito embora para a Espanha, Portugal não represente mais de 10% das suas exportações e de 3% das suas importações. Ao invés, o esforço de investimento de Portugal em Espanha é bastante considerável, quando se tem em conta a dimensão relativa das respectivas economias. É que, enquanto o PIB espanhol é mais de 5 vezes superior ao português, o investimento das empresas espanholas em Portugal não chegou a ultrapassar 2 vezes o investimento das empresas portuguesas em Espanha (em 2000). O que não impede que a Espanha seja de longe a economia que mais investe em Portugal, representando mais de 40% do Investimento Directo Estrangeiro (IDE) em Portugal (em 2000).

Por outro lado, verifica-se um interesse crescente da parte dos empresários portugueses pela ideia do mercado ibérico, ainda assim insuficiente para corrigir o desequilíbrio provocado pela existência de cerca de **3 mil empresas espanholas em Portugal, contra pouco mais de 3 centenas de empresas portuguesas em Espanha.** Com estruturas ajustadas a um mercado de 40 milhões de habitantes, as empresas espanholas entram com mais facilidade no mercado português, muitas vezes, à custa do preço. A somar a estes factos, há depois razões ligadas ao desconhecimento do mercado e a barreiras de natureza administrativa sobre a livre circulação de capitais entre os dois países. Apesar de haver culturas empresariais diferentes, acentuou-se uma cooperação empresarial não só em sectores estratégicos como o da energia, das telecomunicações e bancário, mas também nas áreas da indústria e do lazer (por exemplo, principais bancos nacionais, EDP, Galp, Sonae, Barbosa & Almeida, Cin, Robialac, Fisipe, Neoplástica e Cabelte). Na distribuição, continua no entanto a ser muito fraca a presença de empresas portuguesas, sector fundamental para impor os produtos nacionais no mercado espanhol.

Ao invés, a entrada do *El Corte Inglês* no mercado português ficou marcada por ser o maior armazém da Península Ibérica.

Quanto à **matéria fiscal,** em termos gerais e muito sintéticos, as taxas de IRC e de IVA (ou seus equivalentes) entre Portugal e Espanha relevam algumas diferenças significativas, que poderão ser relevantes nomeadamente nas localizações dos investimentos, conforme o quadro seguinte:

		Portugal	Espanha
IRC	Normal	30%	35%
	Regime simplificado (≤ 150.000€)	20%	---
	PME [1](≤ 90.000€ de rendimento colectável)	---	30%
IVA		19%, 12%, 5%	16%, 7%, 4%

Referia-se também que entre Portugal e Espanha existe convenção para evitar a dupla tributação de rendimentos desde 1995.

Em matéria de **contribuições para a segurança social,** elas repartem-se em geral da seguinte forma (valores aproximados):

	Portugal	Espanha
Contribuição das empresas	24%	31%
Contribuição dos trabalhadores	11%	6%
Total	35%	37%

No que toca agora à **balança da migração ibérica,** a comunidade espanhola em Portugal tem vindo a crescer nos últimos dez anos, o mesmo sucedendo com a comunidade portuguesa em Espanha, embora a um ritmo que corresponde apenas a cerca de 1/10 daquela. Para além da proximidade geográfica, da semelhança linguística e da livre circulação de pessoas, o desnível das taxas de desemprego entre Portugal e Espanha, que nos últimos dez anos se situou em média em cerca de 19% em Espanha e à volta de 5% em Portugal, muito tem contribuído para o desequilíbrio que tem vindo a ser verificado na balança da migração ibérica.

O número de espanhóis em Portugal era de cerca de 12.000 (em 2000), a segunda maior comunidade da UE, a seguir ao Reino Unido, para um total de imigrantes em Portugal da ordem dos 335.000. Os espanhóis em Portugal são, sobretudo, médicos, enfermeiros, bancários, executivos e professores de castelhano.

E no que respeita ao **custo de vida,** Portugal tem o custo de vida mais baixo da zona euro, com cerca de 76% do conjunto dos doze países, enquanto a Espanha tem o terceiro mais baixo com 88% ([2])·

Entre mais de 200 categorias de produtos (bens e serviços comparáveis e representativos da despesa final dos consumidores), **Portugal** apresenta o índice comparativo do nível de preços **mais baixo** para 5 delas, **a do vestuário e calçado, a do mobiliário e equipamento doméstico, a dos restaurantes e hotéis, a da educação e a dos arrendamentos de casas.** Porém, os cuidados de saúde e a electricidade ([3]) são as duas categorias de produtos que estão acima da média. E a **Espanha** apresenta o índice comparativo do nível de preços **mais baixo** para 2 delas, **a dos produtos alimentares e bebidas não alcoólicas e a das bebidas alcoólicas e tabaco.**

Sendo o custo de vida um elemento de referência importante nas decisões económicas, ele deverá ser medido em relação ao nível dos rendimentos auferidos pelas populações para efeitos de apuramento do nível de vida (ou de bem estar) dessas mesmas populações.

A informação financeira a prestar pelas empresas em Portugal

As empresas em Portugal são obrigadas em geral a elaborar e a apresentar informação financeira com base essencialmente nos seguintes planos contabilísticos:

- Plano Oficial de Contabilidade (POC), para as empresas não financeiras;
- Plano de Contas para o Sistema Bancário (PCSB); e
- Plano de Contas para as Empresas de Seguros (PCES).

Sucede que este ano foi aprovado pelo Parlamento Europeu e pelo Conselho o Regulamento (CE) n.º 1606/2002, de 19 de Julho, com vista à aplicação das Normas Internacionais de Contabilidade (NIC) ([4]) emitidas pelo agora IASB (*International Accounting Standards Board*) a partir de 2005 em relação às contas consolidadas das empresas cotadas num mercado regulamentado na UE, deixando porém aos Estados-membros a possibilidade de alargar o âmbito da sua aplicação às restantes empresas.

A **Ordem dos Revisores Oficiais de Contas (OROC)** entende que a solução tecnicamente mais adequada sobre esta matéria será a de exigir a aplicação das NIC às contas individuais e às contas consolidadas, de **todas as empresas** sujeitas à disciplina do POC[5]. E quanto ao momento da obrigatoriedade da aplicação das NIC, a OROC entende que deverá ser **o ano de 2005 para todas as empresas obrigadas a apresentar contas consolidadas, sejam ou não cotadas**, bem como para as suas filiais (subsidiárias) incluídas na consolidação e para as suas associadas valorizadas pelo método da equivalência patrimonial. Para as restantes empresas, entendemos que deveria ser concedido um prazo mais alargado, admitindo-se que só sejam obrigadas a aplicar as NIC a partir do **ano de 2007**.

Para além de anualmente prestarem contas aos sócios/accionistas (até final de Março do exercício seguinte para as contas individuais, com possibilidade de até final de Maio no caso das contas consolidadas), as empresas cotadas na *Euronext* Lisboa têm também de apresentar **informação financeira à CMVM – Comissão do Mercado de Valores Mobiliários**, com a seguinte periodicidade:

- Empresas cotadas no mercado de cotações oficiais (53 empresas) – Anual, semestral e trimestral;
- Empresas cotadas no 2.º mercado (8 empresas) – Anual e semestral;
- Empresas com obrigações (48 empresas) – Anual;
- Empresas com *Warrants* (4 empresas) – Anual.

Por outro lado, a informação financeira anual das empresas com as formas jurídicas abaixo indicadas, quer tenham ou não valores cotados em bolsa[6], está sujeita a **certificação pelos Revisores Oficiais de Contas (ROC):**

- Sociedades anónimas, em geral;
- Sociedades por quotas a partir de certa dimensão[7];
- Cooperativas a partir de certa dimensão[7];
- Entidades públicas empresariais;
- Sociedades anónimas desportivas (SAD).

O que significa neste contexto que, do total do universo de empresas em Portugal, na ordem das 324.000 ([8]), **mais de 90% delas não têm as suas contas certificadas.**

Depois de aprovada pelos sócios/accionistas, a informação financeira anual é ainda objecto de depósito na Conservatória do Registo Comercial para efeitos de registo e de publicação, nos termos da lei respectiva.

Para efeitos fiscais, as declarações periódicas de rendimento das empresas sujeitas a IRC devem ser normalmente apresentadas à Administração Fiscal até ao final de Junho do exercício seguinte àquele a que dizem respeito, salvo se for adoptado período de tributação diferente.

O exercício da actividade profissional em Portugal por *auditores de cuentas* espanhóis

A prestação de serviços profissionais em Portugal por revisores//auditores de contas da União Europeia (UE) **é livre**, com ressalva do estipulado no Estatuto da OROC, uma vez que se trata de uma actividade regulamentada. A OROC é em Portugal a única entidade nacional responsável pela regulação, controlo e disciplina da profissão. Assim sendo, os *auditores de cuentas* espanhóis são reconhecidos em Portugal na qualidade de Revisores desde que **autorizados a exercer a sua actividade profissional em Espanha e obtenham em Portugal aprovação na respectiva prova de aptidão**. Esta prova é organizada pela OROC e efectuada perante um júri de exame em língua portuguesa sobre matérias de direito, fiscalidade, ética e deontologia e estatuto profissional, sendo composta por uma parte escrita e uma parte oral.

Em Portugal os *auditores de cuentas* espanhóis devem **usar o seu título** expresso em português e em castelhano, com indicação do organismo profissional a que pertencem.

Independentemente de terem estabelecimento profissional em Portugal, *os auditores de cuentas* **estão sujeitos às mesmas regras aplicáveis aos Revisores,** designadamente as relativas aos seus direitos e deveres específicos, às incompatibilidades, à responsabilidade e ao código de ética e deontologia profissional. No restante, aplicar-se--ão as regras que vigorarem em Espanha.

O exercício do direito de estabelecimento em Portugal por *auditores de cuentas* espanhóis só é autorizado pela OROC desde que esteja assegurada a sua permanência efectiva no domicílio profissional escolhido em Portugal e a observância das regras éticas e deontológicas aqui em vigor, a menos que o respeito de tais condições e regras esteja já assegurado através de um Revisor estabelecido e habilitado em Portugal e ao serviço do qual estejam colocados.

Os *auditores de cuentas* espanhóis que violem em Portugal as regras profissionais antes referidas ficam sujeitos às mesmas **sanções** previstas para os Revisores, com as adaptações necessárias, a aplicar pela OROC, que informará o organismo profissional espanhol a que pertencerem das sanções que lhes forem aplicadas.

Perspectiva face à internacionalização empresarial na Península Ibérica

Os indicadores anteriormente apresentados poderão ajudar a perceber, por um lado, como se tem vindo a processar o fenómeno da internacionalização das empresas portuguesas e espanholas no mercado ibérico nos últimos anos e qual o ponto de situação no momento presente, e, por outro lado, poderão também ajudar a reflectir sobre a tendência deste fenómeno no futuro próximo, bem como sobre os mais adequados objectivos estratégicos a prosseguir pelas empresas interessadas.

O facto é que a internacionalização no mercado ibérico tem apresentado uma tendência crescente nos últimos anos, quer por parte das empresas portuguesas em Espanha, quer por parte das empresas espanholas em Portugal, com vantagem significativa para estas. O que não será surpreendente, por vários factores. Entre eles, é mais fácil as empresas espanholas, talhadas para um mercado onde vivem 40 milhões de pessoas, se ajustarem e inserirem num mercado dimensionado para apenas mais 10 milhões de pessoas, do que ao contrário.

A sua cultura empresarial, dimensão e organização potenciam com maior vantagem essa internacionalização. A que se juntam outros factores ligados, por exemplo, a preços, produtividades, fiscalidade, incentivos ao investimento e recursos humanos.

As empresas portuguesas que continuem a apostar no mercado espanhol ou nele queiram entrar terão de se perspectivar para um mercado com uma dimensão potencial de 4 vezes o mercado português e de procurar vantagens competitivas entre as duas economias, sobretudo a nível da qualidade dos produtos, dos preços, do cumprimento dos prazos e da organização comercial.

No processo de internacionalização, o conteúdo, a tempestividade e a qualidade da informação financeira a prestar pelas empresas têm um papel ainda mais relevante, como instrumento imprescindível à tomada de decisões de gestão e ao apuramento dos resultados empresariais em economias abertas e tendencialmente mais competitivas. Apresentámos antes os pontos principais do processo de prestação de informação financeira pelas empresas em Portugal e deixámos o entendimento da OROC quanto à aplicação das NIC do IASB a partir de 2005. Haverá certamente interesse e utilidade em se concertarem posições entre as entidades competentes portuguesas e espanholas, com vista à possibilidade de se desenhar uma estratégia comum sobre esta matéria.

No que se refere à revisão/auditoria às contas, tratando-se de actividade regulamentada, a sua internacionalização no mercado ibérico deverá observar as condições e regras estabelecidas pelos organismos profissionais competentes em Espanha e em Portugal, de que já anteriormente deixámos nota dos pontos essenciais para o caso português, sem prejuízo de se intensificar o bom entendimento já hoje existente entre os organismos profissionais dos dois países.

Por fim, gostaria de dizer que Encontros como este da AECA, que em boa hora foi decidido promover aqui em Setúbal, são seguramente um excelente exemplo de como é possível reflectir, questionar e dialogar sobre o processo de internacionalização empresarial em curso, que afecta directamente portugueses e espanhóis e indirectamente tem a ver também com o processo mais largo da globalização.

Que esta internacionalização e globalização se faça ao serviço do **Homem** é o meu desejo e certamente também o vosso.

Muito obrigado pela vossa atenção.

Notas:
  ([1]) Definem-se como as que tenham um volume de negócios anual inferior a 3.000.000€.
  ([2]) Estudo do Banco Central Europeu (BCE) sobre convergência do nível de preços e concorrência, com base em cálculos do *Eurostat*, publicado no Boletim do BCE de Agosto de 2002; índice comparativo do nível de preços em 2000: zona euro = 100.

(³) A electricidade em Portugal ocupa o 3.º lugar mais caro da zona euro, depois da Alemanha e da Holanda. Entretanto foi anunciado um ligeiro abaixamento do seu custo para as PME a partir de Outubro próximo.

(⁴) De futuro, passarão a designar-se por NIIF (Normas Internacionais de Informação Financeira).

(⁵) O mencionado Regulamento não exclui do seu âmbito as empresas financeiras e as seguradoras, embora aqui haja questões mais relevantes a resolver e/ou clarificar dada a especificidade dos sectores em que elas se inserem.

(⁶) Sublinhe-se que a informação financeira a apresentar à CMVM por qualquer empresa, independentemente da sua forma jurídica, tem de ser certificada (auditada) pelos ROC.

(⁷) Quando durante dois anos consecutivos ultrapassem dois dos três limites: total do balanço 1.500.000€; total das vendas líquidas e outros proveitos 3.000.000€; número médio de trabalhadores empregados durante o exercício 50.

(⁸) Dados da *Dun & Bradstreet*, publicados no jornal "Expresso", de 17 de Agosto de 2002.

2.16 Globalização da economia impõe especialização dos revisores

(Entrevista concedida ao "Jornal de Leiria" em 28 de Novembro de 2002)

Que objectivos prioritários tem para este mandato como bastonário da Ordem dos Revisores Oficiais de Contas?

Reforçar a vertente técnica como suporte essencial do desenvolvimento da profissão, tendo na formação profissional um dos seus eixos fundamentais, é um deles. Os outros são, contribuir para a implementação de um novo modelo contabilístico nacional, face à prevista entrada em vigor das NIC (Normas Internacionais de Contabilidade) em 2005; alargar o mercado profissional, nomeadamente a alguns sectores da Administração Pública; aperfeiçoar o sistema de controlo da qualidade dos trabalhos dos revisores; reforçar o cumprimento do Código de Ética e Deontologia Profissional, com vista a favorecer a transparência e a preservar a independência profissional; concluir, o mais tardar até ao final de 2004, a inscrição das organizações nacionais e internacionais de auditoria na Ordem, dando cumprimento ao estipulado no estatuto desta entidade, e concretizar o novo regime de acesso à profissão.

Quais os principais desafios que a profissão enfrenta?

A crescente internacionalização e globalização das economias está a redimensionar e a deslocalizar as actividades e as empresas a nível mundial, o que exige revisores cada vez melhor habilitados a utilizar novos processos e novas tecnologias e mais especialização e integração em mercados profissionais de maior dimensão e complexidade. Esta mutação está a pôr em causa o conceito tradicional de revisão/ auditoria às contas anuais, colocando por um lado novas questões, que têm a ver nomeadamente com o acesso, a segurança e a conservação da informação, com a qualidade, os limites e a periodicidade da informação a divulgar, com a identificação dos riscos de várias naturezas e a avaliação dos correspondentes sistemas de controlo de gestão empresarial e, bem assim, implicando a reformulação de velhas questões, como a independência, o sigilo e a responsabilidade profissional e social dos revisores. São estes, a meu ver, os principais desafios que a profissão em geral está a enfrentar.

Com a entrada em vigor das Normas Internacionais de Contabilidade, que alterações sofrerá a actividade?

Em Julho foi aprovado um regulamento comunitário com vista à aplicação das NIC a partir de 2005 relativamente às contas consolidadas das empresas cotadas num mercado regulamentado na União Europeia, deixando porém aos Estados-membros a faculdade de permitir ou requerer a sua aplicação, em determinadas condições, às restantes empresas. A Ordem entende que, quanto ao seu âmbito de aplicação, a solução tecnicamente mais adequada será a de exigir a aplicação das NIC às contas individuais e às contas consolidadas de todas as empresas sujeitas aos actuais planos contabilísticos aplicáveis, com as adaptações decorrentes das especificidades de cada um dos sectores de actividade em que se inserem. Quanto ao momento de aplicação, a Ordem entende que deverá ser 2005 para todas as empresas obrigadas a apresentar contas consolidadas, bem como para as filiais incluídas no perímetro de consolidação e para as associadas valorizadas pelo método de equivalência patrimonial. Para as restantes empresas, entende que deverá ser concedido um prazo mais alargado, admitindo-se que só sejam obrigadas a aplicar as NIC a partir de 2007.

Que efeitos terá aquela regulamentação?

Entre nós esta regulamentação terá um impacto imediato, uma vez que a profissão constituirá um pilar importante ao nível da verificação da sua aplicação, na medida em que se passa a exigir aos revisores que certifiquem se as contas foram preparadas de acordo com as NIC, com tudo o que isso implica. Por isso, vai ser necessário um enorme esforço de divulgação das normas, a realizar designadamente pelas escolas superiores de contabilidade e de auditoria e pelas associações empresariais e profissionais.

Defende que o exercício das funções dos Revisores Oficiais de Contas pode e deve contribuir para o combate à fraude e evasão fiscal. Como é que isso pode ser feito?

Com o conhecimento concreto que os revisores têm do tecido empresarial português, julgamos estarem bem colocados para avaliar a adequação e do grau de aplicação do actual sistema fiscal a este nível. Assim sendo, estamos, por um lado, disponíveis para contribuir com esse capital de conhecimento junto das entidades competentes, sugerindo melhorias na eficiência e eficácia do referido sistema fiscal. Por outro lado, no exercício da revisão legal das contas das empresas compete-nos vigiar pela observância da lei aplicável, onde entre outras cabe a legislação fiscal.

A entrada em vigor do artigo 35.º do Código das Sociedades Comerciais foi adiada. Como vê esta situação?

O momento em que foi posto em vigor não foi o melhor, uma vez que já estávamos a entrar em abrandamento económico. Tratava-se de uma medida especialmente gravosa para as empresas que numa situação financeira já de si complexa se viam obrigadas a uma recapitalização forçada num curto período de tempo. O actual regime veio reformular o leque das medidas a adoptar e consagrar um período transitório para a sua aplicação, a qual ocorrerá a partir da aprovação das contas do exercício de 2004, ou seja, no exercício de 2005.

Concorda com a aplicação deste artigo? Porquê?

Concordo. É uma medida saudável que tem em vista sobretudo requalificar o tecido empresarial português. Reflecte preocupações de solidez financeira das sociedades comerciais e de protecção dos credores. Para além disso, decorre da transposição de uma norma comunitária já com 25 anos de existência.

As associações empresariais da região queixam-se que as alterações propostas para o pagamento especial por conta do IRC vão asfixiar as empresas. Pensa que têm motivos reais para preocupações?

Penso que sim. Por um lado, o brutal e iníquo aumento do limite máximo do pagamento especial por conta (PEC) em IRC é, nas presentes condições económico-financeiras das empresas, um erro de política fiscal. Acresce que o PEC deveria ser uma via de recurso e não tornar-se num método de tributação normal dos rendimentos das empresas. E a necessidade de arrecadação de receitas fiscais não pode só por si justificar este erro, cujos efeitos poderão tornar-se perversos.

Por outro lado, esta medida contribui para se acentuarem ainda mais as distorções à tributação das empresas, a qual deveria incidir fundamentalmente sobre o seu rendimento real. Em qualquer caso, uma medida desta natureza deveria a meu ver estar apoiada em indicadores objectivos de actividade de base técnico-científica de rendibilidade fiscal por sectores de actividade, definidos pelo Ministro das Finanças, o que não acontece.

2.17 Continuar

(Editorial da revista "Revisores & Empresas" n.º 19 de Outubro/Dezembro de 2002)

No passado dia 30 de Outubro, a lista **"Pela Renovação e Desenvolvimento da Profissão – Um Novo Ciclo Institucional"** submeteu-se a sufrágio para o mandato de 2003 a 2005, tendo obtido uma votação de cerca de 48% dos Revisores com capacidade eleitoral activa.

Referia-se no Manifesto Eleitoral que era necessário **continuar** a empreender a renovação e o desenvolvimento da profissão neste novo ciclo institucional, essencialmente sustentado no actual Estatuto – Decreto-Lei n.º 487/99, de 16 de Novembro – e nos respectivos regulamentos, de modo a podermos responder eficazmente aos desafios postos aos Revisores, numa altura em que é preciso reganhar alguma **confiança** perdida mercê de relevantes acontecimentos internacionais que acabam sempre por ter inevitáveis repercussões profissionais ao nível interno. E que essa renovação e desenvolvimento passa, nas suas **linhas mestras:**

- Por um **ainda maior poder de afirmação e de influência da Ordem e da profissão** junto da sociedade em geral e, em particular, do poder político, das entidades oficiais e supervisoras, da comunidade empresarial, dos gestores, dos técnicos, das instituições de ensino superior e das organizações profissionais nacionais e internacionais mais ligadas ou conexas com a profissão;
- Pela **continuação da estratégia profissional iniciada em 2000**, cujos pontos-chave se contêm no Programa de Acção, dentro do maior consenso possível dos Revisores; e
- Por uma **Ordem ao serviço dos Revisores e da profissão.**

A significativa votação obtida em lista única permite-nos legitimamente interpretar que a confiança junto dos Revisores saiu reforçada, o que, se por um lado nos conforta, por outro, confere-nos maiores responsabilidades profissionais e sociais para vencermos os difíceis desafios que a profissão tem de enfrentar, não só a nível interno, como também a nível internacional e, em particular, no contexto da União Europeia.

Contamos, mais uma vez, com o apoio e o empenhamento de **todos os Revisores,** imprescindíveis para continuarmos a renovar e a desenvolver a profissão no próximo mandato. Contamos igualmente, com o apoio e a compreensão de **todas as outras pessoas** singulares ou colectivas, públicas ou privadas, nacionais ou estrangeiras, que connosco colaboram e partilham o mesmo **objectivo essencial** de melhorar a prestação de contas em Portugal.

2.18 As contas das autarquias deviam ser certificadas

(Entrevista concedida ao jornal "Semanário Económico em 3 de Janeiro e publicada a 6 de Janeiro de 2006).

Ontem, quinta-feira, José Vieira dos Reis passou o testemunho a António Gonçalves Monteiro, depois de oito anos à frente dos destinos da Câmara dos Revisores Oficiais de Contas (ROC). De regresso ao seu escritório e à sua actividade de ROC, Vieira dos Reis faz o balanço dos seus mandatos e lembra os temas que devem continuar a ser seguidos.

Que balanço faz destes oito anos à frente da Ordem dos Revisores Oficiais de Contas (OROC)?

Eu e a minha equipa candidatámo-nos, para os três mandatos em que exercemos funções, com um programa que tinha como lema a renovação e desenvolvimento da profissão. Chegada a esta altura, é possível dizer que foram cumpridos ou estão lançados todos os pontos desse programa. Em síntese, pensamos que vamos sair com a consciência tranquila do dever cumprido, algo que nos deixa confortados.

Que aspectos salientaria em termos de alterações na profissão?

Em termos de grandes linhas de orientação, não é possível deixar de falar da passagem de Câmara a Ordem, que aconteceu em 1999. Trouxe um novo paradigma à organização do sector, que passou a estar inteiramente regulado e sob a supervisão da Ordem, algo que até então não acontecia. Esta alteração de estatuto implicou um conjunto de revisões de regulamentos então em vigor. Ou seja, passou a construir-se um novo edifício jurídico e regulamentar para os ROC. E pode dizer-se que hoje a profissão está habilitada a poder desempenhar com integridade, independência e competência a função de interesse público que lhe está subjacente.

O que mudou essencialmente?

Antes, a Câmara não tinha organização de todo o sector de auditoria. Só tinha regulação e superintendência sobre a auditoria legal. A partir da passagem a Ordem, esta passou a ter a inteira regulação e supervisão e de todo o sector de auditoria, legal, contratual ou estatutária. Essa mudança de paradigma foi extremamente importante. Outro factor daí derivado foi a integração na Ordem das organizações, quer de ligação internacional, quer de raiz nacional, que vinham exercendo a auditoria. E este foi, a nosso ver, um dos processos mais estruturantes ultimamente ocorridos na profissão, porque veio contribuir para a transparência do mercado profissional e para a qualidade dos serviços a prestar. Porque até então não estavam integradas na Ordem as empresas internacionais de auditoria. Isso foi um benefício para o sector, para as empresas e para os profissionais e é outro ponto relevante dos nossos mandatos.

O que mudou nas contas das empresas nestes oito anos?

A nossa base de trabalho, que é a contabilidade, sofreu de há uns anos a esta parte grandes alterações, não só em termos de princípios e quadros de conceitos, como também a nível extensivo de alargamento a outros sectores, nomeadamente à administração pública. Na área da auditoria houve um grande desenvolvimento técnico das normas de trabalho, uma melhoria das ferramentas e das metodologias de trabalho em ambiente informático e também desenvolvimentos no quadro da ética e deontologia profissionais. Revimos por duas vezes o código de ética e deontologia profissional e o comportamento dos revisores, a nível da sua postura perante as empresas – os clientes –, ficou mais fortalecido na medida em que foi introduzido um conjunto de princípios, nomeadamente, a nível da independência e das salvaguardas de algumas ameaças à independência. Isso também derivado a acontecimentos internacionais que levaram a que tivéssemos atenções redobradas nessa área.

Refere-se a casos como o da Enron?

Refiro-me a vários escândalos internacionais que provocaram uma alteração da forma de estar na profissão.

A queda de uma grande empresa de auditoria e o domínio dos mercados pelas chamadas "big 4" afectou muito a classe dos ROC?

A nível internacional houve momentos em que a profissão abanou. Abanou, mas não caiu, naturalmente. A nível interno fomos "salpicados", como era natural mas não houve uma expressão negativa no que respeita ao exercício da profissão em Portugal. Porque esta, do nosso ponto de vista, tem sido exercida com padrões de exigência consideráveis e de aceitação geral reconhecidos pelos poderes e pelas empresas. Nem sempre se pode dizer que houvesse aqui escândalos, mesmo à nossa dimensão, que provocassem uma alteração muito forte daquilo que vínhamos praticando. É evidente que sofremos os efeitos dessa situação externa, mas nunca deixámos de acompanhar todo o desenvolvimento daí derivado, quer a nível das discussões nos *fora* onde estamos presentes, quer na Comissão Europeia.

Um dos lemas desta recente campanha para eleição do novo Bastonário era a "credibilização" da profissão. Há muito para fazer a esse nível?

Falou-se, isso sim, em reforço da credibilização. A profissão está credibilizada, quer junto de empresas, quer de cidadãos, quer da sociedade em geral. Claro que quanto mais credível melhor...

Ainda no que respeita ao tema do domínio das "big 4", seria muito perigoso o desaparecimento de mais um grande player a nível internacional, como quase aconteceu com a KPMG?

A concentração internacional das grandes empresas de auditorias já vinha acontecendo. Não é o facto de haver menos uma ou menos duas que pode ter grandes efeitos no mercado. E o mercado profissional em Portugal, no que toca aos grandes clientes, basicamente já pertencia a essas empresas. O que temos de ver é como é que o tecido empresarial português está distribuído e isso também implica a existência de outras entidades de auditoria. O mercado nacional de auditoria não chega a representar dez por cento do número de empresas em Portugal. Mas essas são as grandes empresas. As maiores. E representam 80% do volume total de negócios. Depois há as outras, as pequenas e médias empresas, que não são obrigadas a ter ROC.

É um adepto da concentração?

Penso que é bom que haja alguma competitividade, por isso não sou apologista de uma concentração muito forte. Mas, repito, hoje em dia a esmagadora maioria das grandes empresas já são auditadas pelas grandes empresas de auditoria. E na resolução do problema da KPMG a nível da União Europeia, não se deixando que ela caísse, teve-se em atenção a necessidade de preservar as leis da concorrência, considerando-se que uma maior concentração de empresas de auditoria poderia conduzir a distorções.

Considera que se devia alargar o âmbito da obrigatoriedade de apresentação de contas certificadas?

Penso que sim. Isso só contribuiria para maior fiabilidade da informação financeira e prestação de contas em Portugal.

A informação financeira hoje prestada pelas empresas é suficiente ou dever-se-ia ir mais longe?

Em termos do conjunto qualitativo da informação, temos já um conjunto que pode ser considerado suficiente. A questão que se coloca mais é a da divulgação atempada dessa informação e do acesso a ela. E duma cultura de informação por parte dos cidadãos. Aí é que me parece que deve haver mais trabalho a desenvolver. A informação evoluiu, está a um passo do que deve ser exigível em termos gerais a nível da Europa, mas falta-nos uma cultura de divulgação dessa informação e de exigência por parte dos interessados.

O que deveria de ser feito para mudar isso?

Dou-lhes o exemplo da forma como funcionavam as instâncias que têm a seu cargo o dever de informar. O acesso do público em geral às conservatórias e ao depósito das contas, é moroso e difícil, para além de lhes faltar interesse e cultura nesse sentido. Mas, por outro lado, as empresas deviam divulgar com mais regularidade a informação que vão produzindo.

A maioria das empresas nem faz o depósito de contas, apesar de ser obrigatório.

Exactamente. Penso que isso tem estado a funcionar muito mal. Isto é a nível do Ministério da Justiça. Mas as empresas também deviam cumprir e, em geral, o sistema não funciona...

Que conselhos deixaria ao seu sucessor?

Que o programa escolhido seja cumprido.

Que *dossiers* lhe deixa em herança?

Há muitos que vão continuar, ainda que alguns sejam de ordem externa, como a revisão da 8.ª Directiva da UE. A nível interno, eu sublinharia as intenções da Ordem dos Revisores Oficiais de Contas de sugerir uma maior intervenção dos revisores em determinadas áreas, nomeadamente na Administração Pública. É de aproveitar as valências que a profissão tem para o reforço do papel dos poderes públicos.

Por exemplo?

Certificar as contas das autarquias locais. Porque não? É um *dossier* que vai continuar e já apresentámos essa proposta a sucessivos Governos de há uns anos a esta parte, incluindo o actual Ministro das Finanças. E estão a analisar....

Um tema pertinente, numa altura que se prevê uma revisão da Lei das Finanças Locais...

Sem dúvida. Estas contas deviam ser certificadas anualmente. Porque quer os órgãos da Administração Pública, quer o próprio Tribunal de Contas não têm tido, até agora, capacidade para todos os anos fazerem as suas auditorias. E isso sem prejuízo das atribuições e competências que têm estas entidades e os seus órgãos.

Quem é que deveria pagar esse trabalho?

As próprias autarquias, naturalmente. Como já acontece com as empresas participadas pelas Câmaras, que têm de ser auditadas. Para fazerem o consolidado a entidade-mãe não tem que ter a certificação das contas, mas muitas das suas participadas são obrigadas a tê-la. Isto não faz sentido.

Já há outros exemplos na administração pública?

Sim, outros sectores onde nós já estamos, como a saúde – hospitais e alguns institutos – ou a educação, onde haja contabilidade obrigatória e com POC específicos. Há é que assegurar a presença dos auditores noutros sectores, por exemplo, nalguns organismos que estão dependentes do Ministério da Justiça, como em certos institutos com contabilidade pública e onde se poderia intervir. Esta é outra das matérias onde a nova equipa da Ordem deve continuar a intervir.

Relativamente à 8.º Directiva, que grandes alterações vai introduzir?

A sua publicação está para breve. Vem substituir uma outra que tinha 20 anos e aguardava-se há muito a harmonização das qualificações dos ROC. Mas esta revisão tem um âmbito mais lato e pretende atingir um nível elevado de harmonização dos requisitos exigíveis para o exercício da revisão de contas. A anterior Directiva tratava basicamente das qualificações profissionais e esta trata de forma global do instituto da revisão de contas. E por isso traz algumas exigências mais, com normas de ética e deontologia mais apertadas, Traz também exigências a nível da utilização das normas internacionais de auditoria à escala europeia. E eu sublinharia ainda os desenvolvimentos a nível da responsabilidade da auditoria dos grupos, para que o auditor do grupo seja responsável pelas auditorias às filhas, ou seja, por todas as empresas que compõem um mesmo grupo.

E no que respeita às regras de auditoria às entidades de interesse público?

Traz regras mais apertadas para essas auditorias, a nível das exigências da criação de comissões de auditoria, da rotatividade do sócio orientador ou executor da revisão. E ainda no que toca ao facto de, por exemplo, um revisor duma dessas entidades não poder retomar casos de gestão senão depois de ao menos passarem dois anos. São estas as grandes linhas de orientação, no pressuposto de que se pretende criar um mercado europeu de auditoria mais harmonizado possível. E também para atender a algumas das questões decorrentes de recentes escândalos internacionais.

A entrada em vigor da 8.ª Directiva implica alterações de fundo no exercício das funções de ROC?

Esta Directiva também se insere no contexto mais vasto do plano de acção de serviços financeiros e passa pela modernização do direito societário, a introdução de normas relativas à informação financeira e a melhoria do mercado de capitais, nomeadamente a nível da informação a divulgar. São matérias que em termos específicos da profissão não vão causar grandes ou difíceis ajustamentos. Excepto um, em que é precisa uma análise cuidada e criteriosa aquando da transposição para o direito nacional, Falo da obrigação de os Estados-membros criarem um sistema eficaz de supervisão pública da profissão, que será depois coordenado por um órgão de supervisão a nível da União Europeia. Ora em Portugal nós já temos supervisão pública, que tem vindo a ser exercida pela Ordem e faz todo o sentido que continue a ser a Ordem a fazer a ligação com a União Europeia.

Como tem sido a relação entre a Ordem dos Revisores Oficiais de Contas e o Ministério das Finanças?

Tem sido uma relação institucional muito boa. Ainda recentemente nos entendemos com a Administração Fiscal, no sentido do acesso dos ROC a informações fiscais dos seus clientes. Há um despacho do Director-Geral dos Impostos nesse sentido. Trata-se de uma clarificação importante porque a cooperação entre as entidades públicas, neste caso a DGCI e a OROC, tem de existir e não está impedida pela Lei Geral Tributária, antes pelo contrário.

Quais são as vantagens desta troca de informações?

A Administração Fiscal dá ao revisor a informação que tem para ele poder desempenhar as suas funções. Poderia acontecer que o revisor, não tendo acesso a essa informação, estivesse a dar pareceres fundados em matéria não completa. Fica a ganhar o destinatário da informação, que tem uma informação mais segura e mais completa.

Concorda com a intenção do Fisco de divulgar a lista dos devedores?

Isso tem de ser muito bem feito. Para contribuintes recalcitrantes ou relapsos, teria algum impacto a nível da sensibilização, mas não penso que por aí se vá reforçar significativamente a cultura de cumprimento tributário.

É contra?

Não diria tanto. Mas tem de ser bem testada e de haver cuidado para não se cometerem erros que seriam desagradáveis. Penso que é uma medida pontual que deve ser envolvida num contexto mais lato.

Não entendo que haja medidas de combate à evasão fiscal apenas pontuais e não estou crente que a divulgação dos devedores venha a ser a panaceia para todos os males. E mais: a atitude correcta que vem sendo seguida de combate à fraude e evasão fiscal não se deve confinar a momentos de aperto orçamental. Tem de ser permanente, continuada e rigorosa.

O que falta fazer a esse nível?

Há ainda questões de organização que se deveriam desenvolver, por exemplo, instaurar uma cultura de mérito dentro da Administração Fiscal, simplificar o sistema, desburocratizar muitos dos procedimentos... tudo isto concorre para uma cultura de cumprimento. E deveria também haver uma maior e melhor ligação com o contencioso. O sistema dos tribunais fiscais deveria funcionar de melhor forma e mais atempada. Porque cresceu muito o número de processos e não houve o salto organizativo correspondente. Não é justificável o elevado número de prescrições que ocorre todos os anos. Há um desajustamento entre o processo executivo e os meios ao dispor para lhe dar seguimento.

Os ROC poderiam colaborar mais com o Fisco?

Uma das questões que a OROC tem já colocado é a utilização do trabalho dos revisores, nomeadamente das certificações das contas e dos relatórios de auditoria, para efeitos fiscais. Há questões que o revisor levanta nos seus relatórios e a que a Administração Fiscal podia tomar em conta. Antigamente as certificações das contas acompanhavam as declarações de rendimentos, agora não. Ficam no *dossier* fiscal da empresa, portanto, o Fisco não conhece as reservas ou ênfases feitas pelo Revisor quando da emissão das certificações das contas. Deveria aproveitar-se esse trabalho.

3
A CONTABILIDADE
E AS NORMAS INTERNACIONAIS

3.1 A contabilidade e os desafios do século XXI

(Editorial da revista "Revisores & Empresas" n.º 4 de Janeiro/Março de 1999)

A mundialização dos fenómenos económicos aumenta dia após dia. Consequentemente, as trocas empresariais e os movimentos financeiros ocorrem em número e complexidade crescentes.

A Contabilidade, Sistema de Informação existente nas empresas, tem por missão apoiar os seus destinatários na tomada de decisões em tempo e a custos oportunos.

A informação contabilística tende a ser cada vez mais global e integradora.

As mudanças no mundo da informática ainda são mais significativas. As alterações operadas no reino dos computadores não param. Os sucessivos aperfeiçoamentos no tratamento de grandes massas de dados contabilísticos já estão a questionar a fiabilidade destes. Ultrapassado o problema da "tecnologia da informação", a atenção volta-se para a própria "qualidade da informação"

A Contabilidade e os profissionais que nela trabalham não podem ficar indiferentes. Novas questões se levantam. O acesso de cada utente à informação de que necessita constitui uma grande preocupação para os administradores de dados. A descentralização da recolha e do tratamento de certos dados tem vindo a ampliar o problema.

A utilização da *Internet* no mundo dos negócios é já um facto. As transacções comerciais realizadas deixam as autoridades fiscais em sobressalto. A nível da Contabilidade e da Auditoria o problema não é menor. Esquemas de trabalho inovadores impõem-se perante esta realidade. Será que a contabilidade pode ultrapassar tais obstáculos? Pela experiência de séculos de actividade cremos que sim.

3.2 Lançamento das NIC em português e em *CD-ROM*

(Discurso de abertura na cerimónia de lançamento das NIC em português, realizada em Lisboa no dia 19 de Abril de 2001)

Objectivos desta iniciativa

Entendeu a Ordem dos Revisores Oficiais de Contas (OROC) lançar um *CD-ROM* com as normas contabilísticas aplicáveis em Portugal, incluindo a tradução para português das Normas Internacionais de Contabilidade (NIC) emitidas pelo IASC – *International Accounting Standards Committee*, e promover esta sessão de apresentação com o patrocínio da Comissão do Mercado de Valores Mobiliários, que desde já agradeço muito reconhecidamente.

Ao fazê-lo está a dar cumprimento às suas atribuições, quando no seu Estatuto se estipula que a Ordem deve, por um lado, "**Propor ao Governo, em articulação com as entidades normalizadoras, a regulamentação de aspectos contabilísticos susceptíveis de permitirem uma mais eficiente revisão/auditoria às contas**" e, por outro lado, "**Definir normas e esquemas técnicos de actuação profissional, tendo em consideração os padrões internacionalmente exigidos**".

Mas ao fazê-lo está também a dar a conhecer os recentes desenvolvimentos na área da contabilidade relativamente à nova estratégia em matéria de informação financeira a prestar pelas sociedades cotadas, que tem a ver com a adopção das NIC do IASC pela Comissão Europeia e pela *International Organization Securities Commission* (IOSCO).

Proposta de uma nova estratégia de relato financeiro

Recorde-se que esta nova estratégia ganhou um particular impulso no Conselho Europeu de Lisboa, realizado em 23 e 24 de Março do ano passado, ao evidenciar a necessidade de acelerar a realização do mercado interno em matéria de serviços financeiros, fixar um prazo até 2005 para que o Plano de Acção para os Serviços Financeiros seja executado e apelar para a tomada de medidas destinadas a reforçar a comparabilidade das demonstrações financeiras elaboradas por sociedades cotadas.

Na sequência da posição tomada no Conselho Europeu de Lisboa, a Comissão Europeia adoptou em 13 de Junho de 2000 a sua Comunicação intitulada "**Estratégia da UE para o futuro em matéria de informações financeiras a prestar pelas empresas**" ([1]), em que se propõe que todas as sociedades da UE cotadas num mercado regulamentado passem a elaborar as suas contas consolidadas de acordo com um único conjunto de NIC do IASC, o mais tardar, a partir de 2005. A adopção de regras de informação financeira uniformes e de elevada qualidade por parte dos mercados de capitais da UE reforçará a eficiência global dos mercados, reduzindo desta forma o custo do capital para as sociedades. Sublinhe-se que a adaptação das demonstrações financeiras de modo a terem em conta as regras locais justificava-se quando os investidores e outros interessados eram da mesma nacionalidade que a da sociedade. Hoje em dia, com o surgimento de um mercado de capitais cada vez mais integrado, isso menos se justifica, na medida em que os valores mobiliários de qualquer sociedade são frequentemente detidos por um grupo de investidores de diversas nacionalidades.

E, em Julho de 2000, o Conselho ECOFIN acolheu favoravelmente a referida Comunicação da Comissão Europeia e a partir daí foi por esta apresentada uma Proposta de Regulamento do Parlamento Europeu e do Conselho relativo à aplicação das NIC, que está presentemente em processo de apreciação para decisão [2].

Como diz o Comissário do Mercado Interno da Comissão Europeia, *Frits Bolkestein* ([3]), a regulamentação proposta assinala "**o começo de uma nova era de transparência e o fim da Torre de Babel no relato financeiro na Europa**". E que o uso de uma linguagem contabilística global pode beneficiar as sociedades europeias e ajudá-las a competir em idênticos termos face ao capital global, estando os investidores e outros interessados em posição de, finalmente, poderem comparar a *performance* das sociedades com base num *standard* comum. Para logo acrescentar que "**as NIC oferecerão um alto** nível de qualidade da informação financeira idêntico ao dos *US GAAP*, com a vantagem adicional das NIC terem sido concebidas numa verdadeira perspectiva internacional e não modeladas para um particular ambiente nacional".

Refira-se, entretanto, que as directivas contabilísticas da UE manter-se-ão em vigor, a fim de assegurar um nível mínimo de comparabilidade para todas as sociedades de responsabilidade limitada da UE, embora sujeitas naturalmente a um processo de modernização. Continuará, pois, a ser exigida a todas as sociedades a conformidade com as directivas contabilísticas da UE, **constituindo a aplicação das NIC um requisito complementar para as sociedades cotadas.**

Impacto da regulamentação proposta na UE

A regulamentação proposta terá um impacto imediato, quer para as profissões contabilística e de revisão/auditoria europeias, quer para mais de 7.000 sociedades cotadas. Presentemente, somente sete Estados-membros – Alemanha, Áustria, Bélgica, Finlândia, França, Itália e Luxemburgo – autorizam especificamente as sociedades cotadas a usar as NIC na preparação das contas consolidadas e apenas cerca de 300 sociedades cotadas as usam[4]. Por outro lado, a regulamentação proposta traduzir-se-á num considerável acréscimo dos custos de preparação do relato financeiro das sociedades, que no entanto será compensado por **uma maior transparência e uma melhor comparabilidade** com reflexos em ganhos de competitividade e de capital nomeadamente para as sociedades e os investidores.

E para a profissão de revisão/auditoria a regulamentação terá igualmente um impacto imediato, uma vez que ela constituirá um pilar importante a nível do mecanismo de *"enforcement"* das NIC nos Estados-membros, na medida em que se passa também a exigir aos revisores/auditores que certifiquem se as demonstrações financeiras foram adequadamente preparadas de acordo com tais normas. Por isso, em ordem a assegurar um alto nível de qualidade de revisão//auditoria equivalente em toda a UE, a Comissão Europeia emitiu em 2000 uma Recomendação sobre o Controlo de Qualidade[5], tendo, por sua vez, o Comité de Auditoria da UE vindo a tratar de matérias,

tais como, os *standards* de revisão/auditoria, o relatório de revisão/
/auditoria e a independência dos revisores/auditores, com vista precisamente a alcançar tal objectivo.

Historial das NIC em Portugal e o correspondente impacto da regulamentação proposta

A Ordem dos Revisores Oficiais de Contas, sendo membro da IFAC – *International Federation of Accountants* há vinte anos a esta parte, estando por isso associada ao IASC, tem vindo a acompanhar com o máximo interesse os desenvolvimentos operados por este organismo nestas matérias. A demonstrá-lo está o facto de quando iniciou a publicação do Manual do ROC em 1988, nele ter aberto duas Divisões dedicadas às NIC e às SIC do IASC traduzidas para português e de relativamente a algumas normas ter emitido cartas de comentários durante o seu processo de elaboração.

Mais recentemente e correspondendo ao acordo celebrado com o IASC para a edição em Portugal da versão traduzida das NIC pela OROC, foi constituída uma Comissão de Revisão da Tradução das NIC. Os trabalhos de revisão foram escalonados por forma a, numa 1.ª fase, que decorreu de Novembro de 2000 a Janeiro de 2001, se reverem os cerca de 300 conceitos que constam do Glossário, tendo culminado com o lançamento deste *CD-ROM*, e, numa 2.ª fase, se rever o conteúdo dos conceitos desse Glossário, bem como do restante material técnico relativo às NIC e às SIC.

O impacto da regulamentação proposta no nosso país, muito embora a sua aplicação possa vir a ser de início restrita a um número limitado de sociedades, tal situação tenderá, a nosso ver, por progressivamente evoluir no sentido de acompanhar os pontos principais da nova estratégia de relato financeiro que está presentemente em curso. Mas esta evolução não poderá deixar de ter em conta o essencial da nossa cultura contabilística, de matriz maioritariamente assente na Europa Continental, nem a nossa realidade jurídica, empresarial e social, nem tão pouco os nossos hábitos profissionais.

Por isso, vai ser necessário um esforço muito grande de levar as NIC ao conhecimento generalizado dos profissionais de contabilidade e de revisão/auditoria às contas, quer a curto prazo com **acções de formação e de divulgação,** como as que a Ordem se propõe realizar no próximo mês de Junho, quer a longo prazo, a realizar designadamente pelas escolas superiores de contabilidade e pelas associações profissionais e empresariais.

Reconhecimentos e agradecimentos

O lançamento deste *CD-ROM* não teria sido possível se não tivesse havido ao longo destes últimos vinte anos um trabalho aturado e profissional de vários Colegas, de que é justo salientar em particular os Colegas Bráz Machado e Gastambide Fernandes. E não seria igualmente justo se não reconhecesse o contributo dado pelos Colegas que integraram, com os já referidos, a recentemente constituída Comissão de Revisão da Tradução das NIC, António Dias, Belarmino Martins, Gonçalves Roberto e Pedro Aleixo Dias, sob a coordenação do Vogal do Conselho Directivo da Ordem, António Pires Caiado.

Por outro lado, na produção e lançamento deste *CD-ROM* e na organização desta sessão de apresentação é igualmente justo destacar o esforço desenvolvido pelo Departamento Técnico da Ordem a cargo do seu Director o Colega Gonçalves Roberto.

Cumpre-me também reconhecer o esforço desenvolvido pelas entidades externas que colaboraram na produção do *CD-ROM*, nomeadamente a Digilex e a empresa que vai fazer a sua distribuição e venda, o Rei dos Livros, bem como à Comissão do Mercado de Valores Mobiliários que se quis associar a esta iniciativa e nos honrou com o seu patrocínio.

E, por fim, quero agradecer a todos os oradores a vossa presença e o vosso testemunho que muito enriquecerá esta sessão.

Notas:
 ([1]) COM (2000) 359, de 13.06.2000.
 ([2]) COM (2001) 80, de 13.02.2001.
 ([3]) *Accountancy*, March 2001.
 ([4]) Acresce que os Estados-membros podem permitir ou requerer que ela se aplique também às contas individuais das sociedades cotadas e mesmo às contas consolidadas e individuais das sociedades não cotadas.
 ([5]) COM (2000) 3304, de 15.11.2000, publicada no JO L 91 de 31.03.2001.

3.3 Novas normas vão afectar 50% das empresas cotadas na BVLP

(Declarações ao "Diário Económico" em 21 de Abril de 2001)

A adopção em Portugal das NIC – Normas Internacionais de Contabilidade vai afectar até 2005 entre 40% e 50% das sociedades cotadas nos mercados regulamentares da Bolsa de Valores de Lisboa e do Porto (mercado contínuo, por chamada e sem cotações, na vertente de acções, obrigações e *warrants)*, segundo apurou o Diário Económico junto de fonte do sector.

Em declarações ao DE, José Vieira dos Reis, bastonário da Ordem dos Revisores Oficiais de Contas (OROC), não quis comentar esta informação, mas esclareceu que as NIC vão incidir, pelo menos, nas contas consolidadas das empresas cotadas, embora o Estado português, como todos os Estados-membros da União Europeia, possam em 2005, ou ainda antes, estipular que estas novas normas contabilísticas, sejam estendidas às contas individuais das sociedades cotadas, assim como às contas individuais e consolidadas das não cotadas.

O bastonário da OROC considera que Portugal, em relação ao ritmo de adaptação para o novo quadro das NIC, "não está nem muito adiantado, nem muito atrasado em relação aos seus parceiros da União Europeia, encontrando-se numa situação intermédia".

José Vieira dos Reis, diz que, neste momento, é impossível ter uma ideia minimamente acertada sobre o volume de custos que a adopção das NIC em Portugal vai acarretar para as empresas implicadas, acrescentado que essa questão depende de caso para caso.

"Há algumas normas que já estamos a adaptar. Há outras que vão ser adaptadas e que têm custos de formação para os empregados dessas empresas, assim como custos administrativos e de informática, nomeadamente ao nível do *"software"*, esclarece o bastonário da OROC.

Apesar de serem uma excepção, já existem empresas portuguesas cotadas na bolsa que andaram meio caminho neste processo de adaptação às NIC, uma vez que já estão cotadas em bolsas europeias ou norte-americanas, tendo para isso de respeitar normas contabilísticas mais aproximadas das NIC. Nestes casos, as empresas terão custos e prazos de adaptação mais diminutos.

Os custos que as empresas portuguesas terão de dispender para se integrar no quadro contabilístico desejado pela União Europeia está também dependente da dimensão da própria sociedade cotada, sendo mais extensos quanto maior for a empresa.

Segundo José Vieira dos Reis, a entrada em vigor das NIC assenta no facto de, no mercado regulamentado, as empresas cotadas passarem a utilizar uma linguagem contabilística comum no espaço da União Europeia. Este responsável considera que esta mudança poderá trazer diversas vantagens, designadamente "a melhoria da transparência e uma maior comparabilidade dos relatos financeiros dessas sociedades cotadas". Outros benefícios que a entrada em vigor das NIC vai trazer, é o facto de permitir aos investidores e outros interessados efectuar uma avaliação e comparação das *"performances"* das sociedades com base num *"standard"* comum. Tudo dependerá da aplicação que delas se fizer.

Em Portugal José Vieira dos Reis considera que temos "algumas possibilidades de vencer mais este desafio desde que exista uma acção estruturada e continuada, o que requer um empenhamento muito forte de vários agentes, como a entidade normalizadora da contabilidade, profissionais de contabilidade, comunidade empresarial, diversos níveis de ensino e a entidade reguladora do mercado de capitais (CMVM)".

3.4 Plano Oficial de Contas para as Artes do Espectáculo

(Comunicação realizada no seminário " Organizações, Cultura & Artes" que teve lugar no ISEG no âmbito do Centro de Estudos de Gestão e do MBA/ Mestrado em Gestão realizado em Lisboa em 23 de Novembro de 2001)

É devida uma palavra de agradecimento ao CEGE, na pessoa do Prof. Doutor João Carvalho das Neves, pelo convite que me endereçou, que com a maior honra aceitei. E também uma palavra de louvor por mais esta iniciativa, a qual certamente contribuirá para a sensibilização e o esclarecimento, não só de vários aspectos relacionados com o tema da minha comunicação, como dos restantes que constam do programa deste Seminário.

Enquadramento

Esta comunicação, subordinada ao título de PLANO OFICIAL DE CONTAS PARA AS ARTES DO ESPECTÁCULO, insere-se dentro do tema

"Acompanhamento Financeiro das Organizações" num seminário sob a designação de "Organizações, Cultura & Artes", que é realizado pelo ISEG no âmbito do Centro de Estudos de Gestão e do MBA/Mestrado em Gestão.

Introdução

A inclusão deste assunto pressupõe que existe já um reconhecimento generalizado quanto à necessidade de se dispor de regras normalizadas para o tratamento contabilístico de todos os eventos ligados aos espectáculos, de forma a proporcionar demonstrações financeiras que sejam úteis, comparáveis e compreensíveis para todos os que dela se tiverem de servir.

Esta comunicação considera como um dado todas as considerações que têm sido feitas sobre tal necessidade, já constantes de trabalhos de muito valor, de entre os quais é de toda a justiça salientar os divulgados em várias ocasiões pela Dr.ª Maria Augusta de Jesus Fernandes [1], procurando abordar apenas as questões técnicas de natureza contabilística que lhe estão associadas. Trata-se de um tema que, como adiante se verá, não é fácil, e se reveste de uma certa complexidade.

Esta comunicação limita-se apenas a ser um modesto contributo para o futuro desenvolvimento de uma normalização contabilística adequada às artes do espectáculo. Entende-se que tal tarefa passará sempre por um trabalho de equipa, em que participem não só contabilistas com experiência do sector mas também conhecedores da gestão de entidades ligadas aos espectáculos e representantes dos destinatários, sejam eles investidores ou patrocinadores ou entidades oficiais de supervisão.

Tomada na acepção de um sistema, a contabilidade das entidades ligadas às artes dos espectáculos, como em qualquer sistema contabilístico, terá de recolher os dados necessários, que tratados ou processados de forma coerente e lógica produza a informação que dê resposta cabal às necessidades dos utilizadores, previamente definidas.

Impõe-se assim que o primeiro passo da normalização seja o de definir com rigor os objectivos que se pretendem atingir e concomitantemente os documentos finais de informação ou de relato. De uma forma geral, estão consagrados como documentos de relato os que informam sobre o desempenho da entidade, sobre a sua posição financeira e sobre os movimentos de dinheiro do período que está em apreciação, tudo acompanhado das notas, desenvolvimentos e explicações que os completem.

Definida a informação a produzir, há em seguida que pôr em evidência as características que dêem qualidade à informação e fixar as regras de valorimetria a usar. Isto é, há que desenvolver um conjunto integrado de pressupostos e conceitos que constituam uma estrutura conceptual, na qual se apoiem as normas, procedimentos e regras para o tratamento dos dados e obtenção da informação pretendida.

Esta estrutura conceptual deverá existir sempre, quer de uma forma explícita, como por exemplo nas normas contabilísticas internacionais ou nas dos Estados Unidos ou de uma forma implícita, como nas directivas comunitárias de natureza contabilística ou nas normas portuguesas (Plano Oficial de Contabilidade e Directrizes Contabilísticas).

A partir daí, o modelo de normalização pode seguir uma de duas vias. Ou reveste a forma de normas e regras de reconhecimento, de mensuração, de apresentação e de divulgação nas demonstrações financeiras, deixando à entidade a liberdade de organizar o plano de contas que satisfaça os requisitos da normalização. Ou então vai-se mais longe, impondo listas de contas a usar obrigatoriamente e regras de movimentação.

Há defensores de um modelo e defensores do outro. No nosso país, como é sabido, o modelo até agora escolhido foi o de construir um plano de contas, com as vantagens inerentes de facilitar o trabalho daqueles que nas entidades têm de organizar e planificar a contabilidade, bem como daqueles que se servem dela.

Todavia, para os defensores da outra via, tal modelo constitui um espartilho que dificilmente dá resposta a todas as situações possíveis, como também se desactualiza com facilidade sobretudo quando se atravessam épocas de rápidas mudanças no ambiente em que se inserem as entidades. Além disso, acrescentam que a primeira via constitui um obstáculo ao desenvolvimento da própria contabilidade.

Definição de objectivos face às necessidades dos utilizadores

A primeira questão que se nos depara é a de que não existe um consenso quanto aos objectivos da informação financeira concernente às artes do espectáculo. Com muita lucidez, num comentário produzido a propósito de uma comunicação sobre Gestão das Organizações não Lucrativas, o Prof. Rogério Fernandes Ferreira suscitou um certo número de questões, considerando, entre outras, que o "critério de bilheteira" não é o mais adequado. Isto é certo, pois as entidades ligadas às artes do espectáculo podem apresentar características que dão lugar a organizações bem diferenciadas quanto aos seus próprios objectivos, que podem ser outros que não a maximização das suas receitas ou dos seus resultados. Assim, temos, por um lado, as organizações viradas exclusivamente para a produção e exploração de espectáculos com fins lucrativos (constituindo o mundo do *"show--business"*). Por outro lado, temos as organizações que se dedicam à criação e realização de espectáculos onde a ideia de lucro não está presente, mas sim a de produzir, através do espectáculo que proporcionam, manifestações culturais.

Esta diferenciação dos objectivos tem naturalmente um impacto muito grande na informação financeira a produzir para satisfazer as necessidades dos utilizadores face às características de um e outro tipo de organização.

Analisam-se a seguir as principais características das organizações não lucrativas tomando como base a sua comparação com as características já sobejamente conhecidas das organizações com fins lucrativos, tanto mais que a literatura contabilística se tem ocupado quase exclusivamente da informação relativa às entidades que têm vista a realização de um lucro.

Características das organizações não lucrativas

Podem apontar-se as seguintes características inerentes a este tipo de organizações que as distinguem das primeiras e influenciam de forma significativa as suas operações [2], como sejam:

   a) recebem quantias significativas de fundos provenientes de financiadores que não estão à espera de serem reembolsados ou de receberem benefícios económicos proporcionais aos recursos fornecidos;

b) entre as suas finalidades operacionais não figura, primordialmente, o fornecimento de bens ou serviços com o intuito de obterem lucro ou outro proveito equivalente;

c) ausência de direitos de proprietários (capitais próprios) que possam ser vendidos, transferidos, remidos, ou que dêem o direito a um quinhão de uma distribuição residual de recursos no caso de liquidação da organização.

Perante a enumeração destas características, parece não ser difícil distinguir-se quando estamos perante um ou outro tipo de organização. Contudo, na prática pode não ser fácil a distinção entre organização lucrativa e organização não lucrativa. A dificuldade pode existir porque por vezes a linha de separação não é muito clara, podendo existir numa organização simultaneamente características de um e doutro tipo. Quando tal suceda há que tomar posição, face às características dominantes e aos interesses dos utilizadores mais importantes.

Obtenção de recursos

No que respeita à obtenção dos recursos, constatam-se diferenças significativas entre uma e outra organização.

Aqueles que fornecem recursos às organizações não lucrativas, sejam membros, contribuintes ou outros, têm razões muito diferentes para o fazer dos que empreendem uma actividade lucrativa. Vão desde simples motivos filantrópicos, de mecenato, de voluntariado, de estatuto social, de caridade, de solidariedade, etc., até motivos de natureza oficial, quando o Estado ou outros entes públicos aplicam recursos que em última análise provêm da comunidade em geral.

Também uma outra característica na obtenção de recursos que as distingue das organizações lucrativas, é a de que uma parte deles são obtidos em condições de mercado diferentes daquelas em que esses recursos são obtidos pelas organizações lucrativas.

Existe com frequência nas organizações não lucrativas a grande dificuldade em mensurar recursos obtidos em condições muito favoráveis ou mesmo a título gratuito, como seja o caso muito frequente, por exemplo, dos que contribuem para as organizações com o seu labor (ver Directriz Contabilística n.º 2 da CNC, de Outubro de 1991).

Outro aspecto característico das organizações não lucrativas é o facto da aplicação dos recursos poder estar sujeita, o que sucede com frequência, a estipulações impostas pelos que contribuem e que podem variar significativamente.

Já quanto à evidenciação dos recursos utilizados (activos), das obrigações assumidas (passivos) e dos movimentos de dinheiro (influxos e exfluxos de caixa) são na generalidade similares as necessidades dos utilizadores das demonstrações financeiras.

Actividades operacionais

Embora as actividades operacionais de um e outro tipo de organização possam ser as mesmas ou muito semelhantes, a sua avaliação quanto ao desempenho da gestão obriga a que se reflicta, pois é na área dos indicadores do desempenho que são muito diferentes as necessidades dos vários utilizadores da informação a proporcionar.

No que diz respeito à mensuração dos bens fornecidos ou dos serviços prestados pelas organizações, a distinção é também muito grande. Assim, nas organizações lucrativas, o mecanismo do mercado é o aferidor geral do seu desempenho. Nas artes do espectáculo, nestas organizações é o público o supremo juiz e o "critério de bilheteira" é amplamente justificado. Já o mesmo não se passa nas organizações não lucrativas, em que os níveis de mensuração terão de ser outros, como a qualidade artística, a crítica dos entendidos, a satisfação dos benfeitores, o efeito no público, o prestígio, etc..

Outro aspecto que é característico das organizações não lucrativas é o de que muitas vezes os financiadores de dinheiro ou de outros recursos estipulam condições que exigem que existam controlos específicos adequados, de forma a que os responsáveis pela sua utilização possam prestar contas individualizadas.

Também as organizações não lucrativas estão por vezes sujeitas a formas de prestação de contas impostas pelas entidades de supervisão, que fixam os seus próprios modelos.

Relação custo/benefício da informação

Uma consequência importante da evidenciação das diferenças entre objectivos e características da informação financeira proporcionada pelas organizações lucrativas e não lucrativas, é a de que os custos do tratamento dos dados das organizações lucrativas, devido à sua predominância no mercado, é muito mais baixo do que o custo do tratamento dos dados das organizações não lucrativas, por não disporem no mercado de modelos e produtos de aplicação generalizada. Esta é uma desvantagem importante, por se tratar na generalidade de organizações que vivem com recursos alheios e escassos, que têm de ser criteriosamente gastos.

Escolha do modelo contabilístico

A dicotomia que se verifica nas necessidades dos utilizadores e nos objectivos de relato nas entidades que se dedicam às artes do espectáculo torna impossível a adopção de um modelo único que sirva tanto às organizações com fins lucrativos como as outras.

É sobretudo na área da medição do desempenho ou dos resultados das suas actividades que existem diferenças que se consideram inconciliáveis, para além da existência das já citadas especificidades nas organizações não lucrativas no âmbito da obtenção de recursos e no controlo dos recursos proporcionados.

Assim defende-se para o relato financeiro das entidades ligadas às artes do espectáculo a existência de dois modelos, um para as organizações lucrativas, outro para as organizações não lucrativas. Esta dualidade pode provocar dificuldades quando uma entidade tenha as duas categorias de actividade. Pensa-se contudo que não será difícil encontrar a actividade predominante, quer através do estatuto constitutivo da entidade, quer através da verificação da sua prática.

Modelo para as organizações lucrativas

Para estas organizações, dadas as necessidades dos utilizadores e os objectivos da informação financeira amplamente conhecidos, não se descortina qualquer obstáculo na adopção do modelo contabilístico em vigor no nosso país para as empresas não financeiras, que é o Plano Oficial de Contabilidade (POC).

Não se vê que haja necessidade de criar um Plano Sectorial que atenda às especificidades do negócio do espectáculo, que se consideram reduzidas, face aos negócios em geral. Mesmo assim, essas especificidades podiam ser objecto de estudo e normalização de forma a proporcionar regras aos profissionais da contabilidade e melhorar a comparabilidade do relato financeiro das organizações dedicadas ao negócio do espectáculo.

Identificam-se algumas questões que se podem levantar e que têm uma influência na determinação dos resultados e na avaliação da posição financeira das organizações que se dedicam aos espectáculos com finalidades lucrativas, como sejam:

a) avaliação no final do exercício dos custos a capitalizar no balanço como "espectáculos em curso". Trata-se de uma avaliação em tudo análoga àquela que as empresas industriais têm de fazer relativamente à produção em curso. No final do período contabilístico existirão na maioria das entidades custos incorridos para a montagem de um ou mais espectáculos que ainda estão a decorrer, e que poderão ser recuperados em exercício ou exercícios seguintes. Como é usual, estes custos, geralmente associados à montagem, podem representar uma parcela significativa dos custos totais. A avaliação dos custos que no fim do período contabilístico devem ser considerados extintos face aos réditos já obtidos e dos custos a manter em balanço, obriga a estimativas quanto aos futuros réditos que esses activos possam proporcionar, para fazer uma alocação tanto quanto possível razoável e rigorosa. Dado o POC não tratar a produção, as empresas industriais que não disponham de uma contabilidade analítica ou de custos têm grande dificuldade em avaliar no final do exercício a produção em curso. O mesmo se passa com as entidades produtoras de espectáculos;

b) depois de realizado o espectáculo ou a série de espectáculos, isto é, depois de prestado o serviço, verifica-se muitas vezes que certas aquisições de materiais e outras não foram totalmente consumidas na sua realização. Assim, podem vir a ter os destinos mais diversos: serem utilizados noutros espectáculos, virem a ser usados numa eventual reposição do espectáculo, terem valor de mercado e serem vendidos, ou simplesmente ficarem obsoletos. No caso de se decidir pela sua capitalização no activo da entidade, podem pôr-se problemas quanto à sua valorimetria, mas o princípio da recuperação do seu custo será determinante;

c) a eventual concessão por terceiros de subsídios ou outra espécie de benefícios origina também a que possam surgir dificuldades na imputação desses benefícios aos períodos a que respeitam. Pode existir a necessidade de manter no balanço em Proveitos Diferidos a parte que ainda não tenha correspondência com a parcela já considerada extinta, face aos espectáculos realizados;

d) muitas vezes os espectáculos proporcionados pela entidade apresentam carácter sazonal (touradas, ciclos de bailados, épocas teatrais, etc., são exemplos). Como tratar os custos que as entidades incorrem durante o período de inactividade, ou melhor, em que se não produz receitas? Estamos perante custos necessários de preparação, que só vão ser recuperados mais tarde e que poderão de ter de ser diferidos;

e) também por vezes existem desfasamentos sensíveis entre a obtenção das receitas dos espectáculos e a prestação do serviço. É frequente venderem-se assinaturas cobradas antecipadamente para espectáculos de ópera, lugares cativos nos estádios de futebol ou outros em que não se verifique a correspondência entre rédito e gasto. A correcta determinação dos resultados impõe que se tenha um controlo adequado das receitas por espectáculo realizado, a reconhecer na demonstração dos resultados e as receitas já cobradas relativas aos espectáculos ainda não realizados que se devem diferir[3] e apresentar no balanço.

Consideramos que estas especificidades e outras que possam surgir nas organizações lucrativas que se dedicam aos espectáculos não constituem um conjunto que obrigue à elaboração de um sistema contabilístico diferenciado. Todos os sectores de actividade têm as suas características próprias com situações e transacções que raramente se encontram noutros.

Contudo, entende-se que as soluções passarão sempre pela correcta aplicação dos princípios do acréscimo (especialização do exercício) e o da compatibilização entre réditos e gastos, não evidenciado de forma expressa no POC, mas subjacente em todas as suas normas e directrizes.

Reconhece-se que o POC com a sua organização virada para a determinação dos resultados a partir de custos e proveitos por natureza não resolve os problemas deste sector, tal como sucede em muitos outros. Existe sempre este problema contabilístico nas organizações em que se opera uma transformação e os *outputs* são bens e serviços diferentes dos *inputs*.

Tal como em todos os sectores de produção, a solução do problema passará pela existência de uma contabilidade analítica ou de custos, ou em alguns casos pela simples ventilação dos custos por centros de custo.

Modelo para as organizações não lucrativas.

Como se abordou atrás, as necessidades dos utilizadores nestas organizações podem ter pontos comuns com as das organizações lucrativas mas apresentam necessidades que são peculiares a este tipo de organizações, devido aos seus objectivos diferentes.

Na essência, as demonstrações financeiras adequadas para as organizações não lucrativas serão as mesmas que as das lucrativas, mas a pormenorização da informação pode requerer outras classificações e desagregações.

Assim, um conjunto completo de demonstrações financeiras de uma organização não lucrativa deve incluir uma demonstração da posição ~~~ ira no final do período – balanço –, uma demonstra~~~ es e uma demonstração de fluxos de caixa do perío~~~ n como as respectivas notas a essas demonstrações

~~~ lades de natureza contabilística associadas às artes ~~~ evidenciadas anteriormente para as organizações ~~~ ão usuais nas organizações não lucrativas e deve~~~ mento.

~~~ s com mais algum pormenor cada uma destas demonstrações financeiras e como elas pretendem resolver as questões associadas à informação a proporcionar aos interessados.

Demonstração da posição financeira (Balanço)

Os activos e passivos das organizações não lucrativas serão geralmente semelhantes aos activos e passivos das organizações lucrativas, com a excepção de poderem existir um ou mais fundos. De acordo com a normalização portuguesa, estes fundos devem ser apresentados no activo do balanço de forma distinta a incluir nos investimentos financeiros. Trata-se de activos que podem estar sujeitos a restrições impostas pelos doadores[5]. Estas restrições no uso de activos devem estar divulgadas nas notas anexas, quando não se apresentarem claramente no balanço.

É no entanto na área dos capitais próprios que se podem detectar as diferenças mais significativas nestas organizações.

Podem distinguir-se as três classes seguintes de capitais próprios [6]:

a) **capitais próprios com restrições permanentes** – os que provêm (i) de contribuições e outros influxos de activos cujo uso pela organização está limitado por estipulações do doador que não expiram pela passagem do tempo nem podem ser satisfeitas ou de qualquer forma removidas por acção da organização, (ii) de outros aumentos ou reduções de activos sujeitos às mesmas espécies de estipulações e (iii) de reclassificações para ou de outras classes de capital próprio em consequência das estipulações impostas pelo doador;

b) **capitais próprios com restrições temporárias** – os que provêm (i) de contribuições e outros influxos de activos cujo uso pela organização está limitado por estipulações do doador que expiram pela passagem do tempo ou podem ser satisfeitas ou de qualquer forma removidas por acção da organização no seguimento dessas estipulações, (ii) de outros aumentos ou reduções de activos sujeitos às mesmas espécies de estipulações e (iii) de reclassificações para ou de outras classes de capital próprio em consequência das estipulações impostas pelo doador, da sua expiração pela passagem do tempo, ou da sua satisfação e remoção por acção da organização no seguimento dessas estipulações;

c) **capitais próprios sem restrições** – a parte dos capitais próprios de uma organização não lucrativa que não esteja com restrições permanentes nem com restrições temporárias impostas pelos doadores.

Sempre que se afigure insuficiente a mera classificação dos capitais próprios, devem ser fornecidos os pormenores nas notas anexas. Para além desta classificação dos capitais próprios das organizações não lucrativas, devem ser proporcionadas, relativamente àqueles com restrições permanentes, no balanço ou em notas anexas, as restrições relativas a (i) activos, como terrenos ou obras de arte, doados com estipulações que sejam usados com uma finalidade específica, ser conservados e não para venda, e (ii) activos doados com a estipulação de serem investidos de forma a proporcionarem uma fonte permanente de rendimento. Estes últimos resultam geralmente de ofertas e legados que criam os chamados fundos de doação (*endowment funds*)[7].

De forma semelhante, e relativamente aos capitais próprios com restrições temporárias, deve ser distinguido no balanço ou nas notas anexas as restrições devidas a (i) apoio de determinadas actividades operacionais, (ii) investimento durante um período especificado, (iii) utilização num período futuro especificado ou (iv) aquisição de activos de longa duração. Certas ofertas de dinheiro ou de outros activos podem estipular, por exemplo, que sejam investidos a fim de proporcionar uma fonte de rendimento durante um prazo especificado, apresentam restrições de tempo e de finalidade. Estas são doações com prazo[8].

É recomendável que nesta área dos capitais próprios se faça em notas anexas as divulgações devidas, mesmo que as únicas restrições que haja sejam as que derivam da natureza e dos estatutos da organização.

Demonstração de actividades

Como se referiu, as necessidades dos utilizadores da informação financeira no que respeita ao desempenho das organizações não lucrativas têm em vista, de uma forma geral, (i) avaliar o seu desempenho durante o período, (ii) avaliar os esforços de serviço da organização e a sua capacidade de os continuar a proporcionar e (iii) avaliar como os gestores da organização deram cumprimento às suas responsabilidades e restantes aspectos do seu desempenho. Nestas condições, a demonstração de actividades deverá proporcionar informação sobre (i) os efeitos de transacções e outros acontecimentos e circunstâncias que alteram a quantia e natureza dos capitais próprios, (ii) os relacionamentos dessas transacções e outros acontecimentos e circunstâncias uns com os outros, e (iii) como os recursos da organização foram utilizados na execução dos vários programas ou serviços ([9]).

Esta demonstração de actividades deve relatar o total de alterações que se verificaram nos capitais próprios com restrições permanentes, com restrições temporárias e sem restrições durante o período. Os réditos, os gastos, os ganhos e as perdas aumentam ou diminuem os capitais próprios e devem ser relatados como rubricas separadas. Também outros acontecimentos tais como a expiração de restrições impostas pelo doador, que simultaneamente aumentam uma classe de capitais próprios e diminuem outra (reclassificações) devem ser relatados como rubricas separadas. A informação sobre réditos, gastos, ganhos e perdas é dada pela agregação de rubricas que possuam características similares em grupos homogéneos ([10]).

A classificação dos réditos, gastos, ganhos e perdas deve contemplar todas as necessidades de informação dos destinatários. Como tal, a sua classificação deverá ser feita de acordo com os atributos que se considerem relevantes: natureza, função, condições estipuladas pelo doador, programas, etc.. Não será por vezes exequível querer meter numa única classificação vários atributos, porque se estabelecem ambiguidades. Assim, por exemplo, um gasto com a remuneração de um actor pode ser tratado como uma natureza de gasto com pessoal, como um custo da função da actividade teatral, como inserido num ciclo de representações com subsídio especial, ou como custo integrado num programa de comemorações. Assim, podem coexistir várias classificações contabilísticas para o mesmo gasto, com vista a proporcionar a arrumação da informação na demonstração de actividades na forma que satisfaça os vários tipos de necessidades dos utilizadores.

Os modernos pacotes contabilísticos baseados em bases de dados relacionais, permitindo múltiplas reclassificações dos dados introduzidos, facilitam o processamento contabilístico das operações, não dispensando contudo o ónus evidente de na recolha se indicar a posição desse dado dentro de cada atributo.

Pelas razões apontadas, esta demonstração é geralmente apresentada sob forma de matriz, que permite a apresentação clara de dois atributos (um em linha e outro em coluna), podendo os restantes ser apresentados em desenvolvimentos separados.

Nesta demonstração deve dar-se atenção especial ao tratamento das chamadas actividades de apoio à organização, isto é, que não os serviços relativos aos seus programas, como sejam as actividades de gestão geral, de recolha de fundos e as relacionadas com a angariação de membros.

Demonstração dos fluxos de caixa

Nas organizações não lucrativas, dadas as suas características e sobretudo devido à sua forma de financiamento, esta demonstração assume ainda maior relevância. Os que contribuem com dinheiro para estas organizações estão sempre muito interessados em saber como ele foi aplicado.

O modelo terá de incorporar os vários tipos de restrições impostas pelos doadores ao uso do dinheiro. A apresentação matricial, conjugada com notas anexas, será a apresentação mais adequada.

Conclusões

Considera-se que o tema da normalização contabilística das artes do espectáculo é uma matéria de muito interesse, e espera-se que os estudiosos se dediquem a ele, aprofundando-o, pois, no âmbito desta comunicação, não é possível desenvolvê-lo, sobretudo no que tocante às organizações não lucrativas.

Para os interessados neste tema recomenda-se a leitura das normas americanas do *Financial Accounting Standards Board* relacionadas com as organizações não lucrativas, nomeadamente as citadas CON 4 – *Objectives of Financial Reporting by Nonbusiness Organizations* e FAS 117 – *Financial Statements of Not-for-Profit Organizations*. Alguns dos seus conceitos foram usados nesta comunicação.

Muito obrigado ao CEGE pela oportunidade que me deu de poder apresentar esta comunicação.

Notas:

(1) Vd. Organizações Sem Fins Lucrativos, 1991, Dissertação de Mestrado no ISEG; Organizações da Cultura e das Artes, 2000; Património Cénico – Defesa e rendibilização, 1999; Organizações sem fins lucrativos na óptica da gestão estratégica: Conceptualizar na base de experiências reais –1996. Ensaios de Homenagem a Manuel Jacinto Nunes.

(2) CON 4 – *Objectivs of Financial Reporting by Nonbusiness Organizations*, emitido em Dezembro de 1980 pelo *Financial Accounting Standards Board* (FASB).

(3) Como dispõe a Directriz Contabilística n.º 26 – Rédito.

(4) FAS 117 *Financial Statements of Not-for-Profit Organizations* (Junho de 1993).

(5) Cf.. Glossário da FAS 117, uma restrição imposta pelo doador é uma estipulação do doador que determina um uso para um activo doado como contribuição que seja mais específico do que os limites gerais resultantes da natureza da organização, do ambiente em que opera e das finalidades estipuladas nos seus estatutos ou em regulamentos ou outros documentos equivalentes.

(6) Parágrafo 13 do FAS 117.

(7) Parágrafo 14 do FAS 117.

(8) Parágrafo 15 do FAS 117.

(9) Parágrafo 17 da FAS 117.

(10) Parágrafo 19 da FAS 117.

3.5 Competência e independência do contabilista e do revisor/ /auditor

(Discurso de encerramento do Seminário "Contabilidade e Auditoria – Que futuro?" realizado em parceria com o ISCAL no Fórum Picoas em 18 de Janeiro de 2002)

Quero começar por dizer que a Ordem teve o maior gosto em aceitar a sugestão do ISCAL em organizar em conjunto este Seminário.

Esta iniciativa insere-se, aliás, no processo de abertura ao exterior e de aproximação da Ordem às entidades mais conexas e ligadas à profissão, iniciado sob a nossa Direcção, onde instituições de ensino superior como o ISCAL, que há longos anos se vem dedicando ao ensino da Contabilidade e da Auditoria, ocupam um lugar da maior relevância no âmbito do nosso programa de acção.

Outras iniciativas deste género com demais instituições de ensino superior pensamos também levar a cabo.

A Contabilidade e a Auditoria. Que Futuro? foi o tema central deste Seminário. Abordaram-se e debateram-se:

- A Importância do Ensino Superior de Contabilidade e Auditoria na Informação Financeira Prestada pelas Empresas;
- Temas Actuais da Contabilidade (o IASB e o Capital Intelectual);
- A Nova Economia, Globalização e Fiscalidade;
- A Auditoria e o Relato Financeiro;
- O Ensino da Contabilidade e da Auditoria; e
- A Importância da Contabilidade e da Auditoria nas Sociedades Modernas.

Depois da abordagem e do debate que brilhantemente aqui tiveram lugar, a pergunta final impõe-se: Que Futuro? Qual a reflexão a fazer?

A nosso ver, embora em novos moldes e com novos desafios, ameaças e oportunidades, mercê designadamente dos actuais e dos novos paradigmas societários e da transformação dos mercados, o futuro da contabilidade e da auditoria irá continuar a exigir de nós (contabilistas e revisores/auditores) muita dedicação, estudo, rigor e sentido ético-profissional. Em suma: irá continuar a exigir de nós, em especial, muita competência e independência profissional.

Exigências que, na verdade, não são de agora. E para o ilustrar acho útil recordar aqui o que já Fernando Pessoa proclamava e defendia há 76 anos a esta parte, a propósito do processo de fiscalização das contas (*).

Com efeito, Fernando Pessoa proclamava já naquela altura que *"Independência e competência são duas qualidades que se exigem em quem fiscaliza.... Ora, se independência e competência são as qualidades a exigir ao fiscal, está naturalmente indicado que a fiscalização das Sociedades Anónimas sejam examinadas..., por peritos contabilistas estranhos às Sociedades, e com responsabilidade penal directa. Esses peritos* (auditores) *têm poderes para examinar toda a escrita, para verificar todas as transacções, para fazer à Direcção todas as perguntas que entenderem dever fazer para cabal desempenho do seu mister".* E terminava, defendendo que *"Não, não há outra solução senão os* auditores, *os peritos contabilistas – competentes porque são técnicos, independentes porque não pertencem à*

Sociedade, e responsáveis criminalmente por abuso, ou mesmo desleixo, no exercício do seu cargo".

Passados todos estes anos, a proclamação e defesa de um dos maiores vultos da nossa cultura, fez o seu caminho e é cada vez mais uma realidade e uma exigência dos nossos dias.

Competência e independência são, pois, as duas qualidades maiores do contabilista e do revisor/auditor. Ao ser dada a oportunidade neste Seminário de nomeadamente se poderem reforçar e elucidar estas duas qualidades, nas suas diversas vertentes (**competência,** na adaptação às novas tecnologias, no alargamento e aprofundamento dos conhecimentos técnico-científicos e nos novos modelos de ensino profissional; **independência**, no sentido de não se ver diminuída a margem livre da apreciação dos contabilistas e dos revisores/auditores na realização dos seus trabalhos), pensamos que não só se cumpriram as principais atribuições das duas Instituições organizadoras, como também se fez de alguma forma *jus* a Fernando Pessoa, nesta circunstância e à nossa maneira. O que significa que o ensino e a prática profissional têm de continuar permanentemente ligados (ou seja, **a ligação do saber com o saber fazer**), constituindo as duas faces de uma qualquer profissão que pretenda estar actualizada e ser digna e respeitada, como queremos que a nossa continue a ser.

Por fim, os agradecimentos. Quero agradecer:

A todos os oradores e moderadores pelas brilhantes e oportunas intervenções que enriqueceram e dignificaram este Seminário.

Ao Sr. Presidente do Conselho Directivo do ISCAL, Dr. Alberto Barata, e à sua Direcção pela vontade e empenhamento postos na realização deste Seminário.

Aos Dr. César Gonçalves e Dr.ª Matilde Estevens pelo ISCAL e aos Dr. Manuel Caseirão e Dr. Magalhães Pequito pela Ordem, bem como aos colaboradores destas duas Instituições, pelo excelente trabalho realizado, que muito contribuiu para o êxito desta iniciativa.

Às entidades patrocinadoras cujo apoio foi essencial para a realização deste Seminário.

Nota:
(*) *In* Inutilidade dos Conselhos Fiscais e dos Comissários do Governo nos Bancos e nas Sociedades Anónimas, Revista de Comércio e Contabilidade, n.º 1, Janeiro de 1926; artigo escrito em colaboração com Francisco Caetano Dias.

3.6 A aplicação das IAS/IFRS – O papel das organizações profissionais

(Comunicação realizada na conferência sobre Normas Internacionais de Contabilidade organizada pela Comissão do Mercado de Valores Mobiliário em 27 de Março de 2003 e publicada nos Cadernos do Mercado de Valores Mobiliários n.º 16 de Abril de 2003)

Permitam-me que comece por cumprimentar o senhor Presidente da Comissão do Mercado dos Valores Mobiliários e agradecer-lhe o convite para participar nesta conferência onde irei abordar o tema do papel das organizações profissionais, neste caso, da Ordem dos Revisores Oficiais de Contas.

A União Europeia, através do Parlamento Europeu e do Conselho, aprovou um Regulamento que tem como objectivo central a adopção das Normas Internacionais de Contabilidade com vista a harmonizar a informação financeira na Comunidade. Pretende-se assegurar um elevado grau de transparência e de comparabilidade das demonstrações financeiras e, deste modo, contribuir para o funcionamento eficiente do mercado de capitais da Comunidade e para a realização do chamado mercado interno.

Atendendo a que a Ordem dos Revisores Oficiais de Contas, na sua qualidade de membro da IFAC (*International Federation of Accountants*), tem acompanhado os trabalhos do IASC (*International Accounting Standards Committee*), actual IASB (*International Accounting Standards Board*) desde a sua constituição, esta decisão não surpreende por vários motivos:

i) o exagerado número de opções incluídas nas directivas contabilísticas comunitárias para dar satisfação aos Estados-Membros, e que acabaram por subverter o objectivo pretendido de uma harmonização contabilística no espaço europeu, pondo em causa a almejada comparabilidade da informação financeira; ii) a manifesta incapacidade de actualizar e modernizar as directivas contabilísticas comunitárias, para dar resposta, numa perspectiva mundial, ao rápido desenvolvimento da economia e dos mercados de capitais e financeiro, face ao constante aparecimento de transacções sofisticadas e ao crescente número de produtos financeiros por vezes de grande complexidade; iii) as pressões exercidas pelas maiores empresas europeias no sentido de poderem adoptar as normas de contabilidade que os mercados mundiais exigiam, pois caso o não fizessem arriscavam-se a perder competitividade; iv) a dificuldade, em termos de tempo e de custo, dessas mesmas empresas em preparar conjuntos de contas de acordo com as normas contabilísticas que estejam em vigor nos mercados onde se propunham actuar.

Durante a presidência europeia em Junho de 2000, foi aprovada uma comunicação relativa à estratégia da União Europeia em matéria de informações financeiras a prestar pelas empresas, na qual se propôs que todas as sociedades da Comunidade cujos títulos são negociados publicamente elaborem as suas demonstrações financeiras consolidadas em conformidade com um único conjunto de Normas Internacionais de Contabilidade, o mais tardar a partir de 2005.

Nesta conferência, penso que se deve destacar a acção que a Ordem dos Revisores Oficiais de Contas tem vindo a desenvolver em prol da divulgação destas normas. Ao longo de mais de vinte anos, esta actuação revestiu-se de variadas formas: a inclusão no Manual dos Revisores e da tradução para língua portuguesa das Normas Internacionais de Contabilidade à medida que eram emitidas ou revistas; a produção de comentários para o IASC, actual IASB sobre projectos de normas que iam surgindo, dando assim um contributo visível quanto à participação de técnicos portugueses na elaboração dessas normas; a inclusão das Normas de Contabilidade Internacional no *curriculum* do Programa de Exame para Revisor; a realização de cursos de preparação para exame e de formação contínua incluindo temas sobre Normas Internacionais de Contabilidade; a realização, no ano findo, de um curso sobre Normas Internacionais de Contabilidade a cargo do reputado Professor *Chris Nobes; a* emissão de um *CD-Rom*, com licença do IASB, contendo a tradução não oficial para a língua portuguesa das Normas Internacionais de Contabilidade, assim como da estrutura conceptual, das interpretações, e de outro material constante do volume publicado pelo IASB em língua portuguesa; o apoio aos estudantes de cursos superiores na realização de trabalho de fim de curso e de mestrado e doutoramento, versando temas das Normas Internacionais de Contabilidade; e a participação na Comissão de Revisão de Tradução para a língua portuguesa que, por iniciativa do IASB com o acordo da Comissão Europeia, foi constituída para produzir a versão oficial da tradução das Normas Internacionais de Contabilidade, na qual a Ordem assumiu a responsabilidade da sua coordenação. Temos dado portanto algum contributo para tentar divulgar o melhor possível este conjunto de normas que vão passar a vigorar em Portugal.

Contudo, quanto a nós, relativamente ao âmbito aplicação do Regulamento, levantam-se algumas preocupações. Em nosso entendimento há alguma contradição entre o que são as suas considerações preambulares e o que acabou por ser fixado no seu articulado. De facto, pretende-se que o Regulamento venha a contribuir de uma forma eficaz para a harmonização da informação contabilística no espaço europeu, e porventura no espaço mundial, mas a sua aplicação é um tanto restrita, uma vez que só é obrigatório para as contas consolidadas das entidades cujos valores mobiliários sejam admitidos à negociação num mercado regulamentado, num qualquer Estado--Membro. Deixa à opção dos Estados-membros o poderem permitir ou exigir a aplicação das Normas Internacionais de Contabilidade às contas individuais das entidades cotadas e bem assim às contas individuais consolidadas das restantes empresas.

Calculando-se em cerca de sete mil as empresas europeias nas condições previstas para aplicação obrigatória do Regulamento, pode concluir-se que se deixa uma liberdade total ou muito grande aos Estados-membros para aplicar, ou não, as Normas Internacionais de Contabilidade às demais empresas, que são em número de alguns milhões.

Presentemente, as empresas europeias cotadas que aplicam as Normas Internacionais são à volta de trezentas. Ficarão a subsistir no espaço europeu as Normas Internacionais de Contabilidade em simultâneo com as Normas Nacionais, tão diferentes de país para país, mesmo que as Normas Nacionais dêem cumprimento às Directivas Contabilísticas Comunitárias. Para além disso, as Directivas Contabilísticas são omissas ou não tratam, muitas das operações objecto das Normas Internacionais de Contabilidade, do que resulta que os Estados-membros estão livres para as tratar da forma que mais lhes convier.

Assim, em nossa opinião, este contributo se bem que importante, é um pouco curto relativamente ao que se pretende que seja a harmonização europeia da contabilidade e, porventura, a sua transposição para o nível da harmonização mundial, pelo que será de muito interesse saber qual a posição de Portugal e conhecer o que os outros Estados-membros vão decidir relativamente a esta matéria.

No entanto, registamos com alguma satisfação que, por iniciativa da Ordem, foi aprovada a proposta de, na futura revisão do POC (Plano Oficial de Contabilidade), se garantem no essencial regras de reconhecimento e de mensuração idênticas às das Normas Internacionais de Contabilidade. Note-se que, também aqui, estamos a circunscrever o âmbito de aplicação porque não entram em conta com os sectores financeiro e segurador.

Esperamos que estas questões se clarifiquem com o decorrer do tempo e com a realização de acções de formação e de debate. Contudo, há decisões que têm que ser tomadas no futuro imediato. O ano de 2005 exige que o balanço de 2004 esteja em condições de poder reflectir o novo referencial contabilístico. É urgente que o Governo tome uma decisão rápida, consistente e segura relativamente a esta matéria, que privilegie a informação financeira em termos de qualidade e não veja a contabilidade das empresas apenas como instrumento para a cobrança de impostos. As demonstrações financeiras das empresas têm de ser vistas primordialmente como instrumento fundamental para o bom funcionamento da economia de mercado.

Muito embora a aplicação no nosso país do Regulamento possa, numa fase, vir a ser restrita a um número limitado de sociedades (estima-se que chegará às duas centenas), tal situação tenderá por gradualmente evoluir no sentido de acompanhar os pontos principais da estratégia de relato financeiro presentemente em curso. Mas esta evolução não poderá deixar de ter em conta o essencial na nossa cultura contabilística, de matriz maioritariamente assente na Europa continental, nem a nossa realidade jurídica, empresarial e social, nem sequer os nossos hábitos profissionais. Por isso, vai ser necessário um esforço muito grande de formação e de divulgação, a vários níveis, das Normas Internacionais de Contabilidade do IASB.

Como impacto imediato da aplicação deste Regulamento e no âmbito da nossa intervenção específica, temos de admitir opinião sobre as contas e de nos pronunciar sobre se essas contas estão preparadas ou não de acordo com as Normas Internacionais de Contabilidade. Portanto, os auditores e os revisores serão os primeiros e principais agentes do mecanismo de controle da aplicação das Normas Internacionais de Contabilidade pelas empresas, o chamado *enforcement*, dando resposta a umas das grandes preocupações do legislador comunitário.

A Ordem dos Revisores Oficiais de Contas coloca-se à disposição de todas as entidades intervenientes no processo de harmonização contabilística para, na medida dos recursos que dispõe e da sua experiência adquirida, prestar o apoio que lhe for exigido nesta fase difícil de transição. A Ordem está totalmente aberta a uma colaboração com outras associações profissionais, entidades empresariais e com o ensino, para além da colaboração que lhe seja pedida pelas entidades oficiais e pela Comissão de Normalização Contabilística, sem esquecer a Comissão de Mercado dos Valores Mobiliários, na sua qualidade de entidade que tem a seu cargo a supervisão das entidades com valores mobiliários admitidos à cotação.

Um outro aspecto que preocupa a Ordem tem a ver com o actual modelo organizativo da contabilidade em Portugal e a pergunta é saber se este está em condições de responder a mais um desafio a nível do mundo da contabilidade para que se continuem a praticar no nosso país os melhores procedimentos em termos da contabilidade e da auditoria.

Muito obrigado.

3.7 Normas Internacionais de Contabilidade

(Editorial da revista "Revisores & Empresas" n.º 21 de Abril/Junho de 2003)

O Parlamento Europeu e o Conselho da União Europeia adoptaram um Regulamento, em meados de 2002, tendo como objectivo a aplicação das Normas Internacionais de Contabilidade (NIC/NIRF) do IASB na Comunidade, com vista a harmonizar as informações financeiras apresentadas pelas sociedades cujos valores mobiliários estejam admitidos à negociação num mercado regulamentado de qualquer Estado-membro (sociedades cotadas), por forma a assegurar um elevado grau de transparência e de comparabilidade das demonstrações financeiras e, deste modo, um funcionamento eficiente do mercado de capitais da Comunidade e do mercado interno.

O citado Regulamento aplicar-se-á obrigatoriamente às sociedades cotadas de todos os sectores de actividade que elaborem contas consolidadas, a partir dos exercícios iniciados em ou após 1 de Janeiro de 2005. Para além disso, os Estados-membros podem permitir ou requerer a aplicação das NIC, não só às sociedades cotadas relativamente às suas contas individuais, como também às restantes sociedades quanto às suas contas individuais e/ou consolidadas.

Neste quadro, a OROC entende que a solução técnica mais adequada à realidade portuguesa, por forma a se poderem atingir coerentemente as finalidades em vista, será a de aplicar as NIC, para além das sociedades cotadas que elaborem contas consolidadas, às suas filiais e associadas incluídas no perímetro de consolidação quanto às contas consolidadas e individuais, bem como às sociedades cotadas relativamente às suas contas individuais. A OROC entende também que a aplicação das NIC poderá ainda ser estendida às demais entidades, desde que as respectivas contas sejam objecto de certificação, mantendo-se essa opção por um período mínimo de três anos.

Com base no entendimento acabado de expor, estimamos que o universo a abranger deverá situar-se num intervalo entre 4000 e 5000 empresas (entre 1,4% e 1,7% do total de 290 000 empresas que declararam IRC relativamente ao exercício de 2001). Parece-nos um universo perfeitamente comportável e razoável, constituindo a massa crítica necessária à aplicação sustentada e coerente desta iniciativa da União Europeia no nosso país, susceptível de impulsionar a correspondente capacidade de resposta, nomeadamente por parte do ensino da contabilidade, dos gestores, dos profissionais da contabilidade e da revisão/auditoria às contas, bem como das associações empresariais e profissionais.

Muito embora não seja nada de radicalmente novo entre nós, trata-se no entanto de um enorme desafio, não só a nível técnico, mas sobretudo no que se refere a uma nova forma de estar perante a contabilidade e de a entender.

3.8 O papel do revisor oficial de contas perante a Administração Fiscal

(Conferência proferida em 30 de Maio de 2003, no Porto e organizada pelos jornais "Vida Económica" e "Boletim do Contribuinte")

O tema deste Seminário, relacionando o sistema fiscal português com a competitividade das empresas, dá-me o ensejo de apresentar inicialmente algumas reflexões sobre a actividade dos revisores oficiais de contas.

É internacionalmente reconhecido que os revisores, na terminologia nacional, ou os auditores, na terminologia internacional, desempenham uma função social considerada como de interesse público.

A legislação portuguesa de há muito que consagrou tal actividade como uma função de interesse público, dotando de **fé pública** a certificação legal em que os revisores apresentam a sua opinião quanto ao trabalho que desenvolveram sobre as contas apresentadas pelas empresas.

Numa economia de mercado, as empresas são os motores principais do desenvolvimento económico de um país, e como unidades produtoras de bens e serviços são os principais consumidores de recursos económicos escassos.

Neste enquadramento económico, as contas das empresas constituem o instrumento ideal para medir o seu desempenho e informar o mercado sobre a maneira como esses recursos foram aplicados.

A maior parte das decisões económicas têm como base as contas das empresas e os investidores canalizam os recursos para as empresas que apresentem o melhor desempenho. Os investidores, reagindo racionalmente, fogem das empresas deficitárias, isto é, daquelas que aplicam mal os recursos disponíveis, não remunerando os capitais aplicados. Assim se processa o desejado desenvolvimento económico, baseado na produtividade e na rendibilidade dos recursos aplicados.

Mas para que o sistema funcione tanto quanto possível de forma perfeita, é necessário que as contas em que se baseiam as decisões económicas ofereçam credibilidade aos seus utentes.

São os responsáveis pela gestão das empresas aqueles que têm a responsabilidade primária pela preparação das contas que apresentam. Contudo, os utentes necessitam de ter uma garantia acrescida da sua fiabilidade, sabendo-se que algumas vezes os gestores responsáveis pela elaboração das contas as enviesam com o objectivo de satisfazer determinados objectivos.

Surgiu assim a necessidade de as contas das empresas serem examinadas por entidades estranhas às empresas, que sejam funcional e hierarquicamente independentes. Essa missão é levada a efeito por uma categoria de profissionais da contabilidade, que são os revisores ou auditores. Com uma experiência adquirida ao longo de muitos anos, esses profissionais utilizam procedimentos que, quando devidamente aplicados, dão a conhecer a existência de distorções materialmente relevantes nas contas, e que a não serem detectadas e comunicadas aos interessados, podem conduzir a decisões erradas.

Apesar de alguns casos que surgiram recentemente de falhas neste sistema e que são bem conhecidos de todos, é geralmente reconhecido que a profissão continua a merecer credibilidade em todo o mundo. Os casos conhecidos resultaram, em nossa opinião, mais da falta de ética de alguns profissionais do que falhas nas normas e procedimentos de auditoria usados e que constam de directrizes emanadas pelas organizações profissionais, o que não é exclusivo da nossa profissão, diga-se em abono da verdade.

Para se compreender bem como esta profissão tem sido vista pelo público interessado no seu trabalho e nas suas conclusões, temos de remontar à forma como ela surgiu.

Nuns países, foram as próprias empresas a promover a certificação das suas contas, como forma de transmitir segurança ao mercado. Sobretudo quando as condições de proprietário e de gestor estão separadas, aqueles que são responsáveis pela custódia dos bens que foram colocados sob sua administração ficam confortados se uma entidade estranha à empresa e considerada idónea se pronunciar favoravelmente sobre as contas apresentadas.

Noutros países, a necessidade de se ter uma opinião independente sobre as contas foi reconhecida por via legislativa. Foram as autoridades governamentais que impuseram que determinadas empresas tenham as suas contas certificadas.

Como é sabido, Portugal como muitos outros países europeus de tradição jurídica semelhante, encontra-se neste segundo grupo. A profissão foi criada há mais de 30 anos por via legislativa, tendo sido exigida a certificação legal das contas às empresas de maior dimensão. Contudo, no nosso país, não foi pacífica esta decisão, pois, mesmo as empresas de maior dimensão concentravam nas mesmas pessoas as funções de proprietário e empresário, pelo que a introdução de um elemento estranho a verificar as suas contas e os seus segredos comerciais não foi bem vista, tendo-se criado anticorpos à actuação dos revisores.

Não foi assim fácil para os revisores de contas em Portugal o caminho percorrido nos 30 anos de vida para cimentar a sua profissão. Para um profissional viver sob a protecção da lei não é uma situação agradável, pois, os revisores nem sempre eram bem vistos por aqueles que eram obrigados a pagar os seus serviços.

Outro obstáculo que os revisores tiveram de vencer foi a confusão lamentável sobre a natureza dos seus serviços, face a serviços similares prestados por entidades estrangeiras. Esta confusão, que de algum modo ainda perdura e lamentavelmente mesmo entre as entidades oficiais, leva a que se julgue que revisão e auditoria são trabalhos diferentes. Enquanto que para trabalhos idênticos os revisores eram impostos e pagos de má vontade, os auditores eram solicitados e generosamente pagos.

O esforço que a Ordem dos Revisores Oficiais de Contas tem empreendido desde a sua criação pode considerar-se assinalável. A seguir à fase inicial transitória procedeu-se a uma selecção rigorosa na admissão de novos membros, o que foi alvo de muitas críticas sobretudo daqueles que pretendiam ingressar na profissão a tempo parcial. Ao longo dos anos, foram estabelecidos de forma sistemática padrões técnicos e éticos, que são hoje comparáveis aos dos países mais avançados. Criaram-se também ao mesmo tempo mecanismos para controlar a qualidade do trabalho dos revisores. Conseguiu-se, por fim, obter das entidades governamentais uma revisão do estatuto jurídico dos revisores oficiais de contas. O seu estatuto foi ajustado e modernizado, pondo-o ao par dos congéneres internacionais. Com a assimilação da actividade de revisão à de auditoria acabou-se de uma vez por todas com a dualidade de conceitos e de actuação dos profissionais de auditoria existentes no nosso país. **Com o actual estatuto, a partir do final do próximo ano, todos os revisores e auditores**

vão passar a ficar abrangidos pelo mesmo enquadramento e obrigados profissional e disciplinarmente perante a Ordem.

Cremos que na actualidade a profissão é melhor compreendida entre nós. Para isso contribuiu também o fenómeno da internacionalização e da globalização, que levaram as empresas portuguesas a copiarem os processos e a forma de estar perante o mercado das empresas de referência.

Para além dos investidores na empresa, outras entidades em Portugal estão também interessadas na actuação dos revisores. São hoje já muitas as entidades, oficias ou não, que têm em conta a certificação legal das contas ou o relatório de auditoria.

Cita-se entre os principais interessados na nossa actividade a entidade supervisora do mercado de capitais, que está bem atenta ao trabalho dos revisores, com exigências de inscrição especial e de qualidade do trabalho. Tem sido desenvolvida entre a Comissão de Mercado de Valores Mobiliários e a Ordem uma colaboração que se tem afigurado de interesse mútuo.

O mesmo gostaríamos de verificar com outras entidades, nomeadamente com a **Administração Fiscal,** desde que esta compreendesse bem o que é a actividade dos revisores e não, como até agora, na base de considerar basicamente os revisores como responsáveis solidários por actos praticados pelo órgão de gestão. Esta perspectiva chegou ao extremo de querer responsabilizá-los pela gestão da tesouraria das empresas. Em épocas, felizmente já afastadas, os revisores chegaram a ser penhorados por dívidas da empresa ao Estado, só porque a legislação os incluía no órgão social do Conselho Fiscal. Desaparecidos os principais responsáveis, a Administração Fiscal voltava-se para o revisor, única entidade com domicílio conhecido dentro de uma lista de membros dos órgãos sociais.

Isto resulta de ainda ser desconhecido de muitos o que é o trabalho de um revisor ou auditor e aquilo que representa a sua opinião expressa na certificação legal das contas ou no relatório de auditoria.

Em primeiro lugar, o revisor não faz um trabalho exaustivo, no sentido de verificar todas as operações das empresas. O seu trabalho baseia-se em amostras criteriosamente seleccionadas e toma em consideração o conceito de materialidade. Concebe procedimentos que lhe assegurem uma segurança razoável ou aceitável para expressar a sua opinião, mas não proporciona uma segurança a 100 por cento. Se cumprir as normas e os procedimentos técnicos da sua profissão, é praticamente remota a possibilidade de dar uma opinião inapropriada.

De salientar também que o seu trabalho toma como referencial o normativo contabilístico que foi usado na preparação das contas e que nelas deve estar divulgado. A opinião de auditoria consiste em transmitir aos utentes as suas conclusões quanto aos desvios significativos que as contas apresentam em relação a esse referencial.

Tendo em conta este aspecto, entendemos que nas empresas obrigadas a certificação legal das contas, o trabalho das inspecções tributárias poderia ser planeado considerando como elemento primário de apreciação as eventuais reservas às contas feitas pelos revisores. Uma **certificação** contendo uma opinião não modificada, isto é, **sem reservas nem ênfases**, oferece à partida a garantia da inexistência de distorções materialmente relevantes. Isto não quer dizer que não possam existir situações fiscais irregulares, mas sim que não existem situações que ponham em causa a posição financeira da empresa ou o resultado das suas operações evidenciados nas demonstrações financeiras. A existirem tais situações, então sim, os revisores podem ser responsabilizados por terem dado uma opinião inapropriada.

A consulta da certificação legal das contas e doutros relatórios de auditoria podia desta forma contribuir para uma melhor apreciação global da empresa pelas autoridades fiscais. Sucede que, lamentavelmente, desde há uns anos a esta parte, **a Administração Fiscal deixou de exigir às empresas a entrega anual da certificação legal das contas** nos serviços de finanças. Espero que arrepie caminho.

Mas o que será o chamado lucro tributável das empresas? A Constituição da República Portuguesa estabelece que a tributação das empresas incidirá **fundamentalmente** sobre o seu rendimento real (cfr., art.º 104.º, n.º 2). E é com base neste advérbio que se vem permitindo a aplicação de regimes simplificados. Mas o certo é que a chamada tributação do rendimento real não equivale a uma tributação do rendimento declarado, na medida em que é frequente a não coincidência entre o real e o que os contribuintes declaram.

O que vem pondo em causa há muito tempo o princípio da verdade declarativa, sendo útil lembrar que não chega a 10% o número de empresas sujeitas à intervenção dos revisores. Não quero com isto dizer que nestas empresas aquele princípio tenha vindo sempre a ser respeitado. O que quero apenas dizer é que, à partida, o rendimento declarado por estas empresas oferecerá à Administração Fiscal maiores garantias de respeito por esse princípio.

Sucede que as empresas têm enormes dificuldades em apurar o lucro tributável. O Código do IRC estipula que o lucro tributável é determinado com base na contabilidade e eventualmente corrigido nos termos deste Código.

Desde logo, o lucro contabilístico pode até apresentar uma expressão inapropriada. É que assenta em princípios contabilísticos convencionais, nem sempre coerentes entre si e, por vezes, objecto de contestação ou de aplicação menos correcta. Cada vez mais se tende a contabilizar reavaliações livres, impostos diferidos e justos valores, o que leva a questionar se o lucro contabilístico é um lucro real e, consequentemente, se também o é o lucro tributável.

Por um lado, repare-se que apenas são aceites as reintegrações e amortizações e as provisões determinadas pela legislação fiscal e não as que resultariam da aplicação das regras contabilísticas; 40% do aumento das reintegrações resultantes da reavaliação do imobilizado corpóreo e 20% das despesas com ajudas de custo concorrem para o lucro tributável; e as despesas de representação e os encargos com viaturas ligeiras são tributadas autonomamente. Por outro lado, aceitam-se como custos fiscais donativos em valores majorados face aos contabilizados (v.g., o Estatuto do Mecenato).

Estes e outros exemplos perturbam e/ou dificultam a expressão do lucro contabilístico e, por sua vez, a do lucro tributável. Torna-se necessário um esforço de cooperação entre a Administração Fiscal e as empresas, com vista a favorecer a formulação e concretização de mudanças que vençam as dificuldades e as anomalias existentes, muito embora a margem de manobra para soluções novas seja cada vez menor. Não se podem evitar os efeitos das convenções bilaterais para evitar a dupla tributação, nem das normas internacionais de contabilidade, em particular no espaço da União Europeia a que pertencemos.

Sobre esta matéria, convém assinalar e comentar uma decisão da União Europeia que vai alterar o referencial contabilístico de muitas e das mais importantes empresas. Trata-se do Regulamento (CE) n.º 1606/2002, de 19 de Julho, que adopta como referencial as **Normas Internacionais de Contabilidade do IASB**, tornando para já obrigatória a sua aplicação a partir de 2005 às contas consolidadas das sociedades cotadas, e deixa ao critério dos Estados-membros a sua aplicação mais ou menos generalizada. Mais uma vez o argumento da **competitividade** das empresas europeias surge como um dos principais factores desta decisão, como bem se salienta no preâmbulo do referido Regulamento.

Esta decisão constitui uma viragem significativa no processo contabilístico europeu, sendo o reconhecimento implícito que as directivas comunitárias de natureza contabilística, que até agora serviam de base para as normalizações dos vários países, deixaram de corresponder às necessidades de relato financeiro por não acompanharem o extraordinário desenvolvimento havido nos mercados de capitais e financeiros nas últimas décadas.

A aplicação das normas internacionais de contabilidade vai exigir um esforço muito grande às empresas, sobretudo na área da formação dos profissionais da contabilidade ao seu serviço, porque passar de um normativo contabilístico para outro não é fácil, embora estejamos crentes que o caso português estará um pouco facilitado pelo facto de nos últimos anos a normalização contabilística nacional se ter vindo a aproximar das normas internacionais, através da emissão de directrizes contabilísticas que reproduziam o essencial das normas internacionais.

Nesta fase de viragem, vão ser mais uma vez os revisores a principal entidade a garantir o cumprimento das normas internacionais de contabilidade nas empresas que as apliquem por obrigação ou por sua própria decisão. Estas normas são muito mais exigentes, não só por tratarem de matérias não contempladas em normas nacionais e aprofundar outras, mas também por obrigarem a níveis de divulgação, a que os técnicos nacionais não estão acostumados.

Esta alteração não tem apenas efeitos contabilísticos e na qualidade da informação financeira proporcionada. Vai obrigar também as autoridades fiscais a adaptarem-se a contas preparadas segundo normas contabilísticas diferentes, porque é previsível que as empresas que tenham de aplicar as normas internacionais nas contas consolidadas utilizem as mesmas regras de reconhecimento e mensuração nas contas individuais. Caso não o façam, torna-se muito difícil e laboriosa a homogeneização dos critérios e políticas usados nas contas das sociedades compreendidas no grupo a consolidar, procedimento indispensável para uma correcta consolidação de contas.

Por sua vez, a adopção das normas internacionais de contabilidade vem trazer de novo à baila o velho problema das relações entre contabilidade e fiscalidade.

Como vimos, até agora no nosso país, e num bom número de outros Estados-membros da União Europeia, verifica-se uma dependência maior ou menor das regras fiscais na contabilidade das empresas. As normas internacionais de contabilidade vêm alterar esta subordinação por serem totalmente independentes das regras fiscais, porque considera o investidor como o principal utilizador da informação financeira.

Conhecedores como somos do sistema fiscal português, pensamos que não vai ser fácil a sua adaptação a um novo enquadramento contabilístico. Mas tem de se habituar a isso, porque de imediato a aplicação das normas internacionais às empresas cotadas é um facto. O Regulamento, como é sabido, constitui lei dentro dos Estados-membros da União Europeia, e em caso de conflito com a lei nacional, prevalece o Regulamento.

Outra questão interessante relacionada com este tema da competitividade e do sistema fiscal é a Comissão Europeia, admitindo já como um facto consumado a aplicação das Normas Internacionais de Contabilidade nas sociedades mais importantes da União Europeia, querer aproveitar para resolver um outro problema. Esse problema é o relacionado com as diferentes formas de tributação entre os vários países da UE, que dá lugar a que existam profundas distorções fiscais entre as sociedades que desenvolvem a sua actividade dentro do perímetro da UE e têm a sua sede em países diferentes com sistemas contabilísticos também diferentes.

A ideia que surgiu foi a criação de um imposto consolidado único para essas sociedades, de forma a colocá-las no mesmo plano de igualdade fiscal, aumentando a competitividade entre elas.

A adopção das normas internacionais de contabilidade, introduzindo uma base contabilística única, viria eliminar essa preocupação.

Assim está em curso e já a circular nos Estados-membros **um Documento de Consulta**[*] **elaborado pela Comissão Europeia no sentido de considerar as normas internacionais de contabilidade como o ponto de partida para a introdução do tal imposto consolidado.**

Nesse documento apontam-se, para debate, um conjunto de problemas para os quais as autoridades fiscais, e nomeadamente as portuguesas, não estarão preparadas: considerar o investidor como o principal destinatário da informação financeira, o conceito de materialidade, o princípio da substância sobre a forma e a mensuração pelo justo valor.

Se nas questões concretas as alterações causadas pelas normas internacionais não sejam muito profundas, o mesmo não se passa na forma de estar perante a contabilidade que obriga a alterar as mentalidades.

Disso está consciente a Comissão Europeia que no referido documento, a título de exemplo, levanta questões interessantes:

– Os conceitos de materialidade e agregação usados na elaboração das demonstrações financeiras conduzem a que o seu formato não seja uniforme para todas as empresas;
– As reavaliações de activos passam a ter regras diferentes, com efeitos nos resultados;
– A consideração como gasto do exercício de investimentos de pequena monta depende da sua materialidade face à dimensão da empresa e não de regra fixa;
– As fusões e aquisições terão tratamento muito diferente do que é praticado em muitos países (caso de Portugal);
– A consolidação tem como base o conceito de controlo e não o conceito de propriedade;
– A introdução do justo valor em muitas áreas da contabilidade dá origem a ganhos e perdas não realizados que vão afectar a demonstração dos resultados, com regras fiscais diferentes;
– O cálculo e o tratamento do *goodwill* são quase sempre diferentes dos reconhecidos fiscalmente.

Esta lista podia ser consideravelmente ampliada, mas julgo que já dei a entender a revolução que vai surgir num futuro muito próximo.

A Ordem dos Revisores está consciente desta situação, tendo acompanhado e mesmo participado em todos os debates realizados a nível europeu, e está preparada para 2005. Permanentemente coloca à disposição dos seus membros cursos de formação contínua monitorizados por profissionais estrangeiros e nacionais especialistas nestas novas matérias.

A terminar, e como mensagem final, a Ordem dos Revisores oferece neste campo a sua já relativa experiência a todos os interessados, desde os técnicos profissionais de contabilidade até às entidades supervisoras e fiscais.

Nota:
(*) The application of International Accounting Standards (IAS) in 2005 and the implications for the introduction of a consolidated tax based for companies EU – wide activities, European Commission, Taxation and Customs Union, February 2003.

3.9 Nova envolvente contabilística vai alterar gestão das empresas

(Entrevista concedida ao Semanário "Vida Económica – Suplemento Contabilidade & Empresas" de Novembro de 2003)

A envolvente da contabilidade está a passar por profundas alterações. Quais os principais problemas que se colocam, na actualidade, aos revisores oficiais de contas?

Sem dúvida, que neste momento, a preocupação central da Ordem a que presido tem a ver com o ajustamento da profissão às novas regras de carácter internacional. Os recentes escândalos financeiros tiveram um forte impacto na actividade contabilística, tornando-se mais premente proceder a mudanças. Em causa está tornar a actividade mais transparente, incutir confiança nos investidores e atribuir uma maior credibilidade aos profissionais envolvidos na contabilidade. Entretanto, está em discussão a revisão da oitava directiva, a qual regulamenta a profissão. Esta incide essencialmente sobre as questões de natureza deontológica e ética, para além dos níveis de qualidade exigíveis. A OROC está muito atenta a estes assuntos e sempre disponível para colaborar. Afinal somos nós que estamos no terreno, que conhecemos a realidade do mercado.

Até que ponto é que a Ordem está envolvida nesse processo?

A instituição tem os poderes públicos para proceder a eventuais alterações de carácter regulamentar. Seja como for, esse trabalho não pode ser encarado de uma forma isolada. É evidente que tem que existir uma coordenação a nível das organizações da União Europeia.

O que está em causa é a harmonização da actividade em termos internacionais. Essa harmonização passa pelos trabalhos de revisão das áreas da contabilidade e da auditoria.

E quanto às normas internacionais de contabilidade?

A Ordem tem dado o contributo possível no sentido da implementação do novo modelo contabilístico, decorrente da implementação das NIC, têm um alcance importante e vão mudar o cenário que se verifica actualmente. Sobretudo, trata-se de uma nova forma ou novo modelo de entender e de aplicar a contabilidade que também terá uma influência determinante na própria gestão das empresas. O problema que se coloca a esse nível tem a ver com a determinação da aplicação das NIC para além das contas consolidadas das empresas cotadas. O Governo tem que intervir nesta área, através de legislação específica. De facto, há a possibilidade de os Estados aplicarem às filiais e subsidiárias a nova regulamentação.

Por último, a inauguração da secção nortenha da OROC é um marco importante...

É um projecto que já tem alguns anos e que era visto como fundamental para que a Ordem pudesse atingir os objectivos que se propôs – esta secção abrange vários distritos e representa um número significativo de profissionais. É também uma forma de descentralizar funções, pelo que a secção será gerida por um director e uma comissão consultiva. Vai ser um local privilegiado para desenvolver acções de formação e cursos de preparação para a profissão de ROC. Os revisores poderão aqui contactar entre si e mesmo com os seus clientes. O investimento ascendeu a cerca de 1,2 milhões de euros, incluindo, mobiliário e equipamento. Uma das grandes vantagens é que fica numa zona nobre da cidade do Porto, na Av. da Boavista. Mais de 45% do investimento foi realizado com fundos próprios, o que revela a solidez financeira da instituição.

4
A REVISÃO/AUDITORIA E A CONSULTORIA

4.1 O direito e a revisão de contas
(Editorial da revista "Revisores & Empresas" n.º 6 de Julho/Setembro de 1999)

A palavra **direito**, mesmo em linguagem jurídica apresenta diferentes sentidos. Há, porém, um sentido essencial desta palavra, que não pode deixar de ser definido. Com efeito, podemos definir **direito** como o sistema de normas de conduta social, assistido de protecção coactiva. E fala-se de sistema ou ordem jurídica para significar o contexto da vida social, enquanto juridicamente valorado. Porém, o direito não pretende regular tudo, nem isso seria possível. Há muitos aspectos da vida social que o direito deixa pura e simplesmente à liberdade das pessoas ou à decisão destas com base em critérios estranhos a ele próprio. Serve esta sucinta introdução para se fazer a ligação lógica do direito à revisão de contas, enquanto actividade juridicamente valorada. E isso acontece, desde logo no estatuto jurídico, que regula esta profissão, onde se define genericamente que revisão **legal** das contas consiste no exame destas em ordem à sua certificação **legal**, perpassando ao longo deste estatuto um conjunto de outras normas tendentes a regular o *"modus faciendi"* desta actividade. Mas a valoração jurídica desta actividade perpassa também por diversas outras normas consagradas em demais diplomas legais. É o caso do Código das Sociedades Comerciais, do Código do MVM e de algumas leis de natureza tributária. É ainda o caso de outros diplomas legais reguladores de várias actividades ou sectores específicos de actividades (v.g., fundos de investimento, actividades institucionais de regulação económica e social, certas actividades desportivas, etc., etc.).

Para além deste ordenamento horizontal de normas jurídicas sucede que a actividade de revisão de contas se encontra também disciplinada por um outro conjunto de normas de ordenamento vertical. Por um lado, pelas normas técnicas, éticas e disciplinares aprovadas pela Câmara dos ROC, que vinculam directamente todos os seus membros. E, supletivamente as pertinentes normas de organismos internacionais por ela reconhecidas. Por outro lado, pelas normas contabilísticas juridicamente valoradas (v.g., POC) e pelas directrizes contabilísticas e interpretações técnicas da Comissão de Normalização Contabilística (CNC), que constituem o objecto mediato da revisão de contas.

Sucede que com a publicação do Decreto-Lei n.º 367/99, de 18 de Setembro, que estabelece as regras relativas à organização e funcionamento da CNC, ao **atribuir efeito obrigatório às directrizes contabilísticas** (retroagindo-o inclusive às publicadas até à entrada em vigor deste diploma), tal facto constituirá certamente um passo positivo no sentido de se poderem vir a esclarecer algumas situações polémicas que se vinham revelando e também se flexibilizar o sistema, com possibilidade de melhor se ponderar e actualizar a vontade técnica formada por esta entidade, muito embora sujeitando as directrizes contabilísticas a **homologação do Ministro das Finanças**. Importará, no entanto, que se venha a esclarecer claramente a eficácia e alcance deste novo procedimento.

E é nesta interligação de normas horizontais e verticais que basicamente se move a actividade de revisão de contas. Umas com vinculação externa, a terceiros, outras com vinculação interna, aos membros da referida Câmara. Umas e outras, formando um sistema de normas tendencialmente cooperante entre si, com vista a um normal funcionamento desta actividade considerada de relevante interesse público e social.

4.2 Os ROC deveriam actuar num maior número de empresas

(Entrevista concedida ao jornal "Semanário Económico" em 24 de Novembro de 2000)

Este é o primeiro Congresso dos Revisores Oficias de Contas (ROC) após a transformação da Câmara em Ordem. Porquê esta transformação? E qual o balanço que faz dos primeiros meses?

A Ordem dos Revisores Oficiais de Contas (OROC) existe desde a publicação do Decreto-Lei n.º 487/99, de 16 de Novembro.

Quanto à passagem da Câmara a Ordem, ela deve-se a dois motivos essenciais: Pela crescente importância do papel dos ROC no exame às contas das empresas e, portanto, no exercício de uma actividade de interesse público. Por outro lado, o atribuir-se à Ordem toda a jurisdição relativa à matéria de revisão/auditoria às contas, quer seja de natureza legal. estatutária ou contratual.

Assim, ao passarmos a OROC assumimos em Portugal a jurisdição de toda a actividade da revisão/ auditoria às contas. Isto acarreta um maior respeito pelos normativos legais, profissionais e deontológicos da profissão. Um esforço que já deu mostras, dado que a OROC passou a fazer parte do Comité de Auditoria da Comissão Europeia, a integrar o Conselho Consultivo da CMVM e a pertencer ao Conselho Nacional de Profissões Liberais. Desde que estes órgãos sociais tomaram posse temos tido uma preocupação constante em reajustar os regulamentos profissionais. Desses regulamentos já temos, nesta fase, quatro regulamentos elaborados: dois já se encontram aprovados e aguardam publicação – o regulamento de inscrição e de exame e o regulamento de estágio. Quanto aos dois restantes encontram-se em fase de apreciação, e, dizem respeito ao regulamento disciplinar e ao controlo de qualidade. Paralelamente a isso estamos a preparar o VII Congresso dos Revisores Oficiais de Contas, que irá decorrer nos próximos dias 28 e 29 do corrente mês.

O que espera do Congresso?

Os temas do Congresso são os mais variados e ligados à profissão. Desde o presente e o futuro da profissão, aos revisores e a Nova Economia, às normas técnicas, à questão da independência até à responsabilidade profissional. Além disso, será também um balanço relativamente aos últimos três anos da profissão.

Como é feito o acesso à profissão?

De acordo com o novo regulamento, o acesso à profissão é feito através de um exame de admissão, sendo que depois existe um estágio profissional que tem de ter pelo menos três anos – poderá excepcionalmente haver dispensa e redução de estágio. Quanto ao exame de admissão, ele é composto por dois tipos de provas: provas anuais globais (onde o candidato se apresenta a provas globais durante um período fixado em cada ano) ou provas fraccionadas que serão prestadas ao fim da leccionação de cada grupo de matérias e se estendem por um período mais lato de tempo.

Como é que a Ordem responde às transformações tecnológicas mais recentes?

Nós temos formação contínua destinada a ROC e a outros interessados, incluindo naturalmente as novas tecnologias dos sistemas de informação, ao comércio electrónico e à fiscalidade, etc. E esta formação é necessária, porque a sociedade está em mudança e a profissão também.

Num aspecto mais geral, os últimos três anos caracterizaram-se por grandes modificações na Legislação Comercial e do Mercado de Valores Mobiliários.

Quais os reflexos que estas mudanças tiveram na actividade dos ROC?

Não diria tanto! Houve algumas alterações na legislação Comercial, que não «nos toca muito». Quanto ao Mercado de Valores Mobiliários houve de facto a publicação de um novo Código.

E esse novo Código dos Valores Mobiliários veio alterar de alguma forma a vossa actividade?

Houve aperfeiçoamento das regras que nos regem nesta área de intervenção. Contudo, estamos em diálogo constante com a CMVM e o entendimento tem sido satisfatório. As alterações e inovações que vão sendo verificadas são coordenadas entre nós e esta Comissão.

Depois, e dado que pertencemos ao Conselho Consultivo da CMVM, temos oportunidade de um diálogo mais próximo e de uma intervenção mais conseguida.

Está uma reforma fiscal em curso. Qual é a sua opinião e qual tem sido o papel desempenhado pela Ordem?

A Ordem tem como destinatários vários intervenientes no processo: os sócios das empresas, os investidores, os credores, o Estado. E portanto a questão fiscal não pode ser uma preocupação exclusiva da nossa intervenção. Naturalmente que eu próprio tenho opinião e a Ordem, sempre que solicitada, vai dando o seu contributo. Como cidadão, a minha opinião é a de que a reforma fiscal, para além dos aperfeiçoamentos normativos que se venham a introduzir, tem muito a ver com o aprofundar da consciência fiscal. Isto significa que pagar impostos é um dever de cidadania, mas na medida da aplicação do princípio da capacidade contributiva. Além disso, a justiça e a equidade fiscais devem estar presentes. Portanto, a consciência fiscal aprofunda-se a partir do momento em que o contribuinte constate maior justiça e equidade fiscais. E isto passa também por um maior rigor das despesas correntes e por uma definição adequada das prioridades a nível do investimento público. São sempre de acarinhar os aperfeiçoamentos de cariz normativo, mas há um trabalho muito importante a fazer na tradução prática de uma maior justiça e equidade fiscais.

Quando se fala de incumprimento fiscal em Portugal os ROC não se sentem também visados nessas críticas?

É preciso notar que mais de 90% das empresas nacionais não têm as suas contas sujeitas á intervenção dos ROC. Isto por serem empresas que não atingem os limites para serem sujeitas à revisão legal das contas.

Mas acha que esses limites deveriam ser alterados?

Os limites deveriam, de facto, ser mais baixos para que os ROC pudessem exercer a sua actividade num maior número de empresas. Isto, tendo em conta a especificidade do tecido empresarial português composto na sua maioria por pequenas e médias empresas.

E relativamente aos 10% de empresas que são sujeitas à revisão de contas?

Aí temos o dever de verificar se a área fiscal está devidamente assegurada. E isso está a ser feito e continuará a ser feito. Mas claro que esta não é uma actividade exaustiva, cuja acção aplica o método da amostragem e pode haver determinados aspectos que escapem ao revisor. Tem é de formar uma opinião técnica aceitável de que aquilo que foi objecto de revisão corresponde às normas estabelecidas.

Quais são os maiores desafios trazidos pela globalização?

Em primeiro lugar, acarreta uma nova dimensão à actividade de revisão. Tanto a nível espacial, como a nível dos processos de trabalho, que têm tendência a harmonizar-se no espaço nacional, comunitário e global.

Mas a legislação ainda não é uniforme na UE...

Mas há um processo de harmonização. Em Junho deste ano foi feita uma comunicação da Comissão ao Conselho ao Parlamento Europeu quanto à estratégia da UE para o futuro em matéria de informações financeiras a prestar. Uma das componentes desse programa é que a nível das contas consolidadas das empresas cotadas na UE, estas devem ser preparadas segundo as normas internacionais de contabilidade para que em 2005 todas as contas das empresas cotadas na UE sejam preparadas de acordo com as mesmas normas.

Qual é a opinião dos ROC relativamente à adaptação das empresas portuguesas ao euro?

Houve um grande entusiasmo no início por ser uma novidade. Agora estamos numa fase de transição que acaba no final de 2001. Pelos contactos que temos com as empresas, existe agora um certo abrandamento na preparação para o euro, mas quando se chegar próximo do final do período de transição esta matéria vai ganhar uma nova motivação.

4.3 O sistema de revisão/auditoria às contas em Portugal

(Editorial da revista "Revisores & Empresas" n.º 12 de Janeiro/Março de 2001)

Temos no nosso país várias instituições com atribuições legais em matéria de revisão/auditoria às contas, ou actividade de algum modo a ela ligada ou conexa, de empresas e outras entidades, a nível externo. Delas podemos destacar o Tribunal de Contas, a Comissão do Mercado de Valores Mobiliários, o Banco de Portugal, o Instituto de Seguros de Portugal, a Inspecção-Geral de Finanças, a Direcção--Geral dos Impostos e a Ordem dos Revisores Oficiais de Contas. Várias questões se colocam perante a distribuição dessas atribuições pelas referidas instituições que compõem o sistema. Avaliar a sua natureza, o seu âmbito, o seu valor jurídico, o seu quadro normativo e técnico de referência, o seu processo de controlo de qualidade e os seus efeitos, quer quanto à opinião a emitir sobre as contas, quer no que toca às recomendações a formular e/ou ao eventual tipo de responsabilização a indiciar, são algumas dessas questões.

Das instituições anteriormente referidas todas são pessoas colectivas públicas, com poderes originários conferidos pelo Estado ou por este devolvidos, como é o caso da Ordem dos Revisores Oficias de Contas. O que confere a esta instituição uma característica particular, dado que, embora sendo uma pessoa colectiva pública e as funções de revisão/auditoria dos seus membros sejam consideradas de interesse público, ela baseia a sua organização interna no respeito dos direitos dos seus membros e na formação democrática dos seus órgãos, com autonomia administrativa, financeira e patrimonial e com economia privada.

Nas presentes circunstâncias em que se acentua o papel regulador do Estado e a necessidade não só de uma melhor utilização dos recursos escassos, designadamente os financeiros, como do seu indispensável controlo, na base naturalmente do seu correspondente quadro conceptual de referência, parece-nos que seria útil fazer-se um levantamento, tão completo quanto possível, das características essenciais deste sistema, com vista a nomeadamente se identificarem os seus objectivos, a sua natureza, os seus meios, os seus destinatários e os seus efeitos. Assim, se poderiam identificar melhor as necessidades, as diversidades, os níveis de intervenção e de responsabilidade, as complementaridades, as sobreposições, as parcerias possíveis, as áreas de *outsourcing*, as (in) eficiências e as (in) eficácias de funcionamento do conjunto do sistema e de cada um dos seus subsistemas de per si. Seria, a nosso ver, um exercício de extrema relevância em que seguramente se caracterizariam as questões e preocupações anteriormente mencionadas e se apontariam os melhores caminhos e os meios mais adequados, com o intuito de se acrescentar coerência, eficiência e eficácia ao sistema global de revisão/auditoria às contas de empresas e outras entidades, a nível externo, no nosso país e, porventura, debelar algum ou alguns dos seus defeitos, insuficiências e irracionalidades de funcionamento.

A Ordem dos Revisores Oficiais de Contas está disponível para colaborar neste levantamento e neste exercício de reflexão estatutária. Lançamos desta coluna um convite aos responsáveis das outras instituições para que esta jornada se venha a concretizar a curto prazo, em prol de um sector de actividade de inegável e reconhecido interesse público, empresarial e social.

4.4 O caso *Enron*
(Editorial da revista "Revisores & Empresas" n.º 16 de Janeiro/Março de 2002)

No final de 2001 foi anunciada a maior falência dos EUA: calculada em mais de metade do PIB português; mais de 20.000 trabalhadores desempregados; suicídio de um alto dirigente da empresa; documentos de trabalho destruídos; recusas de depoimentos perante o Senado; suspeitas de financiamento de campanhas eleitorais; movimentos de capitais através de entidades *off-shores*; envolvimento de quadros de uma empresa de prestação de serviços em tarefas conjuntas de auditoria e consultoria; ocupação de muitas páginas e vastos espaços na comunicação social e na *Internet*; reacção das autoridades políticas, judiciais, financeiras, de supervisão, de regulação, de organismos profissionais e de entidades sociais e do trabalho. Enfim, o tão propalado escândalo ***Enron***.

O que faz desde logo pensar é porque é que isto aconteceu. E porque é que aconteceu com uma empresa que em 15 anos passou de uma média empresa de gás natural a um dos maiores gigantes mundiais de energia, chegando a ocupar o lugar da sétima maior capitalização bolsista dos EUA; que recebeu o prémio da empresa americana mais inovadora; e que no ano de 2000 foi premiada pelo *Financial Times* como a "empresa de energia do ano".

Perante um escândalo desta dimensão e gravidade cabe procurar as suas causas profundas e tirar daí os ensinamentos devidos. A nosso ver, as causas profundas são seguramente várias e não se confinam só à área da auditoria às contas. São certamente mais vastas, indo ao ponto de mexer com o modo, a cultura e os objectivos convivenciais de como está organizada e funciona em geral a sociedade dos EUA e a sua comunidade empresarial em particular. Acontece, porém, que este caso está em processo de averiguações e não é correcto, por princípio e por insuficiência de conhecimentos factuais, estar aqui a procurar apurar as suas causas concretas, e, muito menos, a procurar identificar responsabilidades e responsáveis. Isso será feito nos EUA por quem de direito e no tempo próprio.

O que para já parece correcto é tirar dele os ensinamentos devidos para se corrigirem as situações que permitiram que isto acontecesse. De facto, este caso pela sua dimensão e gravidade já está a mexer com o *establishment* a vários níveis, designadamente político, financeiro, profissional, ético e social, e em consequência dele já estão a ser feitas propostas de medidas correctivas para os evitar ou pelo menos para os reduzir.

E em Portugal? Vai haver consequências? Temos de começar por ressalvar as distâncias de enquadramento sócio-político e profissional. É um facto que em geral as actividades de auditoria às contas, de execução da contabilidade e de consultoria e notação financeiras sofreram nesta altura um abanão e precisam de reganhar alguma confiança perdida. E é certo que este abanão e confiança perdida é de geometria e geografia variáveis a nível mundial. Consequentemente, e na nossa dimensão relativa, este caso não deixará de salpicar o exercício destas actividades em Portugal, umas mais que outras, sobretudo a nível da execução dos procedimentos e da postura ético--deontológica, pelo que é provável que venham a ser adoptadas medidas com vista a melhorar especificamente estes aspectos. Pela parte que nos toca, no dia em que a actividade de revisão/auditoria às contas for **só** uma prestação de serviços estaremos necessariamente a destruí-la. E não o tem sido entre nós. Nesta medida estamos em crer que o actual quadro legal e regulamentar da nossa profissão resistirá em geral bem às propostas de medidas correctivas até agora divulgadas pela comunicação social.

Tendo como ponto assente que pertencemos a uma sociedade portuguesa com todas as virtudes e defeitos que contém, não nos sentindo por isso melhores ou piores que os outros profissionais e cidadãos portugueses, e ponderando o que temos vindo a ser, o que somos, e o que queremos continuar a ser, tudo faremos para reforçar a confiança que o Estado, os investidores, os empresários e os cidadãos em geral têm vindo a depositar em nós no exercício de uma actividade que em Portugal se reveste de interesse público.

4.5 Devemos contribuir para atenuar a fuga fiscal
(Entrevista concedida ao jornal "Semanário Económico" em 25 de Outubro de 2002)

Na contagem decrescente para as eleições na Ordem dos Bastonários dos Revisores Oficiais Contas (OROC), a realizar na próxima quarta-feira, José Vieira dos Reis elenca os objectivos da sua recandidatura. O actual bastonário fala ainda sobre a importância da intervenção dos ROC na Administração Pública e o processo de preparação dos agentes para a entrada em vigor das Normas Internacionais de Contabilidade.

Quais os principais objectivos da sua recandidatura?

Dar continuidade ao trabalho que temos vindo a realizar, nomeadamente, num dos pontos que é de lei: o registo, até ao final de 2004, das organizações nacionais e internacionais de auditoria às contas. Queremos ver concretizado o novo regime de acesso à profissão, que exige um exame de admissão à Ordem e um estágio de três anos. Também queremos contribuir para a preparação do novo modelo contabilístico nacional, face à previsível entrada em vigor das Normas Internacionais de Contabilidade (NIC) em 2005. Um contributo que, numa primeira fase, visa as empresas cotadas no mercado regulamentado e, provavelmente, a partir de 2007 as restantes empresas.

O que vai obrigar a um trabalho bastante aprofundado do sistema contabilístico nacional.

Precisamente. E onde a OROC, dada a ligação que tem com o *International Accounting Standards Board* (IASB), terá um papel muito importante. Outro ponto da minha recandidatura refere-se ao aperfeiçoamento do sistema de controlo de qualidade, no sentido de uma maior abrangência e uniformidade dos critérios de apreciação. Um quinto ponto prende-se com a intervenção dos revisores nalguns sectores da Administração Pública, nomeadamente nos serviços e fundos autónomos e autarquias locais. Por último, o reforço do cumprimento do Código de Ética e Deontologia Profissional.

Um dos pontos do seu programa é o registo das organizações nacionais e internacionais de auditoria. Contudo, até ao momento, apenas uma empresa está integrada. Como justifica essa realidade se até há pouco tempo essas firmas criticavam o facto de não fazerem parte de uma entidade nacional?

Segundo a óptica deles não tinham condições para entrar. A partir do momento em que os estatutos foram alterados reuniram-se as condições para a sua inclusão. Devo recordar que a alteração aos estatutos foi efectuada em 1999 e que há um período de cinco anos (até 2004) para concretizarem a entrada... e estamos em 2002.

E apenas uma entrou!

Mas isso não depende da vontade da Ordem ou dessas organizações. É de lei.

Como avalia o trabalho já efectuado em relação à preparação dos agentes para a entrada em vigor das NIC?

Está na hora de começarmos a acelerar os trabalhos de preparação. No ano passado divulgámos as Normas e em Novembro promoveremos um curso, ministrado por um especialista internacional. Pretendemos, com base na formação, dar especial atenção à formação de formadores credenciados. Trata-se de uma nova cultura contabilística onde não basta conhecer as normas, é necessário ter uma nova atitude relativa a esse novo modelo de normalização.

As empresas europeias têm de se sujeitar à nova legislação americana?

A julgar pela nova legislação americana, não está completamente seguro que assim seja. Foram conferidos poderes á SEC para dizer se isenta, ou não, as empresas europeias do cumprimento dessa nova legislação. Depois, temos de ter em conta e, quando for caso disso, que as sentenças proferidas fora de Portugal, para terem eficácia no país, têm de passar por um processo de revisão de sentença.

Qual tem sido o papel/posição da OROC quanto aos nove pontos da Recomendação da Comissão Europeia, de Maio último?

Portugal não necessitará de alterar as normas em vigor para cumprir a Recomendação porque no final do ano passado foi alterado o Código de Etica e Deontologia, em linha com esses pontos. Por exemplo, em matéria de honorários, o revisor não deve receber de cada cliente um valor que seja superior a 15% dos seus honorários totais anuais. Em matéria de consultoria tem de seguir os princípios da independência.

Terá ainda de se ter em conta que a nossa realidade é completamente distinta da americana.

Precisamente. Por vezes não faz sentido, nem é conveniente, fazer uma aplicação directa e imediata das normas americanas para a realidade portuguesa. Exemplificando: na América uma auditoria é um puro contrato comercial onde basta contratar os auditores, ou uma sociedade de auditores, para uma determinada prestação de serviços. Em Portugal não é assim. O ROC exerce a sua função mediante a inclusão num órgão social. Uma inclusão que acarreta um conjunto de deveres e poderes específicos, além de um conjunto de incompatibilidades e impedimentos. Há um distanciamento entre a auditoria e a administração ou gestão para atenuar ou evitar alguma conflitualidade.

Os escândalos verificados na América poderiam passar-se na Europa?

Ninguém o pode garantir. Mas era mais difícil. Em Portugal, mesmo nas empresas cotadas, não é difícil conhecer os accionistas de referência e os accionistas de controlo; há uma proximidade muito forte entre a propriedade da empresa e a gestão. Uma realidade que não acontece nos EUA, onde mesmo os institucionais têm participações muito diluídas e por isso estão muito distantes do *chairman*, que tem em geral, um poder muito forte.

E quanto ao papel do auditor?

Deve e pode exercer a sua profissão com alto padrão de qualidade. Os problemas que se puseram com os escândalos não têm a ver com a qualidade e competência técnica dos auditores. São problemas que roçam fundamentalmente com a não ética profissional.

Os relatórios feitos pelos auditores em Portugal são fiáveis?

São de toda a confiança e vão continuar a ser porque pautamos os nossos trabalhos por um alto padrão de execução técnica e queremos contribuir para a melhoria da prestação de contas em Portugal.

O facto de as próprias empresas tomarem a iniciativa de "cortar" o braço da consultoria também contribui para a credibilização da auditoria?

É uma questão controversa. Não estou tão seguro que em Portugal essa regra seja benéfica.

Há quem diga que o que "falhou" no caso Enron/Andersen foi o facto de a fatia paga em consultoria representar mais de metade da auditoria...

Possivelmente o problema ter-se-ia dado na mesma. No mercado português, que é pequeno, se houver a intenção de fazer a separação da auditoria e consultoria poderemos estar a "tirar do mercado" às sociedades de revisores. Isto é, deixar apenas a auditoria em determinadas sociedades de revisores pode suprimir condições para o seu desenvolvimento.

Em Portugal as PME ainda se apresentam como um nicho por explorar...

As PME são um conjunto de entidades muito relevantes e há muito para fazer.

Para além de que existe uma percentagem de empresas onde as contas não são certificadas.

Pois, mas muitas também não têm dimensão.

Esse facto não contribui para a fraude e evasão fiscal? Qual poderá ser o papel da OROC no combate a estes flagelos?

Podemos e devemos contribuir para atenuar a fuga fiscal.

E o governo já manifestou interesse nessa colaboração?

Estamos em contacto com as Finanças e sempre que há consultas procuramos responder. Estamos disponíveis para emitir pareceres e sugestões.

Nas acções de controlo de qualidade da OROC quantos trabalhos de auditoria deram lugar a penas disciplinares?

No período de 2000-2001, 7% dos *dossiers* controlados deram lugar a penas disciplinares.

Em 2001-2002 (até Setembro), 4% dos *dossiers* alvo de controlo de qualidade vão para procedimento disciplinar.

O que motivou a aplicação de penas disciplinares?

Trabalhos com insuficiências graves, ou seja, o não cumprimento de normas fundamentais para formar uma opinião com um grau de segurança aceitável. Por exemplo, quando não se analisa bem a matéria das provisões ou quando não se fez uma averiguação dos saldos de determinadas contas relevantes.

Já obteve alguma resposta das Finanças à proposta de que as contas dos Serviços e Fundos Autónomos da Administração Pública (SFAAP) e das autarquias locais passem a ser certificadas legalmente por um ROC?

O processo está a ser tratado no Governo. Até final do ano, ou princípios de 2003, haverá decisões legislativas nesse sentido.

Houve receptividade a esse projecto?

Não posso divulgar. Está-se a trabalhar nesse sentido e não se vê nada contra.

Qual a importância deste projecto?

Essas entidades apresentam contas todos os anos, a função do ROC passará por um conjunto de procedimentos que leve à certificação dessas contas de uma forma sistemática. Os órgãos fiscalizadores públicos já revelaram que não têm capacidade para a fiscalização anual das contas dos SFAFP. A intervenção sistemática dos ROC permitirá que as apreciações das tutelas estejam melhor fundamentadas, conferindo maior credibilidade a essa prestação de contas.

Qual tem sido o papel da OROC no conselho consultivo da Comissão do Mercado de Valores Mobiliários (CMVM)?

O nosso trabalho é de apoio às funções do conselho consultivo. É um lugar da maior relevância porque podemos fazer veicular as opiniões relativamente à melhoria da prestação de contas e às questões relacionadas com a auditoria.

A Organização Internacional de Comissões de Valores (IOSCO) aprovou uma série de orientações e recomendações que visam a criação de um organismo independente para controlar a qualidade da auditoria. Esta nova entidade não se irá sobrepor ao trabalho da OROC, no âmbito do controlo da actividade dos auditores?

Não tive oportunidade de ver em pormenor essa orientação. No entanto, em Portugal essa entidade não se deverá sobrepor às competências da OROC.

Esse novo organismo poderá desempenhar nos órgãos de administração das sociedades um papel ao nível da monitorização e salvaguarda da independência do seu auditor externo...

Terá de se articular isso com a realidade portuguesa. Em cada um dos países terá de se analisar o que é já está a ser feito nessa matéria, que poderes as entidades reguladoras dos auditores já têm. Há que fazer uma avaliação concreta de aplicação desta recomendação.

Como vê o futuro dos ROC?

Vejo um futuro promissor. Ainda temos muito a fazer em matéria de auditoria, mas os auditores/revisores são, cada vez mais, peças relevantes na prestação de contas. A partir de 2004 toda a área revisão/auditoria às contas será regulada por esta casa.

Os Técnicos Oficiais de Contas (TOC) ficam uma vez mais à porta...

Mas pode não se ser TOC e vir a ser revisor. Há TOC que não são licenciados, por aqui há logo a exclusão de uma série deles. Qualquer licenciado, em determinados cursos, pode fazer exame de admissão à OROC e depois, se passar, terá de fazer o estágio durante três anos.

Como viu o adiamento da entrada em vigor do artigo 35.º do Código das Sociedades Comerciais?

É uma medida que já deveria ter sido aplicada. Mas a oportunidade em que a sua aplicação foi posta em vigor não foi a melhor, já estávamos em abrandamento económico. O art.º 35.º era para começar a ser aplicado em Agosto de 2001 e acabou por ser reformulado para ser aplicado às contas de 2004, ou seja em 2005, o ano de entrada em vigor das NIC. Veremos se, por via disso, haverá ou não melhores condições para a sua aplicação.

Há o caminho aberto para um novo adiamento de datas?

Não sei. Mas há que separar o trigo do joio: as empresas que têm condições devem continuar e as que não apresentam condições não devem continuar.

Devem abrir falência.

E não só. Não faz sentido que em Portugal e ao fim de 10 anos não tenha sido ainda decretada nenhuma falência fraudulenta. É necessária uma forma expedita e equilibrada de defesa dos interesses em jogo e que o sistema de justiça funcione. Não faz igualmente sentido que um empresário apresente à falência determinada empresa e depois, de um momento para o outro, abra outra empresa sem acontecer nada. No mínimo é contraproducente.

4.6 Maquilhagem? Todos podem ser tentados...
(Entrevista concedida à revista "Exame" em 30 de Outubro de 2002)

Defende a possibilidade de cumulação, pelos ROC, das actividades de consultadoria e auditoria...

Há no âmbito do reporte financeiro um conjunto de serviços que servem de suporte ao trabalho de auditoria, com os quais esta actividade e as empresas só têm a ganhar.

A actividade de procuradoria também é acessória à de auditoria e nem por isso é permitida...

Mas nós não queremos praticar procuradoria ilícita.

Mas praticam!

Não. O que fazemos é servirmo-nos de conhecimentos em áreas que são adjuvantes à realização de um trabalho de auditoria. Mas não nos queremos imiscuir em actividades que sejam da habilitação de outros profissionais.

Mas entram. Por alguma razão a Ordem dos Advogados entrou em litígio com a OROC por causa do exercício das actividades de consultadoria fiscal pelos ROC em simultâneo com as de auditoria.

Não há litígio. Existem regras que salvaguardam eventuais intromissões que levem à quebra de independência no exercício da auditoria, quando exercida em simultâneo com a consultadoria a um mesmo cliente.

A Comissão Europeia publicou uma recomendação que prevê incompatibilidades entre a prestação de certos serviços de consultadoria e auditoria ao mesmo cliente.

Temos um mercado pequeno em Portugal, e eu receio que essa regra, em vez de beneficiar, venha provocar uma maior concentração ao nível das auditoras e das consultoras. Ou seja, essa separação pode retirar de algumas sociedades de ROC de menor dimensão algo que lhes serve de suporte ao seu desenvolvimento.

Portanto, o vosso problema é dinheiro...

Não, é o mercado. Já tivemos épocas em que era útil termos as duas coisas juntas; agora estão a pôr em causa tudo o que se vinha dizendo antes, por virtude de alguns acontecimentos internacionais. Vamos ver...

...Vamos, mas como a OROC não sabe como vai ser o futuro, já propôs ao Ministério das Finanças que as contas dos Serviços e Fundos Autónomos das Administração Pública sejam certificadas!

A nossa proposta não tem a ver com essa questão. Acreditamos que temos um papel importante a desempenhar na melhoria da prestação de contas no sector público.

A adopção das Normas Internacionais de Contabilidade (NIC), vai estimular a transparência das contas?

É esse o objectivo.

De acordo com o Banco Finantia, se a JM tivesse aplicado as NIC em 1999, teria registado uma quebra de 48% nos lucros. Os ROC serão tentados a maquilhar as contas...

Tentados podem ser, o que não quer dizer que cedam à tentação. Os ROC estão obrigados apenas a dar uma opinião profissional sobre as contas.

Então que garantias me dá que o caso *Enron* não possa ocorrer em Portugal?

Eu não posso garantir isso, nenhum Bastonário, nem ninguém, o pode fazer!

Moral da história: as contas das nossas empresas andam "sem rei nem ROC"!

A OROC é uma entidade reguladora que fará todo o possível para evitar que casos tipo Enron aconteçam. Entre outras medidas, vamos melhorar o controlo de qualidade dos trabalhos e reforçar o cumprimento do código de ética e deontologia profissional. As contas das nossas empresas têm regras e algumas têm ROC.

4.7 O papel dos ROC face à actual situação da auditoria em Portugal

(Artigo publicado no jornal "Semanário Económico" em 14 de Março de 2003)

Quando há mais de 30 anos se introduziu pela primeira vez na legislação portuguesa a figura dos Revisores Oficias de Contas, com vista a se aperfeiçoar o regime de fiscalização das sociedades anónimas, certamente se estaria longe de pensar na evolução que estes profissionais e esta profissão viriam a conhecer até aos nossos dias.

E muito embora se mantenham e até se tenham acentuado os motivos que levaram à sua introdução no regime de fiscalização das sociedades anónimas, o certo é que, ao longo destes anos, os Revisores e a profissão têm vindo progressivamente a ser chamados a novas áreas de actuação e a funções mais amplas e diversificadas, obrigando-os por consequência a novas formas de organização estatutária e funcional, para poderem continuar a dar resposta adequada a estas novas solicitações da sociedade em geral e da comunidade empresarial em particular.

Áreas de Actuação

Com efeito, dentro das novas áreas de actuação que têm vindo por lei a ficar sujeitas à intervenção dos Revisores, destacamos:

- A empresas públicas (actuais entidades públicas empresariais);
- As sociedades comerciais por quotas a partir de certa dimensão;
- Os fundos de investimento;
- Os fundos de pensões;
- As cooperativas a partir de certa dimensão;
- A sociedades anónimas desportivas;
- Os institutos públicos autónomos, no âmbito do POCP; e
- Determinados serviços e organismos do Ministério da Educação (no âmbito do POC – Educação) e do Ministério da Saúde (no âmbito do POCMS), bem como os seus organismos autónomos sob tutela, que não sejam empresas públicas.

E dentro das mais amplas e diversificadas funções que têm vindo por lei a ser atribuídas aos Revisores, sublinhamos:

- A elaboração de relatórios ou a emissão de pareceres sobre as entradas de bens em espécie para a constituição ou o aumento do capital das sociedades comerciais, bem como sobre a transformação, fusão e cisão de tais sociedades;
- A elaboração de relatórios ou a emissão de pareceres sobre a informação financeira a publicar pelas entidades com valores cotados na bolsa de valores, bem como sobre determinadas operações a realizar em bolsa, nos termos do Código dos Valores Mobiliários; e
- A emissão de pareceres sobre as contas de empresas promotoras de projectos de investimento nomeadamente no âmbito dos correspondentes sistemas de incentivos.

A Criação e o Papel da Ordem

Mas seguramente fruto da crescente relevância que vem sendo reconhecida ao papel dos Revisores na defesa do interesse público, subjacente à credibilidade do exame às contas das empresas e de outras entidades, uma nova perspectiva se abriu à profissão, com a publicação do novo Estatuto da Ordem dos Revisores Oficias de Contas (Decreto – Lei n.º 487/99, de 16 de Novembro).

Nova perspectiva que representa, sobretudo, uma responsabilidade acrescida e mais um desafio, quer para a Ordem, quer para a profissão. Com efeito, a Ordem passou pela primeira vez a assumir de pleno direito em Portugal a inteira responsabilidade institucional e orgânica sobre tudo o que respeita à revisão/auditoria às contas, seja legal, estatutária ou contratual, e aos serviços com ela relacionados, de acordo com as normas técnicas por si aprovadas ou reconhecidas. Recorde-se que até à publicação deste novo Estatuto apenas lhe estavam reservadas atribuições em matéria de revisão legal das contas, não lhe cabendo por isso qualquer jurisdição quanto às auditorias estatutárias e contratuais de empresas ou de outras entidades.

Novas Áreas de Intervenção dos ROC

Para que se tenha uma ideia sobre o âmbito de intervenção dos revisores, basta dizer que não chega a 10% o número de empresas em Portugal que estão presentemente sujeitas à intervenção dos revisores, o que representa um lugar relativamente modesto no nosso tecido empresarial. E é nessa linha que estão já previstas e se antevêem novas áreas de intervenção dos Revisores. É o caso dos Serviços e Fundos Autónomos da Administração Pública e das Autarquias Locais e entidades equiparadas, onde se movimentam milhões e milhões de euros, a exigir, a nosso ver, uma revisão e certificação regular e sistemática das suas contas anuais, acompanhada do correspondente relatório de suporte dessa certificação. Também está em curso o aprofundamento da intervenção dos Revisores no âmbito do Programa Operacional da Economia (POE) do III Quadro Comunitário de Apoio (QCA).

Nota Final

Os revisores têm a sua história de mais de 30 anos, a sua identidade, a sua postura ético-deontológica, as suas competências e as suas responsabilidades.

Ao fim e ao cabo, a preocupação básica dos revisores tem sido e continuará a ser, a seu modo, contribuir para a melhoria da prestação das contas em Portugal, por forma a que ela seja cada vez mais verdadeira e apropriada perante os mais diversos destinatários, no quadro das correspondentes estruturas legais e conceptuais em vigor no nosso país e da prossecução do interesse público e do interesse geral a ela subjacente.

A Ordem e os seus membros saberão, tal como no passado e no presente, encontrar no futuro as soluções mais adequadas para desempenhar com sucesso as atribuições e competências que o Estado neles delegou e a comunidade empresarial e a sociedade em geral deles espera.

4.8 Independência é fundamental na auditoria e consultoria

(Entrevista concedida ao jornal "Vida Económica" de 17 de Abril de 2003)

Como caracterizaria a actual situação da auditoria em Portugal?

Temos no nosso País várias instituições com atribuições legais em matéria de revisão/auditoria às contas, ou actividade de algum modo a ela ligada ou conexa, de empresas e outras entidades, a nível externo. Delas podemos destacar o Tribunal de Contas, a Comissão do Mercado de Valores Mobiliários, o Banco de Portugal, o Instituto de Seguros de Portugal, a Inspecção-Geral de Finanças, a Direcção--Geral dos Impostos e a Ordem dos Revisores Oficiais de Contas. Várias questões se colocam perante a distribuição dessas atribuições pelas referidas instituições que compõem o sistema. Avaliar a natureza, o âmbito, o valor jurídico, o quadro normativo e técnico de referência, o processo de controlo de qualidade e os seus efeitos, quer quanto à opinião a emitir sobre as contas, quer no que toca às recomendações a formular e/ou ao eventual tipo de responsabilização a indiciar, são algumas das questões, que necessitam, a nosso ver de ser ponderadas e resolvidas no contexto do referido sistema.

Das instituições anteriormente referidas todas são pessoas colectivas públicas, com poderes originários conferidos pelo Estado ou por este delegados, como é o caso da Ordem dos Revisores Oficiais de Contas. O que confere a esta instituição uma característica particular, dado que, embora sendo uma pessoa colectiva pública e as funções de revisão/auditoria dos seus membros sejam consideradas de interesse público, ela baseia a sua organização interna no respeito dos direitos dos seus membros e na formação democrática dos seus órgãos, com autonomia administrativa, financeira e patrimonial e com economia privada.

Como encara o processo de separação consultoria/auditoria?

O essencial é que no exercício de cada uma destas actividades se garanta a independência profissional e a objectividade na realização dos trabalhos. No nosso Estatuto e no Código de Ética e Deontologia Profissional estes princípios estão expressamente consignados. Mas sempre se acrescenta que, mais do que estarem consignados, é necessário verificar consistentemente o cumprimento destes princípios no contexto da realidade portuguesa e tirar daí as devidas ilações.

Será possível ocorrerem em Portugal situações idênticas às ocorridas nos E.U.A.?

Ninguém o poderá garantir. Mas será mais difícil. Em Portugal, mesmo nas empresas cotadas, não é difícil conhecer os accionistas de referência e os accionistas de controlo; há uma proximidade muito forte entre a propriedade da empresa e a gestão. Uma realidade que não acontece nos E.U.A. onde mesmo os institucionais têm participações muito diluídas e por isso estão muito distantes do *chairman*, que tem, em geral, um poder muito forte.

A questão da transparência das contas coloca-se em Portugal?

A crescente internacionalização e globalização das economias está a redimensionar e a deslocalizar as empresas a nível mundial, o que exige revisores cada vez melhor habilitados a utilizar novos processos e novas tecnologias e mais especialização e integração em mercados profissionais de maior dimensão e complexidade. Esta mutação está a pôr em causa o conceito tradicional de revisão/auditoria às contas, colocando por um lado novas questões, que têm a ver com o acesso, a segurança e a conservação da informação, com a qualidade, os limites e a periodicidade da informação a divulgar, com a identificação dos riscos de várias naturezas e a avaliação dos correspondentes sistemas de controlo de gestão empresarial e, bem assim, implicando a reformulação de velhas questões, como a independência, o sigilo e a responsabilidade profissional e social dos revisores, pelo que a transparência das contas é fundamental em qualquer economia de mercado.

De que forma a postura das empresas é a ideal para o bom desenvolvimento da actividade dos ROC?

Podemos dizer que, de um modo geral, as empresas sujeitas à intervenção dos ROC têm vindo a fazer um esforço no sentido da melhoria dos padrões de qualidade da informação financeira a prestar aos mais diversos destinatários, o que por sua vez vem facilitando o desenvolvimento da actividade dos ROC. Pensamos que nesta matéria tem havido uma relação biunívoca (qualidade de informação/ /ROC) de relevante utilidade, que deverá ser permanentemente reforçada e melhorada.

No entanto, novos desafios se vão colocar às empresas e à profissão, com a entrada em vigor das Normas Internacionais de Contabilidade (NIC) do IASB, a partir de 2005, relativamente às contas de determinadas empresas, por virtude da aprovação do regulamento comunitário n.º 1606/2002.

Penso que entre nós esta regulamentação terá um impacto imediato, uma vez que a profissão constituirá um pilar importante ao nível do mecanismo de controlo da sua aplicação, na medida em que se passa a exigir aos revisores que certifiquem se as contas foram preparadas de acordo com as NIC, com tudo o que isso implica. Por isso, vai ser necessário um enorme esforço de divulgação das normas, a realizar designadamente pelas escolas superiores de contabilidade e de auditoria e pelas associações empresariais e profissionais.

Qual o nível de responsabilização fiscal dos ROC?

Para que haja responsabilização fiscal dos ROC é necessário que se demonstre que a violação dos deveres tributários resultou do incumprimento das suas funções de fiscalização. No entanto, tal incumprimento tem que ser culposo, quer por dolo, quer por negligência, e afere-se em função da sua culpa funcional.

Assim, não basta qualquer incumprimento dos deveres de fiscalização para que tenha lugar a sua responsabilidade subsidiária. É indispensável que exista um nexo casual entre a sua actuação/omissão que tem que ser ilícita e o dano resultante desse incumprimento.

Existem novas áreas de intervenção para os ROC? De que forma contribuem para uma melhor prestação do serviço? E de que forma aumenta a responsabilização dos ROC?

Para que se tenha uma ideia sobre o âmbito de intervenção dos revisores, basta dizer que não chega a 10% o número de empresas em Portugal que estão presentemente sujeitas à intervenção dos revisores, o que representa um lugar relativamente modesto no nosso tecido empresarial. E é nessa linha que estão já previstas e se antevêem novas áreas de intervenção dos revisores. É o caso dos Serviços e Fundos Autónomos da Administração Pública e das Autarquias Locais e entidades equiparadas, onde se movimentam milhões e milhões de euros, a exigir, a nosso ver, uma revisão e certificação regular e sistemática das suas contas anuais, acompanhada do correspondente relatório de suporte dessa certificação. Também está em curso o aprofundamento da intervenção dos Revisores no âmbito do Programa Operacional da Economia (POE) do III Quadro Comunitário de Apoio (QCA).

Ao fim e ao cabo, a preocupação básica dos revisores tem sido e continuará a ser, a seu modo, contribuir para a melhoria da prestação de contas em Portugal, por forma a que ela seja cada vez mais verdadeira e apropriada perante os mais diversos destinatários, no quadro das correspondentes estruturas legais e conceptuais em vigor no nosso país e da prossecução do interesse público e do interesse geral a ela subjacentes.

4.9 Auditoria e consultoria

(Artigo publicado nos "Cadernos de Economia", revista da Ordem dos Economistas, n.º 65 de Outubro/Dezembro de 2003)

Recentemente a profissão foi abalada com um conjunto de escândalos financeiros ocorridos sobretudo nos Estados Unidos, de que o caso *Enron* é paradigmático, que obrigaram a repensar e a redefinir as suas prioridades a nível internacional. A questão essencial que agora se coloca é a do reforço da independência dos revisores oficiais de contas (daqui por diante revisores) como meio de assegurar elevados padrões de execução técnica, por forma a salvaguardar a qualidade e a credibilidade dos documentos financeiros e da informação a prestar aos mais diversificados destinatários.

Sucede que a independência dos revisores prende-se essencialmente como problema do conflito de interesses. Por via disso tem vindo a ser proposta uma delimitação de serviços proibidos pelos revisores no mesmo cliente, como os serviços de consultoria que tenham uma interferência, directa ou indirecta, no sistema de tratamento informático e de difusão de informação financeira ou os serviços de consultoria que possam afectar os resultados financeiros das empresas, como é o caso da consultoria fiscal.

O principal argumento da proibição destes serviços de consultoria reside na circunstância de eles poderem limitar o juízo do revisor, uma vez que a sua prestação pode propiciar uma dependência pessoal e financeira desse mesmo cliente. É, porém, minha convicção que o sucedido nos recentes escândalos financeiros tem sobretudo a ver com a postura ética e deontologia do revisor perante a profissão e o cliente.

Deve dizer-se que entre nós, quer o Estatuto da Ordem dos Revisores Oficiais de Contas[1], quer o seu Código de Ética e Deontologia Profissional (CEDP)[2], consagram e regulam, a par da função de revisão/auditoria às contas, a actividade de consultoria nas matérias que integram o programa do exame de admissão à Ordem. E entre estas matérias figuram a auditoria, a contabilidade, o direito, a economia e gestão, as tecnologias de informação e a fiscalidade. Aliás, desde o primeiro Estatuto datado de 1972 que o exercício da actividade de consultoria está cometido aos revisores.

Com efeito, é atribuição da Ordem disciplinar a actividade de consultoria exercida pelos seus membros, assim como estabelecer as condições e circunstâncias em que deve ser exercida. Ou seja, ela deve ser exercida de acordo com os normativos legais e técnicos aplicáveis e os princípios fundamentais do CEDP, em especial o do respeito pelo princípio da independência profissional.

À partida, o Estatuto da Ordem não proíbe o exercício de funções de revisor, num mesmo cliente, juntamente com a prestação de outros serviços remunerados (v.g., de consultoria nas áreas da sua especialidade). O que nele se estipula para o revisor é uma **incompatibilidade relativa**, sujeita a procedimento disciplinar, quando a prestação desses outros serviços remunerados puser em causa a sua independência profissional. E o actual CEDP dedica a este princípio uma atenção muito especial, elencando-o como primeiro princípio fundamental por que o revisor deverá pautar a sua conduta pessoal e profissional. Pretende-se evitar que o revisor no exercício da sua actividade seja colocado numa posição que, objectiva ou subjectivamente, possa diminuir a sua liberdade e capacidade de formular uma opinião justa e isenta.

No actual CEDP introduziram-se, a par de outras, três situações tendentes a preservar a independência profissional do revisor, que desejaria sublinhar pela sua novidade. Uma, atribui ao revisor o dever de «*Não receber da parte de cada cliente honorários que representem um montante superior a 15% do volume de negócios anual da sociedade de revisores ou do total de honorários anual do revisor individual, salvo se essa situação não puser em causa a sua independência profissional ou se estiver em início de actividade*». Outra, constitui o revisor[3] no dever de, ao desempenhar funções de revisão legal das contas, auditoria às contas e serviços relacionados em determinada empresa ou outra entidade, **recusar o trabalho** de organizar ou executar a contabilidade ou de assumir a responsabilidade legal ou contratual desta, nessa empresa ou outra entidade. Trata-se da aplicação do chamado princípio processual da separação de funções aqui adaptado no sentido de «*quem executa não julga e quem julga não executa*». Outra ainda, constitui o revisor no dever de, ao desempenhar funções de revisão legal das contas, auditoria às contas e serviços relacionados em determinada empresa ou outra entidade, **recusar o trabalho** de fiscalizar, inspeccionar ou julgar contas nessa empresa ou outra entidade ao serviço de organismos com atribuições legais para esse efeito. O que se traduz na *impossibilidade de o mesmo profissional ser revisor dessa mesma empresa ou outra entidade e simultaneamente executar o referido trabalho ao serviço de organismos com atribuições legais para esse efeito*.

Uma outra questão tem a ver com a relação interna entre auditoria e consultoria, no intuito de se poder determinar até que ponto a prestação de serviços de consultoria num mesmo cliente de auditoria pode pôr em causa a independência profissional do revisor. Não é fácil fixar uma regra geral e abstracta para resolver esta questão. Dependerá do modo, tempo e circunstâncias desse exercício em cada cliente (revisor individual ou sociedade de revisores que integra, ou não, uma mesma rede, prestação de serviços pontual ou permanente, cliente com um peso relevante para o revisor em termos profissionais e financeiros, condições do mercado profissional, etc., etc.). Assim sendo, e há falta de outro critério objectivamente mais adequado, poderia fixar-se uma regra geral e abstracta do seguinte teor: *a prestação de serviços de consultoria põe em causa a independência profissional do revisor quando a facturação dessa prestação de serviços for superior a uma determinada percentagem (a definir) do valor global dos serviços prestados (de auditoria e consultoria) a esse mesmo cliente, por parte dos revisores e das sociedades de revisores que integram a mesma rede.*

Entendemos, por um lado, que a actividade de «**consultoria nas áreas da especialidade dos revisores**» deve ser permitida, desde que sujeita a determinadas condições. De facto, no âmbito da revisão legal das contas nunca se poderão ignorar as repercussões, por exemplo, de ordem fiscal, que decorrem do tratamento contabilístico das operações realizadas pelas empresas. De resto, foi recentemente reconhecido por entidades reguladoras (como é o caso da *"Securities and Exchange Commission* – SEC" norte-americana) não existirem incompatibilidades nesta área, admitindo-se que os revisores possam pronunciar-se e prestar consultoria em matérias fiscais, certamente porque se reconhece a imprescindibilidade desta prática para o adequado exercício das suas funções específicas [cfr., também, a Recomendação da Comissão Europeia, de 16 de Maio de 2002, a respeito da Independência dos Revisores Oficiais de Contas na UE: Um conjunto de princípios fundamentais ([4]).

Por outro lado, a Lei Geral Tributária (cfr., nomeadamente, o seu art.º 24.º, n.º 2) ao impor uma rigorosa responsabilidade tributária aos revisores, com fundamento no incumprimento das suas funções de fiscalização, tem necessariamente de lhe conferir poderes para a prática de actos que lhes permitam evitar a sua responsabilização nas quais se incluem, como é óbvio, a consultoria fiscal.

Não podemos ainda deixar de referir a recente jurisprudência do Supremo Tribunal de Justiça ([5]), onde este Tribunal destaca que «..., *na realidade actual, o tratamento de questões atinentes à fiscalidade (cada vez mais a actividade do contribuinte está dependente, por forma a legalmente diminuir a carga tributária que lhe é imposta, de projectos de viabilidade e de análise económica ou contabilística, de encaminhamento de investimentos ou reinvestimentos, de apuramento e distribuição ou destinação de lucros, de aplicações financeiras, de atribuição de donativos), actividade da qual é indissociável a componente fiscal, de cujas normas jurídicas têm que ser conhecedores os respectivos profissionais (aliás, o conhecimento da lei pre-*

*sume-se geral – art.º 6.º do Código Civil), deixou de ser (se é que o era) privativo dos advogados, começando a ser objecto da actividade profissional de economistas, contabilistas, gestores, assessores fiscais ou **revisores oficiais de contas**, quiçá mais bem preparados para lidar com as situações com que, nesse âmbito, os contribuintes se deparam ...»* (sublinhado nosso).

Adicionalmente, refira-se que é questionável que a separação de auditoria/consultoria possa trazer algum benefício à qualidade da auditoria. A moderna auditoria assenta cada vez mais na identificação de riscos e na avaliação da eficácia e eficiência dos sistemas de controlo interno da empresa, pelo que é essencial que a formação de base seja complementada com formação adicional em sistemas e técnicas de análise de risco. Importa, por isso, cativar os melhores profissionais e proporcionar-lhes carreiras atractivas onde a moderna auditoria, efectuada com qualidade, passará por uma crescente especialização horizontal e sectorial, por uma recorrente utilização de especialistas em áreas conexas (v.g., informática, fiscalidade e análise e gestão de riscos) e por um apoio pontual de outras profissões (v.g., juristas, actuários e avaliadores de activos especializados).

Pelas razões apresentadas, **parece-nos que alguma consultoria nas áreas da especialidade dos revisores é necessária e até útil fazer-se mesmo nos clientes de auditoria.** É conveniente lembrar que o tecido empresarial português é caracterizado por um enorme número de empresas de reduzidíssima dimensão, ou seja, cerca de 99% das empresas declararam para efeitos de IRC, no exercício de 2001, um volume de negócios inferior a 5.000.000 euros, num universo da ordem das 290.000 empresas. Salvaguardando-se sempre quaisquer conflitos de interesses que possam surgir, é cada vez mais neste mercado profissional que o empresário sente necessidade de ter a colaborar consigo, não apenas um revisor que procede à revisão das contas da sua empresa, como também um profissional qualificado a quem pode consultar sobre matérias da sua especialidade, com vista a dar-lhe um conselho, uma informação ou um parecer sobre um determinado caso ou situação a decidir ou a resolver. O revisor é e tem de ser visto cada vez mais como um valor acrescentado e não como um encargo que as empresas têm de suportar, quer pela qualidade e competência da sua intervenção, quer pela confiança que pode proporcionar aos empresários, quer ainda pela credibilidade que confere à prestação de contas perante terceiros.

Notas:
([1]) Decreto-Lei n.º 487/99, de 16 de Novembro.
([2]) Aprovado em Assembleia Geral Extraordinária da Ordem de 22 de Novembro de 2001.
([3]) Extensível a outras pessoas expressamente mencionadas no CEDP, que se presume poderem exercer pressão sobre a actividade do revisor, especialmente, a resultante de influências exteriores.
([4]) Publicada no JOCE, L191/22, de 19.07.2002.
([5]) Acórdão do STJ, de 30 de Janeiro de 2003.

4.10 Consultoria deve continuar
(Entrevista concedida ao jornal " Expresso" em 11 de Outubro de 2003)

A profissão de auditor ficou sob suspeita em Portugal, depois dos escândalos contabilísticos dos Estados Unidos?

Em Portugal não houve um clima generalizado de suspeição. Claro que os acontecimentos internacionais tocaram toda a profissão, mas recentemente não houve questões que pusessem em causa a credibilidade dos auditores em Portugal.

A Ordem tomou algumas medidas para tornar a actividade mais transparente?

Temos estado a participar no debate internacional e fizemos um levantamento das situações em causa. Antes do caso *Enron* tínhamos revisto o nosso Código de Ética e de Deontologia Profissional. De certo modo, antecipámo-nos a algumas das questões que vieram a ser colocadas. Por exemplo, aperfeiçoámos o sistema de controlo de qualidade nos trabalhos efectuados pelos revisores. Nos casos em que os resultados desses controlos de qualidade não se revelem satisfatórios, os processos serão enviados para conselho disciplinar e este órgão decidirá o procedimento sancionatório mais adequado.

Quantos processos disciplinares foram instaurados recentemente?

Sete em 2001, três em 2002 um em 2003, o que permite concluir que os procedimentos dos revisores melhoraram. Mas tem havido recomendações para uma melhoria. As situações mais comuns têm a ver com o não cumprimento das normas técnicas.

Concorda com as medidas da CMVM para auditoria?

No geral sim, pois procuram a melhoria do exercício da profissão. Temos, no entanto, algumas discordâncias e já o fizemos notar à CMVM.

Em que áreas?

A CMVM propõe que se faça uma lista de serviços proibidos relativos a um mesmo cliente de auditoria, e nós entendemos que só devem ser proibidas as avaliações que tenham interferência directa ou indirecta em elementos das demonstrações financeiras que sejam objecto de auditoria. Defendemos também que deve ser permitida alguma consultoria. Por um lado no âmbito da revisão legal de contas, o revisor não deve deixar de conhecer os impactos, nomeadamente de ordem fiscal, decorrentes do tratamento contabilístico das operações realizadas pelas empresas. Podemos, por outro lado, invocar a lei geral tributária, que, ao impor uma responsabilidade tributária aos revisores, com fundamento no não cumprimento das suas funções de fiscalização, tem de lhe conferir poderes para praticar actos que lhe permitam cumprir plenamente essas funções. E, como é óbvio, nestes actos estão incluídos os relativos à consultoria fiscal. Além disso, temos regras no estatuto e no código de ética e deontologia profissional que disciplinam a consultoria.

Há então um papel da auto-regulação.

A profissão tem mecanismos que regulam o exercício da consultoria. A própria Comissão Europeia considera compatível o exercício da consultoria em clientes de auditoria, em determinadas circunstâncias.

Estão a favor da divulgação dos honorários e da rotação obrigatória na profissão?

Estamos. A rotação obrigatória não é um problema que nos preocupe demasiado, mas não estão acauteladas as situações de pequenas sociedades de revisores oficiais de contas que tenham não mais de cinco clientes cotados, nem que tenham não mais de dez sócios, que não deveriam ser sujeitas a esta rotatividade, porque isso pode causar-lhes dificuldades. Não serão muitas, uma vez que 80% das empresas cotadas está a ser auditada pelos grandes auditores.

Quantas sociedades de revisores existem em Portugal?

Actualmente existem 150, das quais 10 estão ligadas às grandes empresas internacionais de auditoria, mas este quadro vai ser alterado, ou vão fundir-se ou transformar-se para poderem entrar na Ordem, uma vez que até agora não estavam sujeitas à nossa jurisdição.

Que pensa da medida que impõe um intervalo entre funções?

Essa questão vai ser resolvida com a revisão dos estatutos, pois impomos um intervalo de três anos, durante os quais um revisor não pode ser administrador de uma empresa que tenha auditado, assim como um administrador não pode vir a ser nela revisor nesse mesmo período.

Não considera, então, que foram criadas regras demasiado exigentes para a profissão?

Algumas já vinham sendo aplicadas, como a da rotação e a do intervalo entre funções.

A Deloitte & Touche disse que a CMVM foi demasiado exigente com a auditoria e esqueceu os analistas financeiros, afirmando até que cedeu ao lóbi da Banca...

Eu não entro por aí, não tenho dados que me permitam dizer que isso é assim. As regras propostas pela CMVM inserem-se num contexto mais vasto decorrente de um ajustamento que a profissão está a fazer a nível internacional.

O que pensa de todas essas medidas?

É preciso ver como essas medidas vão aparecer e qual a forma de as pôr em prática. O nosso quadro legal e regulamentar, em comparação com o que vigora na maioria dos países da EU, não fica mal. Haverá algum ajustamento, mas temos um quadro legal e regulamentar relativamente actualizado.

O que pensa de serem as próprias Bolsas a pagar as auditorias das empresas cotadas, evitando assim que os auditores estejam directamente dependentes das empresas que auditam, que são quem lhes paga?

Não concordamos com essa medida. Não me parece que seja praticável, dentro do princípio da liberdade contratual que existe entre uma profissão independente e as empresas.

É necessário intervir mais?

Em Portugal são objecto de certificação legal das contas cerca de 25 mil empresas, o que representa menos de 10% do total. Penso que a intervenção dos revisores oficiais de contas, só traz melhorias. Nós não pensamos que todas as empresas devam ter as suas contas objecto de certificação legal, mas a partir de determinados limites e em determinadas condições – como ter contabilidade regularmente organizada – o país e as empresas só teriam a ganhar se as contas fossem certificadas.

Há outras áreas de actividade em que os revisores podem ter um papel a desempenhar, como é o caso das empresas que recebem subsídios comunitários e/ou do Estado, que deviam ser objecto de certificação legal das contas. O mesmo deveria acontecer com as empresas a quem foram concedidos benefícios ou incentivos fiscais, em que o revisor se pronunciasse em especial sobre se os requisitos legais e contratuais estão a ser cumpridos para este efeito. Seria uma medida muito útil para ajudar ao combate à evasão e à fraude fiscais. Como profissão de interesse público, entendemos também que outros sectores da Administração Pública deveriam estar sujeitos à nossa intervenção, proposta que já foi feita há algum tempo e tem a ver com a melhoria da prestação de contas desses sectores do Estado ou de organismos a ele ligados. Estamos convictos de que essa proposta será devidamente ponderada.

O tecido empresarial português é caracterizado por um enorme número de empresas de reduzidíssima dimensão. 97% das empresas têm um volume de negócios inferior a 2,5 milhões de euros, segundo dados de 2001, e 63% declararam um volume de negócios inferior a 150 mil euros. Nos empresários em nome individual, que são da ordem dos 600 mil, 97% declararam um volume de negócios inferior a 150 mil euros.

As novas normas (NIC) estão atrasadas?

O Governo deve publicar quanto antes um decreto-lei que defina o âmbito de aplicação das Normas Internacionais de Contabilidade (NIC). Estas normas serão de aplicação obrigatória para todas as empresas cotadas nos mercados regulamentares da União Europeia, mas apenas para as suas contas consolidadas, tendo ficado em aberto a possibilidade de se estenderem a outras entidades. A Ordem entende que as NIC deverão ser aplicadas também às contas individuais das empresas cotadas, devendo ainda aplicar-se às filiais e associadas dessas empresas cotadas que entrem no perímetro de consolidação, quer quanto às suas contas individuais quer quanto às suas contas consolidadas. Além disso, deve ser consagrada a possibilidade de as NIC serem estendidas a todas as entidades que assim o desejarem, com a condição de as suas contas serem objecto de certificação legal por um período mínimo de três anos. Estamos a falar de entre quatro mil a cinco mil empresas, que representam 1,4% a 1,7% do número de empresas que declaram IRC em 2001, o que me parece um universo perfeitamente razoável e adequado à nossa dimensão.

Sobre a transição para a nova realidade contabilística, pensamos que ainda há bastante a fazer, mas os revisores de contas têm estado a dar o seu contributo. Além das NIC estarem a ser divulgadas pela Ordem já desde há 15 anos, foi lançado há dois anos um *CD-Rom*, estando também previsto editar em breve dois livros sobre o assunto. Esta semana foi feito um seminário, e entre Novembro e Janeiro vai realizar-se um curso aprofundado para revisores e não revisores sobre esta matéria.

E a estrutura organizativa da contabilidade em Portugal?

A Ordem dos Revisores defende a alteração da estrutura organizativa da contabilidade em Portugal, pois há cinco organismos que têm atribuições e competências sobre a contabilidade. Com a transição para as NIC, os revisores têm de ter uma entidade emissora e supervisora em matéria de contabilidade onde não haja descoordenação de conceitos, de terminologia e de métodos e critérios contabilísticos. A alteração da natureza jurídica da Comissão de Normalização Contabilística deveria ter acontecido até Setembro do ano passado.

Critica a proposta da Ordem dos Advogados?

A proposta da Ordem dos Advogados (OA) sobre a definição dos actos próprios dos advogados e solicitadores não pode ignorar a nossa realidade de Estado de Direito, nem muito menos o estatuto legal adquirido por outras profissões. A Ordem dos Revisores apenas tomou conhecimento da proposta da OA pelo *site* desta entidade.

Apesar de ser uma opção muito discutível legislar sobre a actividade de uma profissão regulamentada fora dos seus próprios estatutos, estou convencido de que o Governo e a Assembleia da República têm condições para corrigir esta situação de modo a que não seja restringida de forma desproporcionada e sem suporte constitucional suficiente a liberdade de exercício da profissão de revisor oficial de contas. A OROC está contra um conceito de consultoria jurídica de tal forma abrangente que impeça os revisores de contas de exercer correctamente as funções específicas, como dar determinados pareceres.

4.11 Poderes públicos poderiam aproveitar competências dos ROC

(Entrevista concedida ao jornal "Semanário Económico" em 21 de Novembro de 2003)

O que vai ser analisado no Congresso dos ROC?

Os temas deste Congresso são variados: os assuntos presentemente em debate na União Europeia, que têm a ver com o reforçado papel dos institutos profissionais, o reforço e a harmonização da profissão ao nível da UE; as Normas Internacionais de Contabilidade; o controlo de qualidade; a Ética e a independência profissional; as medidas em curso relativamente ao mercado de capitais; as normas internacionais de auditoria e, também, a auditoria em Espanha.

Em relação às questões da harmonização da informação financeira das sociedades cotadas, e ao regulamento relativo às NIC que se aplica em 2005, como está a ser preparada essa realidade em Portugal?

A Ordem tem vindo, desde há 15 anos, a trabalhar na divulgação e na formação de Revisores. Mais recentemente temos feito seminários, cursos, e em breve vai sair um livro com as NIC e todo o material relativo a esta matéria. Temos dado um contributo positivo para a divulgação das NIC que vão obrigatoriamente aplicar-se a um conjunto restrito de empresas, o das empresas cotadas e apenas relativamente às suas contas consolidadas. No entendimento da Ordem, para além deste universo de aplicação – contas consolidadas das empresas cotadas – as NIC dever-se-ão aplicar também às contas individuais dessas empresas cotadas e ainda às filiais e associadas que entrem no perímetro de consolidação. Facultativamente, as entidades que assim o desejarem poderão aplicar estas normas desde que fiquem sujeitas à certificação das contas por um período de três anos. Este é o nosso entendimento, mas para isso é necessário que o Governo publique um diploma legal para definir em concreto o âmbito de aplicação destas normas – para além do que resulta da aplicação directa e obrigatória do regulamento da UE.

Qual é o universo de empresas que estarão abrangidas?

Com este entendimento da Ordem, estimamos um universo de cerca de quatro a cinco mil empresas, o que representará 1,4 a 1,7% de todas as empresas portuguesas. Se fizer a aplicação directa do regulamento da UE, então o universo de aplicação destas normas não chegará a 90 empresas.

Porque é que da parte da OROC há este interesse em ir um pouco mais longe do que o próprio regulamento comunitário estabelece?

O interesse não é propriamente da Ordem, mas das próprias empresas em poderem ter um modelo que compagina com o que se está a passar na generalidade dos países da UE, nomeadamente na Espanha e favorecer assim a competitividade das empresas a operar no mercado europeu e a transparência e comparabilidade da informação financeira.

Outro assunto que foi também objecto de tomada de posição da Ordem tem a ver com a definição dos actos profissionais dos Advogados. Como está esse dossier?

Está em fase de preparação pelo Ministério da Justiça uma proposta de lei relativamente a essa matéria. Tem havido sensibilidade para alguns dos pontos de vista que vínhamos defendendo.

Na sequência dos escândalos internacionais, houve uma recomendação da Comissão Europeia sobre a actividade da auditoria... Que apreciação fazem desse documento?

De facto, em Maio do ano passado, a Comissão Europeia fez publicar uma recomendação sobre a independência dos revisores oficiais de contas na UE, avançando com um conjunto de princípios fundamentais relativamente a esta matéria. Nós, OROC, fizemos um estudo comparativo face ao nosso código de ética e deontologia profissional e às disposições do códigos das sociedades comerciais e do código de valores mobiliários, estudo esse que foi posto aos revisores para comentários, criticas e sugestões e cujo período de discussão acabou há poucos dias. Face ao conjunto de comentários e sugestões que nos chegaram, vamos em breve proceder a uma nova revisão do nosso código de ética e deontologia, no sentido de ajustar alguns dos pontos com essa recomendação, sem esquecer o quadro jurídico/cultural inerente à nossa específica realidade.

Pode ser um pouco mais preciso?

Numa visão de conjunto, não haverá muitos pontos para ajustar relativamente a essa recomendação. Tínhamos feito uma revisão do nosso código há dois anos e contemplamos então um vasto conjunto de matérias que vieram a ser incorporadas nesta recomendação. Não estamos muito afastados do que a Comissão preconiza. No próximo ano vamos, com certeza, concretizar essa nova revisão.

Há uma obrigatoriedade prevista das firmas de auditoria se inscreverem na Ordem. Isso suscitou alguma contestação?

A situação é esta: o prazo legal termina em 31 de Dezembro de 2004. Das quatro grandes, uma está inscrita (Ernst & Young); as outras três têm os processos em apreciação (PwC) ou em preparação (KPMG e Deloitte&Touche).

Não há problemas, portanto?

Não há, nem vai haver. Com os casos internacionais, eles próprios reconheceram a necessidade que os levou a inscrever-se.

Entre as finalidades da OROC está velar pela aplicação das regras éticas e profissionais. Como se comportam os ROC?

Os dados de que dispomos mostram que tem havido uma melhoria substancial da qualidade dos trabalhos desenvolvidos pelos revisores oficiais de contas. Na média dos últimos cinco anos as conclusões dos controlos de qualidade, revelaram o seguinte:

Sem nada de especial a referir – 30%; Com observações ou recomendações de menor relevância – 40%; Com observações e recomendações de relevância – 18%; Insatisfatórios – 7%; Controlos anulados 5%. O que significa que embora não estejamos satisfeitos, pois queremos mais e melhor, são números muito confortáveis. Os 7% de insatisfatórios são os que encaminhamos para conselho disciplinar, é uma franja relativamente pequena. O comportamento profissional dos revisores tem vindo a melhorar.

Como têm evoluído os exames de admissão há Ordem?

Tem havido uma procura crescente. Por isso até criamos mais duas turmas, em Lisboa e no Porto, a funcionar a partir de Janeiro

E isso deve-se a quê?

À qualidade e à necessidade do mercado e também ao interesse dos candidatos pela actividade.

Não só há procura mas o mercado oferece saídas profissionais?

Há. Repare que em Portugal a intervenção dos revisores nas empresas é modesta, não chega a 9% das empresas com contas certificadas em Portugal; temos 25 mil empresas certificadas, num universo de 290 mil. Quando se fala, por exemplo, em evasão e fraude fiscal, têm é de se preocupar com os outros 91%; não digo que nos 9% não possa haver evasão e fraude fiscal, mas como é que estão as outras 264 mil empresas? É preciso fazer uma distinção muito clara entre Revisor Oficial de Contas e outras profissões, nomeadamente técnicos oficiais de contas. Estes sim, têm de preparar todas as contas nas empresas que tenham contabilidade organizada.

Devia haver um campo de intervenção maior para os revisores?

É preciso que haja algumas condições: que as empresas tenham alguma dimensão económico-social e também que tenham contabilidade regularmente organizada. Neste quadro, entendemos que por estarem em causa alguns interesses públicos, interesses dos investidores e do mercado de capitais, aí nós temos um papel relevante a desempenhar. Estamos a fazer propostas nesse sentido. Mas não desejamos que todas as contas das empresas em Portugal sejam objecto de certificação.

Como exemplificar?

A Administração Pública, onde se movimentam milhões de euros, e há elevadas responsabilidades financeiras. Penso que os revisores têm papel muito importante. Seguramente essas instituições necessitam e o país também, e naturalmente com benefícios para a melhor utilização dos dinheiros públicos. É, por exemplo, o caso das autarquias locais. Outra área onde achamos que devíamos ter uma intervenção relevante é nas empresas às quais foram concedidos subsídios comunitários ou do Estado, e que deviam ter todos os anos as suas contas certificadas.

Outra área é a das empresas às quais sejam concedidos benefícios fiscais: deviam ter as suas contas certificadas para ver se estavam a cumprir os seus requisitos legais e contratuais estabelecidos. Ao nível das parcerias público-privadas estabelecidas ou a estabelecer em sectores relevantes da vida nacional, a intervenção do revisor ao nível da componente financeira parece-nos necessária. Estas são algumas das propostas num conjunto de sectores que movimentam muitos milhões de euros, onde os revisores têm um papel muito importante a desempenhar junto dessas instituições e do país. Nós somos um corpo de profissionais altamente qualificados e poderia haver da parte dos poderes públicos uma maior solicitação, um melhor aproveitamento destas competências.

Gostaria que comentasse algumas medidas com efeitos directos sobre as empresas. O Pagamento Especial por Conta (PEC)?

Em princípio seria uma medida razoável, que teve uma aplicação desastrada.

A baixa da taxa do IRC?

Posso apenas dizer-lhe que do ponto de vista da Ordem se trata mais de um sinal aos agentes económicos e uma medida no sentido do alinhamento da competitividade fiscal das empresas portuguesas, mas que não servirá de alavanca decisiva para a retoma da economia a curto prazo.

O artigo 35.º do Código das Sociedades Comerciais?

Essa medida é salutar para o saneamento financeiro das empresas. Decorre da transposição de uma directiva comunitária que já tem mais de 25 anos. É uma medida que deste ponto de vista se justifica. Simplesmente na altura em que foi anunciado que iria ser posta em prática a economia já estava com sinais de abrandamento, o que dificultava a sua aplicação. Entendo que esta medida é útil mas deveria ser aplicada numa altura em que a economia estivesse numa situação de retoma, para ser mais efectiva e eficaz a sua aplicação.

No entanto houve um certo protelar dos *timings* iniciais...

Sim, houve um certo protelar do prazo inicial de aplicação, para as empresas terem algum tempo para poderem fazer uma aplicação correcta desta medida.

4.12 Revisores devem desenvolver função de aconselhamento às empresas

(Entrevista concedida ao jornal "Vida Económica" em 11 de Dezembro de 2003)

O que pensa do elevado número de participantes no Congresso que decorreu no Estoril na semana passada?

A elevada participação tem sido uma constante nos congressos. Há uma presença muito significativa dos revisores e há um grande interesse pelo que se passa na profissão.

Por outro lado, este Congresso tem um motivo extra que é, no contexto de alguns escândalos financeiros recentes, o debate sobre questões éticas, deontológicas e de independência ligadas à profissão. Foi um dos motivos pelos quais os revisores responderam ao apelo para estarem presentes no Congresso.

Até que ponto esses escândalos financeiros poderão afectar a credibilidade da profissão?

Em Portugal, não há um problema genérico de falta de confiança. O que houve foi um problema de ordem internacional, que "tocou", também, a profissão em Portugal. Relativamente à forma como esta tem vindo a ser desenvolvida, nós não temos tido, felizmente, problemas de falta de confiança.

Na sua opinião e face aos advogados e técnicos oficiais de contas, o campo de actuação que a lei prevê para a intervenção dos revisores oficiais de contas é claro e correcto? Que contornos precisariam de ser ajustados à realidade e necessidades da auditoria?

Face ao nosso estatuto, exercemos a profissão de forma correcta. Não interfere com as profissões referidas. Temos, claramente, como função fazer a revisão às contas e temos referido no estatuto a função de consultoria, nas áreas de especialidade dos revisores. Portanto, a nossa actuação nesse campo está claramente definida. Não há necessidade de clarificação. As outras profissões é que terão necessidade de clarificar os seus actos próprios.

Então, considera que os revisores oficiais de contas têm o perfil certo e a competência adequada para apoiar as empresas ao nível da consultoria fiscal?

Sim, considero. Temos uma responsabilidade tributária e temos também de ter em correspondência a possibilidade de praticar os actos tributários, para evitar essa responsabilização. É por isso que praticamos a consultoria fiscal.

Não há então um risco de conflito com o campo de actuação dos advogados?

Não, seguramente. Não somos advogados. Temos conhecimentos que são necessários para melhor poder desempenhar a nossa função, que é emitir uma certificação às contas.

As nossas competências são reconhecidas por entidades como a Comissão Europeia e mesmo a SEC norte-americana.

Na sua intervenção de abertura, falou do número de empresas que estão sujeitas a revisão de contas e também falou em vantagens de haver organismos da administração pública sujeitos à revisão de contas. A intervenção dos ROC deve expandir-se mais no sector privado ou na Administração Pública?

Tem sido tradição da profissão a sua actuação ao nível das empresas privadas. Nos últimos anos, tem começado a ganhar carreira a intervenção dos revisores ao nível da Administração Pública. Isto, porque a Administração Pública tem feito progressos, no sentido de aplicar planos contabilísticos. Portanto, aí, o campo de actuação dos revisores alarga-se. Há um papel importante a desempenhar.

E essa actuação ocorre mais no âmbito da administração central ou no âmbito da administração local?

Qualquer uma dessas entidades, às quais foram aplicados o POCP [Plano Oficial de Contabilidade Público] ou POC específicos, sentem necessidade de prestar contas. E, devíamos e podíamos emitir uma certificação das contas para melhor conforto técnico das entidades que têm o dever de aprovar essas contas.

Esta e outras áreas devem ter a intervenção dos revisores. É o caso das empresas que recebem subsídios (comunitários ou do Estado) e das entidades que usufruem de certos benefícios fiscais, que deviam ter, anualmente, as suas contas certificadas.

Existe uma convergência entre os critérios que se aplicam às empresas privadas e os que se aplicam à Administração Pública, no que diz respeito à revisão de contas?

São sectores que devem ter regras específicas. Portanto, para essas entidades, terão de existir critérios de certificação específicos. Não há necessariamente uma convergência, apesar de existirem princípios de base comuns.

Porque razão não há revisão de contas nos partidos políticos?

Quem é que lhe diz que não há? Segundo a última revisão da lei do financiamento dos partidos políticos, as contas são objecto de auditoria. O Tribunal Constitucional tem essa obrigação e socorre-se das empresas de auditoria através de concursos públicos (que se vão pronunciar sobre as contas dos partidos).

A partir do próximo ano as sociedades de auditores vão ter a possibilidade de se inscrever na Ordem. Isso significa que vai haver um crescimento significativo através de novas inscrições?

Haverá algum crescimento, mas não muito. É que essas sociedades de auditores já tinham as sociedades de revisores agregadas.

Foi feita uma sugestão, no sentido dos revisores de contas e sociedades poderem ser certificadas em qualidade, segundo as normas ISO. Admite essa possibilidade?

Há dois aspectos relacionados com essa questão.

Penso que o aspecto que quer ressaltar é o problema da qualidade da organização.

O outro aspecto é a qualidade do trabalho prestado aos clientes pelos revisores oficiais de contas. Este deve ser objecto de controlo de qualidade pela Ordem. Não vejo inconveniente em que as sociedades de revisores possam ser objecto de certificação, do ponto de vista organizacional segundo as normas ISO.

Referiu, na sua intervenção, que, apesar da revisão de contas ser vista como uma imposição legal para as empresas, há um factor importante que é a mais-valia que os revisores podem dar às empresas (através da sua competência e aconselhamento). Na sua opinião, esse aspecto tem sido subestimado pelas empresas?

As empresas só têm a ganhar se virem no revisor não só um técnico qualificado para rever e certificar as contas, como também um técnico qualificado para aconselhar e emitir pareceres sobre os vários aspectos da actividade da empresa nas áreas de competência dos revisores.

Portanto, a consultoria que esses profissionais podem prestar às empresas deve ser sublinhada, porque o tecido empresarial português é caracterizado por um grande número de organizações de reduzida dimensão, pelo que o empresário só tem a ganhar se recorrer a técnicos qualificados que o aconselhem na sua actividade.

Aconselha as empresas a recorrer aos serviços dos ROC, mesmo não estando obrigadas a isso?

Nas empresas não obrigadas [cerca de 91% do total], o revisor não faz revisão, mas pode ser consultor.

A questão que se coloca é, nas empresas obrigadas, o revisor ser, simultaneamente, consultor.

Não defendemos que todas as empresas, neste país, sejam objecto de revisão de contas, pois não têm dimensão económica e social suficiente nem condições para isso.

4.13 Contribuir para a credibilidade da informação financeira

(Artigo publicado no jornal " Semanário Económico" em 31 de Dezembro de 2003)

O ano de 2003 foi marcado por dois acontecimentos profissionalmente relevantes. Um, a nível nacional, foi a realização do VIII Congresso dos Revisores Oficiais de Contas (ROC). O outro, a nível europeu, foi a Comunicação que a Comissão Europeia fez ao Conselho e ao Parlamento Europeu, em Maio passado, sob o título "Reforçar a revisão legal das contas na EU". Quer um quer outro dos acontecimentos, marcaram e vão continuar a marcar a profissão no futuro próximo.

Em geral, no nosso VIII Congresso, foi analisada a evolução da profissão desde o anterior Congresso em 2000. Diagnosticaram-se os problemas mais importantes, promoveu-se o intercâmbio de conhecimentos e perspectivou-se a evolução futura da profissão. Em particular, formaram o núcleo central das comunicações apresentadas e discutidas neste Congresso, temas como a profissão na Europa, as normas internacionais de auditoria, o controlo de qualidade, a ética, a deontologia e a independência profissional, as áreas de intervenção e a reformulação das estruturas profissionais, as normas internacionais de contabilidade, as reformas em curso no mercado de capitais e a auto-regulação e o *public oversight*. O que significa que foram debatidas as questões essenciais e até as mais polémicas que preocupam de momento a profissão, quer a nível nacional, quer nomeadamente a nível europeu e internacional. Estamos certos que as reflexões, recomendações e conclusões produzidas nos irão ser muito úteis quanto à orientação profissional a seguir no futuro próximo. No que respeita à referida Comunicação da Comissão Europeia pretende traçar-se, a nível europeu, uma nova estratégia política coerente e homogénea, por forma a abranger a totalidade das revisões legais das contas efectuadas no território da EU. Esta nova estratégia política passa por um plano de 10 pontos com prioridades calendarizadas a curto e outras a médio prazo.

Para o ano de 2004, podemos destacar os seguintes pontos que estão previstos vir a ocorrer, com implicações a nível nacional. Um primeiro ponto, tem a ver com a modernização da 8.ª Directiva (84//253/CEE), que regula a profissão a nível da EU. Pretende-se clarificar o papel e o estatuto dos Revisores e definir os requisitos aplicáveis às infra-estruturas de revisão das contas, por forma a assegurar um trabalho de elevada qualidade. Tal modernização incluirá também a criação de um Comité de Regulação de Auditoria, constituído por representantes dos Estados-membros e presidido pela Comissão Europeia. Um segundo ponto, relacionado com o anterior e com a Recomendação sobre a Independência dos Revisores na EU: Um conjunto de princípios fundamentais, de Maio de 2002, prende-se com a necessidade de uma revisão do nosso Estatuto e dos pertinentes regulamentos, nomeadamente o Código de Ética e Deontologia Profissional. Um terceiro ponto, refere-se à inscrição na Ordem, até ao final de 2004, das organizações nacionais e internacionais de auditoria, cujos direitos adquiridos foram entretanto reconhecidos. Trata-se de uma inscrição obrigatória por força do nosso Estatuto e pretende-se, entre o mais, acabar com a confusão e a duplicidade estabelecidas entre revisores oficiais de contas e auditores, com benefícios claros para a transparência do mercado profissional e os destinatários da informação financeira. Um quarto ponto, tem a ver com as reformas em curso no mercado de capitais respeitantes ao sector da revisão/auditoria às contas e ao sistema de governo das sociedades. É matéria a que pretendemos continuar a dar a nossa melhor atenção, pela relevância de que se reveste para um correcto exercício profissional neste sector da economia nacional. E um quinto ponto, tem a ver com a continuação da preparação da aplicação das Normas Internacionais de Contabilidade (NIC/NIRF) do IASB, prevista para 2005, mas com implicações já em 2004 para efeitos de comparabilidade da informação financeira. A que se liga a intenção da EU de preparar medidas destinadas a assegurar a aplicação das Normas Internacionais de Auditoria (NIA) da IFAC, a partir de 2005, em todas as revisões legais das contas efectuadas na EU. De muitos outros pontos poderíamos falar para o ano de 2004, onde a profissão directa ou indirectamente vai estar envolvida e a que terá de dar resposta adequada. Ou seja, a preocupação básica da Ordem e dos Revisores é e continuará a ser, a seu modo, contribuir para a melhoria da qualidade e da credibilidade da informação financeira no nosso País, no quadro da prossecução do interesse público e do interesse geral a ela subjacentes.

4.14 ROC enfrentam grandes desafios
(Declarações ao jornal "Semanário Económico" em 19 de Março de 2004)

A profissão de Revisores Oficiais de Contas (ROC) enfrenta, actualmente, vários desafios, como o novo enquadramento normativo em mudança mas também a exigência crescentemente mais rigorosa. Aliás, nos últimos anos e devido aos sucessivos escândalos financeiros, a preocupação central das autoridades tem sido aumentar a transparência nos mercados. Esta é uma das principais razões que levou às mudanças do regime jurídico dos ROC.

Depois de vários escândalos financeiros, a profissão foi objecto das mais diversas atenções, passou frequentemente para o centro do debate a nível da comunidade financeira e da sociedade em geral e, em consequência disso está a atravessar um processo de mudança, de forma, a voltar a ganhar alguma confiança perdida. Este processo de mudança, conduzido principalmente pelos Estados Unidos da América e pela União Europeia (UE), está a implicar uma redefinição das prioridades da profissão.

No novo enquadramento normativo estão incluídas as sociedades cotadas, a composição e atribuições do conselho fiscal e do comité de auditoria, bem como a aplicação, a partir de 2005 das normas internacionais de contabilidade nas empresas cotadas. Com o novo enquadramento legal foram introduzidas duas alterações fundamentais. Assim, as Sociedades de ROC portuguesas passaram a ter como sócios as SROC da UE, onde há já muito que era permitido que o nome legal das sociedade fosse o nome das redes internacionais de auditores. A segunda directiva explica que as sociedades que não sejam SROC deixam de poder prestar serviços de auditoria. A *Ernest & Young*, já está inscrita na lista de sociedades de ROC, e existem mais de 24 entidades entre elas as restantes três das designadas *Big Four*, em fase de reorganização interna compatível com o Regime Jurídico da OROC. O prazo de inscrição termina no dia 31 de Dezembro de 2004. No entanto, as empresas que exercem na vigência da legislação anterior e não entregaram a documentação adequada no prazo de um ano a contar da data da entrada em vigor do Decreto-Lei n.º 487/99 não poderão ser inscritas na lista de sociedades de ROC, por não terem cumprido este prazo. As empresas que não respeitarem esta norma estão impedidas de exercer todas as matérias de auditoria às contas, seja legal, estatutária ou contratual.

Actualmente tem havido uma maior procura por parte das pessoas em entrar na Ordem. Foi por isso que a OROC criou duas turmas, em Lisboa e no Porto, que estão a funcionar desde Janeiro. De acordo com dados da OROC, divulgados ao "Semanário Económico" em Novembro de 2003, tem havido uma melhoria substancial da qualidade dos trabalhos desenvolvidos pelos revisores oficiais de contas, uma das razões que justifica a crescente procura. Em média nos últimos cinco anos as conclusões dos controlos de qualidade revelaram que 30% não têm nada a apontar; 40% apresentaram observações e recomendações de menor relevância, 18% observações e recomendações com relevância; 7% são insatisfatórios e 5% com controlos anulados. Embora estes números não satisfaçam a Ordem, são, no entanto muito confortáveis. Os 7% de insatisfatórios são os que encaminhamos para conselho disciplinar, mas é uma franja relativamente pequena.

Para que haja uma maior intervenção por parte dos revisores é necessário haver algumas condições, entre elas que as empresas tenham alguma dimensão económica e contabilidade regularmente organizada. Acreditamos que por estarem em causa interesses públicos, dos investidores e do mercado de capitais, que temos um papel relevante a desempenhar. No caso do sector da Administração Pública, onde são movimentados milhões de euros e existem elevadas responsabilidades, os revisores oficiais de contas podem desempenhar um papel muito importante.

Outra das áreas em que a OROC defende uma intervenção mais forte é nas empresas às quais foram atribuídos subsídios comunitários ou do Estado e que deviam ter todos os anos as suas contas certificadas.

4.15 Os revisores oficiais de contas e as contas públicas

(Artigo publicado no jornal "Diário Económico" de 9 de Novembro de 2004)

Entendemos que os revisores oficiais de contas (doravante ROC) são uma peça importante da modernização do sistema de governação das empresas e da confiança na prestação de contas do sector privado da economia. Mas também entendemos que a intervenção dos ROC é cada vez mais necessária ao nível do sector económico da nossa Administração Pública e do combate à evasão e à fraude fiscais. Não só por imperativos de cidadania, de justiça social e de contribuição para o equilíbrio das finanças públicas, mas também por a evasão e a fraude fiscais constituírem um inaceitável factor de distorção da concorrência entre as empresas.

Existem já sectores da Administração Pública que contam com a nossa intervenção. Refira-se, a título de exemplo, o sector da Educação, da Saúde, da Segurança Social, do Desporto e dos Institutos Públicos. É consensual o contributo relevante que os ROC têm dado para a melhoria de prestação de contas nestes sectores.

Outros sectores podem e devem ter a nossa intervenção. É sabido que, no contexto das contas públicas, a movimentação financeira e o nível das correspondentes responsabilidades das autarquias locais e entidades equiparadas têm vindo a assumir uma importância cada vez mais relevante. Assim sendo, e para uma maior eficiência e eficácia do actual sistema de controlo, esta situação necessita de uma revisão e certificação regular e sistemática das contas anuais das autarquias locais e entidades equiparadas, sem prejuízo das atribuídas ao Tribunal de Contas ou a qualquer organismo da Administração Pública.

A Ordem e os ROC podem e devem dar o seu contributo para a melhoria da prestação de contas destas entidades, com o consequente impacto no acréscimo da sua credibilidade e do controlo das contas públicas neste sector da Administração Pública. Neste sentido, fizemos há já algum tempo uma proposta ao Governo. É nossa convicção que ela irá ser assumida, porque corresponde a uma necessidade das autarquias locais e entidades equiparadas e seguramente do país, com benefícios quanto à melhor utilização dos dinheiros públicos.

Mas há também outros sectores em que os ROC podem e devem ter um papel relevante a desempenhar, igualmente já propostos ao Governo. É o caso das empresas que recebem subsídios comunitários e/ou do Estado, cujas contas anuais deveriam ser objecto de certificação.

É ainda o caso da necessidade de intervenção dos ROC a nível das parcerias públicas ou privadas, envolvendo *private finance initiatives*, estabelecidas ou a estabelecer em relevantes sectores da vida nacional.

A nosso ver, caso o Governo assuma estas propostas, contribuirá claramente para uma salutar política de rigor, de ajuda ao combate à evasão e à fraude fiscais, de transparência e de melhoria da qualidade de prestação de contas destas entidades e sectores de actividade no nosso país.

4.16 O exercício da actividade em Portugal por estrangeiros

(Editorial da revista " Revisores & Empresas" n.º 27 de Outubro/Dezembro de 2004)

A prestação de serviços profissionais em Portugal por revisores/ /auditores **provenientes da União Europeia (UE)** é livre, com ressalva do estipulado no Estatuto da Ordem (OROC), uma vez que se trata de uma actividade regulamentada. Assim sendo, é permitido aos revisores/auditores da UE exercer a sua actividade profissional em Portugal, na qualidade de ROC, desde que autorizados a exercê-la nos seus países de origem e obtenham aqui aprovação na respectiva prova de aptidão. Esta prova é organizada pela OROC e efectuada perante um júri de exame em língua portuguesa sobre matérias de direito, fiscalidade, ética e deontologia e estatuto profissional, sendo composta por uma parte escrita e uma parte oral.

Com efeito, os revisores/auditores da UE devem usar em Portugal o seu título expresso na língua portuguesa e na língua dos seus países de origem, com indicação do organismo profissional a que pertencem. E independentemente de terem estabelecimento profissional em Portugal, os revisores/auditores da UE estão sujeitos às mesmas regras aplicáveis aos ROC, designadamente as relativas aos seus direitos e deveres, às incompatibilidades, à responsabilidade e ao código de ética e deontologia profissional, na medida em que a sua observância for concretamente viável e justificada para assegurar o correcto exercício em Portugal da actividade de ROC e a independência, o prestígio e a dignidade da profissão. No restante, aplicar-se-ão as regras que vigorarem nos seus países de origem.

Porém, o exercício do direito de estabelecimento em Portugal por revisores/auditores da UE só é autorizado pela OROC, desde que esteja assegurada a sua permanência efectiva no domicílio profissional escolhido em Portugal e a observância das regras éticas e deontológicas aqui em vigor, a menos que o respeito de tais condições e regras esteja já assegurado através de um ROC estabelecido e habilitado em Portugal ao serviço do qual estejam colocados.

E em matéria de sanções, os revisores/auditores da UE que violarem em Portugal as regras profissionais antes referidas ficam sujeitos às mesmas sanções previstas para os ROC, com as adaptações necessárias, a aplicar pela OROC, que informará o organismo profissional dos seus países de origem das sanções que lhes forem aplicadas. Para o efeito, a OROC poderá solicitar às competentes entidades profissionais dos seus países de origem as informações, documentos e diligências necessárias à instrução dos respectivos processos e à aplicação das penas que ao caso couberem.

Por fim, e sem prejuízo do referido anteriormente, é naturalmente admitida a inscrição e o exercício da actividade profissional em Portugal por revisores/auditores **não provenientes da UE** que preencham, com as devidas adaptações, os requisitos gerais de inscrição, desde que o Estado respectivo admita portugueses a exercerem profissão correspondente à de ROC em igualdade de condições com os seus nacionais, reconhecidas de harmonia com o legalmente estabelecido, em homenagem ao chamado princípio da reciprocidade de condições entre Estados.

O que fica dito representa apenas uma síntese do regime presentemente em vigor.

4.17 Câmaras com contas auditadas

(Entrevista concedida ao jornal "Diário de Noticias" de 12 de Setembro de 2005)

A chamada oitava directiva imposta por Bruxelas, deverá redesenhar o exercício da actividade dos revisores oficiais de contas. Desde logo pede-se a supervisão pública da profissão...

Nos Estados-membros da UE em que a organização da profissão está entregue a entidades privadas, compreendo a sua criação. Mas, não é o caso em Portugal. Aqui o Estado delegou os poderes de supervisão a uma entidade pública, a Ordem dos ROC. Não acredito na criação de mais uma entidade pública de supervisão em Portugal. Há outras questões que o Estado terá de resolver, decorrentes da implementação da directiva.

Como por exemplo?

É o caso da introdução das comissões de auditoria nas chamadas entidades de interesse público. Isto obrigará a uma reformulação dos conselhos fiscais.

Isso significa que será obrigatório um novo enquadramento dos conselhos fiscais das cotadas, bancos e seguradoras?

Neste caso, teremos de ver como se conjugarão os actuais conselhos fiscais com as comissões de auditorias. Esta matéria tem de ser definida, embora a directiva comunitária ofereça uma abertura, ao não obrigar a existência das chamadas comissões de auditoria às entidades dotadas de estruturas análogas, desde que passem a funcionar de acordo com as disposições. Isto terá de ser discutido, implicando alterações legislativas.

A Ordem está activa nesse processo?

Estamos a estudar as alterações e em fase de contactos com o Governo para propor alterações.

Rotatividade dos auditores nas empresas cotadas, nos bancos e seguradoras é algo que passará a ser obrigatório? Concorda com esta rotatividade?

Há de facto uma norma que obriga à substituição dos ROC ao fim de sete anos, podendo ser novamente designado após dois anos... se concordo? É uma questão polémica...

Não me parece que por aí haja uma acréscimo na independência dos revisores oficiais de contas, mas veremos os efeitos práticos... Agora, haverá acréscimos de custos e descontinuidade de conhecimentos.

Haverá regras mais apertadas na questão da independência...

O principal objectivo da directiva comunitária é o reforço do nível de qualidade de auditoria às contas, assegurando a fiabilidade do relato financeiro das empresas. Um dos objectivos é eliminar os entraves fronteiriços à prestação de serviços de auditoria às contas, dentro de espaço da União Europeia. Ou seja, a par de uma certa harmonização das regras do exercício, os revisores de contas passam a poder exercer em todo o espaço europeu. Outro objectivo importante é a normalização dos relatórios de auditoria, bem como a definição da responsabilidade global dos auditores nas auditorias dos grupos de empresas.

Ou seja, a responsabilidade do auditor num determinado grupo será vertical?

Simplificando, o auditor passa a ser globalmente responsável pela empresa-mãe e filhas.

A reorganização do sector já está concluída?

Neste momento a Ordem possui a jurisdição sobre todo o sector, o que não acontecia no passado. Isto porque entidades como auditoras estrangeiras e mesmo áreas de auditoria contratual não estavam sob a alçada da Ordem. Neste momento, toda a actividade está sob sua supervisão. Isto foi um processo estruturante da profissão concluído no final do ano passado.

A Ordem propõe agora a certificação das contas das autarquias...

Em nossa opinião, entendemos que a certificação anual das contas das autarquias locais a partir de determinada dimensão vai melhorar a qualidade e a fiabilidade da prestação de contas destas entidades. A profissão tem competências nesta área e estamos convictos de que o poder político também nos acompanhará neste ponto.

No seu ultimo mandato como bastonário da Ordem dos ROC, e em véspera de novas eleições, qual o balanço?

Com a consciência tranquila, posso dizer que eu e a minha equipa cumprimos todos os pontos inscritos nos programas eleitorais, sufragados pelos ROC. Desde a passagem da Câmara a Ordem, até à adesão a entidades externas ligadas à profissão, foi possível realizar um trabalho gratificante. A Ordem, neste momento, está mais próxima da comunidade empresarial e mais capaz de responder a desafios futuros.

5
A ÉTICA E A DEONTOLOGIA PROFISSIONAL

5.1 Conduta ética e deontológica

(Comunicações realizadas na Conferência europeia de auditoria interna do IPAI levada a cabo em Lisboa a 4 de Novembro de 1998 e no II Simpósio Internacional da Contabilidade da Universidade Fernando Pessoa levado a cabo a 20 de Novembro de 1999)

Considerações prévias

Ética e moral são conceitos distintos. Enquanto a **ética** indica a finalidade de agir (a sua teologia) na procura do bem, a **moral** analisa a dimensão do dever que se liga ao bem. Ou seja, enquanto a ética é uma adaptação sem fundamento último levado a efeito pela selecção natural e pela dimensão da liberdade para fazer do homem um ser social, a moral tem em vista o aperfeiçoamento interior do homem na sua ligação ao bem.

Por outro lado, ética e deontologia são também conceitos distintos. Enquanto a **ética**, como se depreende, abrange os princípios referentes à forma como os seres humanos se relacionam uns com os outros, a **deontologia** corporiza os deveres que cada profissional tem de respeitar para exercer a sua actividade, constituindo assim um conjunto de princípios, normas e atitudes que enformam a dignidade e o prestígio da respectiva profissão.

Ética do revisor oficial de contas (ROC)

Decorre do que ficou dito que as normas éticas são uma exigência natural da vida em sociedade, tendo os homens necessidade de saber que a norma que seguem é legítima e necessariamente eficaz.

Assim sendo, a questão que se coloca, não é saber se a ética é ou não relevante, mas sim assumi-la na sua verdadeira dimensão, uma vez que se trata de um fundamento essencial da vida em sociedade. E ao se transporem estes pressupostos, por exemplo, para o caso dos ROC, em geral, significa que eles devem, necessariamente, assumir uma atitude ética no seu relacionamento social, ao mesmo tempo moldada por uma conduta deontológica constituída por um conjunto de princípios, normas e atitudes que enformam a dignidade e o prestígio da profissão de ROC.

Iremos focalizar a nossa intervenção, como é natural, no quadro ético e deontológico da profissão de ROC, alinhando os elementos básicos que se perfilam sobre esta matéria, e fazendo, por vezes, a sua articulação com o que se passa, em particular, no contexto da União Europeia (UE).

Assim sendo, vejamos quais as características e objectivos essenciais da profissão de ROC e os princípios fundamentais, deveres e responsabilidades que estes profissionais devem observar e assumir.

Características

A profissão de ROC distingue-se por certas características que incluem:

- Domínio de uma determinada habilitação intelectual, adquirida por treino e formação;
- Sujeição dos seus membros a um código comum de valores e de conduta estabelecido pela sua organização profissional.

À Ordem dos Revisores Oficiais de Contas (OROC) compete, como associação pública profissional que representa e agrupa, mediante inscrição obrigatória, os ROC e as SROC, superintender em todos os aspectos relacionados com a profissão, designadamente **estabelecer princípios e normas de ética e deontologia profissional, com o objectivo de garantir a mais alta qualidade de desempenho, por forma a manter a confiança dos agentes económicos e sociais na profissão.**

Objectivos

São, por isso, objectivos da profissão:

- Credibilidade na informação e nos sistemas de informação;
- Profissionalismo dos ROC;
- Qualidade de serviços prestados com os mais altos padrões de desempenho;
- Confiança dos utentes nos serviços dos ROC;
- Defesa do interesse público, perante a relevância de que se reveste a intervenção dos ROC junto dos vários agentes económicos e sociais, com vista a contribuir para o funcionamento, de forma ordenada, do mundo dos negócios.

Princípios fundamentais

A fim de atingir os objectivos da profissão, os ROC têm de observar um dado número de princípios fundamentais, como segue:

- Legalidade;
- Integridade;
- Sigilo profissional;
- Competência;
- Objectividade;
- Independência;
- Responsabilidade.

Deveres

E ficam sujeitos a um conjunto de deveres, a saber:

- Deveres dos ROC para com os Colegas;
- Deveres dos ROC para com os clientes;
- Deveres dos ROC para com a OROC e outras entidades.

Os deveres dos ROC para com a sua profissão e para com a sociedade podem, por vezes, parecer conflituar com os seus próprios interesses imediatos ou com o seu dever de lealdade para com os seus pares. Nesse caso, haverá que ponderar convenientemente o interesse mais relevante em presença na óptica do quadro normativo que regula a profissão.

Sanções

Pelo incumprimento culposo das suas funções, os ROC são passíveis de:

- Responsabilidade disciplinar;
- Responsabilidade civil;
- Responsabilidade tributária;
- Responsabilidade penal.

A jurisdição disciplinar sobre os ROC compete à OROC, através da iniciativa do Conselho Directivo e/ou do Conselho Disciplinar.

Enquadramento ético-normativo da profissão de ROC

O estatuto dos ROC rodeia a profissão de um conjunto de incompatibilidades e impedimentos, com vista a garantir que **eles desempenhem as suas funções em regime de completa independência funcional e hierárquica** relativamente às empresas ou outras entidades a que presta serviços e sujeita-os a um complexo de direitos e deveres específicos, por forma a proporcionar um elevado grau de exigência técnica e de conduta ética e deontológica.

Por outro lado, as Normas Técnicas de Revisão/Auditoria da OROC[1] presentemente em vigor estabelecem claramente no seu parágrafo 7 que «**o revisor/auditor deve realizar o seu trabalho com diligência e zelo profissionais e cumprir as disposições do Código de Ética e Deontologia Profissional designadamente no tocante à independência, competência e sigilo profissional**».

Todavia, este Código está em vigor desde 1987[2], pelo que, passados doze anos, impõe-se a sua revisão, tendo em vista a sua actualização e alinhamento, designadamente com o Código de Ética da IFAC – *International Federation of Accountants* (Revisão de Janeiro de 1998)[3] e demais Códigos aplicáveis nos outros Estados-membros da UE, sem prejuízo de se atender às nossas especificidades. Nesta medida, a OROC criou um **Grupo de Trabalho de Revisão do seu Código de Ética e Deontologia Profissional**, que iniciou funções em Março de 1998, tendo já apresentado a sua proposta para recolha de comentários, críticas e/ou sugestões e posterior aprovação em assembleia geral de ROC.

Desenvolvimento dos princípios fundamentais

A ética e deontologia dos ROC deve ser desenvolvida a nível dos princípios fundamentais antes enunciados. E as suas regras devem aplicar-se a todos os ROC e SROC inscritos na respectiva lista, independentemente das funções que exerçam, sendo também extensivas aos estagiários e colaboradores, na medida em que lhes sejam aplicáveis.

Legalidade

Os ROC devem agir em conformidade com a lei e as normas da OROC e proceder, no exercício das suas funções, por forma a alcançar os fins visados na legislação em vigor.

Integridade

Os ROC devem ter um comportamento irrepreensível, que pressupõe **honestidade intelectual,** bem como **honradez** e **seriedade,** em todas as suas relações profissionais e de negócios.

Sigilo profissional

O **sigilo profissional** é uma das características fundamentais do trabalho dos ROC, pelo que a sua preservação deve merecer dos ROC a maior atenção. Em alguns casos particularmente sensíveis de acesso a informação qualificada pode mesmo justificar-se o estabelecimento de acordos específicos de confidencialidade, através dos quais fiquem salvaguardados os interesses do cliente e, também, a **responsabilidade dos ROC. É possível, assim, proteger a confidencialidade da informação** disponibilizada aos ROC, sem prejuízo de cada uma das partes continuar a exercer normalmente as suas actividades.

A prática de alguns clientes em procurarem obter opiniões alternativas de outro ROC sobre problemas de auditoria que, em alguns casos, podem ser usadas para pressionar o seu ROC, competentemente designado, para que este mude de opinião sobre uma determinada transacção ou situação, é um tema sensível e que deve ser gerido com todo o cuidado. Nestes casos deve haver comunicação franca entre os ROC envolvidos, pelo que se o cliente que solicita a opinião alternativa não permitir essa comunicação, então, o ROC alternativo não deve aceitar realizar o trabalho.

Competência

Os ROC devem ser capazes de desempenhar as suas funções de forma cuidadosa, diligente e tecnicamente adequada, respeitando escrupulosamente as Normas e Directrizes Técnicas emanadas do seu organismo profissional.

Os ROC devem abster-se de aceitar tarefas para cujo desempenho não se sintam preparados ou não disponham de meios adequados, tanto qualitativa como quantitativamente, a menos que integrem essa lacuna mediante aconselhamento e/ou assistência de terceiros reconhecidamente qualificados para o efeito.

A crescente dimensão e complexidade dos negócios faz com que também aumente a necessidade de diferentes organizações profissionais trabalharem em conjunto para satisfazerem um cliente comum. Os ROC não devem ignorar esta situação, devendo estar preparados para cooperar com outros profissionais (v.g., *joint-ventures*) para ganhar, realizar e promover novos serviços.

A necessidade de cooperação com diferentes organizações profissionais tem diversas origens e especializações (advogados, prospectores de mercado, avaliadores imobiliários, técnicos actuários, fornecedores de programas informáticos, etc.). Estas relações profissionais podem ser muito atractivas para os ROC que, assim, podem alargar substancialmente a sua esfera de actuação. Porém, é absolutamente essencial que seja dada a maior atenção à selecção qualitativa dessas diferentes organizações, bem como à estruturação e gestão das correspondentes relações profissionais, de forma a se evitarem eventuais conflitos de interesses ou problemas de independência ou outros.

A expansão da actividade dos ROC para outras áreas de prestação de serviços pode ser atractiva e, em determinadas condições, mesmo aconselhável. Essa expansão, porém, deve ser limitada a serviços cuja natureza e qualidade sejam coerentes com a imagem profissional dos ROC e cuja prestação não seja provável que venha a afectar a sua **independência** relativamente a qualquer um dos seus clientes.

Independência

A 8.ª Directiva 84/253/CEE, de 10 de Abril, relativa à habilitação das pessoas encarregadas da revisão/auditoria legal das contas, estabelece que os ROC devem ser independentes. Sucede que no momento da adopção desta Directiva não foi possível chegar a um acordo sobre uma definição comum de independência e, em consequência, esta matéria tem sido tratada de forma diferente pelas legislações dos diversos Estados-membros.

Apesar disso, a FEE sublinha que a independência é «**o principal meio através do qual o ROC demonstra que tem capacidade de exercer a sua função de forma objectiva**» ([4]) e que deve ser abordada sob dois aspectos:

- **A independência de espírito**, ou seja, uma atitude de espírito que garanta que todas as considerações relativas à função sejam tomadas em conta;
- **A independência aparente**, ou seja, a que corresponde à necessidade de evitar factos e circunstâncias considerados tão significativos que um terceiro informado poderia pôr em causa a objectividade dos ROC.

O **Livro Verde** ([5]) refere que um acordo sobre um conjunto de princípios essenciais comuns em todos os Estados-membros constituiria um passo em frente no estabelecimento do mercado único de serviços de auditoria. No entanto, sublinha que não é provável que se possa chegar a um acordo a nível da UE, a curto prazo, relativamente a esta matéria.

Entretanto é possível observar, num contexto de concorrência exacerbada em que se vive, que **a independência está a maioria das vezes ameaçada**. Com efeito, as empresas tendem cada vez mais a contestar as opiniões dos ROC, a recorrer a pareceres jurídicos sobre essas opiniões ou a mudar mais frequentemente de ROC. E, como consequência da pressão exercida por essa concorrência, seria idealista acreditar que todos os ROC sejam totalmente impermeáveis ao risco de perderem clientes.

Estes problemas requerem a constituição de salvaguardas, que podem exigir a determinação de quais os serviços distintos dos de auditoria propriamente ditos que não comprometem a independência dos ROC ou não apresentem qualquer risco nesse sentido, ou exigir a publicação integral dos honorários recebidos, quer pelos serviços de auditoria, quer pelos outros serviços.

Por outro lado, salienta-se que é muito difícil, senão muitas vezes impossível, contrariar alegações de falta de independência profissional. Quaisquer circunstâncias que proporcionem um suporte a essas alegações, mesmo que injustificadas, devem ser sempre evitadas, pois, podem contribuir para tornar mais difícil qualquer defesa dos ROC contra alegações que lhe possam ser feitas nesta matéria.

Recomenda-se, por isso, que os ROC a título individual e principalmente as SROC, nas suas políticas de salvaguarda da independência profissional, tenham em conta aspectos tão diversos, como sejam:

a) As relações pessoais e financeiras directas e indirectas com o cliente, de quem faz o trabalho;

b) As condições de eventuais transacções comerciais ou financeiras com o cliente;

c) A aceitação de ofertas ou favores de clientes;

d) O recrutamento pelo cliente de um ROC ou de um quadro técnico importante da SROC;

e) A obtenção de empréstimos de uma instituição financeira cliente;

f) A associação com o cliente para a realização de negócios;

g) A prestação de outros serviços que não sejam de revisão/ /auditoria, em especial, serviços de assistência contabilística ou de consultoria fiscal;

h) O nível de honorários a cobrar de um cliente;

i) A existência de acções judiciais potenciais ou em curso com o cliente;

j) A negociação de honorários com um cliente numa base contingente, percentual ou de sucesso para trabalhos de revisão/ /auditoria;

k) O recebimento ou pagamento de comissões por angariação de negócios.

Objectividade

A **objectividade** é a atitude mental que se exige aos ROC quando procedem a julgamentos profissionais, para que lhes seja possível concentrarem-se e ter em conta tudo o que se relaciona com a situação em apreço e, simultaneamente, considerarem apenas os elementos relevantes para o seu julgamento, sem quaisquer ligações ou influências.

A absoluta necessidade dos ROC preservarem em todas as circunstâncias a sua **objectividade** resulta do facto de, ao emitirem a certificação legal das contas ou outra forma de opinião profissional, poderem influenciar relevantemente as decisões e/ou afectar os direitos de terceiros. A **objectividade** é, pois, um dos pressupostos para a confiança no trabalho e nas opiniões dos ROC. Seria, aliás, desejável a adopção generalizada e consistente, por exemplo, a nível da UE de um Código de Conduta que preservasse a objectividade de todos os que neste espaço se dedicam a esta profissão.

Sendo a **objectividade** uma atitude mental, a mesma não é passível de verificação externa. Assim, não é suficiente que os ROC estejam seguros da sua imparcialidade. Adicionalmente os ROC devem assegurar-se de que estão em condições de demonstrar, antes da aceitação do trabalho e durante a sua realização, que não existem circunstâncias que possam levar terceiros a pôr em dúvida essa objectividade. Se não conseguirem fazer essa demonstração, os ROC **não devem aceitar fazer o trabalho que lhes foi solicitado**.

A fim de preservar a sua **objectividade**, tanto de facto, como de direito, os ROC devem ponderar vários aspectos antes de aceitar o desempenho de qualquer tarefa, designadamente:

a) As **razoáveis expectativas** de todos os que serão efectiva ou potencialmente afectados pelo seu trabalho;

b) O **interesse público** do seu trabalho e a **fé pública** da certificação legal das contas;

c) As **ameaças reais ou potenciais à sua objectividade** (interesses pessoais dos ROC, julgamento do seu próprio trabalho, defesa ou ataque do seu cliente em situações de litígio com terceiros, excessiva familiaridade que pode conduzir a excesso de confiança no cliente ou ao risco de por ele ser influenciado, risco de ameaças físicas ou psicológicas, reais ou potenciais);

d) As **salvaguardas ou procedimentos já adoptados ou que poderão vir a adoptar para reduzir os riscos e afastar as referidas ameaças**. Estas salvaguardas podem já existir no âmbito da regulamentação profissional (exemplo: controlo de qualidade da OROC) ou serem desenvolvidas pelos ROC (exemplos: formação contínua, própria e dos seus colaboradores, sistema de comunicação de situações que possam ameaçar a objectividade, envolvimento de outro ROC na revisão do trabalho, rotação de mandatos ao fim de determinado número de exercícios – por exemplo, na proposta modificada de 5.ª Directiva([6]), propõe-se que o ROC seja nomeado por um período determinado, que não poderá ser inferior a três nem superior a seis exercícios –, avaliação qualitativa preliminar do cliente antes de se iniciar qualquer trabalho, idêntica avaliação antes da renovação contratual, desenvolvimento de sistemas de controlo interno, etc.).

Para os ROC e as pequenas SROC torna-se mais difícil desenvolver salvaguardas para se defenderem das ameaças reais ou potenciais à sua objectividade. Nestes casos podem ser adoptadas medidas alternativas de revisão/auditoria ou de simples consulta, as quais podem passar por acordos cruzados com outro ROC em idênticas circunstâncias, sob certas condições, que preservem, nomeadamente o sigilo profissional.

A **dependência excessiva** de um cliente é uma ameaça muito significativa à objectividade dos ROC, pelo que estes não devem aceitar o estabelecimento ou a continuação de uma relação profissional permanente que seja geradora de uma percentagem de honorários demasiado elevada dos seus proveitos totais. A FEE recomenda que esta percentagem deverá estar compreendida entre 5% e 15%, tendo em conta a dimensão entre as grandes e as pequenas SROC, respectivamente([7]). É, porém, reconhecido que para um ROC em início de actividade ou que viu esta significativamente reduzida, será difícil respeitar mesmo a percentagem recomendada pela FEE. Nesses casos devem ser adoptadas medidas alternativas que demonstrem que a objectividade dos ROC não foi afectada pela ultrapassagem temporária desta percentagem.

Os honorários dos ROC são sempre um aspecto mais ou menos controverso da nossa actividade. Todavia, a única forma de os ROC responderem às crescentes expectativas e exigências do mercado, sem condescender relativamente ao nível da qualidade do trabalho, é gerir a sua actividade profissional de forma eficiente e eficaz. Com efeito, os honorários dos ROC devem ser determinados em função da responsabilidade assumida e por forma a permitir que o trabalho seja gerido eficiente e eficazmente, tendo em conta o nível de competência requerido pela complexidade das tarefas, o tempo efectivamente despendido na sua realização e os preços praticados no mercado.

No caso particular de Portugal, uma vez que a profissão não está ainda inteiramente preparada para enfrentar uma liberalização total nesta matéria, parece aceitável a manutenção por mais algum tempo de um **nível de honorários mínimos**. No entanto, devem ser feitos todos os esforços para que esta medida transitória seja rápida e definitivamente substituída pela prática de fixação de **honorários justos** em função dos critérios antes expostos.

Os **conflitos de interesses** têm uma importância fundamental para a exigida independência e objectividade dos ROC, sejam eles reais ou simplesmente potenciais. **Assim sendo, os ROC devem ter a preocupação de identificar e esclarecer**, oportuna e adequadamente, todas as situações relevantes de conflitos de interesses que existam ou possam ser interpretadas por terceiros como tal. Por exemplo, no caso de uma aquisição de uma empresa por outra, sendo ambas clientes do mesmo ROC, este deve deixar bem claro, perante ambas as partes, que terá de se manter rigorosamente imparcial, continuando a desempenhar as funções que vinha exercendo de acordo com as Normas e Directrizes Técnicas da OROC e que, por isso, não prestará a qualquer das partes informações privilegiadas, excepto se tiver o necessário consentimento para o fazer.

Responsabilidade

Os ROC devem adoptar uma conduta responsável que os prestigie a si próprios e à profissão. O que significa que, pelo incumprimento culposo das suas funções, os ROC são passíveis de responsabilidade a apurar consoante a tipicidade e as circunstâncias do acto ou omissão praticados, nos termos previstos nos normativos aplicáveis.

Por fim, resta-nos sublinhar que os elementos aqui apresentados constituirão porventura o corpo essencial dos princípios, normas e atitudes que visam proporcionar um elevado grau de conduta ética e deontológica dos ROC, não esgotando obviamente este tema.

Notas:
([1]) Publicadas no Manual do ROC, B.1.1., e no Diário da República, III Série, n.º 295, de 23 de Dezembro de 1997.
([2]) Publicado no Manual do ROC, E.3.1., e no Diário da República, III Série, n.º 239, de 17 de Outubro de 1987.
([3]) Publicado no Manual do ROC, E.3.2.1..
([4]) Independência e Objectividade do Revisor Oficial das Contas – Corpo de Princípios Essenciais para a Orientação da Profissão Europeia – Primeiras Recomendações, FEE – *Fédération des Experts Comptables Européens,* Julho de 1998. De acordo com a publicação da FEE antes citada, a utilização do termo "independência" tem muitas vezes dado lugar a mal entendidos quando das discussões a seu respeito, uma vez que utilizado isoladamente parece apelar a um critério absoluto ao qual os profissionais devem obedecer. Este termo conduz os observadores a supor que uma pessoa que faça um juízo profissional deveria estar liberta de todas as relações económicas, financeiras ou outras que pudessem criar uma dependência qualquer que ela seja. Isso é manifestamente impossível, pois que todo o membro da sociedade possui certas relações e ligações de dependência com qualquer outro.
([5]) Livro Verde da Comissão Europeia – DGXV – sobre "O Papel, Estatuto e Responsabilidade do Auditor de Contas na UE", Bruxelas, 1996.
([6]) JO C 240, de 9.09.83, p. 2.
([7]) Independência e Objectividade ...., FEE, Julho de 1998.

5.2 O caminho faz-se caminhando

(Editorial da revista "Revisores & Empresas" n.º 14 de Julho/Setembro de 2001)

É fazendo caminho; é abrindo vias de acesso; é, por vezes, parando para pensar, que se vai caminhando. Naturalmente caminhando dentro de uma orientação estratégica previamente sufragada.

Tem sido este o nosso lema, desde que fomos democraticamente mandatados para dirigir e conduzir os destinos da Ordem. Estamos, contudo, cientes que nem sempre acertámos nas decisões que tomámos. Mas preferimos em dez decisões, não sendo provável acertar todas, acertar em sete ou oito, do que não tomar decisões com receio de não acertar. Nestas coisas, a todo o tempo é tempo de reconhecer o erro e de emendar a mão. E a crítica construtiva e objectiva é sempre bem vinda. O que deve prevalecer no exercício destes cargos é a satisfação do interesse público da Ordem e do interesse comum dos seus membros, aliados ao rigor, à dedicação, à competência e à confiança em nós depositada. É isso que nos tranquiliza a consciência, por convicção do dever cumprido.

Não se julgue que estamos inteiramente satisfeitos com tudo o que temos feito. É certo que temos feito o que podemos, dando humanamente o nosso melhor, e o que nos têm deixado fazer. Como em tudo na vida, há condicionantes que temos de respeitar e que levam o seu tempo a modificar, se for o caso. Mas é um facto que temos o edifício jurídico e regulamentar da profissão quase concluído. Fizemo-lo, conduzindo o processo e não a reboque dele, fazendo por isso valer os nossos pontos de vista até onde nos foi possível. A nossa profissão poderá, sem falsas modéstias, orgulhar-se de estar dotada, quando concluído, de um edifício jurídico e regulamentar moderno, a par das exigências nacionais e comunitárias, e adequado às presentes necessidades estruturais do país e da profissão. O que não significa a não necessidade de ajustamentos.

A vida não pára. E pela frente temos importantes tarefas a fazer. A começar pela discussão e votação do Código de Ética e Deontologia Profissional. É uma das traves mestras do nosso ordenamento profissional e, por isso, apelo a todos os Colegas para que dêem o seu contributo e participem maciçamente neste processo. Este Código, ou melhor, a sua prática profissional, é sem dúvida o elemento determinante que nos distingue de qualquer outra profissão não regulamentada e o seu alimento dignificador.

A par desta, outras tarefas nos irão ocupar no curto prazo. A contribuição, a crítica e a participação dos Colegas neste caminhar é cada vez mais importante e imprescindível. Estamos certos que os resultados, imediatos e mediatos, continuarão a surgir para benefício do país e da profissão. É essa convicção que nos faz mover neste caminhar. Porque estamos convictos que ele é o melhor.

E vale a pena sublinhar que qualquer profissão só tem razão válida de existir, enquanto a sua relação com a sociedade em que se insere se mostrar socialmente necessária e útil. Continuamos, por isso, cada vez mais convictos dessa razão, sempre que nos interpelamos relativamente à nossa profissão. Temos, pois, de continuar a ser merecedores dessa razão.

5.3 Independência profissional

(Editorial da revista "Revisores & Empresas" n.º 20 de Janeiro/Março de 2003)

Tenho-o afirmado várias vezes e em diversas circunstâncias. O princípio da independência profissional constitui, por assim dizer, a trave mestra da nossa profissão. Ele percorre estruturalmente o nosso Estatuto e vem, desde logo, consignado em primeiro lugar no elenco dos princípios fundamentais desenvolvidos no Código de Ética e Deontologia Profissional (CEDP).

Mas não é, nem pode ser, um conceito absoluto. Tem de ser medido em relação a algo: a uma empresa ou outra entidade ou a um motivo ou circunstância. E não pode deixar de ser um conceito operativo, no sentido de proporcionar condições de exercício efectivo e razoável da profissão dentro do seu quadro legal e regulamentar. Ao mesmo tempo que não pode também deixar de ser apreciado em função de matéria fáctica concreta e positiva, visto não poder ser julgado em abstracto, com base em meras hipóteses ou conjunturas.

Assim sendo, estabeleceu-se que o Revisor desempenha as suas funções em regime de completa independência funcional e hierárquica **relativamente às empresas ou outras entidades a quem presta serviços**. E deve-o fazer **à margem de qualquer pressão,** especialmente, a resultante dos seus próprios interesses ou de influências exteriores, por forma a não se ver colocado numa posição que, objectiva ou subjectivamente, possa diminuir a liberdade e a capacidade de formular uma opinião justa e isenta.

Com efeito, no nosso CEDP estipulam-se várias regras tendentes a preservar a independência profissional dos Revisores, de entre as quais destacaremos as seguintes, a título exemplificativo:

- A recusa de exercer a revisão/auditoria às contas e de prestar serviços com elas relacionados, em empresas ou outras entidades onde organize ou **execute a contabilidade** ou assuma a sua responsabilidade legal ou contratual;
- A impossibilidade do mesmo profissional ser Revisor de uma empresa ou outra entidade e, **simultaneamente, nela fiscalizar, inspeccionar ou julgar contas** ao serviço de organismos com atribuições legais para o efeito;

- A **limitação de honorários** a receber de cada cliente em função de uma percentagem não superior a 15% do total anual dos honorários do Revisor;
- A sujeição ao princípio da **independência profissional** dos serviços de consultoria a prestar pelos Revisores em matérias que integram o programa de exame à Ordem.

É certo que o nosso CEDP está praticamente em linha com as questões essenciais constantes da Recomendação da Comissão Europeia sobre esta matéria, o que não significa que não deva merecer algum desenvolvimento ou melhor explicitação numa ou noutra questão. Mas nesta matéria, **mais do que sê-lo é necessário parecê-lo**. O que está em causa são princípios e valores, mais do que a existência de um Código ou de uma Recomendação.

5.4 Ética e deontologia profissional

(Editorial da revista "Revisores & Empresas" n.º 28 de Janeiro/Março de 2005)

O actual Código de Ética e Deontologia Profissional (CEDP) da Ordem foi aprovado no final de 2001, substituindo o anterior que datava de 1987. Passados pouco mais de três anos, parece chegada a altura de voltar a revê-lo. Várias razões concorrem para isso. De entre elas, destacaremos algumas. Em primeiro lugar, e já depois da sua aprovação, tornaram-se públicos os ainda recentes escândalos contabilístico-financeiros internacionais, que vieram impulsionar um novo período de reflexão e debate sobre a profissão em geral e sobre esta matéria em particular. Em segundo lugar, a Comissão das Comunidades Europeias emitiu em Maio de 2002 uma Recomendação relativa à independência dos revisores oficiais de contas na UE: Um conjunto de princípios fundamentais, que veio especificamente clarificar e densificar esta questão. Em terceiro lugar, a proposta de revisão da 8.ª Directiva do Parlamento Europeu e do Conselho sobre a profissão, em curso de aprovação, incorpora elementos relevantes sobre esta matéria, que é preciso ter em conta. Em quarto lugar, a

IFAC – *International Federation of Accountants* emitiu em Outubro do ano passado uma proposta de revisão do seu Código de Ética, que também suscita a sua atenção. E, em quinto lugar, *the last but not the least*, a consideração da envolvência profissional, quer dentro do contexto nacional, quer na sua articulação ou concorrência com as correspondentes condições de exercício a nível europeu e internacional, também o aconselham.

É, portanto, à luz dos mais recentes desenvolvimentos a nível nacional e internacional, não só da profissão, como das com ela mais ligadas ou conexas, que se pretende voltar a rever o actual CEDP da Ordem, para o que solicitámos a todos os Colegas os seus contributos, comentários e/ou sugestões a este propósito.

Ao fim e ao cabo, trata-se de acompanhar o movimento de reflexão e debate que tem vindo a ocorrer, de tendência controladamente mais aberta e ajustada ao mundo em que vivemos, com vista a acentuar e actualizar os objectivos essenciais da profissão, quais sejam, a credibilidade, o profissionalismo, a qualidade dos serviços e a confiança. E é com base nestes objectivos e na necessidade dos revisores oficiais de contas terem de cumprir com os princípios fundamentais da profissão, que se toma agora esta iniciativa. Com ela, reabre-se entre nós um debate importante para o futuro da profissão, que merece ser participado, discutido e decidido no seu devido tempo.

6

O EURO

6.1 O profundo significado da expressão "consciência crítica" das empresas

(Discurso proferido na Sessão de Abertura da 3.ª Conferência Internacional sobre o Euro, organizada pela FEE e pela CROC e realizada em Lisboa nos dias 15 e 16 de Maio de 1998)

Cabe-me a subida honra de dar as boas-vindas a V. Ex[as] a esta 3.ª Conferência Internacional sobre o Euro organizada pela *Fédération des Experts Comptables Européens* (FEE) e pela Câmara dos Revisores Oficiais de Contas (CROC).

Trata-se da primeira grande manifestação internacional no nosso país depois da decisão histórica tomada na Cimeira de Bruxelas nos passados dias 2 e 3 do corrente mês sobre a instituição das bases essenciais do sistema *euro*.

O tema desta Conferência **"Como fazer a transição para o euro"** é bem elucidativo do seu objectivo. É sabido que as empresas em geral e as pequenas e médias empresas em particular, não estão de momento inteiramente preparadas para esta transição. Assim sendo, esta Conferência tem em vista proporcionar um lugar e um momento de apresentação e recolha de experiências de gestores, técnicos e consultores, quer nacionais, quer de outros países da União Europeia, quanto à forma como estão a adaptar ou a aconselhar as empresas para a transição para o *euro*.

Com efeito, a introdução do *euro* constitui para as empresas em geral uma oportunidade única de poderem fazer parte de um mercado da ordem dos 300 milhões de consumidores. Trata-se de um desafio que exige das empresas uma atitude determinada e um intenso processo de reflexão, tendo em vista uma mudança de mentalidade, receptiva a mercados muito mais amplos e competitivos.

Certamente que as empresas de maior peso no comércio europeu e internacional promoverão a transição para o *euro* o mais rapidamente possível. De igual forma, os grupos económicos, em especial os com vertente europeia e internacional, farão o mesmo. No **sector financeiro,** principalmente na sua componente relacionada com o mercado de capitais, a utilização do *euro* tornar-se-á indispensável. Nos outros sectores em que os particulares constituem a maioria dos clientes, como no **sector da distribuição e no de certos serviços** (v.g., o turismo), sentir-se-á igualmente uma forte pressão, embora menor que no sector financeiro, para uma rápida transição.

Mesmo as empresas dos países que não entraram no núcleo fundador da moeda única deverão analisar os impactos desta transição. Na realidade, estes países poderão juntar-se à UEM no ano 2001, mas as suas empresas, por razões comerciais, poderão utilizar o *euro* mais cedo.

Deve dizer-se, portanto, que a introdução do *euro* se reveste de grande importância para as empresas. Elas deverão analisar as oportunidades estratégicas e as ameaças da envolvente externa, traçar objectivos, definir os pontos dos serviços mais directamente relacionados com a introdução do *euro*.

São estas experiências e a discussão das questões práticas que elas levantam que queremos proporcionar nesta Conferência.

Senhor Ministro das Finanças,

A sua presença na Sessão de Abertura desta Conferência muito nos honra. Ela é bem o testemunho do interesse e da importância que V.Ex.ª lhe quis conferir.

Portugal, onde o *euro* se transformou ao longo dos últimos anos num quase incontestado desígnio nacional, faz parte do núcleo dos 11 Estados-membros fundadores da moeda única e o nome do Senhor Ministro ficará indelevelmente ligado a este acontecimento marcante da história económica e financeira do nosso país.

Esperamos nesta Conferência ser merecedores desse interesse e dessa importância e contribuir para o melhor conhecimento das implicações deste acontecimento na vida presente e futura de todos nós.

Muito obrigado pela sua presença Senhor Ministro.

6.2 Contributos muito importantes

(Discurso proferido na Sessão de Encerramento da 3.ª Conferência Internacional sobre o Euro, organizada pela FEE e pela CROC, realizada em Lisboa nos dias 15 e 16 de Maio de 1998)

Disse na Sessão de abertura que esperava que esta conferência contribuísse para o melhor conhecimento das implicações do *Euro* na vida presente e futura de todos nós. É possível dizer agora na Sessão de encerramento que esse objectivo foi cumprido. Vamos seguramente sair daqui com melhor conhecimento das implicações do *Euro* na nossa vida presente e futura.

A mensagem que o Senhor Ministro das Finanças, Professor Sousa Franco, nos trouxe no seu discurso foi extremamente importante. Importante não só pelo conteúdo político que ele encerra e pelo anúncio das medidas já tomadas ou em preparação nomeadamente a nível do domínio fiscal, contabilístico e financeiro, mas sobretudo pela relevância atribuída às funções de ROC, no sentido de poderem ajudar nesta tarefa da transição para o *Euro* ao ponto de nos considerar a "consciência crítica" das empresas no desempenho das nossas funções.

Seguiram-se contributos igualmente mito importantes, quer a nível dos plenários, quer a nível das *workshops*, que nos proporcionaram uma oportunidade única de podermos recolher as experiências nacionais e de outros países da EU, já realizadas ou em curso de realização, em vários sectores de actividade ou em áreas especificas das empresas, quanto à forma como estão a adaptar-se para a transição para o *Euro*.

Ou seja, desde o estado da preparação das PME na Europa, passando pelas alterações contabilísticas na transição, pelos serviços financeiros a disponibilizar pelos bancos, pelo impacto do *Euro* nas empresas de turismo e em outros sectores ou áreas estratégicas da economia, pela influência do *Euro* nos impostos nos vários Estados--membros da UE, às responsabilidades dos Administradores e Gerentes e dos ROC na transição para o *Euro*, à adaptação dos sistemas de Tecnologias de Informação ao *Euro*, às oportunidades estratégicas e às ameaças para as empresas, até ao impacto do sistema do *Euro* no mercado de valores mobiliários.

"O que as empresas necessitam de fazer" foi a mensagem que o Senhor Presidente da Comissão *Euro* do Ministério da Economia, Professor Victor Santos, aqui nos trouxe. Ela é bem a súmula clara, objectiva e oportuna, que nos faltava para encerrarmos esta Conferência, cujo título é precisamente "Como fazer a transição para o *Euro*".

Parafraseando, por fim, de novo o Senhor Ministro das Finanças, podemos dizer que vamos daqui com a "consciência crítica" ainda mais apurada para o desempenho das nossas funções, face ao conhecimento que trazíamos quando entrámos nesta conferência. Por todas estas razões entendemos que valeu a pena, a FEE e a Câmara, organizarem conjuntamente este evento.

Não podia deixar, por fim, de agradecer: aos Oradores; à FEE; ao seu Vice-Presidente, Goram Tidstrom; à Direcção do Projecto do *Euro*, e, em especial, a Noel Hepworth; ao Secretário Geral, John Hegarty; à Comissão Técnica do *Euro* da CROC e aos patrocinadores e apoiantes. Muito obrigado a todos.

6.3. A Contabilidade em ambiente *euro*

(Conferência proferida nas VIII Jornadas de Contabilidade e Fiscalidade — "Agenda 2000" da APOTEC realizada em Leiria em Outubro de 1998 e publicada no Jornal da Contabilidade n.º 260 de Novembro de 1998)

Generalidades

A introdução do *euro* como moeda única dos Estados-membros (EM) participantes representa um acontecimento único na história da Europa, sendo também considerada a revolução monetária do século. Basta dizer que envolverá uma comunidade da ordem dos 300 milhões de pessoas (UE11).

Cabe-nos apresentar nestas Jornadas, em linhas muito gerais, alguns aspectos relativos às implicações nas contas das empresas da introdução no *euro*, em particular no período de transição, aos diversos níveis, desde os preparadores aos destinatários da informação financeira, passando pelos regulamentadores e supervisores da mesma. Teceremos também algumas considerações sobre o papel da Câmara dos Revisores Oficiais de Contas e dos seus membros nesta matéria.

Sublinhe-se, por último, que as referidas implicações e considerações terão muito a ver, para além dos aspectos legais e regulamentares, com as circunstâncias presentes nesse momento em cada empresa, nomeadamente o seu ambiente financeiro e, em especial, o peso do seu relacionamento com os outros EM participantes e outros países terceiros, a concorrência e o custo dos sistemas de informação a implementar, i.e., tendo em conta, ao fim e ao cabo, o contexto global que envolve cada uma dessas empresas.

A contabilidade na zona *euro*

Não haverá grandes dúvidas que a introdução do *euro* irá constituir um factor de pressão para a harmonização dos sistemas contabilísticos na zona *euro*. Sendo a **comparabilidade** uma das características qualitativas da informação financeira, é evidente que a apresentação das contas em *euros* pelas empresas irá favorecer essa comparabilidade. O que levará as entidades normalizadoras a proporem sistemas contabilísticos cada vez mais harmonizados, quer nos princípios contabilísticos e critérios valorimétricos, quer nos modelos de divulgação das demonstrações financeiras.

Poderá, portanto, dizer-se que a introdução do *euro* irá contribuir de forma relevante para a melhoria qualitativa da informação financeira a divulgar pelas empresas na zona *euro* e influenciar positivamente a construção do mercado único europeu.

A elaboração da contabilidade e a apresentação das demonstrações financeiras em *euros* em Portugal

Nos termos do art.º 9.º do Decreto-Lei n.º 138/98, de 16 de Maio, a partir de 1 de Janeiro de 1999 e até 31 de Dezembro de 2001, as entidades que sejam obrigadas a ter contabilidade organizada nos termos da lei comercial ou fiscal, ou que por ela tenham optado, podem elaborar essa contabilidade, incluindo os respectivos registos e documentos de suporte, tanto em escudos como em *euros*. A decisão de elaborar a contabilidade em *euros*, uma vez tomada, é **inalterável**. E a partir de 1 de Janeiro de 2002 todas as entidades antes referidas devem elaborar a sua contabilidade, incluindo os respectivos registos e documentos de suporte, em *euros*.

Por outro lado, de acordo com a Directriz Contabilística n.º 21, Instrução n.º 5/97 (2.ª Série), da Comissão de Normalização Contabilística, de 22 de Outubro de 1997 ([1]), as empresas a que o POC se aplica:

  a) Podem elaborar e apresentar as suas demonstrações financeiras a partir de 1 de Janeiro de 1999, quer em *euros*, quer em escudos;

  b) A partir de 1 de Janeiro de 2002, terão obrigatoriamente de apresentar todas as suas demonstrações financeiras em *euros*.

Em linhas muito sintéticas, resulta da conjugação do disposto no referido diploma legal com a citada Directriz Contabilística (ressalvando, no entanto, o facto de se estar perante normas de nível hierárquico diferenciado) que a partir de 1 de Janeiro de 1999 e até 31 de Dezembro de 2001 **podem** elaborar a sua contabilidade, incluindo os respectivos registos e documentos de suporte, e apresentar as correspondentes demonstrações financeiras, tanto em escudos, como em *euros*, todas as entidades singulares ou colectivas a ela obrigadas nos termos da lei comercial ou fiscal e do POC, ou que por ela tenham optado. Isto abrangerá basicamente todas as entidades singulares e colectivas sujeitas a tributação, com excepção dos sujeitos passivos de IRS, salvo os a seguir indicados, que também são obrigados a ter contabilidade organizada, quando:

  a) Forem trabalhadores independentes e auferirem um rendimento ilíquido anual, com excepção das remunerações pagas a colaboradores, na média dos últimos três anos, superior a cerca de 16.500 contos (valor para 1998);

  b) Exercerem qualquer actividade comercial, industrial ou agrícola cujo volume de negócios, também na média dos últimos três anos, seja superior a 30.000 contos.

Por consequência, a adesão à moeda única levará a que, desde o início do processo de transição, algumas dessas entidades se decidam logo pela elaboração da sua contabilidade em *euros,* incluindo os respectivos registos e documentos de suporte, e, de igual forma, pela apresentação e publicação, quando for o caso, das suas demonstrações financeiras na mesma moeda. **Decisão que, uma vez tomada, é irrevogável.**

Neste caso deverão ser tidos em conta os efeitos contabilísticos da introdução do *euro*, objecto de tratamento na referida Directriz Contabilística, quanto a:

a) Entidades (empresas) que não usam moeda estrangeira;
b) Entidades (empresas) que usam moeda estrangeira;
c) Data da mudança para o *euro;*
d) Realização e reconhecimento das diferenças de câmbio na demonstração dos resultados;
e) Contratos sobre taxas de câmbio;
f) Contas consolidadas: com aplicação do método do investimento líquido (às actividades estrangeiras com autonomia); ou do método temporal (às actividades estrangeiras com integração/dependência da empresa-mãe);
g) Custos relativos à introdução do *euro*;
h) Dados comparativos;
i) Exercícios não coincidentes com o ano civil.

Estamos convictos que a informação financeira em *euros*, associada à harmonização contabilística em curso na UE e conjugada com uma prática de rigor e transparência, permitirá às empresas portuguesas um acesso em melhores condições aos mercados europeus. Este acréscimo de competitividade poderá amplamente compensar os custos ligados à adaptação ao *euro* das referidas empresas.

A perspectiva da CMVM [2]

É do conhecimento público que a partir de 1 de Janeiro de 1999 (mais propriamente a partir de 4 de Janeiro, primeiro dia útil), **a negociação e liquidação de valores mobiliários em bolsa** passará a ser feita em *euros*, embora esta moeda exista sob a forma escritural até 31 de Dezembro de 2001. Igualmente as **transacções no mercado monetário** serão desde logo realizadas em *euros*.

Poderão, no entanto, surgir problemas de comparabilidade da informação financeira correspondente ao relato de períodos antes e após a introdução do *euro* e também por, dentro do mesmo sector económico, existirem empresas com contas em escudos e outras com contas em *euros*. Por exemplo, será de evitar que o prospecto de uma entidade emitente apresente as suas demonstrações financeiras em duas moedas diferentes, i.e., em escudos para o ano de 1998 e em *euros* para 1999. Por outro lado, será recomendável que, no caso de uma entidade emitente apresentar as suas demonstrações financeiras em escudos, ela tome medidas para facilitar aos investidores a sua análise com as de outras empresas do mesmo sector económico que entretanto tenham optado pela conversão em *euros*.

Por isso, a CMVM considera em geral que, para efeitos de informação financeira:

   a) As entidades emitentes deverão, tão cedo quanto possível, começar a divulgar a informação financeira em *euros*;
   b) Enquanto a informação financeira for apresentada em escudos, as rubricas fundamentais do balanço e da demonstração dos resultados, tais como, total do activo, passivo, capital próprio, volume de negócios, resultados operacionais, financeiros, correntes, antes de impostos e líquidos, deverão ser apresentadas nas **duas moedas**;
   c) Sempre que haja conversão para *euros* de informação financeira originariamente em escudos, deverá ser **indicada a taxa fixa de conversão**;
   d) Quando se opte pela apresentação em *euros* da informação financeira posterior à introdução da moeda única, para proporcionar a respectiva **comparabilidade**, a anterior deverá ser convertida para *euros,* à taxa fixa de conversão;
   e) Em qualquer caso, se a entidade emitente tiver optado pela divulgação da informação em *euros,* sempre que, em momentos posteriores, tiver de efectuar **nova divulgação**, esta deverá ser igualmente feita na mesma moeda.

Especificamente, atendendo a que no período de transição os **pagamentos serão efectuados, quer em escudos, quer em *euros*, a CMVM recomenda que:**

   a) Quando em qualquer **documento de uma oferta pública, anúncio de lançamento e/ou prospecto** relativo a **operações de subscrição, venda ou aquisição** (OPS, OPV ou OPA), se indicar o preço de emissão e o seu modo de realização, ele deverá expressar o respectivo montante em escudos e em *euros*, independentemente da moeda em que tenham sido definidos os termos concretos da operação pelos órgãos competentes da entidade emitente. Da aplicação da taxa fixa de conversão não deverão resultar, por força de arredondamentos, diferenças para o investidor, quer este opte por efectuar o pagamento em escudos ou em *euros;*

b) No caso de **emissão de dívida** denominada em moedas de países participantes e o seu **reembolso** tiver lugar após 31 de Dezembro de 2001, os investidores deverão ser alertados para o facto deste já só poder ter lugar em *euros*; ainda neste caso, deverão as entidades emitentes ter em atenção os **indexantes** utilizados, devendo informar os investidores sobre a eventual necessidade de substituição dos mesmos durante o período de vida dos empréstimos.

Entretanto, a CMVM já fez saber que as referências efectuadas a escudos deverão ser entendidas como sendo feitas ao *euro*, a partir de 1 de Janeiro de 1999, nomeadamente quanto:

a) À **contabilidade dos Fundos de Investimento Mobiliário** (Regulamento n.º 6/98);

b) À **publicação de informações pelos Fundos de Investimento Mobiliário** (Regulamento n.º 7/98).

As instruções do Banco de Portugal

Tendo em conta as decisões comunitárias sobre o programa de transição para o *euro*, no passado mês de Fevereiro o Banco de Portugal decidiu o seguinte:

«Considerando que em 1 de Janeiro de 1999 serão fixadas, de modo irrevogável, as taxas de conversão entre o *euro* e as moedas nacionais dos Estados-membros participantes na fase III da União Económica e Monetária, o Banco de Portugal, tendo em conta as conclusões dos grupos de trabalho criados para analisar os impactos da moeda única no sistema bancário, bem como os resultados das consultas efectuadas às associações representativas das instituições de crédito e sociedades financeiras, **vem informar que os elementos contabilísticos e de natureza prudencial a enviar ao Departamento de Supervisão Bancária, a partir de 1 de Janeiro de 1999, deverão passar a ser expressos em** *euros*, **mediante a conversão dos dados de origem**.

Esta decisão não impede que durante o período transitório, caso as instituições assim o desejem, **os sistemas de contabilidade interna continuem a funcionar nos termos em que hoje operam**, isto é, na base de escudos e divisas, incluindo as restantes moedas europeias que vierem a ser moedas divisionárias do *euro*.

Durante o corrente ano serão transmitidas as instruções necessárias à implementação do referido reporte em *euros*.»

(Carta-Circular n.º 5/98/DSB, de 20 de Fevereiro de 1998)

E decidiu também que:
«1. Todas as contas abertas no Banco de Portugal com as Instituições do sistema bancário serão denominadas em *euros*, e apenas em *euros*, **a partir de 1 de Janeiro de 1999**;
2. A contabilidade do Banco de Portugal, bem como todas as operações de tesouraria neste contexto processadas pelo Banco, será feita em *euros* **a partir de 1 de Janeiro de 1999**;
3. O SPGT e o SITEME funcionarão unicamente em *euros* **a partir de 1 de Janeiro de 1999**;
4. Os títulos existentes na Central de Valores Mobiliários emitidos pelo Banco de Portugal passarão a ser emitidos em *euros*, e o *stock* será redenominado em *euros*, **a partir de 1 de Janeiro de 1999**. Outros títulos aí incluídos, que não tenham sido redenominados, terão de ser recalculados em *euros* quando forem colocados na Central;
5. Todas as informações de natureza contabilística e prudencial das instituições de crédito e sociedades financeiras a enviar ao Departamento de Supervisão Bancária serão efectuadas em *euros*;

6. Confirmar o disposto na Instrução n.º 43/97, ponto 11, segundo o qual todas as informações das Estatísticas Monetárias e Financeiras a enviar pelas instituições de crédito e sociedades financeiras ao Banco de Portugal serão feitas em *euros* **a partir de 1 de Janeiro de 1999**».

(Carta-Circular n.º 6/98/DCP, de 25 de Fevereiro de 1998)

Em síntese, isto significa que, muito embora os sistemas de contabilidade das instituições de crédito e sociedades financeiras possam continuar a funcionar em escudos e divisas, o Banco de Portugal decidiu introduzir o *euro*, logo a partir de 1 Janeiro de 1999, em relação às suas principais áreas internas e de ligação exterior com o sistema bancário que directamente tenham a ver com esta matéria.

As orientações do Instituto de Seguros de Portugal [3]

As empresas de seguros

As empresas de seguros que operam em Portugal ou no estrangeiro sob a supervisão do Instituto de Seguros de Portugal (ISP) podem elaborar e apresentar, no período transitório, as suas contas anuais e consolidadas, bem como todos os outros elementos de informação, quer em *euros*, quer em escudos.

A contabilização dos custos relativos à introdução do *euro*, o tratamento e reconhecimento das diferenças de câmbio e dos arredondamentos de conversão, para além, obviamente, de apresentarem algumas regras específicas, seguem em geral as disposições constantes do Plano de Contas para as Empresas de Seguros.

Os fundos de pensões

As entidades gestoras de fundos de pensões que **optem**, no período transitório, por elaborar a sua contabilidade em *euros*, efectuarão também em *euros* as publicações legais inerentes aos fundos de pensões, designadamente quanto **à composição discriminada** (quanto ao valor) **das aplicações que integram o património do fundo e ao valor líquido deste**.

Sem prejuízo das regras específicas estipuladas quanto à contabilização das diferenças de câmbio e aos arredondamentos de conversão, aplica-se aos fundos de pensões, com os devidos ajustamentos, o normativo estabelecido para as empresas de seguros em matérias relativas à introdução do *euro*.

O Plano de Transição da Administração Pública Financeira para o *Euro*

Pelo Despacho n.º 10 590/97, de 2 de Outubro, do Senhor Ministro das Finanças[4], foi aprovado o Plano de Transição em epígrafe, com vista à preparação pelos diversos serviços do Ministério das Finanças de todos os **procedimentos** administrativos, informáticos e operacionais necessários à introdução do *euro* e à apresentação no mais curto espaço de tempo das **propostas legislativas** necessárias, tendo em consideração as opções nele descritas, nomeadamente para as áreas seguintes:

- Fiscal e aduaneira;
- Da dívida pública;
- Orçamental e de tesouraria;
- Da Segurança Social na Tutela do Ministério das Finanças.

Área fiscal e aduaneira

As **opções fundamentais** adoptadas para a área fiscal e aduaneira foram objecto do Despacho n.º 6 393/98, de 3 de Abril, do Senhor Ministro das Finanças[5], tendo em vista a adaptação dos sistemas informáticos fiscais ao *euro*.

Comparando a posição de princípio exarada no Despacho n.º 10 590/97, de 2 de Outubro, com as opções fundamentais para a área fiscal e aduaneira recentemente tomadas com vista à adaptação dos sistemas informáticos ao *euro*, verifica-se que houve alteração dessa posição, como de resto já nele se fazia prever, para alinhar com a da maioria dos 11 Estados-membros. De um **dever geral das declarações fiscais** serem efectuados em escudos até ao final do período transitório, passa-se para uma opção de poderem ser logo apresentadas em *euros*, no respeitante aos períodos de tributação dos exercícios de 1999 e seguintes. E em sequência determina-se também que as guias de pagamento de retenções na fonte, pagamentos por conta e autoliquidação, mod. 41, 42, 43 e 44 do Imposto sobre o Rendimento, referentes a pagamentos dos exercícios de 1999 e seguintes, poderão ser apresentadas em *euros*.

Expressa-se ainda que a opção pela entrega de declarações fiscais em *euros* **será irreversível e compreenderá todos os documentos fiscais identificados na alínea a) do referido Despacho n.º 6393//98, de 3 de Abril**.

No entanto, as **declarações oficiosas e correctivas**, com origem em acções de fiscalização, continuarão a ser recolhidas e tratadas em escudos. E as **declarações de substituição** deverão ser preenchidas na mesma moeda que a das declarações a substituir.

Refira-se ainda que, de acordo com o art.º 17.º do já referido Decreto-Lei n.º 138/98, de 16 de Maio, os contribuintes que, até 31 de Dezembro de 2001, tenham optado por ter a sua contabilidade em *euros* podem apresentar também em *euros*, para além das declarações fiscais, os balancetes progressivos do razão geral e os mapas de reintegrações e amortizações, de provisões e de mais ou menos valias, em termos a definir por despacho do Ministro das Finanças, relativamente aos períodos de tributação iniciados posteriormente à sua opção.

Por fim, excluem-se desta **opção** as declarações fiscais que, não obstante serem entregues durante o período transitório, respeitem a exercícios anteriores, tais como, primeiras declarações entregues fora de prazo e declarações de substituição respeitantes a exercícios anteriores a 1 de Janeiro de 1999.

Aspectos jurídicos relacionados com as sociedades comerciais

Está em curso de publicação um diploma legal que irá converter para *euros*, os montantes em escudos/contos referentes aos aspectos do Código das Sociedades Comerciais indicados no quadro seguinte, provocando ainda alguns ajustamentos.

	Valor actual	Novo valor	Em contos
Sociedades Anónimas			
Acção/valor nominal	1.000 cts.	1 cênt.	2$
Capital mínimo	5.000 cts.	50.000 euros	10.000 cts.
Voto por lote de acções	100 cts.	1.000 euros	200 cts.
Um só administrador	30.000 cts.	200.000 euros	40.000 cts.
Um só director	20.000 cts.	200.000 euros	40.000 cts.
Caução responsabilidade administrador	500 cts.	5.000 euros	1.000 cts.
Sociedades Por Quotas			
Capital mínimo	400 cts.	5.000 euros	1.000 cts.
Exclusão de sócio/divisão de quota	5 cts.	50 euros	10 cts.
Reserva legal	200 cts.	2.500 euros	500 cts.
Valor nominal quota	20 cts.	100 euros	20 cts.
Contitularidade/divisão	5 cts.	50 euros	10 cts.
Contagem de votos	1$	1 cênt.	2$
Designação de ROC:			
- Total do balanço (activo líquido)	350.000 cts.	1.500.000 euros	300.000 cts.
- Total das vendas e outros proveitos	600.000 cts.	3.000.000 euros	600.000 cts.

As disposições relativas aos aspectos nele focados entrarão em vigor no dia 1 de Janeiro de 1999. No entanto, no que se refere às sociedades comerciais constituídas em data anterior a 1 de Janeiro de 1999, elas entrarão em vigor apenas no dia 1 de Janeiro de 2002, excepto quanto à **alteração da denominação do respectivo capital social para *euros*,** que entrará em vigor no dia em que se torne eficaz essa opção.

E para as sociedades comerciais constituídas a partir de 1 de Janeiro de 1999, que **optem denominar o seu capital social em escudos** durante o período de transição, deverão converter para escudos os montantes denominados em *euros,* aplicando a taxa de conversão.

O papel da Câmara dos Revisores Oficiais de Contas e dos seus membros

A Câmara dos Revisores Oficiais de Contas (CROC), através da sua Comissão do *Euro*, tem participado e vai continuar a participar em cursos, conferências, seminários, *workshops*, inquéritos, etc., com vista à formação, a vários níveis, dos agentes económicos e de ensino e à divulgação extensiva desta matéria (inclusive distribuindo a *Euronews*, publicação da FEE).

E os Revisores Oficiais de Contas (ROC) têm mais um desafio a enfrentar, qual seja, a revisão/auditoria legal das contas em ambiente *euro*, em paralelo, por vezes, com contas em escudos, no respeito do **princípio da não obrigação, não proibição**, durante o período transitório, bem como contribuir para ajudar as empresas a prepararem a sua transição para o *euro* no momento certo e da forma mais adequada.

Em recente inquérito geral promovido pela FEE – *Fédération des Experts Comptables Européens* e realizado em Portugal pela CROC, apenas 10% das empresas portuguesas tinham iniciado já a sua preparação de adaptação ao *euro* e 18% delas tinham recebido informação técnica sobre esta matéria, enquanto a média da União Europeia, se situava em 31% e 42%, respectivamente.

Este fraco resultado pode ser explicado, não tanto por o tecido empresarial português ser predominantemente constituído por pequenas e médias empresas (a preparação das grandes empresas está muito mais avançada), mas a nosso ver sobretudo pelo atraso da realização generalizada de campanhas publicitárias institucionais em relação ao *euro* no nosso país.

No entanto, constata-se que Portugal é o segundo país com maior número de consultas à página da FEE na *Internet*.

Não será despiciendo também referir que, depois de concluído o processo interno de planeamento da adaptação ao *euro*, as empresas decidam mandar fazer uma **revisão/auditoria de conformidade** do respectivo processo, com vista a se poderem detectar ou evitar consequências negativas na fase posterior da sua implementação.

Acresce que as tarefas de compatibilização dos meios informáticos para a adopção do *euro*, tendo em conta os encargos que em muitos casos ela acarreta e os custos incomportáveis que se associarão certamente a um seu insucesso, podem pôr em causa a **continuidade das operações da empresa**. Daí que, para as empresas em geral e as cotadas nas bolsas de valores em particular, se considera importante a **divulgação, no respectivo relatório de gestão ou no anexo ao balanço e à demonstração dos resultados, de informação sobre a preparação para a introdução do** *euro*.

Esta informação será consequentemente objecto de apreciação pelos ROC/SROC, em conformidade com o que se encontra estabelecido na Norma Internacional de Auditoria n.º 23 da IFAC, aplicável por força do disposto no parágrafo 2 das Normas Técnicas de Revisão/Auditoria (NTR/A) da CROC. E na **Declaração de Responsabilidade** (parágrafo 20 das NTR/A), a solicitar pelos ROC/SROC à administração das empresas quando da revisão/auditoria às contas, dever-se-á incluir um ponto do tipo: "**Se foram ou estão estabelecidos planos de acção adequados para resolver os problemas associados à introdução do *euro***".

Notas:
[1] Publicada no D.R., II Série, n.º 258, de 7.11.97.
[2] Cfr., "A Introdução da Moeda Única e o Mercado de Valores Mobiliários", Grupo de Trabalho da CMVM, BVL, BDP e Interbolsa sobre a Moeda Única, 2.º Relatório de Progresso, Janeiro de 1998, e Boletim da CMVM, Ano VIII, n.º 63, de 30 de Junho de 1998.
[3] Cfr.,Norma Regulamentar n.º 09/98-R, de 23.06.1998; Norma Regulamentar n.º 10/98-R, de 23.06.1998; e Circular n.º 10/98, de 23.06.1998.
[4] Publicado no D.R., II Série, n.º 257, de 6 de Novembro de 1997.
[5] Publicado no D.R., II Série, n.º 91, de 18 de Abril de 1998.

6.4 O *euro* e as empresas

(Editorial da revista "Revisores & Empresas" n.º 15 de Outubro/Dezembro de 2001)

A introdução do *euro* significa muito mais do que um simples acontecimento económico-financeiro. Se é certo que, por um lado, permite à União Europeia dispor de uma política monetária autónoma, com possibilidade de alcançar uma maior estabilidade de preços e de conduzir a um crescimento económico mais sustentado, por outro lado, é a expressão de uma dimensão mais abrangente, que contribuirá para o reforço da unidade europeia, se bem que fundada numa cultura e numa vivência que se querem partilhadas. Por isso, a introdução física do *euro* como moeda única europeia a partir do início de 2002 representará um acontecimento único na história da Europa.

A entrada do nosso país no *euro* tornou possível a descida da inflação e das taxas de juro e com isso veio possibilitar a melhoria do nível de vida a milhares de famílias, ao mesmo passo que, igualmente, muitas empresas passaram a desfrutar de menores encargos financeiros e a não estar sujeitas a variações cambiais na zona *euro*, factores que potenciam melhorias na sua competitividade.

As grandes empresas têm, em princípio, melhores condições estruturais de adaptação ao *euro*. Acontece, porém, que o tecido empresarial português é constituído na sua quase totalidade por PME, sendo a sua maior parte empresas familiares em que os seus gestores possuem o duplo estatuto de proprietários e gestores. É sabido que a introdução do *euro* terá seguramente alguns custos e exige que se consiga vencer alguma resistência psicológica. Em concreto, ela terá muito a ver com as características particulares de cada empresa, nomeadamente o seu ambiente financeiro e, em especial, o peso do seu relacionamento com empresas e outras entidades da zona *euro*, a concorrência e o custo dos sistemas de informação a implementar.

Recorde-se que a partir de 1 de Janeiro de 2002 todas as empresas são obrigadas a elaborar e a apresentar a sua contabilidade em *euros*, incluindo os respectivos registos e documentos de suporte. E o mesmo acontecerá com a outra documentação de natureza financeira, fiscal, estatística, etc.. O que tem significado e continuará a significar um esforço redobrado de informação, formação e adaptação a vários níveis e com a interferência dos mais diversos intervenientes, desde os seus preparadores até aos seus destinatários. E neste domínio, a Ordem dos Revisores Oficiais de Contas, através da sua Comissão Técnica do *Euro*, tem vindo a prestar um contributo a nosso ver extremamente relevante no que toca à divulgação dos aspectos mais ligados à informação contabilística e financeira do *euro*, não só para os revisores e outros interessados, como também em relação às empresas e aos seus quadros técnicos.

Para terminar e no que se refere mais directamente à profissão, resta dizer que os revisores têm no imediato mais um desafio a enfrentar, qual seja, o terem de passar a efectuar a revisão/certificação (legal) das contas das empresas na transição para um ambiente *euro*, desafio que, como tantos outros, irão ser capazes de vencer.

7
A 8.ª DIRECTIVA

7.1 Mais de 90% das empresas não têm as contas certificadas
(Entrevista concedida ao jornal "Diário Económico" em 8 de Agosto de 2002)

Só cerca de 25 mil empresas vê as suas contas certificadas legalmente, um número que é apontado por José Vieira dos Reis, bastonário da Ordem dos Revisores Oficiais de Contas (OROC), como um dado a ter em conta quando se fala do elevado nível de fraude e evasão fiscal que existe em Portugal. O actual bastonário e candidato a um novo mandato à frente da OROC refere que em 2000/2001, 7% dos trabalhos de auditoria examinados no âmbito da inspecção anual deram lugar a penas disciplinares.

O facto de em Portugal existir certificação legal de contas e de os ROC estarem sujeitos a um sistema de controlo é apontado como um dos factores de credibilização da auditoria, mas depois raramente ouvimos falar de resultados. Quais foram as principais conclusões do sorteio da Comissão de Controlo de Qualidade da OROC?

No período 2000-2001, foi feito o controlo de qualidade a 1/6 dos revisores em actividade, 30% dos *dossiers* controlados não tiveram nada de especial a referir, 35% tiveram observações e recomendações de menor relevância, 28% foram alvo de observações e recomendações de maior relevância e 7% foram considerados insatisfatórios. Estes últimos deram lugar à aplicação de penas disciplinares aos revisores em causa.

O que é considerado um trabalho insatisfatório?

É um trabalho com insuficiências graves. Significa que o revisor não fez determinados procedimentos considerados básicos. Por exemplo, não fez uma averiguação dos saldos de determinadas contas, não averiguou junto das instituições de crédito se os depósitos têm conformidade com o registo da escrita da empresa, ou seja, não angariou o conjunto de provas necessárias e suficientes para poder emitir uma opinião com um grau de segurança aceitável.

Se um ROC subestimar um erro e o classificar como ênfase em vez de reserva, que tipo de classificação é dada a este procedimento?

As situações em que devem emitir reservas e ênfases estão tipificadas...

....mas às vezes há lugar a alguma confusão...

Não penso que um revisor possa pôr em causa a sua carreira por esse tipo de conveniências. Poderá é haver zonas de fronteira que poderão conduzir a dificuldades de interpretação.

Não fazer uma reserva dá lugar a que sanção?

Houve censuras, houve multas .... Este trabalho insere-se num novo posicionamento, uma nova maneira de ver as coisas desde que nós entramos para cá em 1998. O controlo de qualidade começou em 1994, mas os primeiros anos, como é natural, foram de actuação mais pedagógica.

Alguns dos trabalhados insatisfatórios correspondem a auditorias a cotadas?

Não. 43% dos dossiers de empresas cotadas não tiveram nada de especial a referir, 36% deram lugar a observações e recomendações de menor relevância e 21% a recomendações e observações de maior relevância. Mas não houve conclusões insatisfatórias.

Quantos ROC foram suspensos ou expulsos da profissão na sequência das inspecções nos últimos anos?

Não há suspensões nem expulsões. A suspensão é extremamente grave e os casos não o justificam.

Que sentido faz um relatório e contas de uma cotada ter um parecer de uma SROC inscrita na CMVM como auditor externo e de uma auditoria internacional, praticamente decalcados uns dos outros?

Isso já aconteceu mais. Se o Conselho Fiscal for integrado por uma SROC que esteja registada na CMVM, essa SROC pode desempenhar essas funções emitindo um parecer único. Para efeitos da legislação portuguesa não é necessário um parecer autónomo de uma auditoria internacional, mas tem dependido da empresa.

Quando é que as auditoras internacionais vão passar a SROC?

Quando quiserem. Já há requerimentos para a adesão. Mas não lhe posso dizer quais porque não estão concluídos nem aprovados.

O que vai implicar para as auditoras internacionais?

Têm de se adequar ao formato jurídico do Estatuto dos ROC. Para as SROC como sócios não ROC é necessário que ¾ do capital social, do número de sócios e dos direitos de votos pertençam a revisores.; ¾ da administração da gerência e da direcção sejam revisores; o exercício e a orientação dos trabalhos de interesse públicos sejam da responsabilidade dos revisores; os sócios não revisores sejam pessoas individuais e tenham pelo menos uma licenciatura na área das matérias que compõem a admissão à Ordem. No estatuto, de final de 1999, foram reconhecidos direitos adquiridos por cinco anos, o que significa que estamos num período transitório e essas entidades podem, por enquanto, exercer a sua actividade no que toca à auditoria em paralelo com as sociedades na Ordem.

E a partir de 2004?

Têm de se inscrever na Ordem. Trata-se de um processo obrigatório.

E vão ter pela frente o mesmo mercado que os inscritos na Ordem...

Não creio que haja problemas de mercado, ele está dimensionado. Não chega a 10% o número de empresas em que os ROC intervêm: mais de 90% não têm as contas certificadas.

Quando as auditoras internacionais passarem a SROC vamos ter um mercado mais credível?

Sem dúvida. Um mercado mais transparente, já que passam a ter competências de interesse público. Passam a ter responsabilidade civil, disciplinar e penal, se for o caso. Não temos o quadro legal que há nos EUA em que a actividade de auditoria é uma actividade comercial. Aqui não, é uma actividade de interesse público, regulamentada por uma pessoa pública com poderes delegados do Estado.

Acha que as auditorias devem continuar a prestar aconselhamento jurídico ou que isso deve ser da competência exclusiva das sociedades de advogados?

As SROC não devem exercer procuradoria jurídica ilícita. As matérias essenciais do revisor são as de auditoria, de contabilidade agora naturalmente que temos matérias acessórias que fazem parte da profissão.

A consultoria jurídica é uma delas?

Não temos qualquer intenção de entrar nos domínios da consultoria jurídica que seja um exercício ilícito da procuradoria jurídica dos advogados. Aliás, a própria Ordem dos Advogados (OA) já nos contactou para irmos aperfeiçoando caminho, não encontrando razão para que esta matéria não seja esclarecida.

A maior parte das auditoras internacionais tem na sua esfera de influência empresas de advogados...

Ai têm de responder as sociedades de advogados perante a OA.

Em 2004, essa situação continuará a ser admissível?

A partir de 2004 têm de se conformar com o estatuto.

A CE vai lançar uma série de recomendações sobre a independência os auditores. Como vêem as medidas?

Já lançou, em 14 de Julho, e nas questões essenciais estamos em linha. No final de 2001 actualizámos e melhorámos o nosso código de ética e, incluímos algumas ideias que iam sendo discutidas na Europa. Introduzimos, a par de outras, quatro novas regras para preservar a independência: o revisor não pode receber de cada cliente mais de 15% do total de honorários anuais; deve recusar o trabalho numa empresa quando for executor ou organizador de contabilidade ou quando assumir a responsabilidade contratual ou legal dessa contabilidade; é impossível ao profissional ser revisor numa empresa e, simultaneamente, fiscalizar contas dessa empresa ao serviço de organismos públicos; e a prestação de serviços de consultoria fica sujeita ao princípio da independência e nesta situação o revisor tem de cumprir pelo menos as 3 regras anteriores.

Uma das recomendações da CE é a da rotatividade dos ROC nas auditadas. Vão acolher este princípio?

Não está claro que a rotatividade seja sinónimo de acréscimo de qualidade. Há que enquadrar o tema no contexto de cada país, e nós, em Portugal, somos escrutinados de 4 em 4 anos.

Em Portugal os gestores implicados na gestão danosa da empresa deviam sofrer penas mais severas?

Proponho que se repense todo o sistema de informação financeira, desde a apresentação, apreciação, divulgação até à definição da responsabilidade para os vários agentes. É previsível que se tenha de começar a preparar um novo modelo de normalização contabilística internacional e, portanto, está na altura de se começar a fazer esse estudo e preparar o caminho para 2005, data prevista par aplicação das Normas Internacionais de Contabilidade. É preciso que esse estudo avalie também o quadro jurídico-penal e se averigue se será necessário reformulá-lo, com vista a consagrar nomeadamente o crime de fraude contabilística e reforçar ou não as penas.

7.2 A Ordem controla a qualidade desde há dez anos

(Reportagem da Sessão Pública do sorteio anual do controlo de qualidade, realizada no Hotel Tivoli-Lisboa em 24 de Setembro de 2003)

Depois de ter agradecido a presença de diversas individualidades bem como de Colegas, José Vieira dos Reis informou que o Dr. João Freixa tinha programado estar ali também, o que só não acontecia por motivo de última hora que disso o impedira.

Para Vieira dos Reis, a questão da qualidade de informação financeira teve ultimamente uma maior acuidade com o surgimento nos Estados Unidos da América de casos como *Enron* ou a *Worldcom* e deixou marcas acentuadas um pouco por todo o Mundo, incluindo naturalmente entre nós.

Temos em Portugal, um regime de controlo de qualidade desde há dez anos que tem vindo a ser implementado pela Ordem e que felizmente tem dado resultados bastante positivos sendo muito diminutos os negativos. Agora, e tornando a citar o exemplo norte-americano, foi publicada a lei *Sarbanes Oxley Act* expressamente destinada a reforçar os meios de controlo da qualidade nas auditorias.

Entretanto, em 21 de Maio deste ano foi emitida uma Comunicação da Comissão Europeia ao Conselho e ao Parlamento Europeu sobre o tema "Reforçar a revisão legal de contas na UE" que pretendeu ser igualmente uma resposta aos escândalos financeiros antes mencionados, focalizando especialmente a ausência de uma abordagem harmonizada no domínio da revisão legal de contas na União Europeia.

Em Novembro de 2000, a Comissão emitira uma recomendação relativa ao "Controlo de Qualidade da Revisão Legal de Contas na UE" e em Maio de 2002 a Comissão emitiu ainda uma recomendação relativa à "Independência dos ROC na UE". As duas encontram-se em fase de implementação por parte dos Estados-membros.

O ponto de partida para uma estratégia política coerente e homogénea a nível da União Europeia prende-se com o facto de dever continuar a abranger a totalidade (mais de um milhão) de revisões legais das contas efectuadas na UE, um número que é muito mais elevado do que o número de sociedades cotadas na mesma UE, da ordem das sete mil.

É também um dos objectivos destas Recomendações a criação de uma Estrutura Conceptual de Regulação Moderna, que inclui a proposta de modernização da 8.ª Directiva, até ao primeiro trimestre de 2004, com vista a se assegurarem trabalhos de elevada qualidade e ainda a exclusiva disposição nos domínios seguintes: Formação, Supervisão Pública, Controle de Qualidade, Sanções disciplinares, Normas Internacionais de Auditoria (ISA) e questões deontológicas e de independência.

Inclui ainda a criação de um Comité de Regulação de Auditoria nessa versão modernizada da 8.ª Directiva com a introdução de diversas entidades (e não apenas dos representantes dos profissionais dos Estados-membros, como actualmente se faz). De resto, os Estados-membros deverão comunicar à Comissão a forma como estão a implementar os seus sistemas de controlo de qualidade. Em Portugal a OROC é a única entidade deste tipo a proceder aos Controlos de Qualidade desde há cerca de dez anos a esta parte, de forma perfeitamente aceitável, notando-se uma evolução positiva que tem em conta os profissionais sujeitos pelos seus pares ao Controlo de Qualidade.

E isto coloca a questão de se saber exactamente o que é a qualidade. Que é o ponto mais complexo e difícil de definir. A inclusão de membros não profissionais nos Comités de Controlo de Qualidade, (de preferência maioritários em relação aos profissionais) dará não apenas uma garantia de independência, mas de eficácia e de eficiência.

Para tanto, a Comissão propõe-se analisar em 2003 os resultados da implementação da Recomendação sobre o Controlo de Qualidade das revisões legais de contas na UE por parte dos Estados-membros e da sua eficácia, Recomendação que, recorde-se, é de Novembro de 2000.

Propõe-se, ainda e também, incluir na 8.ª Directiva modernizada a obrigação e prioridade de implementar sistemas de Controlo de Qualidade conformes com a referida Recomendação. Em Portugal isto coloca novos desafios à OROC e envolve um investimento da Ordem, inclusive monetário. Isto porque se entende que o Controlo de Qualidade não é apenas uma forma de revisão de outras revisões de contas, mas sim um elemento fundamental de contactar o púbico em geral que deseja qualidade de informação, com credibilidade e transparência.

Por isso, e a finalizar, endereçou palavras de muito apreço e agradecimento aos Colegas que se têm voluntarizado como controladores, roubando assim uns largos tempos aos seus momentos livres, às respectivas famílias e aos Colegas que com eles trabalham, para levarem a cabo uma tão profícua e importante actividade.

(Alguns dos pontos da comunicação de improviso realizada nesta data e inserida na revista "Revisores & Empresas n.º 22 de Julho/ /Setembro de 2003).

7.3 Que modelo de fiscalização de sociedades

(Editorial da revista "Revisores & Empresas" n.º24 de Janeiro/Março de 2004)

É assunto que também tem estado em discussão em Portugal para as sociedades objecto do mercado de capitais. Estamos a falar de cerca de uma centena de sociedades, incluindo quatro delas cotadas na bolsa de Nova Iorque. Sem dúvida que se trata de sociedades de dimensão económica, financeira e social relevante.

Esta discussão tem como causa próxima os recentes escândalos financeiros internacionais e o falhanço que aí ocorreu nos modelos de fiscalização e na vulnerabilidade das regras de independência dos auditores.

Portugal, felizmente, não foi atingido por escândalos dessa dimensão, muito embora tenha havido casos, certamente relevantes à nossa escala, mas nada que se comparem aos anteriormente referidos.

Há mais de 100 anos que foi instituído em Portugal o conselho fiscal nas sociedades por acções. A história deste órgão de fiscalização não tem em geral sido brilhante. Ao ponto do próprio *Fernando Pessoa* se ter pronunciado sobre a inutilidade dos conselhos fiscais, criticando sobretudo a falta de competência e de independência de quem fiscaliza.

Sucede porém que, há mais de 30 anos a esta parte, foi iniciado um processo de reestruturação dos conselhos fiscais das sociedades anónimas com a inclusão dos revisores oficiais de contas no seu seio e o reforço das suas competências e das suas garantias de independência. E a história dos conselhos fiscais em Portugal começou a mudar para melhor.

Propõe-se agora afastar os revisores oficiais de contas do seio dos conselhos fiscais e retirar-lhes a competência de fiscalizarem a administração das sociedades anónimas, reservando as suas funções nucleares para a matéria ligada à apreciação da respectiva informação financeira. Isto, na linha dos conselhos de auditoria que têm recentemente vindo a ser instituídos, principalmente importados e inspirados em modelos de outros países ou em recomendações comunitárias.

Importar modelos que não se adaptem à nossa tradição jurídico--cultural, nem respeitem a realidade empresarial portuguesa, não vai seguramente servir os diversificados interesses em causa, designadamente dos investidores em geral. De entre o mais, será de evitar a dispersão/sobreposição de órgãos, de funções e de responsabilidades.

Torna-se, por isso, necessário estudar e ponderar devidamente este assunto, para que o modelo de fiscalização a propor traga valor acrescentado ao que já existe em Portugal.

7.4 Uma nova lei europeia dos auditores
(Editorial da revista "Revisores & Empresas" n.º 25 de Abril/Junho de 2004)

Está actualmente a seguir os seus tramites nas instâncias próprias da União Europeia uma proposta de revisão da 8.ª Directiva 84//253/CEE, de 10 de Abril de 1984, geralmente conhecida por lei europeia dos Auditores.

Pode até dizer-se que a presente proposta do Parlamento Europeu e do Conselho não constitui uma reacção emocional aos escândalos contabilístico-financeiros ultimamente verificados e que se trata da sequência lógica da nova orientação política da União Europeia a nível da auditoria, iniciada em 1996. Mas que esses escândalos vieram confirmar a urgência e a necessidade de revisão daquela norma comunitária, com 20 anos de existência, ninguém negará.

A referida proposta constitui, por conseguinte, uma das iniciativas mais importantes com vista a reforçar a auditoria às contas na União Europeia, clarificando as obrigações dos Auditores/Revisores Oficiais de Contas e as regras sobre a sua independência, com base na introdução de uma nova estrutura conceptual de regulação da profissão e na melhoria da cooperação entre as autoridades de regulação da União Europeia. Ela constitui igualmente a base para uma cooperação internacional eficaz com as autoridades de regulação de países terceiros, questão cada vez mais relevante devido ao facto dos mercados de capitais estarem interligados a nível mundial.

Acresce que a presente proposta mantém as condições base em matéria de habilitação profissional. No entanto, introduz novos requisitos no que respeita ao modo como deve ser realizada uma auditoria e às estruturas necessárias para assegurar e reforçar a qualidade da Auditoria, assim como a confiança neste sector de actividade.

Após o debate interno estatutariamente previsto, a Ordem entregou entretanto ao Governo documentação de âmbito legislativo que, entre o mais, pretende dar acolhimento a algumas das linhas de orientação preconizadas na citada proposta.

É um novo paradigma profissional que se quer implementar e não apenas uma mudança do actual. Está na forja, portanto, a implementação de uma nova estrutura conceptual de regulação da profissão a nível da União Europeia. No entanto, a nosso ver, uma nova lei não chega. Ela terá de ser permanentemente acompanhada de uma mentalidade e acção que preencham os valores da **integridade, competência e independência**, para se continuar a fazer *jus* ao símbolo da Ordem.

7.5 A responsabilidade dos revisores/auditores

(Editorial da revista "Revisores & Empresas" n.º 26 de Julho/Setembro de 2004)

A questão da responsabilidade dos revisores/auditores é tão velha quanto a profissão. Com os escândalos contabilístico-financeiros recentemente ocorridos a nível internacional, acentuou-se o debate sobre esta questão. É que depois da extinção relâmpago da firma **Arthur Andersen**, arrastada pelo caso **Enron**, a profissão tornou-se mais vulnerável a pedidos de indemnização avultados decorrentes de actos geradores de responsabilidade civil profissional.

Daí que tenham vindo a surgir iniciativas junto dos Governos de vários países, no sentido de introduzir um maior grau de racionalidade nesta questão da responsabilidade. A própria Comissão Europeia, no seu plano de acção estratégico para a profissão, comunicado ao Conselho e ao Parlamento Europeu em Maio do ano passado, incluiu um ponto respeitante ao exame da responsabilidade dos revisores/auditores a nível da União Europeia, a concretizar até 2006.

Pelo que fica dito, esta questão está e vai continuar a estar na ordem do dia. Por isso, entre nós, o actual quadro legal não pode deixar de ser estudado e consequentemente ajustado. E não só a nível da responsabilidade civil profissional dos revisores oficiais de contas, mas também da sua responsabilidade disciplinar, penal e fiscal, como um todo. A natureza das suas funções e os termos do seu exercício vêm seguramente reclamando da ciência jurídica um tratamento mais adequado às responsabilidades que estes profissionais vêm assumindo. É preciso encontrar um ponto de equilíbrio, que atenda às exigências e responsabilidades dos cidadãos, das empresas, dos investidores, do Estado e, naturalmente, dos revisores oficiais de contas e da sua Ordem, em articulação com os desenvolvimentos que esta questão vier a ter designadamente a nível comunitário.

É certo que **a Ordem, como entidade reguladora e supervisora, tem vindo a estudar e a fazer propostas de alteração,** sendo incontornável que, pela sua relevância, abrangência e implicações, esta questão merece e deve ser estudada e consequentemente ajustada na perspectiva global dos cidadãos em geral e das diversas entidades directamente envolvidas em particular. Neste sentido, a Ordem continuará a dar o seu contributo para se introduzir um maior grau de racionalidade e encontrar um ponto de equilíbrio nesta actual questão profissional.

7.6 O novo paradigma da auditoria
(Artigo publicado no semanário "Expresso" em 20 de Novembro de 2004)

Tem vindo a ser debatido e implementado um novo modelo de regulação da revisão/auditoria às contas. É um novo paradigma profissional que se quer implementar e não apenas uma mudança do actual. Este processo, conduzido a nível dos grandes espaços geopolíticos principalmente pelos EUA e pela UE, está a implicar a criação de novos mecanismos de regulação, uma redefinição de prioridades e uma nova e mais abrangente abordagem profissional.

Por via disso, o Congresso dos EUA aprovou a *Sarbanes Oxley Act*, no final de Julho de 2002, e a Comissão Europeia fez uma Comunicação ao Conselho e ao Parlamento Europeus, em Maio do ano passado, sob o título "Reforçar a revisão legal das contas na UE", estando presentemente em processo de revisão a 8.ª Directiva respeitante à profissão.

A nível da UE, pretende traçar-se uma nova estratégia política, coerente e homogénea, por forma a abranger a totalidade das revisões legais das contas nela efectuadas, e não apenas as das sociedades cotadas.

Esta nova estratégia política passa por um plano de acção de 10 pontos, com prioridades calendarizadas a curto prazo e outras a médio prazo até 2006. Trata-se de um vasto plano de acção, no sentido de reforçar a confiança dos investidores nos mercados de capitais e do público na profissão.

Sucede que muitas das questões que hoje se estão a colocar já se encontram resolvidas no nosso país, o que não quererá dizer que algumas delas não devam ser ajustadas ou actualizadas, através da revisão do nosso Estatuto. Nesse sentido a Ordem dos Revisores Oficiais de Contas (doravante Ordem) já fez oportunamente chegar ao Governo as correspondentes propostas.

A partir de 2005, entrará em vigor um novo modelo contabilístico em Portugal com a aplicação das Normas Internacionais de Contabilidade (NIC/IFRS) do IASB, nos termos do Regulamento (CE) n.º 1606/2002 do Parlamento Europeu e do Conselho.

Estas normas são de aplicação obrigatória para todas as sociedades cotadas num dos mercados regulamentados da EU relativamente às suas contas consolidadas (menos de 100 sociedades em Portugal), podendo os Estados-membros permitir ou exigir que elas se apliquem também às restantes sociedades.

A Ordem entende que a solução tecnicamente mais adequada será de, pelo menos, aplicar as NIC/IFRS às contas consolidadas das sociedades cotadas, incluindo as filiais que façam parte do seu perímetro de consolidação e as inerentes associadas objecto do método da equivalência patrimonial, bem como às contas individuais do conjunto dessas sociedades; e dever-se-á permitir que as restantes sociedades possam optar por aplicar as NIC/IFRS, desde que as suas contas fiquem sujeitas a certificação legal, por um período mínimo de três anos.

Com efeito, o Governo deverá mandar publicar, quanto antes, um diploma legal que defina o âmbito de aplicação das NIC/IFRS, para além das contas consolidadas das sociedades cotadas, à semelhança do que já fizeram ou estão a fazer os outros Estados-membros da EU, como por exemplo a nossa vizinha Espanha. Trata-se de proporcionar às sociedades portuguesas condições equivalentes às demais sociedades a operar no mercado europeu, favorecendo a sua competitividade e a transparência e comparabilidade da informação financeira.

A nosso ver, a aplicação deste novo modelo contabilístico deverá implicar uma profunda alteração do modelo organizativo da contabilidade em Portugal, que globalmente não serve as necessidades do país nem os interesses dos destinatários da informação financeira.

Com efeito, as atribuições e competências em matérias contabilísticas encontram-se dispersas por, pelo menos, cinco entidades, o que não favorece a indispensável coordenação e harmonização de conceitos, valorimetria e divulgação da informação financeira. E as normas contabilísticas portuguesas não têm todas o mesmo valor jurídico, o que acarreta, entre si e perante terceiros, problemas de maior ou menor agilidade no processo de produção e actualização normativa, de hierarquia e de interpretação.

Neste quadro, e perante o que se avizinha, entendemos que o novo modelo organizativo da contabilidade deveria passar, nestas circunstâncias, por atribuir a uma única entidade contabilística independente autónoma, nomeadamente, as responsabilidades de regulação que se encontram dispersas por várias entidades do nosso país relativamente a estas matérias.

Quer o Estatuto da Ordem, quer o seu Código de Ética e Deontologia Profissional (CEDP) consagram e regulam, a par da função de revisão/auditoria às contas, a actividade de consultoria nas matérias que integram o programa de exame de admissão à Ordem (por exemplo, revisão/auditoria às contas, contabilidade, fiscalidade, finanças, direito e economia).

É conveniente lembrar a este propósito que o tecido empresarial português é caracterizado por um enorme número de empresas de reduzidíssima dimensão, ou seja, cerca de 99% das empresas declararam para efeitos de IRC, no exercício de 2002, um volume de negócios inferior a 5.000.000 euros, num universo da ordem das 300.000 empresas. Salvaguardando-se sempre quaisquer conflitos de interesses, é cada vez mais neste mercado profissional que o empresário sente necessidade de ter a colaborar consigo, não apenas um

ROC que procede à revisão e certificação das contas da sua empresa, como também um profissional qualificado a quem pode consultar sobre matérias da sua especialidade, com vista a dar-lhe um conselho, uma informação ou um parecer sobre determinado caso ou situação a decidir ou a resolver. O ROC tem de representar, cada vez mais, um valor acrescentado e não um encargo imposto por lei às empresas, quer pela qualidade e competência da sua intervenção, quer pela confiança que pode proporcionar aos empresários, quer ainda pela credibilidade que confere à prestação de contas perante os mais diversificados destinatários.

Mesmo os actos próprios de outras profissões não ignoram a nossa realidade de Estado de direito existente no nosso país, nem muito menos o estatuto legal já definido de outras profissões. Foi o que aconteceu com a recente publicação da Lei n.º 49/2004, de 24 de Agosto, que definiu os actos próprios dos advogados e dos solicitadores, ao ressalvar as competências próprias atribuídas às demais profissões ou actividades cujo acesso ou exercício é regulado por lei, como é o caso da profissão de ROC, no âmbito da qual estes praticam actos próprios de outras profissões, mas que estão indissociavelmente ligados ao exercício das suas funções.

Ora, o exercício da actividade de consultoria nas matérias que integram o programa de admissão à Ordem é um exemplo disso.

7.7 A supervisão pública da profissão

(Editorial da revista "Revisores & Empresas" n.º 29 de Abril/Junho de 2005)

No estado actual do processo de aprovação da proposta de revisão da 8.ª Directiva do Parlamento Europeu e do Conselho relativa à revisão legal das contas individuais e consolidadas está previsto que os **Estados-membros criarão um sistema eficaz de supervisão pública da profissão** com base em determinados princípios.

Ou seja, a ele devem estar sujeitos **todos** os ROC e SROC. O mesmo deve ser gerido por pessoas não pertencentes ao sector da revisão/auditoria às contas, com domínio das matérias da especialidade, muito embora se permita que uma minoria das pessoas do sector possa estar envolvida na governação de tal sistema. E devendo o referido sistema assumir a **responsabilidade final** (donde, resultará haver uma **responsabilidade inicial**) pela supervisão das seguintes matérias: (i) da aprovação e do registo dos ROC e das SROC; (ii) da adopção das normas de deontologia, de controlo de qualidade e de revisão/auditoria às contas; e (iii) da formação contínua e dos sistemas de controlo de qualidade e de inspecção e disciplina. A que acresce o dever de tal sistema ter o direito de realizar, sempre que necessário, inspecções junto dos ROC/SROC, de se pautar pela transparência, nomeadamente, publicando os programas de trabalho anuais e os relatórios de actividade, e de ser financiado de forma segura e isenta de qualquer influência indevida por parte dos ROC/SROC.

Perante esta caracterização genérica, várias questões se colocarão relativamente às previsíveis implicações de tal sistema no sector da revisão/auditoria às contas em Portugal. A principal questão prévia a resolver será a de saber se é mesmo necessário criar tal sistema "*ex novo*" em Portugal, sabendo-se que o seu objectivo essencial é contribuir para garantir um nível elevado de qualidade da revisão/ /auditoria às contas no seio da União Europeia, tendo por base uma cooperação e coordenação eficazes entre as autoridades competentes, designadamente, dos Estados-membros a nível comunitário. Com efeito, é reconhecido que o sector da revisão/auditoria às contas em Portugal tem vindo a pautar-se em geral por um nível elevado de qualidade, com base na supervisão pública em vigor.

Como sabemos, uma directiva comunitária vincula qualquer Estado-membro dela destinatário ao objectivo a atingir, deixando, no entanto, às instâncias nacionais a escolha dos **meios** e das **formas** mais adequadas – do ponto de vista do direito interno ou da realidade nacional – para o alcançar. O que significa que caberá ao legislador nacional, no momento da transposição desta Directiva, avaliar da necessidade de criação de tal sistema "*ex novo*" ou se, tendo em conta o direito interno e a realidade nacional, o sistema de supervisão pública da profissão em vigor em Portugal será capaz de responder **com os ajustamentos adequados** ao objectivo a atingir pelo sistema de supervisão pública comunitário.

Compreender-se-á, porventura, que um sistema de supervisão pública assim concebido possa ter razão de ser em Estados-membros em que a organização do sector de revisão/auditoria às contas esteja, por si só ou basicamente, entregue a **entidades privadas**. E que nesses Estados-membros possa haver uma entidade de cúpula de natureza pública com **responsabilidade final** sobre as matérias antes referidas. Não é o caso em Portugal. Aqui, *o* **Estado Português devolveu os poderes que detém neste sector a uma entidade pública, a Ordem dos Revisores Oficiais de Contas**, responsável pela representação e registo de todos os ROC e SROC, bem como pela **superintendência** em todos os aspectos relacionados com a profissão. A Ordem é a entidade de cúpula da profissão, é esse o seu papel e razão de ser, à luz do disposto, inclusive, no artigo 267.º, n.º 4, da Constituição da República Portuguesa.

Pelo que a **Ordem é inteiramente responsável** por todas as matérias a inscrever nas competências de tal sistema e a **autoridade competente** a cooperar e a estabelecer coordenação, designadamente, com as respectivas instâncias da União Europeia. A ser instituído tal sistema ou entidade *"ex novo"* levará certamente a uma sobreposição desnecessária de atribuições e competências e a fonte de potenciais conflitos, mesmo com a sua concatenação a nível da **responsabilidade final.**

Parece-nos, pois, que se deverá proceder a uma avaliação aprofundada, com vista a se poder satisfazer este objectivo com **economia de meios e da forma mais adequada**. Os Estados-membros terão 24 meses (até final de 2007, princípios de 2008, caso seja publicada até final deste ano, princípios do próximo) para procederem à transposição desta Directiva (*)·

Não resulta como proposição necessária que esse sistema passe forçosamente por uma entidade externa à Ordem, podendo esta, inclusivamente, se a respectiva governação **não for na sua maioria constituída por pessoas pertencentes ao sector**, assumir o cariz e o papel dessa entidade.

Neste contexto, não queremos acreditar na **criação de mais uma entidade pública em Portugal externa à Ordem** para se alcançar este objectivo comunitário.

Nota:
(*) Só veio no entanto a ser publicada no JO L 157 de 9.6.2006, pag. 87 e segs.; e acabou por ser fixado o prazo até 29 de Junho de 2008 para os Estados-membros procederem à sua transposição.

7.8 Análise da nova Directiva Comunitária sobre Auditoria

(Artigo de Dezembro de 2005, publicado no VII Volume de Direito dos Valores Mobiliários, editado pelo IVM — Instituto dos Valores Mobiliários da Faculdade de Direito de Lisboa, sob o título "A revisão da Directiva sobre Auditoria", entretanto revisto e actualizado)

As Directivas comunitárias sobre contas

O princípio que esteve na origem da Comunidade Europeia foi o estabelecimento de um mercado único de bens e serviços, com a progressiva eliminação de diferenças entre as normas que regulam a actividade económica e o funcionamento dos mercados.

Para atingir esse objectivo, foi considerada essencial a necessidade de normalizar e melhorar a qualidade da informação financeira proporcionada pelas empresas não só aos investidores, mas também a todas as entidades que de alguma forma intervêm, participam ou regulam os mercados.

Nesse sentido começaram a ser publicadas a partir de 1978 directivas sobre contas individuais e consolidadas das empresas. Estas directivas, além de conterem disposições quanto à normalização de princípios e critérios contabilísticos, tratavam a questão do depósito e registo das contas e previam também a sua revisão (controlo, na terminologia da tradução portuguesa) por pessoas devidamente habilitadas, com vista a garantir a fiabilidade das contas apresentadas pelas empresas.

A 8.ª Directiva

Em 1984 foi publicada a Directiva 84/253/CEE (8.ª Directiva), que tratava da aprovação das pessoas encarregadas da revisão legal dos documentos contabilísticos.

O objectivo foi o de harmonizar as qualificações das pessoas habilitadas a efectuar a revisão legal, assegurando que sejam idóneas e competentes.

Estabelecia a necessidade de um exame de aptidão profissional que comprovasse um nível elevado dos conhecimentos teóricos necessários para a revisão, bem como a capacidade de aplicação desses conhecimentos na prática.

A avaliação dos conhecimentos teóricos abrangeria, em especial, as seguintes matérias relacionadas com a revisão legal das contas:
- Análise e crítica de contas;
- Contabilidade geral;
- Contas consolidadas;
- Contabilidade analítica e contabilidade de gestão;
- Controlo interno;
- Normas relativas à preparação de contas individuais e consolidadas, bem como o modo de avaliação dos itens do balanço e da demonstração dos resultados;
- Normas jurídicas e profissionais relativas à revisão legal, bem como as relativas às pessoas que efectuam essas revisões.

Também se exigiam, na parte em que interessasse à revisão de contas, conhecimentos de:
- Direito das sociedades;
- Direito das falências e procedimentos análogos;
- Direito fiscal;
- Direito civil e comercial;
- Direito do trabalho e da segurança social;
- Sistemas de informação e informática;
- Economia de empresa, economia política e economia financeira;
- Matemática e estatística;
- Princípios fundamentais de gestão financeira das empresas.

Como medida transitória, dava a capacidade aos Estados-membros de aceitar pessoas que não reunissem todas as condições exigidas em matéria de formação teórica, mas que possuíssem uma longa actividade profissional que lhes tivesse dado uma experiência suficiente nos domínios financeiro, jurídico e contabilístico, desde que se sujeitassem com êxito a um exame de aptidão profissional.

Previa também a aceitação tanto de pessoas singulares, revisores oficiais de contas, como de pessoas colectivas, sociedades de revisores oficiais de contas.

Embora essa Directiva contivesse certos requisitos quanto à inscrição e à consciência profissional e independência, nada dispunha quanto aos procedimentos de revisão legal, nem quanto ao sistema de supervisão pública ou de controlo da qualidade do trabalho necessário para assegurar uma elevada qualidade.

Da proposta à revisão da 8.ª Directiva

Entretanto, como é do conhecimento público, surgiram nos Estados Unidos e na Europa escândalos financeiros que vieram pôr em causa o trabalho dos auditores, os quais trouxeram prejuízos consideráveis para os mercados de capitais e para a economia. Vieram pôr em evidência quão importante é o facto da revisão legal das contas constituir um elemento essencial para assegurar a fiabilidade das demonstrações financeiras.

Nestas condições, e embora não constituindo uma resposta emocional a esses escândalos empresariais, a União Europeia tomou a iniciativa de avançar com uma proposta que revisse a 8.ª Directiva e lhe acrescentasse disposições quanto ao trabalho a executar pelos revisores.

A ausência de uma abordagem harmonizada da revisão legal das contas dentro da UE era uma matéria que vinha já preocupando a Comissão, o que a levou a publicar em 1996 um Livro Verde sobre o "Papel, Estatuto e Responsabilidade do Revisor Oficial de Contas na União Europeia". Isto deu lugar a um processo de reflexão cujas conclusões foram objecto de uma Comunicação da Comissão em 1998 relativa ao futuro da revisão legal das contas na União Europeia.

Foi então criado um Comité de Auditoria cuja finalidade era a de debater e melhorar a qualidade da auditoria, constituindo os seus temas principais o controlo de qualidade externo, as normas de auditoria e a independência dos auditores.

Em resultado dos trabalhos do Comité de Auditoria da UE, a Comissão em Novembro de 2000 emitiu uma Recomendação sobre "Controlo de qualidade da revisão legal de contas na União Europeia" e em Maio de 2002 emitiu uma Recomendação sobre a independência dos revisores oficiais de contas.

O passo que se seguiu foi a preparação de uma proposta para revisão da 8.ª Directiva, que contivesse todas aquelas recomendações. Essa proposta veio a ser sucessivamente alterada e, por fim, chegou-se à Directiva 2006/43/CE do Parlamento Europeu e do Conselho de 17 de Maio de 2006 ([1]), conhecida por 8.ª Directiva.

Objectivo da Directiva

O principal objectivo é atingir um elevado, embora não total, nível de harmonização dos requisitos da revisão legal. Um Estado-membro pode, nalguns casos devidamente previstos, impor restrições mais severas.

Durante o longo debate havido, chegou-se à conclusão que, embora a revisão legal das contas seja da máxima importância para assegurar a qualidade e fiabilidade do relato financeiro das empresas, ela, por si só, não constitui o único elemento que deve ser objecto de revisão após os conhecidos escândalos financeiros. A auditoria insere-se num sistema mais alargado de intervenientes e de reguladores, com especial responsabilidade de todos os encarregados da governação das empresas. Assim, a revisão da Directiva deve ser encarada, por isso, no contexto mais vasto das medidas da UE previstas no Plano de Acção para os Serviços Financeiros. Julgamos ser de interesse citar entre essas medidas (i) a modernização do direito das sociedades de forma a acompanhar os desenvolvimentos havidos nos mercados de capitais e financeiros, (ii) a adopção das normas internacionais de relato financeiro como referencial contabilístico, e (iii) a emissão de normas quanto ao funcionamento dos mercados sobretudo no que se refere ao abuso de informação privilegiada e à manipulação do mercado e quanto aos prospectos a publicar em caso de ofertas públicas de valores.

Principais considerações que deram lugar à Directiva

A Directiva visa resolver os seguintes problemas, para se atingirem os objectivos pretendidos:

– Deixarem de existir entraves à prestação de serviços transfronteiriços, considerando que os revisores oficiais de contas reconhecidos num Estado-membro de acordo com a Directiva têm qualificações equivalentes aos revisores locais;
– Existência de um registo de revisores oficiais de contas e de sociedades de revisores oficiais de contas acessível ao público e contendo as informações consideradas relevantes;

- Sujeição dos revisores oficiais de contas a normas deontológicas que sejam exigentes e que abranjam a sua responsabilidade em matéria de interesse público, integridade, objectividade, competência e zelo profissional. Por responsabilidade em matéria de interesse público entende-se que existe um conjunto mais vasto de pessoas e instituições que confia na qualidade do trabalho do revisor oficial de contas. A Comissão, admitindo a dificuldade de preparar e fazer aprovar normas deontológicas europeias, entende que para tal poderão ser tidos em consideração os princípios constantes do Código de Ética da *International Federation of Accountants* (IFAC);
- Vinculação dos revisores oficiais de contas a regras muito restritivas em matéria de confidencialidade e de sigilo profissional;
- Desenvolvimento de regras estritas quanto à independência dos revisores oficiais de contas;
- Adopção de um conjunto de normas e procedimentos de auditoria geralmente aceites, com base nas Normas Internacionais de Auditoria emitidas pela IFAC;
- Definição da responsabilidade nas auditorias de grupos;
- Normalização dos relatórios de auditoria (certificações legais das contas);
- Supervisão da actividade por um órgão público independente dos revisores oficiais de contas;
- Regras quanto à designação, destituição e renúncia;
- Regras mais apertadas quando se trate da revisão legal de entidades de interesse público;
- Criação de comissões (*comités*) de auditoria nas entidades de interesse público;
- Regras para a aceitação dos trabalhos dos auditores de países terceiros;
- Cooperação entre as autoridades de supervisão;
- Protecção de dados pessoais.

Principais disposições da Directiva

A Directiva está apresentada em 12 Capítulos. Salienta-se que não é propriamente uma revisão que introduzisse alterações ao texto da Directiva existente, mas sim a reformulação total da Directiva.

Vai passar-se em revista, seguindo a ordem dos capítulos, apenas aquelas disposições que se consideram mais relevantes, já que o seu texto abarca mais de cinco dezenas de artigos.

Objecto e definições

O objecto da Directiva é a revisão legal das contas individuais e consolidadas.

Este capítulo apresenta também um conjunto de definições. É uma prática seguida na normalização profissional, sobretudo de origem anglo saxónica, que se considera excelente para definir sem ambiguidades o âmbito de aplicação.

Contudo, não se pode deixar de fazer alguns reparos à tradução oficial portuguesa da Directiva na medida em que existem inconsistências na terminologia associada à revisão de contas, por vezes chamada auditoria, os próprios revisores são por vezes designados auditores e as sociedades de revisores são firmas de auditoria. Também, no que se refere à terminologia técnica, as deficiências são várias, tendo em atenção as normas de auditoria e as práticas em vigor.

Aprovação, formação contínua e reconhecimento mútuo

Neste capítulo atribui-se a exclusividade da função de revisão legal das contas a revisores ou a sociedades de revisores aprovados pelas autoridades competentes. Este conceito de autoridades competentes será debatido adiante a propósito da transposição da Directiva.

Estabelece disposições especiais quanto aos direitos de voto e aos órgãos de administração ou gerência das sociedades de revisores oficiais de contas, impondo limitações à participação de terceiros.

Prevê também as condições em que pode ser derrogada a aprovação concedida a revisores ou sociedades de revisores.

Desenvolve, como a actual Directiva, disposições quanto às qualificações académicas, ao exame a que se deve sujeitar e ao programa curricular. Relativamente à Directiva existente, na prova de conhecimentos teóricos foram acrescentadas duas alíneas, uma para as normas internacionais de auditoria e outra para deontologia profissional e independência. De salientar que juntamente com o controlo interno foi incluída a gestão de riscos.

Desenvolve regras quanto à possibilidade de dispensa de determinados testes pelos Estados-membros e obriga a um período de três anos de formação prática (estágio).

De assinalar, a obrigação dos Estados-membros assegurarem a sujeição dos revisores a programas de formação contínua, a fim de que mantenham um nível suficiente de conhecimentos teóricos, de competência profissional e de valores deontológicos.

Por último, trata da aprovação dos revisores oficiais de contas de outros Estados-membros, para os quais os Estados-membros devem estabelecer procedimentos, que não podem ir para além de uma prova de aptidão realizada numa das línguas permitidas pelo regime linguístico aplicável ao Estado-membro. Esta prova incidirá apenas sobre o conhecimento adequado da legislação e da regulamentação do Estado-membro em causa por parte do auditor de país terceiro, na medida em que seja relevante para o seu trabalho como revisor.

Registo

Prevê a existência e actualização permanente de um registo público donde constem os revisores e as sociedades de revisores identificados através de um número individual. Este registo terá como suporte a via electrónica e ficará acessível ao público. Do registo também constarão informações sobre as autoridades competentes responsáveis pela inscrição, pelo controlo de qualidade e pelas investigações e sanções.

Do registo dos revisores constarão obrigatoriamente as seguintes informações:

a) Nome, endereço e número;
b) Firma, endereço, *website* e número da sociedade de revisores, caso o revisor faça parte de uma sociedade;
c) Quaisquer outros registos como revisor em outros Estados-
-membros.

Deve existir um registo separado para os auditores de países terceiros distinto do dos revisores oficiais de contas.

Do registo das sociedades de revisores oficiais de contas constarão informações similares e ainda outras como a lista dos revisores empregados ou ligados, os membros dos órgãos sociais, a eventual filiação numa rede e outros registos junto das autoridades competentes do Estado-membro ou de outros Estados-membros.

As informações prestadas às autoridades competentes são da responsabilidade dos revisores e das sociedades de revisores. Os registos serão elaborados numa das línguas em vigor, e podem ser pedidas certidões traduzidas, com tradução certificada ou não.

Deontologia profissional, independência e sigilo profissional

A Directiva dispõe que os revisores e sociedades de revisores fiquem sujeitos a princípios de deontologia profissional. Estes princípios deverão cobrir pelo menos as suas funções de interesse público e compreender a integridade, a objectividade, a competência profissional e o zelo devido pelos revisores.

Com o fim de assegurar a confiança na função de auditoria e uma aplicação uniforme em todos os Estados-membros, a Comissão fica com a prerrogativa de adoptar a implementação de medidas de execução.

Estabelece o princípio de independência dos revisores e das sociedades de revisores e do seu não envolvimento no processo de tomada de decisão dos clientes.

São transpostos para a Directiva normas do Código de Ética Profissional da IFAC. Fazem-se referências às ameaças à independência, como a auto-avaliação, o interesse próprio, a advocacia, a familiaridade, a confiança, ou a intimidação, relativamente às quais o revisor ou a sociedade de revisores deve aplicar salvaguardas a fim de mitigar essas ameaças.

As ameaças e as salvaguardas têm de estar devidamente documentadas nos papéis de trabalho.

Admite-se também que a Comissão possa intervir para a tomada de medidas de execução e permite que os Estados-membros tomem medidas adicionais quanto ao âmbito das actividades dos revisores e das sociedades de revisores.

Estão previstas regras de sigilo profissional e de confidencialidade, que protejam a documentação dos clientes aquando da realização de trabalhos.

Prevê-se também que, nos casos de substituição de revisor ou de sociedade de revisores por outro revisor ou sociedade de revisores, o primeiro deverá facultar ao segundo o acesso a todas as informações relacionadas com o trabalho.

Dispõe ainda que os proprietários ou sócios de uma sociedade de revisores ou os membros dos seus órgãos sociais não podem interferir na execução de uma revisão legal das contas de forma a comprometer a independência e objectividade do revisor que a executa em nome dessa sociedade.

Determina-se ainda que os Estados-membros assegurarão a existência de regras quanto a honorários relativos às revisões legais das contas, para que não sejam influenciados por outros trabalhos prestados ao cliente, nem se possam basear em qualquer forma de contingência.

Normas de auditoria e relatórios de auditoria

Na realização dos trabalhos de revisão legal deverão ser utilizadas as normas internacionais de auditoria que tenham sido aprovadas pela Comissão. Os Estados-membros só podem aplicar uma norma nacional de auditoria enquanto a Comissão não tiver adoptado uma norma internacional que abranja a mesma matéria.

Indica a seguir as regras que a Comissão aplicará para a adopção das normas internacionais na Comunidade. É rigorosa quanto à introdução pelos Estados-membros de adicionais às normas internacionais, ou à eliminação de parte das mesmas, que terão sempre de ser comunicadas à Comissão e aos Estados-membros antes da sua adopção.

No caso de revisão legal das contas consolidadas estabelece o princípio de que o revisor do grupo assumirá a inteira responsabilidade do trabalho realizado.

Para tal, o revisor do grupo deve levar a efeito um exame simplificado e conservar a documentação do trabalho de revisão executado por auditores de países terceiros, outros revisores e sociedades relacionados com o grupo. Dispõe também quanto a relações entre revisores de países diferentes.

A documentação guardada pelo revisor do grupo será a que for adequada para a entidade competente poder verificar devidamente os trabalhos do revisor do grupo.

Regula ainda o caso de uma parte do grupo de empresas ser examinada por uma ou mais entidades de auditoria de um país terceiro com o qual não exista acordo de cooperação.

No que se refere ao relatório de auditoria (certificação legal das contas em Portugal) a Directiva prescreve que deverá ser assinado pelo ou pelos revisores de contas que realizaram o trabalho por conta da (²) sociedade de revisores. Apenas em casos excepcionais, os Estados-membros podem dispor que essa assinatura não deva ser divulgada. Segue-se o princípio geral de assinatura dos documentos por quem realiza o trabalho de revisão legal das contas (e também de auditoria). Simplesmente, no contexto jurídico português, caso esse revisor não seja sócio administrador ou gerente, a sua assinatura não é suficiente para vincular e representar uma sociedade de revisores nas suas relações com terceiros, nomeadamente do tipo jurídico comercial de sociedade por quotas ou anónima. Com efeito, para que tal seja suficiente é também necessária a assinatura de um sócio administrador ou gerente em conjunto com a desse revisor.

Controlo de qualidade

Os Estados-membros assegurarão que todos os revisores oficiais de contas e as sociedades de revisores devem estar sujeitos a um sistema de controlo de qualidade que respeite, pelo menos, os seguintes critérios:

a) O sistema de controlo de qualidade deve ser organizado de modo a ser independente dos revisores oficiais de contas e sociedades de revisores objecto de controlo e deve ficar sujeito a supervisão pública (tema que é tratado mais adiante);

b) O financiamento do sistema de controlo de qualidade deve estar assegurado e isento de qualquer influência indevida por parte de revisores oficiais de contas ou de sociedades de revisores;

c) O sistema de controlo de qualidade deve dispor de recursos adequados;

d) As pessoas que realizam as verificações de controlo de qualidade devem ter uma formação profissional adequada e experiência relevante nos domínios da revisão legal das contas e do relato financeiro, a par de uma formação específica em verificações do controlo de qualidade;

e) A selecção das pessoas para funções específicas de verificação do controlo de qualidade deve ser efectuada com base num procedimento objectivo destinado a assegurar que não haja quaisquer conflitos de interesses entre essas pessoas e o revisor oficial de contas ou a sociedade de revisores objecto de verificação;

f) O âmbito da verificação do controlo de qualidade, apoiado num teste adequado de processos de auditoria seleccionados, deve incluir uma apreciação da conformidade com as normas de auditoria aplicáveis e com os requisitos de independência, e da quantidade e qualidade dos recursos mobilizados, dos honorários de revisão debitados, bem como uma apreciação do sistema de controlo de qualidade interno da sociedade de revisores;

g) A verificação do controlo de qualidade deve ter como consequência a elaboração de um relatório que contenha as principais conclusões dessa verificação;

h) As verificações do controlo de qualidade devem decorrer, pelo menos, com uma periodicidade de seis anos;

i) Os resultados globais do sistema de controlo de qualidade devem ser publicados anualmente;

j) O revisor oficial de contas ou a sociedade de revisores darão seguimento, num prazo razoável, às recomendações formuladas nas verificações de qualidade.

No caso de não ser dado seguimento às recomendações referidas na última alínea, o revisor oficial de contas ou a sociedade de revisores ficarão sujeitos, se for caso disso, ao regime de medidas ou sanções disciplinares.

A Comissão pode adoptar medidas de execução destinadas a reforçar a confiança do público na função de revisão legal das contas e a assegurar uma aplicação uniforme dos critérios anteriores.

Inspecções e sanções

A Directiva prevê que os Estados-membros assegurarão a existência de regimes eficazes de inspecções e de sanções com o objectivo de detectar, corrigir e evitar uma execução inadequada da revisão legal das contas.

Sem prejuízo dos regimes de responsabilidade civil dos Estados--membros, estes deverão prever sanções eficazes, proporcionadas e dissuasoras para os revisores oficiais de contas e as sociedades de revisores, sempre que as revisões legais das contas não sejam realizadas em conformidade com as disposições adoptadas na implementação desta Directiva.

As medidas tomadas ou as sanções aplicadas aos revisores oficiais de contas e às sociedades de revisores deverão ser divulgadas ao público de modo adequado. As sanções devem incluir a possibilidade de retirada da aprovação (expulsão).

Supervisão pública e acordos regulamentares entre Estados-membros

Em cada Estado-membro deverá ser criado um sistema eficaz de supervisão pública dos revisores oficiais de contas e das sociedades de revisores, devendo todos os revisores oficiais de contas e todas as sociedades de revisores estar sujeitos à supervisão pública.

O sistema de supervisão pública deve ser gerido maioritariamente por pessoas não pertencentes ao sector de auditoria e que tenham um domínio das matérias relacionadas com a revisão legal das contas. As pessoas envolvidas na governação do sistema de supervisão pública devem ser seleccionadas com base num procedimento de nomeação independente e transparente.

O sistema de supervisão pública deve assumir a responsabilidade final pela supervisão:

a) Da aprovação e do registo dos revisores oficiais de contas e das sociedades de revisores;
b) Da adopção de normas em matéria de deontologia, de controlo de qualidade interno das sociedades de revisores e de revisão/auditoria às contas; e
c) Da formação contínua, do controlo de qualidade e dos sistemas de inspecção e disciplinar.

O sistema de supervisão pública deve estar habilitado, sempre que necessário, a realizar inspecções junto de revisores oficiais de contas e de sociedades de revisores e a tomar as medidas adequadas.

O sistema de supervisão pública deve caracterizar-se pela transparência. Para o efeito, procederá à publicação de programas de trabalho anuais e de relatórios de actividade.

O sistema de supervisão pública deve ser financiado de modo adequado. O financiamento deste sistema deve estar assegurado e isento de qualquer influência indevida por parte de revisores oficiais de contas ou de sociedades de revisores.

Dispõe ainda que os Estados-membros assegurarão que os acordos regulamentares dos sistemas de supervisão pública devem permitir uma cooperação eficaz a nível comunitário entre as actividades de supervisão dos Estados-membros. Para o efeito, os Estados-membros deverão nomear uma entidade especificamente responsável por garantir essa cooperação.

Os acordos regulamentares dos Estados-membros respeitarão o princípio da regulamentação do país de origem e da supervisão pelo Estado-membro em que foi aprovado o revisor oficial de contas ou a sociedade de revisores e em que a entidade sujeita a revisão legal das contas tem a sua sede estatutária.

No caso de uma revisão legal das contas consolidadas, o Estado--membro que exija essa revisão não pode impor, no quadro dessa revisão, ao revisor oficial de contas ou à sociedade de revisores que realiza a revisão legal das contas de uma filial dessa sociedade estabelecida noutro Estado-membro, requisitos adicionais no que diz respeito ao registo, à verificação do controlo de qualidade, às normas de auditoria, à ética e à independência.

No caso de uma empresa cujos valores mobiliários sejam negociados num mercado regulamentado de um Estado-membro diferente daquele em que a empresa tem a sua sede estatutária, o Estado--membro em que os valores mobiliários são negociados não pode impor, no quadro dessa revisão, quaisquer requisitos adicionais ao revisor oficial de contas ou à sociedade de revisores que realiza a revisão legal das contas individuais ou consolidadas da referida empresa no que diz respeito ao registo, à verificação do controlo de qualidade, às normas de auditoria, à ética e à independência.

Os Estados-membros designarão uma ou mais autoridades competentes para levarem a cabo as tarefas previstas na presente Directiva. Os Estados-membros informarão a Comissão da respectiva designação.

As autoridades competentes devem organizar-se por forma a que sejam evitados conflitos de interesses.

As autoridades competentes dos Estados-membros responsáveis pela aprovação, registo, controlo de qualidade, inspecções e disciplina cooperarão entre si, sempre que necessário, por forma a assegurar o cumprimento das suas responsabilidades ao abrigo da Directiva. As autoridades competentes de um Estado-membro responsáveis pela aprovação, registo, controlo de qualidade, inspecções e disciplina prestarão assistência às autoridades competentes de outros Estados--membros. Em especial, as autoridades competentes procederão à troca de informações e cooperarão nas inspecções relacionadas com a realização das revisões legais das contas.

A obrigação de sigilo profissional é aplicável a todas as pessoas que trabalhem ou tenham trabalhado para autoridades competentes. As informações abrangidas pelo sigilo profissional não podem ser divulgadas a qualquer outra pessoa ou autoridade, a não ser por força da lei, de regulamentos ou de procedimentos administrativos de um Estado-membro.

Tal não impede as autoridades competentes de trocarem entre si informações confidenciais. As informações assim trocadas serão abrangidas pela obrigação de sigilo profissional, à qual se encontram sujeitas as pessoas actual ou anteriormente empregadas pelas autoridades competentes. As autoridades competentes fornecerão com a possível brevidade, quando solicitadas, quaisquer informações pedidas.

As autoridades competentes podem recusar-se a satisfazer um pedido de informações, no caso de:

a) A comunicação poder afectar de modo negativo a soberania, a segurança ou a ordem pública do Estado a quem foi dirigido o pedido ou violar normas nacionais em matéria de segurança; ou

b) Já terem sido instaurados processos judiciais relativamente às mesmas acções e contra os mesmos revisores oficiais de contas e sociedades de revisores junto das autoridades do Estado a quem foi dirigido o pedido; ou

c) Ter sido proferida uma sentença transitada em julgado relativamente a essas pessoas no que diz respeito às mesmas acções por parte das autoridades competentes do Estado a quem foi dirigido o pedido.

Sempre que uma autoridade esteja convicta de que estão a ser ou foram realizadas no território de outro Estado-membro actividades contrárias às disposições da presente Directiva, comunicará e notificará este facto do modo mais específico possível às autoridades competentes do outro Estado-membro. As autoridades competentes do outro Estado-membro tomarão as medidas adequadas e informarão as autoridades competentes que procederam à notificação dos resultados alcançados e, na medida do possível, dos desenvolvimentos relevantes entretanto verificados.

As autoridades competentes de um Estado-membro podem igualmente requerer que seja realizada uma inspecção pelas autoridades competentes de outro Estado-membro, no território deste último.

Poderão igualmente requerer que uma parte do seu pessoal seja autorizada a acompanhar o pessoal das autoridades competentes do outro Estado-membro no decurso da inspecção.

A inspecção estará integralmente sujeita ao controlo geral do Estado-membro em cujo território se desenrola.

As autoridades competentes podem recusar-se a satisfazer um pedido de realização de uma inspecção, tal como previsto no primeiro parágrafo, ou um pedido no sentido de o seu pessoal ser acompanhado pelo pessoal das autoridades competentes de outro Estado-membro, sempre que essa inspecção possa afectar de modo negativo a soberania, a segurança ou a ordem pública do Estado a quem foi dirigido o pedido, sempre que já tenham sido instaurados processos judiciais relativamente às mesmas acções e contra as mesmas pessoas junto das autoridades do referido Estado ou sempre que tenha sido proferida uma sentença transitada em julgado relativamente a essas pessoas no que diz respeito às mesmas acções por parte das autoridades competentes do Estado a quem foi dirigido o pedido.

A Comissão pode adoptar medidas de execução destinadas a facilitar a cooperação entre as autoridades competentes relativamente a procedimentos de troca de informações e às modalidades de inspecções transfronteiriças.

Designação, destituição e renúncia
O revisor oficial de contas ou a sociedade de revisores serão designados pela assembleia geral de accionistas ou pelos membros da entidade objecto de revisão legal das contas.

Os Estados-membros podem permitir sistemas ou modalidades alternativos para a designação de um revisor oficial de contas ou uma sociedade de revisores desde que tais sistemas ou modalidades visem garantir a independência do revisor oficial de contas ou da sociedade de revisores relativamente aos membros executivos do órgão de administração ou do órgão de gestão da entidade objecto de revisão legal das contas.

Deverá ser garantido que os revisores oficiais de contas ou as sociedades de revisores só possam ser destituídos quando houver uma justificação válida; a divergência de opiniões quanto ao tratamento contabilístico ou aos procedimentos de revisão ou auditoria não constitui justificação válida para a destituição.

Tanto a entidade objecto de revisão legal como o revisor oficial de contas ou a sociedade de revisores devem informar as autoridades responsáveis pela supervisão pública da destituição ou renúncia no decurso do mandato para o qual foram designados e apresentar uma explicação adequada das respectivas razões.

Disposições especiais relativas à revisão legal das contas de entidades de interesse público
Os revisores oficiais de contas ou as sociedades de revisores que realizem a revisão legal das contas de entidades de interesse público devem publicar no seu sítio *Internet,* no prazo de três meses a contar do fim de cada exercício financeiro, um relatório anual de transparência, que deve incluir, pelo menos:

a) Uma descrição da estrutura jurídica e da composição do capital;

b) Sempre que a sociedade de revisores pertencer a uma rede, uma descrição da rede;
c) Uma descrição da estrutura de governação da sociedade de revisores;
d) Uma descrição do sistema interno do controlo de qualidade da sociedade de revisores e uma declaração passada pelo órgão de administração ou de gestão sobre a eficácia do seu funcionamento;
e) Uma indicação de quando foi realizada a última verificação de controlo de qualidade;
f) Uma listagem das entidades de interesse público relativamente às quais a sociedade de revisores realizou no ano transacto a revisão legal das contas;
g) Uma declaração sobre as práticas de independência da sociedade de revisores, que confirme igualmente a realização de uma revisão interna da conformidade destas práticas de independência;
h) Uma declaração sobre a política seguida pela sociedade de revisores no que diz respeito à formação contínua dos revisores oficiais de contas;
i) Informações financeiras que demonstrem a relevância da sociedade de revisores, tais como o volume de negócios total repartido pelos honorários auferidos pela revisão legal das contas individuais e consolidadas e pelos honorários facturados relativamente a outros serviços de garantia de fiabilidade, serviços de consultoria fiscal e outros serviços não relacionados com a revisão ou a auditoria;
j) Informações quanto à base remuneratória dos sócios.

O relatório de transparência será assinado pelo revisor oficial de contas ou pela sociedade de revisores, consoante o caso.

As entidades de interesse público terão uma comissão de auditoria. Fica ao critério do Estado-membro determinar se essa comissão deverá ser composta por membros não executivos do órgão de administração, e/ou por membros dos órgãos de fiscalização, e/ou por membros designados pela assembleia geral de accionistas, da entidade objecto de revisão legal das contas. Pelo menos um membro da comissão de auditoria deverá ser independente e ter competências nos domínios da contabilidade e/ou da auditoria.

Nas entidades de interesse público cujo órgão de administração ou de fiscalização seja reduzido, as funções atribuídas à comissão de auditoria podem ser desempenhadas pelo órgão no seu conjunto, desde que satisfaça os requisitos relativos à composição da comissão de auditoria.

Sem prejuízo da responsabilidade dos membros do órgão de administração, de direcção ou de fiscalização, ou de outros membros designados pela assembleia geral de accionistas da entidade objecto de revisão legal das contas, a comissão de auditoria deve, nomeadamente:

a) Monitorar o processo de relato financeiro;
b) Monitorar a eficácia dos sistemas de controlo interno, de auditoria interna, quando aplicável, e de gestão de riscos da empresa;
c) Monitorar a revisão legal das contas individuais e consolidadas;
d) Verificar e monitorar a independência do revisor oficial de contas ou da sociedade de revisores e, em especial, a prestação de serviços adicionais à entidade objecto da revisão legal de contas.

A proposta do órgão de administração ou do órgão de fiscalização das entidades de interesse público no sentido de ser designado um revisor oficial de contas ou uma sociedade de revisores basear-se-á em recomendação feita pela comissão de auditoria.

O revisor oficial de contas ou a sociedade de revisores comunicarão à comissão de auditoria as questões essenciais decorrentes da revisão legal das contas, em especial lacunas importantes do controlo interno relativamente ao processo de relato financeiro.

No entanto, os Estados-membros não aplicarão estas disposições às entidades de interesse público dotadas de órgãos análogos a comissões de auditoria, estabelecidos e a funcionar de acordo com as disposições em vigor no Estado-membro em que a entidade objecto de revisão legal esteja registada.

Está também previsto que, mediante certas condições, os Estados-membros podem dispensar a obrigação de existência de uma comissão de auditoria a entidades de interesse público que sejam empresas subsidiárias, entidades de investimento colectivo, entidades cuja única actividade seja agirem como emitentes de activos cobertos por valores mobiliários e a determinadas instituições de crédito.

Neste capítulo a Directiva estabelece ainda para as entidades de interesse público regras adicionais quanto à independência, obrigando que o revisor oficial de contas ou a sociedade de revisores:

a) Confirme anualmente, por escrito, à comissão de auditoria a sua independência relativamente à entidade de interesse público objecto de revisão legal das contas;
b) Comunique anualmente à comissão de auditoria quaisquer serviços adicionais prestados à entidade objecto de revisão legal das contas; e
c) Debata com a comissão de auditoria os riscos susceptíveis de comprometer a independência do revisor oficial de contas ou da sociedade de revisores e as salvaguardas aplicadas para fazer face a esses riscos, tal como documentados pelo revisor oficial de contas ou pela sociedade de revisores.

Uma disposição que tem levantado polémica é a da rotação nas entidades de interesse público do sócio responsável pela orientação ou execução directa da revisão legal das contas, com uma periodicidade máxima de sete anos a contar da sua designação, podendo vir a ser novamente designado depois de decorrido um período mínimo de dois anos.

O revisor oficial de contas ou o sócio responsável pela orientação ou execução directa da revisão legal das contas em nome de uma sociedade de revisores não serão autorizados a aceitar um cargo de gestão importante na entidade de interesse público objecto da revisão legal das contas antes de ter decorrido um período mínimo de dois anos desde a sua renúncia enquanto revisor oficial de contas ou sócio responsável pela orientação ou execução directa da revisão legal das contas.

Reduz-se o prazo do controlo de qualidade para uma periodicidade mínima de três anos relativamente aos revisores oficiais de contas ou às sociedades de revisores que realizem revisões legais das contas de entidades de interesse público.

Aspectos internacionais

Numa base de reciprocidade, as autoridades competentes de um Estado-membro podem proceder à aprovação de um auditor de um país terceiro equiparando-o a revisor oficial de contas, na condição de a pessoa em questão provar que cumpre requisitos equivalentes aos previstos na Directiva.

Antes de concederem a aprovação ao auditor de um país terceiro que satisfaça os requisitos, as autoridades competentes de um Estado--membro deverão aplicar os requisitos previstos quanto à aprovação de um revisor de outro Estado-membro.

As autoridades competentes de um Estado-membro procederão ao registo, de todos os auditores e de todas as entidades de auditoria de países terceiros que apresentem num relatório de auditoria respeitante às contas individuais e às contas consolidadas de uma sociedade constituída fora da Comunidade cujos valores mobiliários sejam admitidos à negociação num mercado regulamentado desse Estado--membro.

Os auditores e as entidades de auditoria de países terceiros ficarão sujeitos aos sistemas nacionais de supervisão pública, de controlo de qualidade e de inspecções e de sanções dos Estados-membros em que se tenham registado.

Os relatórios de auditoria das contas individuais ou das contas consolidadas emitidos por auditores ou entidades de auditoria de países terceiros, que não se encontrem registados no Estado-membro em questão, não têm qualquer valor jurídico nesse Estado-membro.

Fixa ainda as condições em que podem ser registadas as entidades de auditoria de países terceiros e é bastante pormenorizada a tratar da derrogação em caso de equivalência, bem como a cooperação com autoridades competentes de países terceiros.

Disposições transitórias e finais

A primeira disposição deste capítulo refere-se à criação de um órgão para assistir à Comissão que será um comité de regulamentação de auditoria (a seguir designado "Comité") composto por representantes dos Estados-membros e presidido por um representante da Comissão. Este Comité adoptará um Regulamento próprio.

Como consequência desta Directiva, fazem-se alguns ajustamentos às 4.ª e 7.ª Directivas sobre contas individuais e consolidadas e é revogada a actual 8.ª Directiva.

Disposição transitória importante é a de que são mantidos os direitos dos revisores oficiais de contas e das sociedades de revisores aprovados antes da entrada em vigor da Directiva.

Por último, impõe aos Estados-membros a obrigação de adoptarem e pôr em vigor as disposições da Directiva até 29 de Junho de 2008.

A Ordem dos Revisores Oficias de Contas como autoridade competente em Portugal

Talvez o primeiro aspecto a destacar quando chegar o momento de transpor a Directiva é o de definir quais virão a ser as autoridades competentes em Portugal para tratar as inúmeras questões relativas à regulamentação e supervisão da profissão de auditoria em Portugal.

Tendo presente as atribuições e competência da Ordem dos Revisores Oficiais de Contas que lhe são conferidas pela actual legislação, não oferece dúvidas que será ela o principal destinatário e responsável pela execução das disposições constantes da Directiva, mesmo nas matérias relacionadas com a supervisão pública da actividade dos revisores oficiais de contas e das sociedades de revisores.

Interessará, por isso, fazer uma rápida incursão na evolução da profissão em Portugal e na estrutura, competência e funcionamento da Ordem dos Revisores Oficiais de Contas.

É preciso recuar até ao ano de 1867 para aparecer na legislação que criou as sociedades anónimas a referência a Conselhos Fiscais. Este órgão, para além de dar a sua opinião sobre as contas das sociedades, tinha essencialmente a missão de zelar pelo cumprimento das disposições legais e estatutárias.

Acompanhando os desenvolvimentos havidos na actividade comercial e nas formas de associação, a legislação portuguesa evoluiu no sentido de dar cada vez maior importância aos Conselhos Fiscais, admitindo e advogando a participação de elementos estranhos aos sócios, desde que fossem técnicos reconhecidos e habilitados para a missão.

Foi contudo o Decreto-Lei n.º 49 381, de 15 de Novembro de 1969, que entrou em vigor em 1 de Janeiro do ano seguinte, o diploma que fez a primeira referência aos revisores oficiais de contas. Nele previa-se que a actividade deveria ser objecto de regulamentação.

Finalmente, o Decreto-Lei n.º 1/72, de 3 de Janeiro, veio definir o estatuto dos revisores oficiais de contas, remetendo para uma portaria a publicar os termos da constituição do organismo que os representasse.

É a Portaria n.º 83/74, de 6 de Fevereiro, que constituiu o sinal de partida para a fiscalização das contas como pilar da fiscalização das sociedades anónimas. Esta Portaria declarou constituída a Câmara dos Revisores Oficiais de Contas, dado que já existia um número suficiente de revisores inscritos para assegurar o seu funcionamento.

A Revolução de 25 de Abril desse ano veio trazer sobressaltos à profissão, uma vez que as opiniões então dominantes iam no sentido de se repensar a actividade dos revisores face à nova situação política, que punha em causa tudo o que anteriormente existia.

Seguiu-se um período algo conturbado, com sucessiva criação de grupos de trabalho e respectivos relatórios para se definir um novo projecto de regulamentação da profissão.

Ao cabo de várias propostas, saiu finalmente o Decreto-Lei n.º 519-L2/79, de 29 de Dezembro, que definiu a Câmara como pessoa colectiva de direito privado e utilidade pública. Este diploma, além de se debruçar sobre o estatuto específico da actividade profissional, sujeitava diversos tipos de sociedades a revisão legal e a certificação legal das contas. Decompunha-se em quatro títulos que tratavam o âmbito de actuação dos revisores oficiais de contas, as sociedades de revisores oficiais de contas, a organização profissional e terminava por disposições gerais e transitórias.

O título dedicado à organização profissional desdobrava-se em três capítulos: acesso à profissão, estatuto profissional e organismo profissional. O primeiro capítulo previa já uma lista dos revisores inscritos, as habilitações para inscrição, o estágio profissional de três anos e a obtenção de aprovação em exame. O segundo capítulo tratava dos direitos e deveres, incluindo matérias tais como abstenção de publicidade, o sigilo profissional, a caução da responsabilidade civil por meio de um seguro e as incompatibilidades. Finalmente, no terceiro capítulo tratava-se da organização da Câmara dos Revisores Oficiais de Contas, dependente do Ministro da Justiça e considerada pessoa colectiva de direito privado e utilidade pública, com autonomia administrativa e financeira.

Entrou-se então num período relativamente calmo que contribuiu para a afirmação da profissão, com a sua actividade alargada a outras funções de interesse público para além da revisão legal. A entrada em vigor em 1 de Novembro de 1986 do actual Código das Sociedades Comerciais veio trazer novas funções aos revisores (confirmação das entradas em espécie, parecer sobre transformação de sociedades, parecer sobre fusões e aquisições, intervenções em processos judiciais de aprovação de contas, etc.).

Outro marco importante foi a publicação do Código do Mercado de Valores Mobiliários, que cometia aos revisores, que se inscrevessem como auditores externos, a realização de trabalhos sobre as contas das empresas com títulos negociados em mercados regulamentados.

Entretanto, e no sentido da melhoria da qualidade de trabalho dos seus membros, a Câmara foi desenvolvendo normas técnicas, directrizes, interpretações e iniciou a publicação sistemática e actualizada de um Manual que reunisse toda a legislação, regulamentação e outro material que o revisor precisasse de usar na sua vida profissional.

A área da formação foi consideravelmente desenvolvida não só através de cursos de formação contínua, mas também através de cursos de preparação para o acesso à profissão.

A aprovação em 1987 do Código de Ética e Deontologia Profissional constituiu também outro marco importante na afirmação da profissão, posteriormente revisto no final de 2001.

Em 30 de Dezembro de 1993, foi publicado o Decreto-Lei n.º 422-A/93, que veio introduzir várias alterações ao estatuto jurídico, com vista a conformar-se em especial com as normas comunitárias, tendo a então Câmara passado a ser uma pessoa colectiva pública.

Em 1999, o Decreto-Lei n.º 487/99, de 16 de Novembro, instituía um novo estatuto da Ordem, reformulando o anterior Decreto-Lei n.º 422-A/93, face à necessidade de acompanhar a evolução havida e de fazer alguns ajustamentos decorrentes da experiência da sua aplicação. Dentro do enquadramento institucional, a Câmara altera a designação para Ordem.

Entre as suas inovações, destaca-se a sujeição à disciplina normativa e ao controlo da Ordem de todas as matérias de revisão legal de contas, auditoria às contas e serviços relacionados de empresas ou outras entidades.

Para dar satisfação a este crescimento, a Ordem tem vindo a ampliar os seus serviços e a melhorar as suas instalações, dispondo actualmente na Rua do Salitre, em Lisboa, de dois palacetes contíguos de belos interiores, onde funciona a Sede e de uma sala de formação no Edifício Jean Monnet. É também proprietária de um andar no Porto, na zona da Boavista, onde funciona a Secção Regional do Norte.

Por último, na parte das relações internacionais, a Ordem é membro da IFAC – *International Federation of Accountants,* membro fundador da FEE – *Fédération des Experts Comptables Européens* e mantém relações com os organismos congéneres de outros países. Participa nas reuniões internacionais onde se debatem os problemas da profissão e acompanha todos os desenvolvimentos que ocorrem na área da contabilidade e auditoria.

É pioneira na introdução das normas internacionais de contabilidade em Portugal. Sob a sua égide e com a autorização do IASB – *International Accounting Standards Board* foram publicadas em 2003, 2004 e no corrente ano, não só as normas que foram adoptadas na União Europeia, como todo o material que as acompanha para a sua implementação.

A presente Directiva não constitui assim qualquer surpresa para a Ordem, que a meu ver está em condições de a pôr em execução na parte que lhe disser respeito.

Implicações no Normativo Português
Enquadramento jurídico

Como é sabido, as disposições das directivas comunitárias só são direito em Portugal após a sua transposição por normas internas, excepto as de efeito directo.

A Ordem dos Revisores Oficiais de Contas como associação pública com os poderes que lhe foram conferidos pelo Estado Português enquadra-se no conceito de autoridade competente, pois, as disposições da Directiva são plenamente conformes com a existência da Ordem.

A Directiva obriga, como se disse, a que os Estados-membros criem um sistema de supervisão pública dos revisores e sociedades de revisores com a responsabilidade final em matérias cuja competência tem sido exclusiva da Ordem. Mas não resulta como proposição necessária que esse sistema passe forçosamente por uma entidade externa à Ordem, dadas as suas atribuições como entidade superveniente em todos os aspectos relacionados com a profissão de revisor oficial de contas.

O que o Estado Português está obrigado é a criar um sistema eficaz de supervisão pública de todos os revisores e de todas as sociedades de revisores oficiais de contas, respeitando determinados requisitos inscritos na 8.ª Directiva. E nela nada se sugere que esses requisitos não possam ser concretizáveis através da OROC, criando no seu seio um órgão autónomo, e actuando como autoridade competente a nível comunitário para tratar destas matérias. O ponto central é alcançar os objectivos estabelecidos na 8.ª Directiva. Cada Estado-membro da UE cuidará dos meios que considere mais adequados ao seu caso específico para os atingir. Desses requisitos são de destacar a gestão do sistema [a ser efectuada maioritariamente por pessoas não pertencentes ao sector de auditoria e que tenham um domínio das matérias relevantes para a revisão legal das contas (ver a este propósito "Definições", art.º 2.º, n.º 15, da 8.ª Directiva), podendo incluir uma minoria de profissionais em exercício], o processo de selecção e nomeação independente e transparente das pessoas envolvidas na gestão, a responsabilidade final, a operacionalidade, transparência e publicidade da sua actividade, o financiamento (o qual deve ser adequado, seguro e isento de qualquer influência indevida por parte dos revisores e das sociedades de revisores) e a cooperação entre sistemas de supervisão pública, designadamente, a nível comunitário. Repare-se que a gestão deste sistema deve ser efectuada por pessoas singulares e não por pessoas colectivas e quanto ao seu financiamento dever-se-á estudar a equação mais adequada ao cumprimento deste requisito. Para os revisores e sociedades de revisores o limite nesta matéria é evitar essa "influência indevida", cujo conceito precisará de ser concretamente determinado.

Nada que não possa ser concretizável a nível da OROC, a única entidade no nosso País que, diferentemente de qualquer outra, tem uma visão global sobre a actividade de todos os revisores e sociedades de revisores e por isso está melhor colocada para ser a autoridade competente a nível comunitário para tratar desta supervisão pública.

O anterior Conselho Directivo a que presidi iniciou um processo de revisão do EOROC, tendo em vista não só a experiência entretanto adquirida com o actual Estatuto, como também a transposição da 8.ª Directiva. Processo esse que ficou incompleto, dado que a versão definitiva dessa Directiva só ficou completa e foi publicada (9 de Junho de 2006) já depois de termos terminado o nosso mandato. Continuo convicto de que a linha de orientação proposta pelo anterior Conselho Directivo, criando no seio da OROC um órgão autónomo para se ocupar desta supervisão pública, é a mais adequada e a que melhor serve e defende os interesses da profissão e do país. Cumpre os requisitos da 8.ª Directiva, sem correr o risco de sobreposições de atribuições e competências e de potenciais conflitos funcionais, nem fundamentalmente de levar a OROC a ser dependente da supervisão de uma entidade externa.

A ser criada uma entidade externa, a OROC deixará assim de superintender em todos os aspectos relacionados com a profissão, o que constituirá uma limitação desta entidade, tendo em vista o princípio constitucional da satisfação de uma necessidade pública específica, reconhecida pelo legislador, ao criar a OROC para se ocupar de todos esses aspectos. Para além disso, haverá que definir rigorosamente onde começa a responsabilidade (supervisão) final dessa entidade externa e acaba a responsabilidade, digamos, "primeira" da OROC. E se essa responsabilidade (supervisão) final compreenderá poderes de controlo de mérito dos actos ou actividade da OROC e também poderes de tutela inspectiva e sancionatória sobre os seus órgãos e respectivos titulares? E em matéria de recursos, qual vai ser o regime?

Porém, não é obrigatório nem necessário ir por esse caminho. A OROC é uma entidade pública (não privada) com superintendência em todos os aspectos relacionados com a profissão de revisor oficial de contas, a funcionar regularmente há muitos anos, capaz de ser, como referimos anteriormente, a autoridade competente no nosso país para tratar da supervisão pública de acordo com os requisitos da 8.ª Directiva, não se justificando a criação de uma entidade externa à OROC para o exercício dessas funções. Se tal acontecer, será uma entidade de supervisão a supervisionar outra entidade de supervisão.

No que se refere a matéria de "aprovação" e de "revogação da aprovação" para o exercício da profissão, a legislação portuguesa, na generalidade dos aspectos, é conforme à Directiva, excedendo-a por vezes.

Quanto à formação contínua há que fazer alguns ajustamentos sem grande relevância.

O regime comunitário do registo público dos revisores e sociedades de revisores não tem correspondência plena na lei portuguesa, porque as menções constantes da proposta são mais extensas e devem estar acessíveis ao público.

A compatibilização das normas de deontologia profissional da Ordem com as da Directiva não oferecerá quaisquer dificuldades, uma vez que as existentes no nosso País são mais exigentes, embora menos pormenorizadas. Por exemplo, terá que se introduzir a proibição da intervenção dos sócios ou dos membros dos órgãos sociais das sociedades de revisores de uma forma que ponha em causa a independência e objectividade do revisor oficial de contas que leva a efeito a revisão legal por conta e em nome da sociedade.

Quanto a matéria de honorários, também não se vê que possam existir alterações significativas, a não ser na forma como estão redigidos os constrangimentos constantes da Directiva.

Relativamente à importante inovação de as revisões legais deverem ser realizadas de acordo com as normas internacionais de auditoria que vierem a ser aprovadas pela Comissão, Portugal está numa posição bastante confortável, pois, a Ordem de há muito que vem introduzindo nas suas próprias normas todos os conceitos e procedimentos constantes das normas internacionais. Apenas existirão casos pontuais sem grande significado, a maior parte deles resultantes da situação actualmente original em Portugal que é a dos revisores oficiais de contas estarem integrados nos órgãos sociais da empresa, designadamente no órgão de fiscalização.

No que se refere às regras impostas quanto à total responsabilidade pelo relatório de auditoria, em caso de grupos de empresas, alguns ajustamentos terão de ser feitos embora na prática portuguesa já se procedesse como agora se regula. Terá de ser clarificado como dispõe a Directiva a questão das relações entre revisores de países diferentes, cujas empresas estão integradas num grupo.

Relativamente às disposições referentes ao relatório de auditoria, no nosso caso a certificação legal das contas, a única novidade a introduzir será admitir, em casos excepcionais, a não divulgação do nome do revisor oficial de contas que subscreve o relatório.

Devido à forma como o controlo de qualidade está organizado pela Ordem, também não haverá alterações sensíveis. A Ordem também reduz o período de verificação dos papéis de trabalho quando se trata de entidades cotadas (2 em 2 anos).

Quanto aos sistemas de inspecções e de sanções, algumas implicações surgem nomeadamente quanto à divulgação pública das sanções.

Aquilo que constitui realmente uma novidade a implementar no nosso país é o sistema de supervisão pública nas condições já descritas.

Será também matéria a legislar tudo o que se refira aos previstos acordos de cooperação, designadamente, entre Estados-membros, bem como entre as autoridades competentes dos mesmos.

A matéria respeitante à designação, destituição e renúncia dos revisores ou sociedade de revisores contem disposições que darão lugar a alterações no Código das Sociedades Comerciais, dado mexer com os órgãos sociais.

No tocante às disposições especiais para as entidades de interesse público, trata-se de matéria que terá necessariamente de vir a ser legislada. São novidades o relatório de transparência, a comissão de auditoria, para além de procedimentos especiais relativos à independência.

Também tudo o que dispõe a Directiva quanto a aspectos internacionais deverá dar origem a alterações legislativas.

Notas:
(¹) JO L 157 de 9.6.2006, p.87 e segs.
(²) Na versão em inglês lê-se "on behalf of the".

8
DO PASSADO AO FUTURO

8.1 Homenagens

8.1.1 A Gastambide Fernandes – Uma das pedras basilares da construção da Câmara

(Discurso de homenagem ao Dr. Gastambide Fernandes proferido na Sede da Ordem em Lisboa no dia 2 de Julho de 1998)

É com enorme orgulho e satisfação que o Conselho Directivo cumpre o grato dever de organizar esta justíssima homenagem ao nosso Colega Octávio Gastambide Fernandes.

A Classe têm para com o Colega Gastambide Fenandes uma dívida de valor inestimável que nem a condecoração mais alta seria compensadora do esforço por ele desenvolvido ao longo destes 25 anos de profissão. Assim sendo, esta justíssima homenagem vale, não tanto pela sua dimensão, mas sobretudo pelo significado do acto em si mesmo.

Gastambide Fernandes tem sido e é uma das pedras basilares da construção da Câmara, tem sido e é a testemunha viva do empenhamento no estudo das matérias que integram a nossa profissão e tem sido e é o cimento agregador da profissão junto dos Colegas.

Gastambide Fernandes ao longo destes 25 anos, tem feito de tudo ou quase tudo na Câmara. Desde Vogal do Conselho Directivo durante 17 anos, a representante da Câmara na Comissão de Normalização Contabilística e nos Grupos de Trabalho de Contabilidade e Auditoria da FEE – *Fédération des Experts Comptables Européens*, passando pelas várias Comissões Técnicas e Grupos de Trabalho a que tem pertencido, a incansável estudioso da revisão de contas, a conselheiro e assessor técnico dos Colegas, permanentemente disponível, a interlocutor prestigiado da Câmara junto das várias entidades ligadas à profissão, até à sua valiosa contribuição na apreciação dos relatórios elaborados com base no Decreto-Lei n.º 135/78, Gastambide Fernandes tem sido e é o grande obreiro da Câmara e da profissão.

Com efeito, pelos seus ensinamentos, dedicação, humildade e disponibilidade, Gastambide Fernandes constitui e constituirá uma referência obrigatória nos anais da Câmara e da profissão.

Permitam-me incluir aqui uma nota pessoal. Ao entrar como revisor na Câmara, o Colega Gastambide Fernandes foi das primeiras pessoas com quem contactei. Ao longo destes anos consultei-o inúmeras vezes e aprendi a ouvir e a respeitar a sua opinião técnica, esclarecida e actualizada, mas tive igualmente o privilégio de, juntamente com outros Colegas, participar com ele em duas Comissões Técnicas. Lembro a primeira Comissão Técnica do Manual, de que foi e continua a ser o seu principal impulsionador e entusiasta. Seguramente que o Manual, elemento de relevante importância, interna e externa, no desempenho e no perfil da nossa profissão, sem Gastambide Fernandes, hoje, não existiria. Lembro também a Comissão Técnica de Legislação, que deu origem ao nosso actual estatuto profissional (Decreto-Lei n.º 422-A/93, de 30 de Dezembro). A sua participação empenhada e avisada foi, naquela altura, decisiva para a revisão estatutária que veio a ter lugar.

É, portanto, meu dever declarar aqui que, depois de 19 anos de contacto quase permanente, nutro pelo nosso Colega Gastambide Fernandes uma grande amizade e um profundo respeito.

Mas esta justíssima homenagem não deixará indiferentes todos quantos têm tido o privilégio de privar ou aprender com o nosso Colega Gastambide Fernandes, através dos seus conselhos, opiniões, artigos, entrevistas e livros de que é autor. E, seguramente, não deixará indiferentes todos quantos, revisores, assessores, pessoal técnico e administrativo da Câmara e tantos outros têm tido o privilégio de privar ou aprender com o Homem, o Amigo e o Profissional.

Por todas estas razões, em nome do Conselho Directivo e em meu nome próprio, quero manifestar ao nosso Colega Gastambide Fernandes o nosso profundo respeito e o nosso muito obrigado por tudo o que tem feito em prol da Câmara e da profissão.

8.1.2 A Manuel Duarte Baganha (póstuma)

(Discurso proferido na homenagem póstuma ao Prof. Dr. Manuel Baganha que decorreu no Porto no dia 3 de Março de 2005)

Com esta homenagem está-se a recordar a história da profissão e simultaneamente a história da Ordem. Recordaram-se vários aspectos do percurso profissional, académico e familiar do nosso Colega Manuel Duarte Baganha, hoje aqui homenageado a título póstumo, pondo-se em evidência o seu perfil de pessoa de elevada craveira moral e intelectual.

Recordaram-se também os tempos conturbados do arranque da então Câmara dos Revisores Oficiais de Contas e as referências respeitantes ao passado nas publicações sobre a história da Ordem. Manda a verdade registar que a elaboração da brochura de 30 anos de profissão foi determinada por despacho do Bastonário, de 4 de Fevereiro de 2002, com indicação de todas as pessoas e departamentos responsáveis para o efeito. E que foi este Grupo de Trabalho, e só ele, que elaborou a referida brochura com inteira liberdade de actuação, segundo os critérios que lhe pareceram mais consentâneos com a tarefa de que estava incumbido.

Certamente alguns textos foram objecto de ajustamento gráfico e de redacção, pois não foi efectuada uma simples reedição. Nada tem de anormal, em tarefas desta natureza, o corte ou alteração de parágrafos. A revisão pode ser feita por quem não viveu o passado e a pensar no leitor futuro, com referências diferentes de quem escreveu, e do leitor visado pela redacção anterior. Seguramente nada foi feito com intenção, muito menos deliberada, de atentar contra a verdade, de manipular a história, nem de agredir o Colega Manuel Duarte Baganha, mas certamente sem consciência da importância do parágrafo retirado. Quando se está de boa fé, há sempre tempo de corrigir as situações que mereçam ser corrigidas. É este o caso e não mais nem menos do que isto. Diga-se apenas que desde sempre quisemos emprestar a esta homenagem uma dimensão superior ao episódio agora a ela trazido, não deixando porém de o situar nos seus precisos termos, no contexto desta dignificante cerimónia.

Tivemos o prazer de reatar o contacto do Colega Manuel Duarte Baganha com a Ordem, interrompido havia mais de duas décadas e meia, após a sua saída como Presidente do Conselho Directivo e da

Assembleia Geral da então Câmara dos Revisores Oficiais de Contas. Foi um dia especial, o de recebê-lo na Ordem a 7 de Setembro do ano de 2000, depois de várias tentativas e de uma porfiada mediação, de que é justo destacar o papel do Colega Hernâni Carqueja. Estiveram presentes a acompanhá-lo, o seu filho Manuel Pedro Baganha e o Colega Hernâni Carqueja, entre outros. Nessa data foi colocado o retrato a óleo do Colega Manuel Duarte Baganha na galeria dos Presidentes da Ordem, como de há muito era devido, e foi por ele assinado o Livro de Honra, a que se seguiu um almoço no jardim e um agradável convívio. No Livro de Honra da Ordem deixou registada, para a posteridade, a seguinte mensagem:

"Ao visitar a Ordem dos Revisores Oficiais de Contas, a que tenho a honra de pertencer, quero deixar testemunho do meu apreço pela obra que vem sendo desenvolvida pelo Bastonário e restantes membros do Conselho Directivo no sentido da definitiva institucionalização e radicação da Ordem, bem como da criação das condições regulamentares que assegurem a qualidade do serviço público que os revisores exercem. E aproveitar a circunstância para, agradecendo-lhes todas as atenções de que lhes fico devedor, os felicitar pelo bom ambiente que aqui dentro prevalece. 7 Set. 2000. Manuel Duarte Baganha."

De trato fino e cordial, de espírito vivo e rigoroso e sempre muito interessado em saber o que de essencial se estava a passar na Ordem e na profissão, o Colega Manuel Duarte Baganha só surpreendeu quem antes não tinha convivido pessoalmente com ele.

Apercebemo-nos todos da sua satisfação por aquele momento, visível nos seus comentários e no seu penetrante olhar, em revisitar a Ordem e em retomar um contacto, interrompido por mais de duas décadas e meia. Infelizmente a Ordem tinha esquecido o que lhe devia por demasiado tempo, se bem que o Colega Manuel Duarte Baganha tivesse continuado sempre inscrito na Ordem até cerca de um ano e meio antes do seu falecimento.

Para além do período inicial, infelizmente a Ordem não soube atrair o empenhamento activo do nosso Colega Manuel Duarte Baganha durante demasiado tempo. Infelizmente a Ordem não pode contar com o seu saber e experiência sobretudo nos domínios profissional e académico. Foi seguramente uma pena e um prejuízo para a Ordem e para a profissão, que muito teriam beneficiado com isso.

Mas é inquestionável o contributo decisivo que deu à então Câmara e à profissão. E é esse testemunho que queremos dar neste momento. É tempo de reparar uma injustiça, que já tardava. Mas há sempre um tempo. Chegou agora o tempo da Ordem prestar uma singela, merecida e sentida homenagem, a título póstumo, ao nosso Colega Manuel Duarte Baganha e à sua família, aqui presente, pelos inestimáveis e valiosos serviços que prestou à Ordem e à profissão. Uma homenagem que, estamos certos, honra a sua memória e honra a sua família, apesar de saber da não propensão intrínseca do nosso Ilustre Colega para manifestações desta natureza em torno da sua pessoa. E ao fazê-lo, honramos igualmente a Ordem na defesa dos valores da integridade, da independência e da competência inscritos no seu símbolo heráldico.

Mas há actos que se impõem e se justificam, para além da vontade dos próprios. Fazem parte dos deveres institucionais e de justiça. Este é um deles. É isso que se trata nesta homenagem, como acto de respeito pela sua memória e de afirmação do seu exemplo.

Quero agradecer aos Colegas oradores pelos seus testemunhos pessoais e contributos profissionais que enriqueceram esta homenagem, bem como aos presentes, à Comissão Organizadora, ao Presidente da Associação Comercial do Porto, pela cedência deste espaço, e à família pela sua presença.

Bem-haja Colega Manuel Duarte Baganha. Descanse em paz.

(Texto elaborado com base em notas, ideias e factos,
que suportaram a intervenção)

8.2 Recepção aos Novos ROC

8.2.1 *O registo do ROC n.º 1000*

(Discurso proferido na cerimónia de recepção ao Novos Colegas que decorreu nas instalações da Ordem em Lisboa em 19 de Março de 1998)

Em nome do Conselho Directivo e dos demais órgãos Sociais da Câmara desejo dar as Boas-Vindas aos Novos Colegas.

Para o efeito, organizou-se esta singela sessão, que pretende significar um marco simbólico na vossa carreira profissional e, assim o esperamos, possa ser recordado durante a vossa vida.

Este marco simbólico constitui também o pretexto par vos dirigir algumas palavras mais, sobre a profissão que passaram a abraçar, e, sobre a Câmara.

A profissão em Portugal acabou de fazer 26 anos e a Câmara 24. Estão ambas em idade adulta, mas quase se poderia dizer, em termos meramente simbólicos de percurso académico, que têm vindo a realizar com aproveitamento o seu estágio, tendo obtido há relativamente pouco tempo a aprovação no exame de acesso. O que significaria que só recentemente começaram a estar aptas a desempenhar as suas funções.

Se isso fosse assim, tratar-se-ia de uma simbologia altamente redutora e seguramente injusta para quantos trabalharam e lutaram durante todos estes anos para colocar a profissão e Câmara no lugar de destaque e prestígio que hoje desfrutam.

Na realidade, não é assim, como sabemos.

Para quem está a entrar na Câmara parece-nos útil divulgar nesta acto alguns dados-síntese a ela referentes, única e simplesmente com o intuito de uma melhor integração dos Novos Colegas.

Com efeito, sendo a Câmara a entidade responsável pelo exercício da actividade de revisão legal de empresas e de outras entidades no nosso país, nela estavam efectivamente registados, com referência a 31 de Dezembro de 1997, 820 ROC, a título individual e 135 SROC, de que faziam parte 387 sócios.

A Câmara é membro fundador da FEE – *Fédération des Experts Comptables Européens* e membro da IFAC-*Interantional Federation of Accountants*, estando nelas representada, com particular destaque a nível da FEE, quer no Conselho, quer em vários grupos de trabalho.

A Câmara está também representada na Comissão de Normalização Contabilística.

Tem neste momento relações funcionais e de colaboração com diversos organismos, de que, se destacam o Banco de Portugal, a CMVM, o IAPMEI e a CGD.

Em termos organizacionais, para além dos 6 Órgãos Sociais, a Câmara dispõe de uma assessoria técnica e de outra jurídica e está repartida por três Departamentos operacionais: O Departamento de Formação, o Departamento Técnico e o Departamento de Comunicação, os quais estão, por sua vez, sub-divididos por áreas de actividade consoante a sua natureza

Só para lhes dar um exemplo, a Câmara para além do Júri de Exame, da Comissão de Estágio e da Comissão de Controlo de Qualidade, que são órgãos técnicos estatutários e regulamentares, tem presentemente em funcionamento mais as seguintes oito comissões técnicas e grupos de trabalhos:

- Da Formação;
- Da Legislação e Regulamentos;
- Da Revisão do Código de Ética e Deontologia Profissional;
- Das Relações Internacionais;
- Das Normas e Manuel;
- Do *Euro;*
- Da Informatização; e
- Da Organização Interna.

A Câmara dispõe de instalações próprias, neste belo edifício, e de uma Delegação no Porto em regime de arrendamento.

Dispõe também de Serviços de Apoio, sob orientação de um Coordenador-Geral, e conta com 6 assessores e 21 colaboradores do quadro de pessoal técnico e administrativo.

E para o exercício de 1998, prevê-se um volume de receitas da ordem dos 300.000 contos.

Este um relato muito sintético e meramente formal do que a Câmara é hoje. Mas ela é muito mais do que isto. É também e substantivamente, não só a instituição representativa desta classe profissional, como também um repositório de conhecimentos técnicos por ela repartidos.

Mas pretende ser também, e cada vez mais, um centro de convivência profissional e social com os Colegas e destes entre si.

Esperamos que esta Sessão de Recepção aos Novos Colegas seja de alguma forma um contributo para a consecução desse desiderato, a que se associa a circunstância feliz de se ter concretizado o registo da ROC n.º 1000, a Colega Cláudia Cristina Loureiro Marques dos Santos, após 26 anos da profissão.

O Conselho Directivo e os demais Órgãos Sociais renovam as Boas-Vindas aos Novos Colegas e desejam-lhes os melhores sucessos profissionais e pessoais.

8.2.2 Melhoria da convivência social entre a Câmara e os ROC

(Discurso proferido na cerimónia de recepção ao Novos Colegas que decorreu nas instalações da Ordem em Lisboa em 11 de Março de 1999)

É com o maior gosto que, em nome do Conselho Directivo, dos demais Órgãos Sociais e dos restantes Colegas, vos damos as boas vindas a esta Câmara.

Temos o maior prazer em vos receber no nosso seio, mas não seria sério nem razoável que vos viesse aqui transmitir uma mensagem de insanável optimismo em relação à vida profissional que vão abraçar. Na verdade, depois muitos anos de estudo, depois de vários anos de estágio, depois desse imenso esforço de vós próprios e das vossas famílias, a vida que vão abraçar não vai ser fácil. Com efeito, um pouco por todo o lado, se anuncia que o mercado está cada vez mais concentrado e concorrencial, que os investimentos profissionais são cada vez maiores, que as carreiras profissionais nas sociedades de revisores oficiais de contas tendem a ser cada vez mais lentas e que a especialização de processos e de tecnologias tornam a formação contínua indispensável, exigindo uma permanente actualização e um inerente aumento de custos e de mais esforço.

E por não ser fácil é hoje mais do que nunca necessário que não se esqueçam os **valores essenciais** que devem nortear a nossa profissão, os quais justificam que a Câmara seja uma associação pública, concedendo aos revisores oficiais de contas poderes e deveres de interesse público, delegados pelo Estado. Assim sendo, a nossa profissão perderá a sua razão de ser se o revisor oficial de contas alienar a sua **competência, integridade, independência e objectividade** no desempenho das suas funções. No dia em que formos apenas prestadores de serviços de revisão/auditoria às contas, estaremos, seguramente, a destruir a nossa profissão.

Mas é também conveniente lembrar que a profissão de revisor oficial de contas sofreu nos últimos anos uma mutação repentina e profunda. Não há muitos anos, não havia *Internet*, *faxes* ou sequer computadores individuais, não havia em Portugal licenciaturas em auditoria, quase não havia, substantivamente, sociedades de revisores oficiais de contas e não havia mercado de capitais, nem moeda única europeia. E se é verdade que as sociedades de revisores oficiais de contas são hoje uma realidade incontornável e cada vez mais representativa do mercado profissional, também não é menos certo que uma parte dos revisores oficiais de contas tem uma profissão principal que pouco tem a ver com a de revisão/auditoria às contas e outra parte deles evidencia, por um lado, indícios de dependência de um número reduzido de clientes que sobre eles exercem de facto um poder relevante e enfrenta ainda, por outro lado, dificuldades de acesso ao mercado.

Apesar desta mutação repentina e profunda, o futuro da profissão não irá ao ponto de eliminar o revisor oficial de contas individual. Ele continuará a ter o seu nicho de mercado em conformidade com as condições concretas que poderá oferecer para o desempenho das suas funções. No entanto, cada vez mais este se aperceberá que deverá associar-se a um ou dois colaboradores e que terá toda a vantagem em constituir uma sociedade de revisores oficiais de contas, que assegure nomeadamente aos jovens revisores oficiais de contas um emprego e uma carreira profissional aliciante e compensadora. Assim sendo, a maior parte dos revisores oficiais de contas que hoje recebem as suas cédulas profissionais irá certamente trabalhar e tornar-se sócio de sociedades de revisores oficiais de contas, que cada vez serão mais e terão mais revisores oficiais de contas, irá ter de frequentar cursos em Portugal e no estrangeiro enquadrados em programas de formação contínua e irá ter de especializar-se em alguma área ou sector de actividade profissional.

É sabido que a **globalização e a internacionalização das economias** irão cada vez mais tirar actividade profissional a revisores oficiais de contas nacionais, deslocando-a para Colegas de outras nacionalidades, designadamente de Estados-membros da União Europeia, com processos mais aperfeiçoados e tecnologias mais competitivas; que as apertadas regras de **publicidade** penalizam os revisores oficiais de contas profissionalmente mais novos e menos conhecidos perante aqueles que os anos e o seu desempenho funcional tornaram mais visíveis; e que a **concorrência** torna mais difícil e dura a primeira fase da profissão, o que significa que começar sozinho, como aconteceu a tantos de nós no passado, se revela não raras vezes uma tarefa complicada, a que só uma ética e deontologia bem alicerçadas **nos valores essenciais da profissão** poderão fazer frente.

Mas também é um facto que as sociedades modernas precisam cada vez mais de revisores oficiais de contas. Estas sociedades estão a crescer em complexidade, o que acarreta uma mais exigente necessidade de revisores oficiais de contas; a sua globalização e o seu pluralismo levam inevitavelmente a aprofundar a especialização da revisão/auditoria às contas; a sua progressiva contratualização, decorrente, entre outros factores, da tendencial redução do peso dos Estados modernos nas economias, está a acentuar o papel do revisor oficial de contas; e a crescente reivindicação dos direitos individuais dos investidores vai exigir que um cada vez maior número de empresas ficará sujeito à intervenção dos revisores oficiais de contas, a fim de certificarem a respectiva informação financeira a prestar a terceiros. O que implica que estes novos revisores oficiais de contas venham a ser mais especializados, mais envolvidos em sociedades de revisores oficiais de contas, mais legitimados a publicitar os seus serviços, mais habilitados a utilizar os novos processos e as novas tecnologias e mais integrados em mercados profissionais de maior dimensão e complexidade.

Assim sendo, é evidente que os problemas que preocupam estes novos revisores oficiais de contas não são os mesmos que preocupavam os revisores oficiais de contas que, como eu, há vinte anos, estavam a abraçar esta profissão. E é sobretudo para os problemas actuais, que preocupam não só os novos revisores, mas certamente a maioria dos revisores oficiais de contas, que a Câmara terá de dar a resposta estatutariamente mais adequada. O que evidencia a necessidade que a Câmara tem de permanentemente se ajustar, quer orgânica, quer tecnicamente, dotando-a em particular de meios materiais e humanos, com vista a poder dar essa resposta. Só assim cumprirá a sua missão.

Por fim, suponho poder afirmar aos Novos Colegas que, garantida a especificidade técnica e a relevância pública e social da nossa profissão e assumida a convicção de que os revisores oficiais de contas têm e respeitam a sua ética e deontologia próprias, o futuro que se vos depara, apesar das dificuldades que já se antevêem, será de forma a acreditar que o próximo século irá ser fértil em oportunidades profissionais. Assim o esperamos.

8.2.3 O núcleo fundador da Ordem

(Discurso proferido na cerimónia de recepção aos Novos Colegas que decorreu nas instalações da Ordem em Lisboa em 2 de Março de 2000)

Quero começar por dar as boas vindas aos Novos Colegas e desejar-lhes os maiores e melhores êxitos profissionais e pessoais. E dizer-lhes que constituem o novo núcleo fundador da Ordem dos Revisores Oficiais de Contas. Na verdade, são os primeiros Revisores a entrar nesta Instituição depois da Câmara dos Revisores Oficiais de Contas ter passado a Ordem, com a publicação do Decreto-Lei n.º 487/99, de 16 de Novembro. E esta passagem não significa uma mera questão de semântica. Trata-se do início de uma nova etapa profissional.

Sabemos que o conceito de Ordem assenta na definição de profissões liberais, estas com origem medieval, começando especificamente por abranger as actividades profissionais que tinham um estatuto de exercício sem dependência de qualquer organização de autoridade pública ou privada, para historicamente se vir alargando a todas as profissões livres com formação superior.

Na definição original das profissões liberais era esta não dependência, era esta liberdade de exercício, fiel apenas ao saber e ao saber fazer de cada caso e de cada época, tendo como contrapartida funcional o justo valor das remunerações auferidas e a responsabilização pessoal pelas condutas exercidas, que fazia destes profissionais liberais homens livres e directamente responsáveis.

No entanto, a reorganização do poder nas áreas de autoridade pública e privada, derivada em especial da evolução científica e tecnológica e da transformação dos mercados, ao mesmo tempo que multiplicou e diversificou as profissões que exigem formação superior, da mesma forma limitou acentuadamente os espaços de exercício profissional livre, ou seja, sem dependência de qualquer organização de autoridade pública ou privada.

Em Portugal a introdução da figura das ordens profissionais *stricto sensu* deu-se com a criação da Ordem dos Advogados em 1926, muito embora constituísse uma reivindicação já muito antiga. Até ao 25 de Abril de 1974 foram criadas apenas mais três: a Ordem dos Engenheiros (1936), a Ordem dos Médicos (1938) e só muito mais tarde a Ordem dos Farmacêuticos (1972). Tirando a Ordem dos Advogados, que nunca chegou a ser formalmente enquadrada na organização corporativa, as outras foram criadas ao abrigo da lei dos sindicatos corporativos, o Decreto-Lei n.º 23 050, de 23 de Setembro de 1933, revisto pelo Decreto-Lei n.º 49 058, de 14 de Junho de 1969. Depois do 25 de Abril de 1974, as ordens profissionais existentes conseguiram sobreviver, se bem que a Constituição de 1976 nada dissesse a este respeito, facto que só foi expressamente suprido com a revisão constitucional de 1982, tendo a partir desta data vindo a ser criadas várias outras Ordens, com vista à satisfação de necessidades específicas de interesse público e de base privada quanto à sua organização.

É neste contexto que foi criada a Ordem dos Revisores Oficiais de Contas, com vista a dar satisfação às seguintes necessidades específicas desta actividade:

- A assunção pela Ordem de responsável, de pleno direito, por todo o sector de actividade da revisão/auditoria às contas e serviços relacionados, sem prejuízo das atribuições conferidas nesta matéria ao Tribunal de Contas ou a qualquer organismo da Administração Pública;
- A harmonização do regime jurídico das sociedades de revisores oficiais de contas com as situações e tendências dominantes na União Europeia;
- O aumento da transparência da informação financeira nomeadamente a publicada pelas empresas e outras entidades com valores cotados nas bolsas;

- A redefinição da intervenção dos revisores em determinadas empresas ou outras entidades; e
- A melhoria do regime de acesso à profissão, passando pela exigência de licenciatura adequada e a realização de um exame de admissão à Ordem, seguindo-se um estágio profissional com a duração mínima de três anos.

Esta nova etapa profissional de que vos falava exige, principalmente dos Revisores, mais do que "mudar alguma coisa para que tudo fique na mesma", como dizia *Lampedusa*. Exige sobretudo a compreensão e assunção do seu novo Estatuto e, por extensão, a criação de condições para que as várias entidades que irão ser dele objecto o aceitem em seu benefício próprio e na defesa do interesse público que lhe está primariamente subjacente.

Daí que a carreira profissional que agora e por direito próprio os Novos Colegas irão encetar, para além do desafio que constitui normalmente o facto de se entrar numa profissão exigente, em ambiente de constante transformação dos mercados e de concorrência profissional, acarreta também a circunstância da Ordem estar a iniciar neste preciso momento, como vimos, uma mudança de posicionamento institucional e orgânico, que se prevê de largo alcance para a profissão.

É que pela primeira vez na história desta Instituição lhe foram expressamente conferidas atribuições para exercer jurisdição sobre tudo o que respeita à actividade de revisão legal das contas, auditoria às contas e serviços relacionados, de empresas ou de outras entidades, de acordo com as normas técnicas por si aprovadas ou reconhecidas. Isto significa que esta associação pública profissional passa a assumir de pleno direito no nosso país a inteira responsabilidade institucional e orgânica sobre tudo o que respeite à revisão/auditoria às contas, seja legal, estatutária ou contratual. Recorde-se que até aqui lhe estavam apenas reservadas atribuições em matéria de revisão legal das contas.

Disse que os Novos Colegas vão entrar numa profissão exigente. E exigente, não só sob o ponto de vista técnico, como também e, sobretudo, sob o ponto de vista ético e deontológico.

É que ser Revisor Oficial de Contas significa, necessariamente, assumir uma atitude ética no seu relacionamento social, ao mesmo tempo moldada por uma conduta deontológica constituída por um conjunto de princípios, normas e atitudes que enformam a dignidade e o prestígio da profissão. Assim sendo, vejamos quais as características e objectivos essenciais da profissão de Revisor e os princípios fundamentais, deveres e responsabilidades que estes profissionais devem observar e assumir.

A profissão de Revisor distingue-se por certas características, que incluem o domínio de uma determinada habilitação intelectual, adquirida por formação e prática profissional, e a sujeição dos seus membros a um código comum de valores e de conduta estabelecido pelo seu organismo profissional. À Ordem dos Revisores Oficiais de Contas compete, para além de representar e agrupar, mediante inscrição obrigatória, os Revisores e as sociedades de revisores, superintender em todos os aspectos relacionados com a profissão, designadamente estabelecer princípios e normas de ética e deontologia profissional, com o objectivo de garantir a mais alta qualidade de desempenho, por forma a manter a confiança dos agentes económicos e sociais na profissão.

São, por isso, objectivos da profissão assegurar:

- A credibilidade da informação e dos sistemas de informação;
- O profissionalismo dos Revisores;
- A qualidade de serviços prestados com os mais altos padrões de desempenho;
- A confiança dos utentes nos serviços dos Revisores;
- A defesa do interesse público, perante a relevância de que se reveste a intervenção dos Revisores junto dos vários agentes económicos e sociais, com vista a contribuir, de forma ordenada, para o funcionamento do mundo dos negócios.

A fim de atingirem os objectivos essenciais da profissão, os Revisores têm de observar um dado número de princípios fundamentais, como sejam, a legalidade, integridade, sigilo profissional, competência, objectividade, independência e responsabilidade.

Por outro lado, os Revisores ficam sujeitos a um conjunto de deveres, tais como, deveres para com os Colegas, os clientes, a Ordem e outras entidades. Os deveres dos Revisores para com a sua profissão e para com a sociedade em geral podem, por vezes, conflituar com os seus próprios interesses imediatos ou com o seu dever de lealdade para com os Colegas. Nesse caso, haverá que ponderar convenientemente o interesse mais relevante em presença, na óptica do quadro normativo que regula a profissão.

Para além do referido, os Revisores devem igualmente adoptar uma conduta responsável que os prestigie a si próprios e à profissão. O que significa que, pelo incumprimento culposo das suas funções, os Revisores são passíveis de responsabilidade, a apurar consoante a tipicidade e as circunstâncias do acto ou omissão praticados, nos termos previstos nos normativos aplicáveis, podendo revestir a natureza de responsabilidade disciplinar, civil, tributária ou penal.

Resta-me sublinhar que os elementos aqui apresentados constituirão porventura o corpo essencial dos princípios, normas e atitudes que visam proporcionar um elevado grau de conduta ética e deontológica dos Revisores, não esgotando obviamente este tema.

Muitos outros elementos se poderão alinhar decorrentes do exercício profissional no quadro das forças do mercado. Em todo o caso há um elemento, ainda que de valor muito precioso, que não se vende no mercado. Esse elemento é a ética pessoal e a deontologia profissional.

Feita a traço largo a radiografia da origem e do sentido geral das ordens profissionais *stricto sensu* e da Ordem dos Revisores Oficiais de Contas em particular, alinhados um conjunto de princípios, normas e atitudes que devem enformar a ética e deontologia dos Revisores, é possível afirmar que, apesar dos problemas e dos desafios existentes, os Colegas irão abraçar uma profissão que granjeia um relevante prestígio e dignidade no seio da sociedade em geral e da comunidade empresarial em particular, e dizer-lhes que contamos convosco para o reforço desse prestígio e dignidade profissional, ao mesmo tempo que lhes reiteramos os desejos de que consigam alcançar os maiores e melhores êxitos profissionais e pessoais.

8.2.4 Abrem-se novos horizontes

(Discurso proferido na cerimónia de recepção aos Novos Colegas que decorreu nas instalações da Ordem em Lisboa em 8 de Março de 2001)

Num momento em que a Ordem dos Revisores Oficiais de Contas e a profissão atravessam uma fase de grandes transformações e de permanentes mudanças, é com o maior gosto que hoje recebemos os Novos Colegas nesta nossa Instituição e lhes vamos entregar as respectivas Cédulas Profissionais.

Com a aprovação do novo Estatuto através do Decreto-Lei n.º 487/99, de 16 de Novembro, e a passagem da Câmara a Ordem abriram-se novos horizontes externos e operou-se um reposicionamento da Instituição e da profissão, a nosso ver, capaz de acompanhar com o menor risco possível os ventos de mudança que vêm continuamente soprando em seu redor. Assim sendo, com o novo Estatuto a Ordem passou a ter assento em novos *fora*, como sejam, o Conselho Consultivo da Comissão do Mercado de Valores Mobiliários e o Conselho Nacional de Profissões Liberais. E também na sequência do novo Estatuto elaborou-se um novo Regulamento Eleitoral e prepararam-se eleições, com base nele que culminaram com a tomada de posse dos novos órgãos sociais em 22 de Maio passado e avançou-se na construção do novo edifício jurídico da Ordem, tendo até ao momento sido aprovados a quase totalidade dos Regulamentos estatutariamente previstos, ou seja:

- O Regulamento de Inscrição e de Exame;
- O Regulamento de Estágio;
- O Regulamento Disciplinar; e
- O Regulamento do Controlo de Qualidade.

A nível do Departamento Técnico completou-se a reestruturação e recomposição das Comissões Técnicas, na sequência da orientação fixada por deliberação do Conselho Directivo de 11 de Novembro de 1999, abertas a entidades e especialistas externos, cujo contributo de natureza consultiva tem sido valioso, constituindo uma aposta relevante no reforço e na abrangência do vector técnico da Ordem e da profissão. O que significa que o Departamento Técnico da Ordem, para além do Comité de Coordenação de Normas e Estudos Técnicos, tem neste momento a funcionar 10 Comissões Técnicas e 2 Grupos de Trabalho, envolvendo 56 pessoas, repartidas pelos seguintes interesses e sectores de actividade:

- Comissão Técnica das Entidades Não Financeiras
- Comissão Técnica das Entidades Financeiras
- Comissão Técnica das Entidades Seguradoras
- Comissão Técnica dos Valores Mobiliários
- Comissão Técnica do Euro
- Comissão Técnica dos Impostos
- Comissão Técnica do Ambiente e do Desenvolvimento Sustentável
- Comissão Técnica do Sector Público, Autarquias, Cooperativas e Desporto
- Comissão Técnica do Manual e Informática
- Comissão Técnica de Legislação e Regulamentos

Entretanto, no âmbito da Comissão Técnica de Legislação e Regulamentos, foram criados 2 Grupos de Trabalho, um para a revisão do Código de Ética e Deontologia Profissional e outro para a elaboração do Regulamento das Secções Regionais.

Por outro lado, no que respeita ao acesso à profissão, aprovámos as Normas de Funcionamento do Curso de Preparação para Revisores e lançámos as novas bases deste Curso, tendo em conta os elevados níveis de conhecimento exigidos para o exercício da profissão, a qual se desenvolve num clima cada vez mais de mudança e de multidisciplinaridade.

A par desta actividade, a Ordem está representada e participa em diversos organismos internacionais ligados ou conexos com a profissão, integrando vários dos seus órgãos e grupos de trabalho, como sejam, a FEE, o Comité de Auditoria da UE, a IFAC, o IASC e o Comité Organizador do EERA – *European Environmental Reporting Awards* (Prémio Europeu sobre Relatórios Ambientais elaborados pelas empresas). E da mesma maneira a Ordem está representada e mantém contactos com diversas entidades nacionais, tais como, o Banco de Portugal, a CMVM, o IAPMEI, a IGF, a DG Impostos, a CNC, a CTOC e várias instituições de ensino superior.

Isto tudo para (e com) um universo de cerca de 900 Revisores e 150 Sociedades de Revisores inscritos na respectiva lista em 31 de Dezembro de 2000, dispondo a Ordem de uma Sede própria e de uma Delegação no Norte, que se prevê passar a Secção Regional, um orçamento anual de cerca de 320 mil contos, uma estrutura organizacional repartida por 5 Departamentos ligada aos órgãos sociais por um Coordenador-Geral e empregando uma média de 25 colaboradores, sem esquecer a edição trimestral de uma revista **"Revisores & Empresas"** e da publicação mais frequente de uma *Newsletter*.

Mas mais que esta infraestrutura física e esta envolvente interna e externa, vocacionadas para servir a sociedade, as empresas e outras entidades, a profissão e os Revisores nos diversos domínios da sua actuação, a Ordem é sobretudo uma Instituição que, com apenas 27 anos de vida, já tem um riquíssimo acervo histórico, profissional e social, a que não é especialmente alheio o facto de ser a única Instituição que regula, disciplina e controla a profissão de Revisor Oficial de Contas em Portugal, com poderes delegados pelo Estado, na sequência do interesse público que é, em termos estatutários, reconhecido à profissão. O que se, por um lado, isso a onera com uma enorme responsabilidade, confere-lhe, por outro, capacidade para merecer tamanha prerrogativa. E é neste binómio de **responsabilidade/capacidade** entre o Estado e a Ordem que se situa a relação de confiança mútua que deve permanentemente pautar a gestão desta Instituição e o normal exercício da profissão.

O que requer de todos nós, os que já cá estão e os que agora a ela chegam, o cumprimento escrupuloso dos normativos que regem a Ordem e a profissão. Normativos que não se confinam à área estritamente técnica, mas principalmente ao comportamento ético e deontológico no relacionamento com a Ordem, os Colegas, os Clientes e outros terceiros. Por isso, se faz frequentemente apelo neste domínio aos princípios estruturantes da profissão, como sejam, a **objectividade**, a **integridade**, a **legalidade** e a **independência**. E sabemos por experiência própria, quanto é difícil levar à prática estes princípios perante os casos concretos que se nos deparam no dia a dia.

Estou certo que os Novos Colegas têm consciência que vão entrar numa profissão com elevados padrões de exigência. Mas também não tenho dúvida que tudo farão para continuar a merecer e a granjear o prestígio e a dignidade da profissão que agora abraçam.

Mas é meu dever alertar-vos para algumas dificuldades que poderão vir a surgir quando da vossa progressiva inserção num mercado profissional em transformação acelerada, com uma competitividade cada vez mais acrescida e um ambiente tecnológico em permanente mutação, sucedendo até, não raras vezes, que os Revisores são chamados a dar opinião sobre zonas ou pontos de conflitualidade entre os diversos interesses envolvidos.

Contamos convosco. Esta Instituição é também vossa e os Novos Colegas fazem, de pleno direito, parte integrante dela. Estou certo, estamos todos certos, que são dignos merecedores de a ela pertencerem.

Sejam bem-vindos!

8.2.5 Uma profissão exigente mas também aliciante

(Discurso proferido na cerimónia de recepção aos Novos Colegas que decorreu nas instalações da Ordem em Lisboa em 20 de Março de 2002)

É com o maior gosto que os recebemos nesta Instituição e lhes damos as boas vindas na entrada na profissão. Profissão que no nosso país vai comemorar este ano o seu 30.º aniversário, encontrando-se numa situação consolidada.

Poém, os Colegas entram numa altura em que a profissão de auditoria está a sofrer um abanão por virtude de recentes acontecimentos ocorridos a nível internacional. É o caso *Enron*. Há já quem esteja a dizer que este caso poderá ser considerado o 11 de Setembro da profissão. O que se poderá seguramente dizer é que este acontecimento irá ter consequências a nível internacional, variando consoante o quadro legal e profissional em vigor em cada país ou região e a relevância pública e social da profissão existente em cada um deles.

No nosso caso estamos em crer que o actual quadro legal e regulamentar da profissão está suficientemente suportado e parece-nos adequado a, ponderadas as devidas distâncias, evitar ou pelo menos reduzir acontecimentos como o da *Enron*. O que não quererá dizer que não possam vir a suceder.

Como tudo na vida, uma coisa é a existência de regras, outra, por vezes bem diferente, é a aplicação e o cumprimento dessas regras. E outra coisa ainda é o desfasamento entre as regras existentes e as realidades e organizações a que se têm de aplicar, as quais foram, por vezes, instituídas há já longos anos e não se mostram adequadas à evolução da economia nas suas novas formas e complexidades. O que levanta a necessidade de se avançarem novas questões de índole profissional e/ou de se reformularem outras. Neste momento abordaremos apenas três.

Diz-se que uma das questões que contribuiu para o sucedido tem a ver com a realização pela mesma entidade da auditoria às contas conjuntamente com a consultoria, nas suas várias modalidades, num mesmo cliente. Em consequência disso, está a verificar-se a partir de agora a tendência ou decisão, quase unânime das grandes firmas, de separação destas duas áreas de actividade por entidades distintas. É, porém, minha convicção que o sucedido não tem tanto a ver com o facto de poder haver um conflito de interesses entre estas duas áreas de actividade, mas de por vezes se entrar dentro do negócio do cliente, ser-se parte, em vez de se ser apenas auditor ou apenas consultor. Quer o nosso Estatuto, quer o actual Código de Ética e Deontologia Profissional (CEDP)[1], consagram tanto a função de revisão/auditoria às contas como a de consultoria nas matérias que integram o programa do exame de admissão à Ordem, bem como as condições e circunstâncias em que elas podem ser exercidas[2]. E em qualquer destas actividades os ROC devem exercê-las de acordo com os normativos legais e técnicos aplicáveis e os princípios fundamentais do CEDP, designadamente o do respeito pelo princípio da *independência profissional*, que iremos abordar de seguida.

Outra questão tem a ver com a *independência*, considerada a trave mestra da profissão. O actual CEDP dedica-lhe uma atenção muito especial, elencando-o como primeiro princípio fundamental por que o ROC deverá pautar a sua conduta pessoal e profissional. Pretende-se evitar que o ROC no exercício da sua actividade seja colocado numa posição que, objectiva ou subjectivamente, possa diminuir a sua liberdade e capacidade de formular uma opinião justa e isenta.

No actual CEDP introduziram-se, a par de outras, três situações tendentes a preservar a independência do ROC, que desejaria sublinhar pela sua especificidade. Uma, atribui ao ROC o dever de *"Não receber da parte de cada cliente honorários que representem um montante superior a 15% do volume de negócios anual da sociedade de revisores ou do total de honorários anual do revisor individual, salvo se essa situação não puser em causa a sua independência profissional ou se estiver em início de actividade"*. Outra, constitui o ROC ([3]) no dever de, ao desempenhar funções de revisão legal das contas, auditoria às contas e serviços relacionados em determinada empresa ou outra entidade, **recusar o trabalho** de organizar ou executar a contabilidade ou de assumir a responsabilidade legal ou contratual desta, nessa empresa ou outra entidade. Trata-se aqui da aplicação do chamado princípio processual da separação de funções aqui adaptado no sentido de *"quem executa não julga e quem julga não executa"*. Outra ainda, constitui o ROC ([3]) no dever de, ao desempenhar funções de revisão legal das contas, auditoria às contas e serviços relacionados em determinada empresa ou outra entidade, **recusar o trabalho** de fiscalizar, inspeccionar ou julgar contas nessa empresa ou outra entidade ao serviço de organismos com atribuições legais para esse efeito. O que se traduz na *impossibilidade de o mesmo profissional ser ROC dessa mesma empresa ou outra entidade e simultaneamente executar o referido trabalho ao serviço de organismos com atribuições legais para esse efeito.*

Outra questão ainda tem a ver com **a qualidade do trabalho** de revisão/auditoria a prestar pelos ROC. É um objectivo e uma preocupação permanentes da profissão. E globalmente têm-o sido, quer dos ROC em geral, quer da Ordem em particular. Com efeito, a Ordem instituiu desde há oito anos a esta parte um sistema de controlo de qualidade dos trabalhos de revisão/auditoria realizados pelos ROC, constante do Regulamento do Controlo de Qualidade ([4]). Sistema esse que tem como objectivo principal a verificação da aplicação das normas técnicas e directrizes de revisão/auditoria aprovadas ou reconhecidas pela Ordem, bem como promover a melhoria da qualidade, incentivando os ROC a adoptarem as práticas profissionais mais adequadas e a disporem de apropriada organização e dos correspondentes recursos humanos e materiais.

Nos termos do citado Regulamento, os ROC cujos processos serão objecto de exame serão seleccionados por **sorteio público anual**, a que assistem, para além dos ROC, designadamente representantes da CMVM, do Banco de Portugal, do Instituto de Seguros de Portugal, da IGF, da DG Impostos, dos Fundos de Investimento, do IAPMEI, do POE e das Confederações das actividades económicas.

Por sua vez, as conclusões de cada controlo são vertidas numa **ficha de verificações e recomendações** a homologar pelo Conselho Directivo, que deverá proceder à sua divulgação pelos ROC controlados e pela CMVM, no caso de se tratar de controlos que incidam sobre empresas com valores cotados na BVLP. E caso se conclua pela violação dos deveres estabelecidos no Estatuto da Ordem ou em outros normativos aplicáveis, o Conselho Directivo tomará as medidas que considerar necessárias e adequadas, designadamente de natureza disciplinar.

Este sistema, que vem funcionando normalmente, ocupa uma posição cada vez mais relevante, não só junto da profissão propriamente dita, como também da comunidade empresarial, dado o interesse público e o interesse geral que se pretendem acautelar. E é também um factor de afirmação e de exigência da profissão, sendo certo que ele não fica a dever nada em geral ao que se vem praticando a nível internacional, nomeadamente na União Europeia.

Por um lado, vão entrar numa profissão exigente, cada vez mais exigente, que tem por objecto realidades e organizações, que vêm assumindo novas formas e complexidades num contexto de crescente globalização. E vão entrar num momento em que se verifica a nível internacional alguma turbulência profissional. Sugiro-vos que não se deixem impressionar negativamente por isso. Pelo contrário, que esse facto vos sirva de incentivo para uma maior exigência e rigor profissionais, onde os princípios ético-deontológicos da independência, da responsabilidade, da competência, da urbanidade, da legalidade e do sigilo profissional estejam sempre presentes.

Por outro lado, asseguro-vos que vão entrar numa profissão aliciante, multidisciplinar, prestigiada e respeitada e cuja credibilidade, profissionalismo, qualidade dos serviços e confiança constituem os seus objectivos fundamentais.

Conto convosco, contamos convosco, para continuarem este caminho árduo de exigência, rigor, dignidade e respeito por todos nós, pela Ordem, pelos clientes e outras entidades. Por isso, desejo-

-vos, desejamos-vos, os maiores sucessos profissionais e pessoais nesta nova etapa da vossa vida.

Notas:
([1]) O actual Código de Ética e Deontologia Profissional foi aprovado em Assembleia Geral Extraordinária de 22 de Novembro de 2001.

([2]) Veja-se, no tocante à consultoria, nomeadamente, os artigos 48.º, 78.º, n.º 1, c), e 95.º do Estatuto, bem como os artigos 3.º e 13.º do CEDP.

([3]) Extensível a outras pessoas expressamente mencionadas no CEDP, que se presume poderem exercer pressão sobre a actividade do ROC, especialmente, a resultante de influências exteriores.

([4]) O actual Regulamento do Controlo de Qualidade foi aprovado em Assembleia Geral Extraordinária de 7 de Dezembro de 2000.

8.2.6 Manter pela vida fora a exigência profissional

(Discurso proferido na cerimónia de recepção aos Novos Colegas que decorreu nas instalações da Ordem em Lisboa em 22 de Maio de 2003)

Temos o grato prazer e o maior gosto em vos receber como Novos Colegas Revisores Oficiais de Contas nesta vossa "Casa" e dar-vos as boas vindas.

O que é a Ordem

Para quem entra na profissão haverá certamente a curiosidade de conhecer, ainda que em traços gerais, a Instituição a que vai pertencer.

Com efeito, a Ordem é a entidade que representa e agrupa os seus membros, bem como superintende em todos os aspectos relacionados com a profissão de Revisor, entidade que está a caminho dos 30 anos de vida.

No que respeita à sua organização e gestão, a Ordem, para além dos órgãos estatutários e regulamentares, adopta presentemente o método de gestão departamental, compreendendo 6 departamentos, sob a coordenação de um Coordenador-Geral, que faz a ligação funcional entre aqueles órgãos e os diferentes departamentos. Temos, pois, o Departamento Técnico, Jurídico, Administrativo e Financeiro de Formação, Inscrição e Estágio, de Controlo e de Comunicação.

É através destes departamentos que a Ordem desenvolve, em particular, as suas atribuições e apoia os seus membros no desempenho das respectivas tarefas.

Mas a Ordem não é apenas um conjunto de órgãos e de departamentos. É uma Instituição que se rege por princípios de democraticidade, de competência e de ética e deontologia profissional. E é sobretudo um espaço de trabalho, de estudo e investigação, de rigor e de sã convivência profissional e social.

O que é ser Revisor

Ser Revisor é possuir um título profissional. Mas é mais do que isso.

Ser Revisor é a concretização de uma vontade, de uma ambição, de um sonho.

Ser Revisor é o fim de um longo período de sacrifícios pessoais, familiares e materiais.

Ser Revisor é pertencer a uma Instituição prestigiada e a uma profissão tecnicamente exigente e socialmente reconhecida.

Ser Revisor é ter um compromisso permanente com o estudo, a ética e a deontologia profissional.

Por fim, ser Revisor significa para a maioria de vós a abertura de uma nova perspectiva profissional e a possibilidade de melhoria das vossas condições de vida.

Mal andará, por isso, aquele que pense que, por possuir o título profissional de Revisor, adquiriu o passaporte para viajar tranquilamente pela profissão e ultrapassar, sem mais, as dificuldades que se lhe irão deparar. Ao invés, ser Revisor significa manter pela vida fora uma atitude de permanente exigência profissional, não só consigo próprio, como também com a Instituição a que pertence, os Colegas, os clientes e demais entidades com quem terá de se relacionar.

Os desafios

É um facto que a competitividade no mercado da revisão/auditoria às contas vai continuar a intensificar-se, quer a nível interno, quer a nível internacional, designadamente no espaço da União Europeia a que pertencemos.

É também um facto que a utilização das novas tecnologias por parte das organizações e da profissão vai continuar a alargar-se.

É ainda incontroverso que as organizações e as operações objecto de revisão/auditoria às contas se apresentam cada vez mais complexas e sofisticadas em resultado da conjunção de diversos factores, entre os quais o desenvolvimento e a internacionalização das economias, a capacidade tecnológica, as exigências dos mercados e a utilização de novas regras e metodologias de valorização, apresentação e divulgação das demonstrações financeiras.

São tudo desafios que permanentemente se colocam à profissão, a par de outros, como é o caso do que já está colocado e vai continuar a estar, que tem a ver com a aplicação das normas internacionais de contabilidade (NIC) do IASB, a partir de 2005, pelo menos, às empresas cujos valores mobiliários estejam cotados num mercado regulamentado dos Estados-membros da União Europeia. A profissão constituirá um pilar importante a nível do mecanismo do *"enforcement"* das NIC nos Estados-membros, na medida em que se passa a exigir aos Revisores que certifiquem se as demonstrações financeiras foram adequadamente preparadas de acordo com tais normas.

Perspectivas e votos finais

Com o enquadramento anterior e os desafios que os esperam, é desejável que os Revisores se organizem em estruturas, quer individuais, quer em sociedades de revisores, adequadas ao melhor desempenho desta actividade profissional.

É nossa convicção que em Portugal continuará a haver lugar para um desempenho profissional dos Revisores com qualidade, dignidade e prestígio. Sem se descurar os outros espaços de actividade, nomeadamente o sector público onde se está a procurar alargar o mercado profissional, é conveniente lembrar que o tecido empresarial português é fundamentalmente constituído por PME, ou seja, cerca de 99% das empresas declararam para efeitos de IRC, no exercício de 2001, um total de proveitos inferior a 5.000.000 euros, num universo da ordem das 290.000 empresas. Salvaguardando-se sempre quaisquer conflitos de interesses que possam surgir, é cada vez mais neste mercado profissional que o empresário sente necessidade de ter a colaborar consigo, não apenas um Revisor que revê as contas da sua empresa, como também um profissional qualificado a quem pode consultar sobre matérias da sua especialidade, com vista a lhe dar um conselho, uma informação ou um parecer sobre um determinado caso ou situação a decidir ou a resolver. O Revisor é e tem que ser visto cada vez mais como um valor acrescentado e não como um encargo que as empresas têm de suportar, quer pela qualidade e competência da sua intervenção, quer pela confiança que pode proporcionar aos empresários, quer ainda pela credibilidade que confere à prestação de contas perante terceiros. O fundamental neste domínio é que as actividades de revisão/auditoria e de consultoria sejam exercidas de acordo com os normativos legais e técnicos aplicáveis e os princípios fundamentais do Código de Ética e Deontologia Profissional, em especial o do respeito pelo **princípio da independência profissional**.

Como disse, vão entrar numa profissão exigente, pluridisciplinar e respeitada. Conto convosco, contamos convosco, para continuarem este caminho árduo, mas profícuo, em prol da Ordem, da profissão e dos Revisores. Desejo-vos, desejamo-vos, os maiores sucessos profissionais e pessoais nesta nova etapa da vossa vida.

8.2.7 *A qualidade, a independência e a ética profissional*

(Discurso proferido na cerimónia de recepção aos Novos Colegas que decorreu no Centro Cultural e de Congressos de Aveiro em 30 de Outubro de 2004)

Em representação da Ordem, começo por dar as Boas-Vindas aos Novos Colegas e felicitar-vos por mais esta etapa na vossa carreira profissional. É para mim seguro que este momento constituirá um marco importante nas vossas vidas profissionais e também pessoais. E será certamente tanto mais importante quanto é certo que se integra no âmbito do VII Encontro Luso-Galaico, cujo tema central é "Contabilidade e Revisão/Auditoria – Que compromissos após 2005?".

A preocupação dos presentes em relação à melhoria do desempenho profissional, nas suas várias vertentes, pode dizer-se que constituiu a linha orientadora comum ao longo deste Encontro. E não só quanto ás exigências de hoje, como relativamente aos compromissos profissionais após 2005. É perante este cenário de maior envolvimento e responsabilidade profissional, como aquele que atravessamos, que os Novos Colegas vão entrar na profissão. Como certamente se aperceberam os desafios são enormes. Não só a nível técnico, como será o caso da aplicação das NIC/IFRS, que exigirá a todos nós mais um esforço adicional. Mas sobretudo no que toca às questões da independência e da ética profissional perante os clientes e a sociedade numa economia crescentemente interligada e internacionalizada. Uma e outra cada vez mais ameaçadas. Felizmente a profissão tem sabido reagir bem a estas ameaças. E até se poderá dizer que em Portugal não temos tido um "caso" de auditoria como aqueles que ultimamente têm vindo a público em alguns outros países.

Isto para sublinhar que a profissão vai exigir e espera de vós uma atenção permanente e uma formação contínua com vista a poderem superar as dificuldades e a enfrentar os desafios que se vos vão colocar. Mas também é certo que vão entrar numa profissão organizada e socialmente respeitada. O ponto é que ela seja útil não só para as empresas, mas também para a comunidade envolvente. Isso constituirá o cerne da sua existência. Continuaremos, pois, a pugnar para que o seu exercício se paute pelos valores da qualidade, da independência e da ética profissional.

É neste sentido que espero, esperamos, o vosso contributo para nos ajudarem a percorrer este caminho difícil, mas gratificante, em benefício da Ordem, da profissão e dos Revisores. Os maiores e melhores sucessos profissionais e pessoais são os meus e os nossos desejos.

8.2.8 *Abertura de uma nova perspectiva profissional*
(Discurso proferido na cerimónia de recepção aos Novos Colegas que decorreu no Hotel Tivoli em Lisboa em 22 de Julho de 2005)

Quero começar por dar as Boas-Vindas aos Novos Colegas. Vão entrar numa nova casa e iniciar um novo passo na vossa carreira profissional. A nova casa é a Ordem. É ela que representa e agrupa os Colegas e superintende em todos os aspectos relacionados com a profissão. Nela estão presentemente inscritos mais de mil Revisores a nível de todo o território nacional. Para além de seis órgãos sociais e de três Comissões Estatutárias (Comissão de Inscrição, Comissão de Estágio e Comissão de Controlo de Qualidade), a Ordem está organizada em seis Departamentos e tem presentemente nela a trabalhar nove Comissões Técnicas e sete Grupos de Trabalho, integrando cerca de 70 Revisores e especialistas a título individual. O seu quadro de pessoal tem cerca de 30 trabalhadores distribuídos pela Sede e pela Secção Regional do Norte e o seu orçamento ronda os 2.300mil euros. Mas, a Ordem é mais do que isto. É um espaço democrático de diálogo, de espírito de equipa, de trabalho e de sã convivência profissional e social.

Ser Revisor é seguramente a concretização de uma vontade própria, de uma ambição e de um sonho. É concerteza o fim de um longo período de sacrifícios pessoais, familiares e materiais para conseguir um título profissional. Mas, é ainda mais do que isto. É pertencer a uma instituição prestigiada e a uma profissão tecnicamente exigente e socialmente reconhecida. É, ainda, para a maioria de vós, abertura de uma nova perspectiva profissional e a possibilidade de melhoria das vossas vidas. Estou convicto que a irão abraçar com dedicação, estudo e ética, que irão ser dignos da profissão que vão iniciar e que esta irá ter orgulho em vós. Estou seguro que saberão fazer *jus* às vossas capacidades de trabalho e ao vosso discernimento para enfrentar e resolver os problemas que a profissão vos irá pôr. Permitam-me um apelo, que é ao mesmo tempo uma sugestão, nas condições adversas que certamente irão defrontar, não deixem de optar pelos princípios e valores inscritos no Código de Ética e Deontologia Profissional. São eles o farol que nos guiarão em todos os momentos da nossa vida profissional. É através do seu respeito que se contribuirá para a dignificação e valorização da profissão. Posso assegurar-vos que a confiança, a qualidade dos serviços a prestar e a credibilidade constituem os requisitos indispensáveis para se atingir tal desiderato.

Contamos convosco. Desejo-vos, desejamos-vos, os maiores e melhores sucessos profissionais.

9
CONGRESSOS, ENCONTROS E COMEMORAÇÕES

9.1 Congressos

9.1.1 *É tempo de Congresso.*
(Editorial da revista "Revisores & Empresas" n.º 10 de Julho/ /Setembro de 2000)

Passados três anos é estatutariamente tempo de se levar a cabo o VII Congresso dos Revisores Oficiais de Contas, dias 28 e 29 de Novembro próximo. E é também tempo do I Congresso a realizar dentro do novo ciclo institucional iniciado com a transformação jurídica da Câmara em Ordem dos ROC. O que, não sendo nada de absolutamente decisivo, é, será, a nosso ver, algo de relevante, quanto mais não seja pela maior abrangência institucional e profissional que poderá revestir.

Significa isto que, perante o contínuo devir do tempo, periodicamente os ROC têm oportunidade de reunirem, de reflectirem, de fazerem um momento de "paragem" no seu dia-a-dia, de se reverem e de conviverem com os Colegas e Convidados. É, por isso, o momento apropriado para se fazer o ponto de situação do estado da *arte*. E a *arte* é necessária e objectivamente a actividade profissional que abraçamos e a Instituição que a representa, regula e disciplina. E o estado da *arte* hoje há-de legitimamente suscitar a todos nós interrogações, comparações e previsões sobre o que tem vindo a ser a sua evolução desde, pelo menos, o último Congresso realizado em Novembro de 1997.

Interrogações sobre se deveria ser este o caminho a seguir, comparações sobre a relevância da actividade e da Instituição entre hoje e finais de 1997 e previsões sobre o que elas irão ser num futuro próximo. O que implicará um momento de reflexão. Reflexão sobre o acerto ou desacerto das decisões tomadas, muito embora colectivamente suportadas nos instrumentos estatutários aprovados pelos ROC; reflexão sobre a oportunidade ou não dessas decisões; reflexão sobre o mérito ou demérito dessas mesmas decisões e reflexão ainda sobre as decisões que deveriam ou poderiam ser tomadas e o não foram.

Congresso, significa ao fim ao cabo "dar balanço e prestar contas" (ou não fôssemos profissionais ligados às contas), pelo menos de três em três anos, aos ROC e à sociedade em geral do estado desta actividade e da sua Instituição. O que, por outro lado, quererá também significar ouvir os ROC sobre o que terão para dizer, porque sem eles, aquelas nada serão. Ou seja, têm a palavra os ROC.

Por último, um apelo. Um apelo aos ROC no sentido de empenhadamente participarem no seu VII Congresso, por forma a que ele constitua, mais uma vez, um ponto alto da sua vida profissional e da Instituição que os representa.

Votos de um bom Congresso.

9.1.2 *Novas perspectivas para a profissão*
(Discurso proferido na sessão de abertura do VII Congresso dos Revisores Oficiais de Contas, realizado no Centro de Congressos de Lisboa em 28 e 29 de Novembro de 2000)

Quando há mais de 30 anos se introduziu pela primeira vez na legislação portuguesa a figura dos Revisores Oficiais de Contas, com vista a se aperfeiçoar o regime de fiscalização das sociedades anónimas, certamente se estaria longe de pensar a evolução que estes profissionais e esta profissão viriam a conhecer até aos nossos dias.

E muito embora se mantenham e até se tenham acentuado os motivos que levaram à sua introdução no regime de fiscalização das sociedades anónimas, o certo é que, ao longo destes anos, os Revisores e a profissão têm vindo progressivamente a ser chamados a novas áreas de actuação e a funções mais amplas e diversificadas, obrigando-os por consequência a novas formas de organização estatutária e funcional, para poderem continuar a dar resposta adequada a estas novas solicitações da sociedade em geral e da comunidade empresarial em particular.

Com efeito, dentro das **novas áreas de actuação** que têm vindo por lei a ficar sujeitas à intervenção dos Revisores, destacamos:
- As empresas públicas (actuais entidades públicas empresariais);
- As sociedades comerciais por quotas a partir de certa dimensão;
- Os fundos de investimento;
- Os fundos de pensões;
- As cooperativas a partir de certa dimensão;
- As sociedades anónimas desportivas;
- Os institutos públicos autónomos, no âmbito do POCP; e
- Determinados serviços e organismos do Ministério da Educação (no âmbito do POC – Educação) e do Ministério da Saúde (no âmbito do POCMS), bem como os seus organismos autónomos sob tutela, que não sejam empresas públicas.

E dentro das **mais amplas e diversificadas funções** que têm vindo por lei a ser atribuídas aos Revisores, sublinhamos:
- A elaboração de relatórios ou a emissão de pareceres sobre as entradas de bens em espécie para a constituição ou o aumento do capital das sociedades comerciais, bem como sobre a transformação, fusão e cisão de tais sociedades;
- A elaboração de relatórios ou a emissão de pareceres sobre a informação financeira a publicar pelas entidades com valores cotados na bolsa de valores, bem como sobre determinadas operações a realizar em bolsa, nos termos do Código dos Valores Mobiliários; e
- A emissão de pareceres sobre as contas de empresas promotoras de projectos de investimento nomeadamente no âmbito dos correspondentes sistemas de incentivos.

Mas seguramente fruto da crescente relevância que vem sendo reconhecida ao papel dos Revisores na defesa do interesse público, subjacente à credibilidade do exame às contas das empresas e de outras entidades, **uma nova perspectiva se abriu à profissão**, com a publicação há precisamente um ano do Estatuto da Ordem dos Revisores Oficiais de Contas (Decreto-Lei n.º 487/99, de 16 de Novembro).

Nova perspectiva que representa, sobretudo, uma responsabilidade acrescida e mais um desafio, quer para a Ordem, quer para a profissão. Com efeito, **a Ordem passou pela primeira vez a assumir de pleno direito em Portugal a inteira responsabilidade institucional e orgânica sobre tudo o que respeita à revisão/auditoria às contas, seja legal, estatutária ou contratual, e aos serviços com ela relacionados**, de acordo com as normas técnicas por si aprovadas ou reconhecidas. Recorde-se que até à publicação deste novo Estatuto apenas lhe estavam reservadas atribuições em matéria de revisão legal das contas, não lhe cabendo por isso qualquer jurisdição quanto às auditorias estatutárias e contratuais de empresas ou de outras entidades.

E se este novo posicionamento institucional e orgânico da Ordem perante a sociedade em geral e a comunidade empresarial em particular lhe traz uma responsabilidade acrescida nas matérias de revisão/auditoria às contas, também é certo que ele constitui mais um desafio, qual seja, o de contribuir para um funcionamento mais exigente e disciplinado deste mercado profissional a que os Revisores, pelas provas já dadas, saberão mais uma vez responder adequadamente.

E é nessa linha que estão já previstas e se antevêem novas áreas de intervenção dos Revisores ou se acentua a necessidade de melhorar ou ajustar a sua forma de actuação, balizadas no entanto por dois critérios essenciais: por um lado, a intervenção dos Revisores em outras empresas ou entidades terá de confinar-se ao determinado por lei, estatuto ou contrato, e, por outro lado, ela não poderá, se for o caso, prejudicar as atribuições conferidas nesta matéria ao Tribunal de Contas ou a qualquer organismo da Administração Pública, antes poderá e deverá ser-lhes de algum modo complementar.

É o caso da já prevista intervenção dos Revisores no âmbito do **Programa Operacional da Economia** (POE) do III Quadro Comunitário de Apoio (QCA).

Mas se é verdade que se antevêem também novas áreas de intervenção dos Revisores, consideradas de relevante interesse público, como seja o caso do sector das **autarquias locais** (no âmbito do POC das Autarquias Locais – POCAL), onde se movimentam milhões e milhões de contos a exigir uma opinião técnica, independente e sistemática sobre a situação patrimonial e financeira em cada exercício das entidades deste sector ainda não sujeitas a revisão legal das contas, também é certo que **mais de 90% das empresas (sociedades comerciais) portuguesas não têm as suas contas sujeitas à intervenção dos Revisores.**

Mas novas perspectivas se abrem à profissão que levam os Revisores a melhorar ou a ajustar a sua forma de actuação. E se é um facto que a profissão se encontra consolidada e com reconhecimento e prestígio generalizados, também é evidente que ela vem sofrendo nos últimos tempos uma mutação profunda e vertiginosa.

Por um lado, caminhamos aceleradamente para novos cenários ou ambientes de trabalho, como é o caso da revisão/auditoria em cenários ou ambientes virtuais, com a informação financeira *on-line*, que implicará uma certificação apropriada. E assim, cada vez mais se põe em questão o conceito tradicional de revisão/auditoria apenas à informação financeira anual. O que leva a informação financeira a evoluir para uma publicação mais rápida em relação à informação anual certificada e a um maior desenvolvimento das exigências e das práticas em matéria de relatos intermédios e de informação financeira em contínuo.

Por outro lado, em período de transição para a moeda única europeia (o *euro*), a revisão/auditoria às contas acentua a sua dimensão a nível da União Europeia, não só nos processos e formas de trabalho, como também no seu contributo para a melhoria da qualidade e da credibilidade da informação financeira.

Acresce que a desregulamentação implica maiores responsabilidades para os órgãos de governo das empresas e daí a relevância que assume a prestação de contas certificada. Relevância que assume, num primeiro momento, da administração perante os sócios e, num segundo momento, de ambos (administração e sócios) perante a comunidade em que se insere a empresa. Isto significa que tal prestação de contas adquire uma nova dimensão ao passar a corresponder à necessidade de satisfazer um dever de informar mais amplo que integra a chamada responsabilidade social da empresa.

Alinham-se, por isso, questões novas sobre a revisão/auditoria às contas decorrentes nomeadamente da evolução científica e tecnológica e da transformação dos mercados, no quadro de uma cada vez maior internacionalização e globalização das economias. Questões novas que têm a ver, no essencial, com a identificação de quem tem acesso à informação, com o conteúdo e os limites da informação a divulgar, com a sua segurança e conservação, com o sigilo profissional e com a responsabilidade profissional e social dos Revisores perante as empresas, os sócios, os investidores, a bolsa de valores, a Administração Fiscal, os credores e outros terceiros.

Outras questões se colocam aos Revisores quanto à forma de actuar. É um facto que as sociedades modernas estão a crescer em complexidade, o que implica uma mais exigente necessidade de Revisores; e que o seu pluralismo leva inevitavelmente à especialização dos Revisores; e ainda que a crescente reivindicação dos direitos individuais dos investidores conduz a que mais empresas fiquem sujeitas à intervenção dos Revisores. O que vale por dizer que os Revisores terão, cada vez mais, de ser capazes de utilizar novos processos e novas tecnologias de trabalho, terão de ser mais especializados e passarão a estar, cada vez mais, integrados em mercados profissionais de maior dimensão e complexidade. Mas terão também de se empenhar, permanentemente, no cumprimento dos valores éticos e deontológicos da sua profissão.

Estas novas perspectivas para a profissão passam necessariamente pelo **reforço do papel da Ordem** e pelo respeito dos normativos legais, profissionais, deontológicos e de controlo de qualidade que a regem e disciplinam. E como sinal desse reforço é o facto da Ordem ter passado recentemente a pertencer ao **Comité de Auditoria da Comissão Europeia, ao Conselho Consultivo da Comissão do Mercado de Valores Mobiliários e ao Conselho Nacional de Profissões Liberais.**

Por isso, abrimos a profissão a novos tipos jurídicos de sociedades de revisores oficiais de contas, embora mantendo a sua natureza civil, no sentido de as harmonizar com as situações e tendências dominantes na União Europeia e possibilitar que as firmas nacionais e as ligadas a organizações internacionais de auditoria passem a integrar inteiramente um mercado profissional mais exigente, mais disciplinado e, por sua vez, mais organizado sob o ponto de vista normativo.

Por isso, reforçámos e abrimos ao exterior o Departamento Técnico, presentemente composto por 10 Comissões Técnicas, repartidas pelos interesses e sectores de actividade mais ligados ou conexos com a profissão, e por um Comité de Coordenação de Normas e Estudos Técnicos.

Por isso, criámos e reforçámos o Departamento Jurídico.

Por isso, criámos o Departamento de Formação e reformulámos o Curso de Preparação para Revisores, assim como os cursos de formação contínua destinados a Revisores e a outros interessados.

Por isso, alargámos e melhorámos o controlo de qualidade dos trabalhos efectuados pelos Revisores.

Por isso, reorganizámos e reinformatizámos os Serviços da Ordem.

Por isso, nos termos do novo Estatuto da Ordem, queremos passar a sua Delegação do Norte a Secção Regional, reforçando as suas competências e melhorando a sua instalação e funcionamento.

Os Revisores têm a sua história, a sua identidade, a sua postura ético-deontológica, as suas competências e as suas responsabilidades. Todo este acervo dos Revisores tem sido posto, e continuará a sê-lo, ao serviço da profissão, das empresas, dos cidadãos e do País. Ao fim e ao cabo, a preocupação básica dos Revisores é, a seu jeito, contribuir para a melhoria da prestação de contas em Portugal, no sentido de que ela seja cada vez mais verdadeira e apropriada perante as empresas, os sócios, os investidores, a bolsa de valores, a Administração Fiscal, os credores e outros terceiros, no quadro das correspondentes estruturas legais e conceptuais em vigor no nosso País e da prossecução do interesse público e do interesse geral a ela subjacente.

Este VII Congresso é seguramente um espaço de reflexão adequado para se debaterem temas da maior importância para a profissão, como disso é bem elucidativo o respectivo programa. Não nos iremos aqui e agora antecipar a essas reflexões e muito menos às conclusões que dele sairão. Dêmos a palavra aos Congressistas e façamos votos de um bom trabalho.

Resta-nos, por fim, agradecer à Comissão Organizadora deste VII Congresso a dedicação e o empenhamento postos na sua concretização.

E às empresas e outras entidades que o apoiaram e patrocinaram o nosso muito obrigado.

E à Comissão de Honra e aos Ilustres Convidados, dizer-lhes que a Vossa presença muito nos honra e enobrece.

9.1.3 *Após Congresso*

(Editorial da revista "Revisores & Empresas" n.º 11 de Outubro/ Dezembro de 2000)

Terminado o VII Congresso dos Revisores Oficiais de Contas, cabe perguntar: Para que serviu? O que se tratou? E o que dele resultou ou pode resultar?

Para que serviu o Congresso? Não é forçoso dizer-se que serviu, sobretudo, para um momento de reflexão, de diálogo e de exposição de ideias, problemas e convicções, com vista a poder fazer-se um ponto de situação da actividade profissional que abraçamos e da Instituição que a representa, regula e disciplina, para além de proporcionar uma oportunidade única dos Revisores conviverem, não só entre si, como também com os Convidados que nos honraram com a sua presença. Globalmente não é difícil reconhecer-se que ele constituiu um ponto alto de afirmação dos ROC e da sua Instituição, em consonância, aliás, com o seu novo posicionamento estatutário decorrente da sua passagem a Ordem.

O que se tratou no Congresso? Sob o ponto de vista estritamente técnico, no quadro do seu tema base "**Novas perspectivas para a profissão**", foram analisados e debatidos temas específicos da maior importância para a profissão. Não cabe aqui uma apresentação, ainda que sumária, das intervenções dos oradores e das questões suscitadas nos períodos de debate. Disso se ocupa a documentação relativa ao Congresso. Mas cabe naturalmente, dar a devida nota da qualidade e da actualidade dessas intervenções, que muito contribuíram para o enriquecimento dos nossos conhecimentos, o esclarecimento das questões colocadas e a notoriedade do evento.

E o que resultou ou pode resultar do Congresso? É comum para todos que um Congresso, qualquer que ele seja, representa sempre uma marca, um ponto de referência, pelas mais diversas razões. Com este Congresso não pode deixar de se passar o mesmo. Ele vai marcar-nos. Não só por ser o I Congresso da era Ordem, mas porque dele resultou ou pode resultar uma sensibilização da consciência profissional perante as realidades em rápida e profunda mutação em que os ROC têm de desempenhar a sua actividade, exigindo-lhes um permanente acompanhamento e actualização. E exigindo concomitantemente à sua Instituição a capacidade de lhes assegurar condições para que, nestas circunstâncias, continuem a granjear o respeito e o reconhecimento da sociedade em geral e da comunidade empresarial em particular. Só por isto valeu a pena o Congresso, poderá dizer-se. Mas não só por isto. É necessário passar da sensibilização da consciência profissional aos actos. E nesta matéria **as conclusões** extraídas do Congresso deverão ser tidas como linhas de orientação fundamentais no rumo a seguir nesta era **após Congresso**. Saibamos interpretá-las e, naquilo que estiver ao nosso alcance, leva-las à prática.

E reafirmando o que já fiz no Congresso, resta-me agradecer a todos os que contribuíram para sua organização e realização. Muito obrigado.

Ao iniciar-se um novo milénio, votos de um Bom Ano de 2001.

9.1.4 VIII Congresso

(Editorial da revista "Revisores & Empresas" n.º 22 de Julho/ /Setembro de 2003)

Nos dias 27 e 28 de Novembro próximo vai realizar-se o VIII Congresso dos Revisores Oficiais de Contas (ROC). O que constitui uma oportunidade dos ROC para reunirem, para fazerem um momento de "pausa" no seu dia a dia, para reflectirem e para conviverem com os Colegas e Convidados.

Será o momento e lugar apropriados para se fazer um balanço do que mais relevante se passou na profissão, quer a nível nacional, quer internacional, desde o final de 2000, data do último Congresso, até ao momento, e se reflectir sobre o caminho a seguir no futuro próximo.

É sabido que desde o último Congresso e em particular depois dos vários escândalos financeiros ocorridos em empresas relevantes a nível internacional, de que o caso ENRON foi e é paradigmático, a profissão foi objecto das mais diversas atenções, passou frequentemente para o centro do debate a nível da comunidade financeira e da sociedade em geral e, em consequência disso, está a atravessar um processo de mudança, por forma a reganhar alguma confiança perdida e a recolocar-se no seu lugar, que é o de prestar serviços de revisão/auditoria às contas da mais elevada qualidade, sob o lema da "**Integridade, Competência e Independência**" e no quadro do interesse público de que a profissão se reveste.

Este processo de mudança, conduzido a nível dos grandes espaços geopolíticos principalmente pelos EUA e pela UE, está a implicar uma redefinição das prioridades da profissão. Estamos atentos a essa redefinição das prioridades e naturalmente a participar no citado debate, pelo que não deixaremos de tomar as medidas que se venham a tornar necessárias para restaurar a confiança perdida, a que anteriormente se fez referência. Continuar a acreditar na informação financeira prestada pelos ROC é um elemento indefectível da profissão.

Por tudo isto, este Congresso revela-se de uma importância muito especial, não só pelos temas em debate, como pelo momento em si próprio. É altura de dar a palavra aos ROC. Daí que faça um apelo. Um apelo no sentido de empenhadamente participarem no seu VIII Congresso, por forma a que ele constitua, mais uma vez, um ponto alto da sua vida profissional e da Instituição que os representa.

Votos de um bom Congresso.

9.1.5 *Integridade, Competência e Independência*

(Discurso proferido na sessão de abertura do VIII Congresso dos Revisores Oficiais de Contas, realizado no Centro de Congressos do Estoril em 27 e 28 de Novembro de 2003)

Este VIII Congresso, erigido sob a trilogia de valores que integram o símbolo heráldico da Ordem dos Revisores Oficiais de Contas (Ordem) "**Integridade, Competência e Independência**", revela-se de uma importância muito especial, não só pelos temas em debate, como também pelo momento em que se realiza.

É sabido que desde o último Congresso em 2000 e, em particular, depois dos vários escândalos contabilísticos e financeiros ocorridos em empresas relevantes a nível europeu e internacional, a nossa profissão tem sido objecto das mais diversas atenções e preocupações e passou frequentemente para o centro do debate a nível da comunidade financeira e da sociedade em geral. Em consequência disso, a profissão está a passar por um processo de mudança por forma a restaurar a confiança perdida e a recolocar-se no lugar que lhe é próprio.

A bem dizer, estamos mais numa mudança de época do que numa época de mudança. É um novo paradigma profissional que se quer implementar e não apenas uma mudança do actual. Este processo, conduzido a nível dos grandes espaços geopolíticos principalmente pelos EUA e pela UE, está a implicar a criação de novos mecanismos de regulação, uma redefinição de prioridades e uma nova e mais abrangente abordagem profissional. Está na forja, portanto, a implementação de uma nova estrutura conceptual de regulação da profissão a nível europeu e internacional.

Em consequência desse debate está a verificar-se uma **acentuação da componente pública de supervisão e um reforço do papel dos institutos representativos da profissão em consonância com o início de um processo de convergência entre os EUA e a UE**, apesar das diferenças culturais e jurídicas entre esses grandes espaços geopolíticos, sendo certo que essa convergência só será possível se se reconhecer mutuamente a equivalência dos seus sistemas de regulação profissional.

Por via disso, o Congresso dos EUA aprovou a lei *Sarbanes Oxley Act*, no final de Julho do ano passado, e a Comissão Europeia fez a este propósito uma Comunicação ao Conselho e ao Parlamento Europeu[1], em Maio deste ano.

A nível da UE, pretende-se traçar uma nova estratégia política coerente e homogénea, por forma a abranger a **totalidade das revisões legais das contas** nela efectuadas (mais de um milhão), e não apenas as das sociedades cotadas que representam um número muito menos elevado (da ordem das 7.000).

Esta nova estratégia política passa por um **plano de 10 pontos**, com prioridades calendarizadas a curto prazo e outras a médio prazo.

- **Prioridades a curto prazo** para 2003-2004:
    1. Modernizar a 8.ª Directiva (84/253/CEE).
    2. Reforçar a infra-estrutrura de regulação da UE.
    3. Reforçar a supervisão pública dos profissionais de auditoria a nível da UE.
    4. Tornar obrigatória a utilização das ISA em todas as revisões legais das contas efectuadas na UE, a partir de 2005.

- **Prioridades a médio prazo** para 2004-2006:
    5. Melhorar os sistemas de aplicação das sanções disciplinares.
    6. Tornar transparentes as sociedades de auditoria e as respectivas redes.
    7. Melhorar a governação das sociedades; reforçar os comités de auditoria e o controlo interno.
    8. Reforçar a independência dos revisores oficiais de contas e o código de ética.
    9. Aprofundar o mercado interno dos serviços de auditoria.
    10. Examinar a responsabilidade dos revisores oficiais de contas.

Trata-se de um vasto plano de acção, no sentido de reforçar a confiança dos investidores nos mercados de capitais e do público na revisão legal das contas. Esta iniciativa de regulação deve, no entanto, ser encarada no contexto mais vasto do Plano de Acção para os Serviços Financeiros ([2]), com vista à criação de um mercado de capitais eficiente a nível da UE até 2005, bem como da reacção da Comissão Europeia aos escândalos contabilísticos e financeiros recentemente ocorridos.

Certamente que a implementação deste plano vai ter repercussões em Portugal. No entanto, quando a nível europeu e internacional se fala agora na acentuação da componente pública de supervisão como elemento importante para preservar a confiança na profissão, o certo é que a tutela dos poderes públicos ou a auto--regulação pública por delegação de poderes do Estado, ao contrário do que se tem passado em muitos outros países europeus e extraeuropeus, tem sido o modelo seguido em Portugal desde a criação da profissão há mais de 30 anos.

Daí que muitas das questões que hoje se estão a colocar a esse nível se encontram já resolvidas no nosso país, o que não quererá dizer que algumas delas não devam ser ajustadas ou actualizadas através da revisão do nosso Estatuto e dos pertinentes regulamentos.

Nos últimos anos a profissão encetou no nosso país um caminho de convergência tendente a acabar com a **confusão** e a **duplicidade** estabelecida entre revisores oficiais de contas e auditores. Este caminho terá o seu termo no final do próximo ano (31 de Dezembro de 2004), que culminará com a inscrição na Ordem das organizações nacionais e internacionais de auditoria. A partir dessa data todo o sector de revisão/auditoria às contas, seja legal, estatutária ou contratual, passará para a jurisdição da Ordem. Das *"Big Four"*, uma já está inscrita e as outras três têm os respectivos *dossiers* em apreciação ou preparação. Parece-nos ser este o caminho certo, no sentido do reforço da qualidade da revisão/auditoria às contas e da **transparência do mercado profissional,** incluindo obviamente o mercado de capitais, com benefícios claros para todos os agentes e destinatários da informação financeira.

Outra questão tem a ver com a aplicação das Normas Internacionais de Contabilidade (NIC/NIRF), a partir de 2005. Estas normas são de aplicação obrigatória para todas as empresas cotadas num dos mercados regulamentados da UE relativamente às suas contas consolidadas (menos de 90 empresas em Portugal), podendo os Estados-membros permitir ou exigir que elas se apliquem também às restantes empresas.

A Ordem, a pedido do Ministério das Finanças, já transmitiu o seu entendimento sobre esta matéria. Com base nesse entendimento, estimamos que passariam a aplicar as NIC em Portugal entre 4.000 a 5.000 empresas, representando 1,4% a 1,7% do número de empresas que declararam IRC em 2001, o que nos parece um universo perfeitamente razoável e adequado à nossa dimensão, constituindo assim a massa crítica indispensável a uma aplicação coerente e sustentada destas normas no nosso país.

Com efeito, o Governo deverá mandar publicar, quanto antes, **um diploma legal que defina o âmbito de aplicação das NIC, para**

além das contas consolidadas das empresas cotadas, à semelhança do que já fizeram ou estão a fazer os outros Estados-membros da UE, como por exemplo a nossa vizinha Espanha. Para além do mais, trata-se de proporcionar às empresas portuguesas condições equivalentes às demais empresas a operar no mercado europeu, favorecendo a sua competitividade e a transparência e comparabilidade da informação financeira.

A profissão constitui um pilar importante da aplicação deste novo modelo contabilístico, principalmente a nível do *enforcement*, uma vez que os revisores têm de certificar se as contas foram, ou não, preparadas de acordo com estas normas.

Há mais de 15 anos que a Ordem tem vindo a dar o seu contributo no sentido da divulgação destas normas e da formação dos revisores e demais interessados, tendo recentemente realizado cursos e seminários a este propósito e editado um livro e uma brochura contendo todas as normas e demais material respeitante a esta matéria.

Não se trata portanto de algo radicalmente novo entre nós, muito embora seja uma nova maneira de ver e de entender a contabilidade que passará a vigorar. Como é óbvio, estas normas não são perfeitas, basta serem feitas pelo "Homem". Mas o facto é que temos de passar a viver com elas, com tudo o que isso implica de mexer com a nossa cultura contabilística de matriz maioritariamente assente nos modelos vigentes na Europa Continental.

A nosso ver, a aplicação deste novo modelo contabilístico deverá implicar uma profunda **alteração da estrutura organizativa da contabilidade em Portugal**. Presentemente, as atribuições e competências em matérias contabilísticas encontram-se dispersas por, pelo menos, cinco entidades, o que não favorece a indispensável coordenação e harmonização de conceitos, valorimetria e divulgação da informação financeira.

O actual modelo organizativo não serve, pois, as necessidades do País, nem os interesses dos destinatários da informação financeira. As normas contabilísticas não têm todas o mesmo valor jurídico, o que acarreta entre si e perante terceiros problemas de actualização normativa, de hierarquia e de interpretação. E tem vindo a funcionar em regime de quase total não profissionalização com grande escassez de recursos materiais e financeiros, face aos relevantes interesses públicos e privados em presença.

Um dos pontos do plano de acção para 2003/2004 estabelecidos na Comunicação da Comissão Europeia de Maio último é a preparação de medidas destinadas a assegurar a aplicação com sucesso das ISA, a partir de 2005, apoiadas por uma infra-estrutura que assegure a devida aplicação dessas normas.

A concretização desse objectivo, que passará oportunamente pela introdução de um instrumento vinculativo nesse sentido, constituirá um elemento-chave para se atingir, no espaço europeu, um nível harmonizado de elevada qualidade das revisões legais das contas.

Entretanto a Ordem, por seu lado, está a acompanhar este movimento e a trabalhar no sentido de iniciar o processo de revisão das suas Normas Técnicas de Revisão/Auditoria, com vista a atempadamente poder vir a dar cumprimento a esse objectivo estratégico.

Quer o Estatuto da Ordem, quer o seu Código de Ética e Deontologia Profissional (CEDP) consagram e regulam, a par da função de revisão/auditoria às contas, a actividade de consultoria nas matérias que integram o programa de exame de admissão à Ordem. Ou seja, a actividade de consultoria deve ser exercida de acordo com os normativos legais e técnicos aplicáveis e os princípios fundamentais do CEDP, em especial o do respeito pelo princípio da **independência profissional.**

Pretende-se evitar que o revisor no exercício da sua actividade seja colocado numa posição que, objectiva ou subjectivamente, possa diminuir a sua liberdade e capacidade de formular uma opinião justa e isenta.

Entendemos que a actividade de consultoria nas áreas da especialidade dos revisores mesmo nos clientes de auditoria **deve continuar a ser permitida**, desde que sujeita a determinadas condições. De resto, isso mesmo foi recentemente reconhecido pela Comissão Europeia[3] e por entidades reguladoras como é o caso da "SEC – *Securities and Exchange Commission*" norte americana.

É conveniente lembrar que o tecido empresarial português é caracterizado por um enorme número de empresas de reduzidíssima dimensão, ou seja, cerca de 99% das empresas declararam para efeitos de IRC, no exercício de 2001, um volume de negócios inferior a 5.000.000 euros, num universo da ordem das 290.000 empresas.

Salvaguardando-se sempre quaisquer conflitos de interesses, é cada vez mais neste mercado profissional que o empresário sente necessidade de ter a colaborar consigo, não apenas um revisor que procede à revisão e certificação das contas da sua empresa, como também um profissional qualificado a quem pode consultar sobre matérias da sua especialidade, com vista a dar-lhe um conselho, uma informação ou um parecer sobre determinado caso ou situação a decidir ou a resolver. O revisor é e tem de ser visto cada vez mais como um **valor acrescentado e** não como um encargo para as empresas, quer pela qualidade e competência da sua intervenção, quer pela confiança que pode proporcionar aos empresários, quer ainda pela credibilidade que confere à prestação de contas perante os mais diversificados destinatários.

Não nos queremos imiscuir em áreas de actividade de outras profissões. Mas não estamos disponíveis para deixar restringir ou limitar de forma desproporcionada e sem suporte constitucional suficiente a liberdade de exercício da nossa profissão. A definição de actos próprios de outras profissões não deve ignorar a nossa realidade de Estado de direito, nem muito menos o estatuto legal já definido de outras profissões, com especial relevo para aquelas que exercem funções de interesse público, como é o caso da nossa. Estamos convictos que o poder político será sensível aos nossos pontos de vista e que se encontrará uma solução equilibrada e consensual para esta questão.

Finalizada a consulta aos revisores para comentários, criticas e/ /ou sugestões relativamente ao "Estudo comparativo da Recomendação da Comissão Europeia sobre a Independência dos ROC com a legislação e regulamentos portugueses", a Ordem vai em breve iniciar uma nova revisão do seu CEDP, no sentido de o adaptar à referida Recomendação, sem prejuízo de se ter em conta a nossa específica realidade profissional e o quadro jurídico-cultural português.

No âmbito dos seus poderes públicos, a Ordem instituiu há 10 anos a esta parte um sistema de controlo de qualidade dos trabalhos de revisão/auditoria às contas, assentando num sorteio público anual, com efeitos processuais de natureza disciplinar.

Este sistema ocupa uma posição cada vez mais relevante, não só junto da profissão propriamente dita, como da CMVM, no caso de se tratar de controlos que incidam sobre empresas com valores cotados, como ainda da comunidade empresarial, dado o interesse público e o interesse geral que se pretendem acautelar.

Por um lado, convirá salientar que, quando terminarem os controlos relativos ao período em curso de 2003/2004, completar-se-á um ciclo em que **todos os revisores** e sociedades de revisores acabarão por ser objecto de controlo de qualidade.

Por outro lado, assinale-se que o perfil das conclusões dos controlos de qualidade efectuados nos últimos 5 anos para o conjunto dos revisores e sociedades de revisores revelou, em média, as seguintes percentagens face ao total dos *dossiers* controlados:

- Sem nada de especial a referir 30%
- Com observações e recomendações de menor relevância .. 40%
- Com observações e recomendações relevantes 18%
- Insatisfatórios 7%
- Anulados 5%

No caso das conclusões dos controlos efectuados se revelarem insatisfatórias, haverá lugar a procedimento disciplinar.

Globalmente, as conclusões são elucidativas, mas ainda não nos satisfazem. Queremos e podemos fazer melhor e é esse o nosso objectivo a curto prazo.

Dever-se-á acrescentar que o funcionamento deste sistema representa um enorme esforço, quer em recursos humanos, quer financeiros da Ordem, mas que é estruturalmente necessário manter e aperfeiçoar, não só por exigência da UE, como também para o reforço da confiança dos investidores e do público na profissão.

Continuamos a pensar que os revisores são uma peça importante da modernização do sistema de governação das empresas e da confiança na prestação de contas do sector privado da economia.

No entanto, para que se tenha uma ideia sobre o âmbito de intervenção dos revisores, basta dizer que **não chega a 9% o número de empresas em Portugal presentemente sujeitas à intervenção dos revisores**, o que representa um lugar relativamente modesto no nosso tecido empresarial.

Mas também entendemos que a intervenção dos revisores é cada vez mais necessária ao nível do sector público da nossa Administração e do combate à evasão e fraude fiscais. Os valores da receita perdida em virtude da evasão e fraude fiscais e da economia clandestina em Portugal são altamente preocupantes. Estes valores tornam inadiável esse combate, não só por imperativos de cidadania, de justiça social e de contribuição para o equilíbrio das finanças públicas, mas também por a evasão e fraude fiscais constituir um inaceitável factor de distorção da concorrência entre as empresas.

Existem já sectores da Administração Pública que contam com a nossa intervenção. Refira-se, a título de exemplo, o sector da educação, da saúde, da segurança social, do desporto e dos institutos públicos. É consensual o contributo relevante que os revisores têm dado para a melhoria da prestação de contas nestes sectores.

Entendemos que outros sectores podem e devem ter a nossa intervenção. É sabido que, no contexto das contas públicas, a movimentação financeira e o nível das correspondentes responsabilidades das autarquias locais e entidades equiparadas têm vindo a assumir uma importância cada vez mais relevante. Assim sendo, e para uma maior eficiência e eficácia do actual sistema de controlo, esta situação necessita de uma **revisão e certificação regular e sistemática das contas anuais das autarquias locais e entidades equiparadas,** sem prejuízo das atribuições conferidas ao Tribunal de Contas ou a qualquer organismo da Administração Pública.

A Ordem e os revisores podem e devem dar o seu contributo para a melhoria da prestação de contas destas entidades, com o consequente impacto no acréscimo da sua credibilidade e do controlo das contas públicas deste sector da Administração Pública.

Neste sentido, fizemos há já algum tempo uma proposta ao Governo. É nossa convicção que ela irá ser assumida, porque corresponde a uma necessidade das autarquias locais e entidades equiparadas e seguramente do país, com benefícios quanto à melhor utilização dos dinheiros públicos.

Mas há também outros sectores em que os revisores podem e devem ter um papel relevante a desempenhar, igualmente já propostos ao Governo. É o caso das empresas que **recebem subsídios comunitários e/ou do Estado,** cujas contas anuais deveriam ser objecto de certificação. O mesmo deveria acontecer com as empresas a quem sejam concedidos **benefícios ou incentivos fiscais** em que o revisor se pronunciasse, em especial, sobre se os requisitos legais e contratuais estão a ser cumpridos para este efeito.

E é ainda o caso da necessidade de intervenção dos revisores a nível das parcerias público-privadas, envolvendo *private finance initiatives*, estabelecidas ou a estabelecer em relevantes sectores da vida nacional.

A nosso ver, caso o Governo assuma estas propostas contribuirá claramente para uma salutar medida de rigor, de ajuda ao combate à evasão e fraude fiscais, de transparência e de melhoria da qualidade da prestação de contas destas entidades e sectores de actividade.

Como sabemos, foi criada no passado mês de Outubro a Secção Regional do Norte e inauguradas as suas instalações, na Av.ª da Boavista, no Porto.

Trata-se de um investimento relevante à nossa escala que se insere no quadro de uma necessidade há muito sentida e naturalmente no cumprimento de uma promessa eleitoral. Foi com a maior satisfação que o fizemos, por forma a proporcionar sobretudo aos Colegas da Região Norte melhores condições de funcionamento e de apoio no desempenho da sua profissão. É nossa convicção que os Colegas saberão tirar o melhor proveito profissional desta nova estrutura, para melhor servirem os clientes, a profissão e a Ordem.

De muitas outras questões poderíamos falar, tais como o esforço desenvolvido pela Ordem e pelos revisores no tocante aos cursos de preparação para revisor, aos estágios, à formação contínua e pontual, à representação internacional nas instâncias de auditoria e à participação em processos legislativos sobre matérias que se compreendam no âmbito das suas atribuições e competências.

A preocupação básica da Ordem e dos revisores tem sido e continuará a ser, a seu jeito, **contribuir para a melhoria da qualidade e da credibilidade da informação financeira**, no quadro das correspondentes estruturas legais e conceptuais em vigor no nosso país e da prossecução do interesse público e do interesse geral a ela subjacentes.

A Ordem e os seus membros saberão, tal como passado e no presente, encontrar no futuro as soluções mais adequadas para desempenhar com sucesso as atribuições e competências que o Estado lhes delegou e a comunidade empresarial e a sociedade em geral deles espera. Como recordou *Mournier*(⁴) «não se poderá responder à angústia dos nossos filhos com a audácia dos nossos avós». Isto para dizer que o mundo de hoje requer soluções ajustadas aos valores, às características e às necessidades desta "aldeia global" que nos rodeia.

É devido o nosso sincero agradecimento à Comissão Organizadora pelo empenho e dedicação postos na realização deste VIII Congresso.

Queremos também agradecer aos Oradores, aos Ilustres Convidados e aos Colegas a vossa participação e a vossa presença, que muito nos honra e enobrece.

Finalmente, queremos agradecer às empresas e outras entidades que apoiaram e patrocinaram este Congresso.

Estou certo que deste Congresso resultarão reflexões, recomendações e conclusões, que nos irão ser muito úteis quanto à orientação profissional a seguir no futuro próximo.

Votos de um bom Congresso.

Notas:

(¹) Comunicação, sob o título "Reforçar a revisão legal das contas na UE", de 21 de Maio de 2003.

(²) Fixado em Lisboa, em 2000, na sequência da posição tomada no Conselho Europeu quando da Presidência portuguesa da UE.

(³) Cfr., Recomendação sobre a Independência dos Revisores Oficiais de Contas na UE: Um conjunto de princípios fundamentais, de 16 de Maio de 2002, publicada no JOCE, L191/22, de 19.07.2002.

(⁴) In *Scientia Iuridica*, Tomo 34, 1985, pág. 278.

9.1.6 *Depois do Congresso*

(Editorial da Revista "Revisores & Empresas" n.º 23 de Outubro/ /Dezembro de 2003)

Realizado o nosso VIII Congresso em Novembro passado, com a qualidade, a dignidade e o sucesso a que nos fomos habituando, a pergunta coloca-se: qual vai ser o caminho da profissão no futuro próximo? A pergunta é simples, mas a resposta não o será tanto. Muito embora as reflexões, recomendações e conclusões nele produzidas nos irão ser muito úteis quanto ao caminho a seguir nesta matéria.

É que, por um lado, a profissão a nível europeu e internacional ainda está a redesenhar e a começar a implementar um novo paradigma, na decorrência do período conturbado que tem vivido nos anos mais recentes, e, por outro lado, a nível nacional, a transposição das medidas concretas daí resultantes, embora com uma margem de liberdade estreita, pode admitir algumas opções perante a nossa específica realidade jurídico-cultural e profissional.

Em todo o caso, há pontos já assumidos e que desejava sublinhar. Está assumida para breve uma modernização da 8.ª Directiva (84/253/CEE), que presentemente regula a profissão a nível da UE. Pretende-se clarificar o papel e o estatuto dos Revisores e definir os requisitos aplicáveis às infra-estruturas de revisão/auditoria às contas, por forma a assegurar um trabalho de qualidade. Está também assumida a decisão da UE de preparar medidas destinadas a assegurar a aplicação das Normas Internacionais de Auditoria (NIA) da IFAC, a partir de 2005, em todas as revisões legais das contas efectuadas no território da UE.

Está ainda assumida a decisão de reforçar a supervisão pública da profissão a nível da UE. Pretende-se definir um mecanismo de coordenação europeu para estabelecer uma ligação entre os sistemas nacionais de supervisão pública, por forma a constituir uma rede eficiente a nível comunitário.

Acresce a injunção de se adoptar um novo modelo contabilístico, também a partir de 2005, com a aplicação das Normas Internacionais de Contabilidade (NIC/NIRF) do IASB, pelo menos, às contas consolidadas das empresas cotadas num mercado regulamentado dos Estados-membros da UE, já com implicações em 2004 para efeitos de comparabilidade da informação financeira, constituindo a profissão um pilar importante relativamente a essa aplicação.

Alguns outros pontos poderíamos sublinhar. Aliás, na linha da nova estratégia política europeia para a profissão, traçada pela Comissão Europeia em Maio passado, que passa pela implementação de um **plano de 10 pontos**, com prioridades calendarizadas a curto (2003/4) e outras a médio prazo (2004/6). Seguramente que a implementação deste plano vai ter repercussões no nosso país. No entanto, algumas das questões que hoje se estão a colocar já se encontram resolvidas, o que não quererá dizer que não devam ser ajustadas ou actualizadas, através da revisão do nosso Estatuto e dos pertinentes regulamentos.

Pelos vistos há decisões já assumidas e até há um plano, consubstanciando uma nova estratégia política profissional a nível europeu. O que significa que muitas das linhas mestras do caminho a percorrer pela profissão no futuro próximo já estão traçadas. O nosso Congresso constituiu o momento e o palco por excelência para a apresentação e o debate das questões essenciais e até das mais polémicas que preocupam a profissão, quer a nível nacional, quer nomeadamente a nível europeu e internacional. Ficámos, pois, mais conscientes e mais avisados para dar resposta à pergunta colocada. E, apesar das dificuldades que nos esperam, a nossa convicção é que a Ordem e os Revisores saberão encontrar as soluções mais adequadas para vencer esta batalha, com trabalho, dedicação e profissionalismo.

9.2 Encontros

9.2.1 *O VII Encontro Luso-Galaico de Revisores/Auditores de Cuentas*

(Discurso proferido na sessão de encerramento do VII Encontro Luso-Galaico, realizado no Centro Cultural e de Congressos de Aveiro em 29 e 30 de Outubro de 2004)

Estamos a chegar ao fim deste VII Encontro Luso-Galaico. É nossa convicção que foi um dia e meio de profícua actividade profissional e de uma salutar convivência social. Foram apresentados e discutidos temas da maior relevância e actualidade. É altura de fazer um pequeno balanço, fazer e apresentar algumas reflexões e conclusões.

O **controlo de qualidade**, para além de ser uma obrigação, é cada vez mais uma necessidade. A redução do "*gap*" entre o que o revisor/auditor faz e aquilo que o cliente e as entidades interessadas esperam dele passa não só, mas também, pela efectivação de um controlo de qualidade, com qualidade, objectividade e oportunidade na sua realização. A Ordem vem procedendo ao controlo de qualidade, há mais de 10 anos, que globalmente satisfaz as exigências previstas nas normas comunitárias em vigor e que estão presentemente em discussão, sem prejuízo de alguns ajustamentos a fazer.

A **independência do revisor/auditor** é cada vez mais uma exigência e uma dificuldade. É uma exigência mental e material face às condições concretas de actuação do revisor/auditor junto das empresas e outras entidades. E é uma dificuldade perante o conjunto de dependências e pressões que o revisor/auditor tem de enfrentar no desempenho efectivo das suas funções.

Quer o controlo de qualidade, quer a independência do revisor/ /auditor, são temas que merecem tratamento específico na proposta de revisão da 8.ª Directiva relativa à profissão e cujo texto está em processo de ultimação.

Entretanto, e a solicitação do Ministério das Finanças, reapresentámos, em Agosto último, o processo legislativo de revisão do Estatuto da Ordem com os ajustamentos decorrentes da referida proposta de revisão da 8.ª Directiva, baseado no texto conhecido àquela data.

A **responsabilidade profissional do revisor/auditor** está desproporcionada. A profissão tornou-se ultimamente mais vulnerável a pedidos de indemnização avultados decorrentes de actos geradores de responsabilidade civil profissional. Sucede que a natureza das suas funções e os termos do seu exercício vêm seguramente reclamando da ciência jurídica um maior grau de racionalidade nesta questão.

A própria Comissão Europeia, no seu plano estratégico de Maio do ano passado, incluiu um ponto respeitante ao exame da responsabilidade dos revisores/auditores a nível da União Europeia, a concretizar até 2006.

A Ordem tem vindo a estudar e a fazer propostas de alteração do actual quadro legal, tanto a nível da responsabilidade civil e profissional dos revisores oficiais de contas, como também da sua responsabilidade disciplinar, penal e fiscal.

Quanto à **aplicação das NIC/IFRS**, a Ordem entende que a solução tecnicamente mais adequada será a de aplicar estas normas às contas consolidadas das sociedades cotadas, incluindo as filiais que façam parte do seu perímetro de consolidação e as associadas objecto do método da equivalência patrimonial, bem como às contas individuais do conjunto dessas sociedades e dever-se-á permitir que as restantes sociedades possam optar por aplicar estas normas, desde que as suas contas fiquem sujeitas a certificação legal, por um período mínimo de três anos. Este entendimento já foi transmitido ao Ministério das Finanças, a seu pedido, em Maio do ano passado.

Com efeito, o Governo deverá mandar publicar, quanto antes, um **diploma legal que defina o âmbito de aplicação das NIC/IFRS, para além das contas consolidadas das sociedades cotadas**, à semelhança do que já fizeram ou estão a fazer os outros Estados-membros da UE, como por exemplo a nossa vizinha Espanha. Trata-se de proporcionar às sociedades portuguesas condições equivalentes às demais sociedades a operar no mercado europeu, favorecendo a sua competitividade e a transparência e comparabilidade da informação financeira.

Com a entrada em vigor das NIC/IFRS, julgamos que é chegada a altura de se fazer uma profunda reflexão sobre o sector da contabilidade em Portugal, no que toca ao seu sistema de regulação, funcionamento e organização, por forma a melhor servir os interessados na informação contabilística e financeira dos vários sectores de actividade no nosso país.

Quanto ao tema *Paccioli, la partida doble y el Renascimiento*, ficou visivelmente demonstrada a inter-relação entre a conceptualização, sistematização e aplicação daquele método e o fenómeno de desenvolvimento económico-social conhecido historicamente por Renascimento.

Podemos, pois, dizer que este VII Encontro Luso-Galaico valeu a pena pelos contributos profissionais aqui apresentados; e valeu a pena também pela sã e salutar convivência entre os Colegas Auditores da Galiza, os Colegas Revisores Oficiais de Contas, os Oradores e as Senhoras e os Senhores Convidados.

Esta convicção dá-nos ânimo para pensarmos no próximo VIII Encontro Luso-Galaico.

9.3 Comemorações

9.3.1 *25 anos da Câmara dos Revisores Oficiais de Contas*

(Discurso proferido na sessão de abertura da Comemoração dos "25 anos da Câmara dos Revisores Oficiais de Contas", realizada no Salão Nobre do Hotel Ritz-Lisboa em 12 de Maio de 1999)

Comemoramos hoje 25 anos sobre a data em que foi declarada constituída a Câmara dos Revisores Oficiais de contas.

Um quarto de século é um período suficientemente curto para se fazer a história de uma Instituição com a desejável objectividade, mas é necessariamente longo para se recordarem todos os acontecimentos nele ocorridos. E citar alguns é sempre esquecer muitos outros. Assim sendo, e embora arriscando cometer involuntariamente algumas injustiças, é sempre possível nestes breves minutos recordar aqui, ainda que a traço largo, os pontos considerados mais relevantes ocorridos até aos nossos dias.

Com efeito, a Câmara dos Revisores Oficiais de Contas foi prevista no Decreto-Lei n.º 1/72, de 3 de Janeiro – diploma que constituiu o primeiro regime jurídico da profissão –, na sequência, aliás, da consagração legislativa em 1969 da figura dos Revisores Oficiais de Contas, revestindo a natureza jurídica de um organismo corporativo, sujeito ao Ministro da Justiça para os fins do Decreto-Lei n.º 23.050, de 23 de Setembro de 1933, e legislação correlativa. No entanto, a Câmara só foi de facto declarada constituída com a publicação da **Portaria n.º 83/74, de 6 de Fevereiro**, assinada pelos Ministros da Justiça e das Finanças, com o fundamento de já haver um número suficiente de revisores inscritos para assegurar o seu respectivo funcionamento. E em **1 de Março de 1974** teve lugar a primeira assembleia geral da Câmara, contando com 209 revisores inscritos, convocada pelo então Presidente da Comissão de Inscrição na respectiva Lista, o agora **Senhor Juiz Conselheiro Arêlo Manso**.

Nessa assembleia geral foram eleitos os primeiros órgãos sociais, tendo a Câmara como primeiro Presidente do Conselho Directivo e na altura também Presidente da Mesa da Assembleia Geral, o **Prof. Doutor Manuel Duarte Baganha**.

O que significa que estes primeiros meses de 1974 foram determinantes para a constituição e o início do funcionamento da Câmara dos Revisores Oficiais de Contas.

Entretanto deu-se o 25 de Abril. E entre esta data e 1979 viveu--se um período de grande indefinição institucional e orgânica desta profissão. Indefinição naturalmente resultante, por um lado, do facto dela estar a dar os seus primeiros passos e, por outro, dos condicionamentos políticos, económicos e sociais que se viveram nesse período.

Daí que nesse período foram constituídos, por despachos ministeriais, 3 Grupos de Trabalho, intercalados ainda com a nomeação de mais uma personalidade, para reflectirem, nomeadamente:

- sobre se esta actividade deveria ser exercida em regime liberal ou, pelo contrário, em regime de funcionário público;
- sobre o âmbito das funções de revisão de contas;
- sobre a organização institucional da profissão; e
- sobre a independência e a responsabilização dos revisores.

Chegados à década de 80, inicia-se um marcado **processo de afirmação profission**al, formalmente sustentado por um estatuto jurídico revisto, consubstanciado no Decreto-Lei n.º 519-L2/79, de 29 de Dezembro, o qual veio a revelar-se um esteio fundamental no enquadramento institucional e orgânico da profissão e no seu desenvolvimento. É com este diploma que a CROC passa a assumir a natureza jurídica de **pessoa colectiva de direito privado e utilidade pública**, que manterá até ao início de 1994, data em que se opera uma nova revisão estatutária.

Recordemos então alguns acontecimentos relevantes que marcaram o referido processo de afirmação profissional, desde 1980 até ao início de 1994.

Desde logo, em 1980, a decisão de que o acesso à profissão só poderia ser obtido após aprovação em exame, o que fez com que, hoje em dia, 65% dos revisores tivessem entrado por exame. A par desta importante decisão, outras igualmente relevantes se foram tomando, o que demonstra bem a preocupação, desde cedo, na exigência técnica, ética e deontológica posta ao serviço desta profissão. E é assim que ao longo deste período merecem ser salientados, ainda que a título exemplificativo, os seguintes acontecimentos:

- A constituição das primeiras Comissões Técnicas de Formação, das Normas, do Manual, da Legislação, das Relações Internacionais e da actualmente designada Comissão do Controlo de Qualidade;
- A sujeição dos revisores, desde 1983, à aplicação de Normas Técnicas de Revisão Legal das Contas aprovadas pela Câmara e à emissão da respectiva Certificação;
- A elaboração e reformulação, em 1985, mediante portaria, dos regulamentos de estágio e de exame;
- A publicação, desde 1988, do Manual dos Revisores, recentemente disponibilizado em *CD-Rom;*
- A aplicação, desde 1993, do sistema de controlo de qualidade dos trabalhos de revisão/auditoria efectuados pelos revisores, inicialmente em empresas com valores cotados, hoje alargado ao universo de todos os trabalhos desta natureza;
- A entrada da Câmara como membro fundador da FEE – *Fédération des Experts Comptables Européens* e como membro da IFAC – *International Federation of Accountants*;
- A participação da Câmara na Comissão de Normalização Contabilística; e
- A realização e colaboração em centenas de iniciativas de carácter técnico-profissional, tais como, conferências, seminários, congressos, cursos de formação para candidatos a revisores e de formação contínua de revisores e quadros técnicos de empresas, etc., etc..

Chegado o ano de 1994, a Câmara ganha novo fôlego e entra decisivamente numa **fase de consolidação profissional**, com uma nova revisão do regime jurídico dos revisores, operada através do Decreto-Lei n.º 422-A/93, de 30 de Dezembro.

Com este diploma inicia-se o processo de harmonização desta actividade com as normas comunitárias constantes da 8.ª Directiva da CEE, para além de se tomarem em conta, nomeadamente, as implicações profissionais decorrentes da aprovação do Código das Sociedades Comerciais em 1986, da Reforma Fiscal de 1988 e do Código do Mercado de Valores Mobiliários de 1991.

É também com este diploma que a Câmara passa a assumir uma estrutura profissional idêntica às ordens profissionais *stricto sensu*, abandonando, por isso, o seu estatuto de pessoa colectiva de direito privado e utilidade pública e assumindo *de jure* o de **pessoa colectiva pública.**

E é por força deste novo estatuto jurídico que a Câmara chama a si a **auto-regulação, a disciplina e o controlo da profissão.** O que lhe veio trazer um acréscimo de responsabilidades, quer perante o Estado, quer perante a sociedade em geral e em particular a comunidade empresarial, os órgãos de supervisão e de fiscalização financeira e tributária, as instituições de ensino e as associações profissionais mais ligadas ou conexas com a profissão.

É, por isso, que a Câmara tem continuado a acentuar a vertente técnica e ética dos seus membros e a aproximar-se cada vez mais ao meio exterior que a rodeia. O que se tem traduzido, entre outras acções, num reforço do seu corpo técnico e na contratação de instalações mais amplas e condignas, por forma a poder responder a este desiderato. Basta dizer que, presentemente, e na sequência da implementação de um novo organigrama em 1998, a Câmara tem em funcionamento permanente 12 Comissões Técnicas, Grupos de Trabalho e representações institucionais, envolvendo cerca de 50 revisores oficiais de contas, num total de 870.

Mas se é um facto que a profissão se encontra numa fase de consolidação, também não é menos certo que ela vem sofrendo nos últimos anos uma mutação profunda e vertiginosa. Por um lado, não há muitos anos não havia computadores individuais, nem *faxes* e nem *Internet*. E não havia em Portugal licenciaturas em auditoria, nem mercado de capitais, nem sequer moeda única europeia. Por outro lado, a globalização e a internacionalização das economias estão cada vez mais a deslocar a actividade dos revisores para Colegas de outras nacionalidades, designadamente de Estados-membros da União Europeia. E para que se tenha uma ideia, não chega a 10% o número de empresas em Portugal que presentemente têm revisor oficial de contas.

Mas também é um facto que as sociedades modernas precisam cada vez mais de revisores. Estas sociedades estão a crescer em complexidade, o que acarreta uma mais exigente necessidade de revisores; o seu pluralismo leva inevitavelmente a aprofundar a especialização da revisão/auditoria às contas; e a crescente reivindicação dos direitos individuais dos investidores está a exigir que um maior número de empresas fique sujeito à intervenção dos revisores. O que implica que os revisores sejam cada vez mais habilitados a utilizar os novos processos e as novas tecnologias, sejam mais especializados e estejam mais integrados em mercados profissionais de maior dimensão e complexidade.

É para fazer face a estes e outros problemas derivados desta mutação profunda e vertiginosa que a Câmara e os seus membros terão de encontrar as respostas mais adequadas. O que evidencia a necessidade dos revisores oficiais de contas terem permanentemente de se ajustarem aos novos ventos da história, mas sem alienarem a sua competência, integridade, independência e objectividade no exercício das respectivas funções. No dia em que esquecermos estes valores essenciais da nossa profissão e formos apenas prestadores de serviços de revisão/auditoria às contas estaremos, seguramente, a destruí-la.

E foi exactamente, por isso, que a Câmara apresentou recentemente ao Governo, através dos Senhores Ministros da Justiça e das Finanças, uma proposta de revisão do regime jurídico dos revisores. Com ela pretende-se completar, no essencial, a harmonização desta actividade com as normas comunitárias, iniciada em 1994, e aproveitar-se também a oportunidade para lhe introduzir outras alterações decorrentes da experiência entretanto adquirida, por forma a adaptar o estatuto ora revisto às novas exigências profissionais e do ordenamento jurídico interno. Especificamente esta revisão estatutária pretende dar resposta às cinco questões essenciais:

- A assunção pela Câmara, de pleno direito, do estatuto profissional de Ordem, inteiramente responsável pelo sector de actividade da revisão/auditoria às contas e serviços relacionados, sem prejuízo das atribuições conferidas nesta matéria ao Tribunal de Contas ou a qualquer organismo da administração pública;
- A harmonização do regime jurídico das sociedades de revisores oficiais de contas com as situações e tendências dominantes na União Europeia;

- O aumento da transparência da informação financeira nomeadamente a publicada pelas empresas e outras entidades com valores cotados nas bolsas;
- A redefinição da intervenção dos revisores em determinadas empresas ou outras entidades; e
- A melhoria do regime de acesso à profissão, passando pela exigência de licenciatura adequada e a realização de um exame de admissão à Ordem, seguindo-se um estágio profissional com a duração mínima de três anos.

Não se trata, obviamente, de uma revisão estatutária apenas para o presente. Ela tem de ser vista também para o futuro, numa sociedade em mudança, cada vez mais exigente e complexa. Para um futuro que se pretende seja o mais lato possível, já que não se poderá estar permanentemente a alterar o quadro jurídico de uma classe profissional, qualquer que ela seja, e muito menos da nossa que se reveste de relevante interesse público e social.

Esta revisão estatutária constituirá assim um marco importante na nossa profissão. É desejável que ela sirva a generalidade da classe, mas é primariamente desejável que ela sirva o interesse público, a sociedade em geral e todas as entidades que dela são objecto, como corolário do exercício dos poderes e deveres públicos que o Estado delegou na Câmara e futura Ordem.

Desejamos, desde já, sublinhar o melhor acolhimento e patrocínio que lhe foi dado, quer pelo Senhor Ministro da Justiça, quer pelo Senhor Ministro das Finanças.

É nossa firme convicção que esta revisão estatutária contém razões e fundamentos bastantes para continuar a merecer do poder político o mesmo interesse e patrocínio.

Finalmente, é devido o nosso sincero agradecimento a todos quantos, revisores e não revisores, de uma forma expressa ou anónima, por vezes com sacrifício das suas vidas particulares e familiares, deram o seu contributo, dentro e fora do país, para colocar a Câmara ao longo desta caminhada de 25 anos no lugar de prestígio e de respeito que hoje desfruta.

9.3.2 25 anos da Câmara dos Revisores Oficiais de Contas – A história projecta-se no futuro

(Editorial da revista "Revisores & Empresas" n.º 5 de Abril/
/Junho de 1999)

O início de 1974 foi determinante para a profissão de Revisor Oficial de Contas, já que a Portaria n.º 83/74, de 6 de Fevereiro, declarou constituída a Câmara dos Revisores Oficiais de Contas. Inicialmente na dependência tutelar do Ministro da Justiça, adquiriu a figura de pessoas colectiva de direito privado e utilidade pública em 1979 pelo Decreto-Lei n.º 519-L2/79, de 29 de Dezembro, assumindo *de jure* o estatuto de pessoa colectiva pública pelo Decreto-Lei n.º 422-A/93, de 30 de Dezembro. Face à crescente relevância que vem sendo reconhecida ao papel do Revisor Oficial de Contas na defesa do interesse público e com a preocupação de submeter à jurisdição desta associação pública profissional, não só o que respeita à revisão legal das contas, mas também a auditoria às contas e os serviços relacionados, justifica-se a sua passagem a Ordem, estando o projecto de revisão estatutária em discussão no seio do poder político.

Uma caminhada longa, estes 25 anos da instituição, que em defesa da dignificação profissional, tem vindo a manter iniciativas, nomeadamente as relativas ao Manual do ROC, às Normas e Directrizes Técnicas, à Formação Profissional, à Qualidade do Trabalho e à Deontologia Profissional.

É verdade que nem tudo está feito. Avançou-se no que era possível, utilizando-se os meios humanos, cujos nomes ficaram quase sempre no anonimato, e os meios financeiros disponíveis. A profissão é passível de uma constante evolução e aquilo que parece definitivo em determinado momento poderá ser ultrapassado no momento seguinte.

Caberá às actuais e às novas gerações de ROC resolver os problemas que o futuro certamente lhes irá colocar.

9.3.3 *30 anos da profissão*

*(Editorial da revista "Revisores & Empresas" n.º 17 de Janeiro/
/Março de 2002)*

Comemoram-se este ano trinta anos sobre a data em que foi publicado o primeiro estatuto jurídico dos revisores oficiais de contas através do Decreto-Lei n.º 1/72, de 3 de Janeiro. Embora arriscando cometer involuntariamente algumas injustiças, é sempre possível e profissionalmente irrecusável lembrar os acontecimentos considerados mais relevantes (ou mais estruturantes) ocorridos nestes trinta anos da profissão.

Refira-se a começar que os primeiros meses de 1974 foram determinantes para o seu arranque, com a constituição da Câmara dos Revisores Oficiais de Contas e a eleição dos correspondentes órgãos sociais. Entretanto deu-se o 25 de Abril e até 1979 viveu-se um período de grande indefinição institucional da profissão.

No início da década de 80 entrou-se, porém, numa fase de afirmação profissional, formalmente sustentada por um estatuto jurídico revisto pelo Decreto-Lei n.º 519-L2/79, de 29 de Dezembro. É nesse período que se tomaram importantes decisões nas áreas do estágio e do exame de acesso à profissão, das normas técnicas e da certificação legal das contas, da formação e divulgação da informação pelos revisores, do controlo de qualidade dos trabalhos por eles efectuados, da ética e deontologia profissional e das relações internacionais.

Chegados ao ano de 1994, a profissão ganha novo impulso e entra decisivamente numa fase de consolidação, com uma nova revisão do seu estatuto, operada através do Decreto-Lei n.º 422-A/93, de 30 de Dezembro. Inicia-se aqui o processo de harmonização da profissão com as normas comunitárias decorrentes essencialmente da 8.ª Directiva da CEE (84/253/CEE, de 10 de Abril), passando a Câmara a chamar a si a auto-regulação, a disciplina e o controlo da revisão legal das contas.

Finalmente, com o limiar deste novo milénio, a profissão ganha um novo reposicionamento institucional com a publicação do Decreto-Lei n.º 487/99, de 16 de Novembro. Desta feita, a Câmara assumiu de pleno direito o estatuto de Ordem, conferindo-se-lhe a jurisdição e responsabilidade por toda a actividade de revisão/auditoria às contas e serviços relacionados, concluiu-se o processo de harmonização da profissão com as normas comunitárias, redefiniu-se e alargou-se a intervenção dos revisores nas empresas e noutras entidades, melhorou-se o regime de acesso à profissão e acentuou-se o relacionamento da Ordem com o exterior, designadamente na sua abertura a novos *fora* ligados ou conexos com a profissão.

Eis, neste breve resumo, aqueles acontecimentos que considerámos mais relevantes (ou mais estruturantes) ocorridos nestes trinta anos da profissão. Muitos outros não foram aqui lembrados. Seguramente aqueles ligados a revisores e não revisores que, de alguma forma, contribuíram para colocar a profissão no lugar de prestígio e de respeito que desfruta, a quem sinceramente queremos agradecer.

9.3.4 Contribuir para a a melhoria da prestação de contas

(Discurso proferido na sessão de abertura da Comemoração dos "30 anos de uma profissão", realizada no Salão Nobre do Hotel Tivoli-Lisboa em 19 de Julho de 2002)

Comemoram-se este ano trinta anos sobre a data em que foi publicado o primeiro estatuto jurídico dos revisores oficiais de contas através do Decreto-Lei n.º 1/72, de 3 de Janeiro. Embora arriscando cometer involuntariamente algumas injustiças, é sempre possível e profissionalmente irrecusável lembrar aqui os acontecimentos considerados mais relevantes (ou mais estruturantes) ocorridos desde essa data até ao momento presente.

Refira-se a começar que os primeiros meses de 1974 foram determinantes para o seu arranque, com a constituição da Câmara dos Revisores Oficiais de Contas e a eleição dos correspondentes órgãos sociais. Entretanto deu-se o 25 de Abril e até 1979 viveu-se um período de grande indefinição institucional da profissão.

No início da década de 80 entrou-se, porém, numa fase de afirmação profissional, formalmente sustentada com a revisão do seu estatuto jurídico. É nesse período que se tomaram importantes decisões nas áreas do estágio e do exame de acesso à profissão, das normas técnicas e da certificação legal das contas, da formação contínua dos revisores, do controlo de qualidade dos trabalhos por eles efectuados, da ética e deontologia profissional e das relações internacionais.

Chegados ao ano de 1994, a profissão ganha um novo impulso e entra decisivamente numa fase de consolidação, com uma nova revisão do seu estatuto entretanto operada. Com ela iniciou-se o processo de harmonização da profissão com as normas comunitárias decorrentes essencialmente da 8.ª Directiva da CEE (84/253/CEE, de 10 de Abril), passando a Câmara a chamar a si a auto-regulação, a disciplina e o controlo de uma parte da nossa actividade designada por revisão legal das contas.

Finalmente, com o limiar deste novo milénio, a profissão ganha um novo reposicionamento institucional com a publicação do Decreto--Lei n.º 487/99, de 16 de Novembro, o seu actual estatuto jurídico. Com a entrada em vigor deste diploma legal, a Câmara assumiu de pleno direito o estatuto de Ordem, conferindo-se-lhe a jurisdição e responsabilidade por toda a actividade de revisão/auditoria às contas e serviços relacionados, concluiu-se o processo de harmonização da profissão com as normas comunitárias, redefiniu-se e alargou-se a intervenção dos revisores nas empresas e noutras entidades, melhorou-se o regime de acesso à profissão e acentuou-se o relacionamento da Ordem com o exterior, designadamente na sua abertura a novos *fora* ligados ou conexos com a profissão.

Embora se encontre entre nós numa fase consolidada, a profissão vem sofrendo nos últimos anos uma mutação profunda e vertiginosa. Recorde-se que, por um lado, não há muitos anos não havia computadores individuais, nem *faxes* e nem *Internet*; nem havia em Portugal licenciaturas em auditoria às contas, nem mercado de capitais, nem sequer moeda única europeia. Por outro lado, a crescente globalização e internalização das economias redimensiona e desloca liza a actividade a nível mundial, designadamente no espaço da União Europeia. O que exige revisores cada vez mais habilitados a utilizar novos processos e novas tecnologias e mais especialização e integração em mercados profissionais de maior dimensão e complexidade.

Esta mutação está a pôr em causa o conceito tradicional de revisão/auditoria apenas à informação financeira anual, o que leva esta a evoluir para um maior desenvolvimento das exigências e das práticas em matéria de relatos financeiros intercalares e em contínuo, que deverão ser objecto de uma revisão/auditoria apropriada, colocando questões novas que têm a ver nomeadamente com o acesso, a segurança e a conservação da informação, o conteúdo e os limites da informação a divulgar, o sigilo profissional e a responsabilidade profissional e social dos revisores.

Tudo isto implica que os revisores tenham permanentemente de se ajustar aos novos ventos da história, sem alienarem a **sua integridade, competência e independência**, fazendo *jus* à divisa da Ordem dos Revisores Oficiais de Contas.

Perante a gravidade e a dimensão internacional **do caso Enron**, entre outros, é um facto que, em especial, as actividades de revisão/ /auditoria às contas, de execução da contabilidade e de consultoria e notação financeiras sofreram um abanão e precisam de reganhar alguma confiança perdida. É certo que esse abanão é de geometria e geografia variáveis e, apesar da nossa dimensão relativa, ele não deixará de tocar o exercício destas actividades em Portugal, umas mais que outras, sobretudo a nível da execução e supervisão dos procedimentos e da postura ético-deontológica das respectivas profissões. Mas é também um facto que, em geral, está a ser posto em causa o modelo empresarial que tem vindo a ser dominante nos últimos anos, em que quase por magia a solidez das empresas tem vindo a ser alicerçada na criatividade contabilística e a sua valorização económica na especulação financeira.

A nossa profissão tem por objecto realidades e organizações que vêm assumindo novas formas e complexidades num contexto de crescente globalização, que nos impõem uma atitude cada vez mais exigente e de maior rigor profissional, onde os princípios ético-deontológicos da independência, da responsabilidade, da competência, da urbanidade, da legalidade e do sigilo profissional devem estar sempre presentes. Essa atitude sairia necessariamente desvalorizada se nos deixássemos guiar apenas por uma cultura de actividade comercial. No dia em que isso acontecesse estaríamos decisivamente a contribuir para a destruição da profissão. Temos que continuar a apostar numa cultura de serviços profissionais de revisão/auditoria às contas inserida num mercado regulamentado na perspectiva do seu interesse público e do seu interesse geral.

De qualquer forma, continuamos atentos e a participar no debate presentemente em curso a nível internacional em consequência deste caso, em particular nas instâncias a que pertencemos. Neste momento pensamos que o nosso actual quadro legal e regulamentar está em condições de proporcionar um regular exercício da profissão de acordo com os poderes públicos que em Portugal foram conferidos à Ordem, diferentemente do que sucede noutros países, nomeadamente nos EUA, sem prejuízo naturalmente de alguns ajustamentos que possam vir a resultar desse debate.

A independência profissional é um tema cada vez mais actual. Aliás, o nosso Código de Ética e Deontologia Profissional (CEDP) aprovado em Novembro passado, substituindo o anterior com mais de 14 anos, dedica-lhe uma atenção muito especial, tendo nele sido introduzidas, a par de outras, **quatro regras** tendentes a preservar a independência profissional dos revisores, a título individual ou em sociedade, que desejaria sublinhar pela sua **novidade**:

- A limitação de honorários a receber de cada cliente em função de uma percentagem não superior a 15% do total anual dos honorários do revisor;
- A recusa de exercer a revisão/auditoria às contas e de prestar serviços com elas relacionados, em empresas ou outras entidades onde organize ou execute a contabilidade ou assuma a sua responsabilidade legal ou contratual;
- A impossibilidade do mesmo profissional ser revisor de uma empresa ou outra entidade e, simultaneamente, fiscalizar, inspeccionar ou julgar contas nessa mesma empresa ou outra entidade ao serviço de organismos com atribuições legais para o efeito;
- A sujeição ao princípio da independência profissional dos serviços de consultoria a prestar pelos revisores em matérias que integram o programa de exame à Ordem, devendo nomeadamente ser respeitadas as regras referidas nas alíneas anteriores.

Pode dizer-se que o actual CEDP está praticamente em linha com as questões essenciais constantes da Recomendação recentemente aprovada pela Comissão Europeia sobre esta matéria([1]). Mas mais que a existência de um Código, o que realmente deve contar é a *praxis*, ou seja, a atitude e o respeito pelos princípios e regras nele contidos.

Para além de continuarmos a pensar que os revisores são uma peça importante da modernização e credibilização do sistema financeiro, da boa gestão e da confiança na prestação de contas do sector privado da nossa economia, entendemos também que a sua **intervenção é cada vez mais necessária ao nível do sector público da nossa Administração e do combate à fuga fiscal.** A este propósito recorde-se que alguns economistas estimam, com base em determinadas hipóteses, que a receita perdida em Portugal em virtude da fuga fiscal e da economia clandestina se situa entre cerca de 5% e 7% do PIB para 2002, o que equivale, aproximadamente, a um valor entre 11% e 17% da receita fiscal([2]). Estes valores tornam inadiável esse combate, não só por imperativos de cidadania, de justiça social e de contribuição para o equilíbrio das finanças públicas, mas também por a fuga fiscal constituir um inaceitável factor de distorção da concorrência entre as empresas.

Mas para que se tenha uma ideia sobre o âmbito de intervenção dos revisores, basta dizer que **não chega a 10% o número de empresas em Portugal que estão presentemente sujeitas à intervenção dos revisores**, o que representa um lugar relativamente modesto no nosso tecido empresarial.

É certo que se antevêem novas áreas de intervenção dos revisores. É o caso dos Serviços e Fundos Autónomos da Administração Pública e das Autarquias Locais e entidades equiparadas, onde se movimentam milhões e milhões de euros, a exigir, a nosso ver, **uma revisão e certificação regular e sistemática das suas contas anuais**, acompanhada do correspondente **relatório** de suporte dessa certificação. Esta intervenção não prejudicará, obviamente, as atribuições conferidas nesta matéria ao Tribunal de Contas ou a qualquer organismo da Administração Pública (em particular, neste caso, a Inspecção Geral de Finanças), antes poderá e deverá ser-lhes complementar, e constituirá um elemento essencial para uma mais atempada e fundamentada apreciação das contas destas entidades. O processo tem vindo a ser estudado e acompanhado pelas entidades competentes e esperamos que dentro de pouco tempo venha a ser uma realidade, em prol da melhoria e de uma mais adequada apresentação e prestação de contas no nosso país particularmente neste sector da Administração Pública.

Em Abril do ano passado, a Ordem lançou um *CD-ROM* com as normas contabilísticas aplicáveis em Portugal, incluindo a tradução das Normas Internacionais de Contabilidade (NIC)[3] emitidas pelo IASC, hoje IASB (*International Accounting Standards Board*), em sessão pública organizada especificamente para o efeito com o patrocínio da Comissão do Mercado de Valores Mobiliários.

Sucede que este ano foi aprovado pelo Parlamento Europeu e pelo Conselho o Regulamento (CE) n.º 1606/02, de 19 de Julho, com vista à aplicação das NIC a partir de 2005 em relação às contas consolidadas das empresas cotadas num mercado regulamentado na UE, deixando porém aos Estados-membros a liberdade de alargar o âmbito de aplicação desse Regulamento às restantes empresas, desde que não se contrarie o princípio das contas deverem dar uma imagem verdadeira e apropriada da posição financeira e dos resultados da empresa e se cumpram os critérios de inteligibilidade, relevância, fiabilidade e comparabilidade necessários à informação financeira indispensável à tomada de decisões económicas e à avaliação do desempenho da gestão.

A utilização de uma linguagem contabilística global pode beneficiar as sociedades europeias e ajudá-las a competir em termos idênticos face ao capital global, estando os investidores e outros interessados em posição de, finalmente, poderem comparar a *perfomance* das empresas com base num *standard* comum. E ainda no dizer da Comissão Europeia "*É de prever que a integração crescente dos mercados financeiros e a criação de bolsas de valores paneuropeias venha a acelerar ainda mais a harmonização contabilística. Esta evolução, embora não se encontre directamente relacionada com a tributação, poderá ajudar em termos gerais a futura criação de uma matéria colectável comum para as empresas, podendo as NIC servir até certo ponto como referência útil*"[4].

Entre nós esta regulamentação terá um impacto imediato, uma vez que a profissão constituirá um pilar importante a nível do mecanismo do *"enforcement"* das NIC nos Estados-membros, na medida em que se passa a exigir aos revisores que certifiquem se as contas foram adequadamente preparadas de acordo com as NIC. E, muito embora a sua aplicação no nosso País possa vir a ser de início restrita a um número limitado de empresas, ela tenderá a evoluir no sentido de progressivamente acompanhar os pontos principais desta nova estratégia de relato financeiro, que passará necessariamente pela preparação e aplicação de um novo modelo de normalização contabilística nacional, com tudo o que isso implica de mexer com a nossa cultura contabilística, de matriz maioritariamente assente na Europa Continental, com a nossa realidade empresarial, jurídica e social e com os nossos hábitos profissionais. Por isso, vai ser necessário um enorme esforço de levar as NIC ao conhecimento generalizado dos profissionais de contabilidade e de revisão/auditoria às contas, a realizar designadamente pelas escolas superiores de contabilidade e de auditoria e pelas associações empresariais e profissionais, **tendo a Ordem sido no nosso país pioneira** nesta matéria quando, desde há mais de 14 anos, iniciou a sua divulgação no Manual do Revisor, agora em *CD-ROM*.

A Ordem, no âmbito dos seus poderes públicos, instituiu há nove anos a esta parte um sistema de controlo de qualidade dos trabalhos de revisão/auditoria realizados pelos revisores, cujo Regulamento foi revisto e melhorado no final do ano de 2000.

Este sistema, que assenta num **sorteio público anual**, ocupa uma posição cada vez mais relevante, não só junto da profissão propriamente dita, como também da comunidade empresarial, dado o interesse público e o interesse geral que se pretendem acautelar, sendo um factor de afirmação e de exigência da profissão, em permanente melhoria evolutiva, não ficando a dever nada ao que se vem praticando a nível internacional, nomeadamente na União Europeia. ([5])

E a título de exemplo refira-se que os controlos de qualidade efectuados a 1/6 dos revisores com actividade, no período de 2000/01, apresentaram as seguintes **conclusões** em percentagem do total de *dossiers* **controlados** ([6]):

Conclusão	No conjunto	Auditores	SROC	ROC individuais
Sem nada de especial a referir:	30	43	20	20
Com observações e recomendações de menor relevância	35	36	40	33
Com observações e recomendações de maior relevância	28	21	30	35
Insatisfatórios	7	-----	10	12
Total de *dossiers* controlados	130	54	21	55

Os controlos **insatisfatórios** deram lugar à aplicação de **penas disciplinares** aos revisores em causa.

Em relação à **transparência do mercado profissional**, a profissão encontra-se num período de transição até final de 2004, em consequência da entrada em vigor do actual estatuto jurídico. Até lá, algumas organizações nacionais e internacionais poderão continuar a exercer as actividades agora designadas por auditoria às contas e serviços relacionados, a quem a Ordem reconheceu direitos adquiridos, **em paralelo** com as sociedades de revisores oficiais de contas inscritas na Ordem.

Esta situação não é benéfica para a transparência do mercado profissional, nem para a profissão, na medida em que a mesma prestação de serviços está a ser realizada por organizações com níveis de exigência, qualidade e responsabilidade diferentes perante o mercado, os clientes e a Ordem, as quais devem ajustar-se ao nosso regime jurídico até ao termo do prazo legalmente fixado.

A Ordem permite-se continuar a chamar a atenção das organizações visadas para com tempo irem preparando esse ajustamento nos dois anos e meio que restam, e declara-se disponível, no quadro das suas atribuições estatutárias, para contribuir no sentido da procura da maior transparência, exigência e qualidade dos serviços prestados neste mercado profissional regulamentado e sob a sua jurisdição.

Pretende-se acabar com a **duplicidade** ainda reinante de haver, a par das sociedades de revisores oficiais de contas, organizações nacionais e internacionais a fazer auditoria às contas de empresas e de outras entidades sem se sujeitarem à regulação, à disciplina e ao controlo da Ordem dos Revisores Oficiais de Contas.

Os revisores têm a sua história de 30 anos que hoje se comemora, a sua identidade, a sua postura ético-deontológica, as suas competências e as suas responsabilidades. Ao fim e ao cabo, a preocupação básica dos revisores tem sido e continuará a ser, a seu modo, contribuir para a melhoria da prestação de contas em Portugal, por forma a que ela seja cada vez mais verdadeira e apropriada perante os mais diversos destinatários, no quadro das correspondentes estruturas legais e conceptuais em vigor no nosso país e da prossecução do interesse público e do interesse geral a ela subjacentes.

A Ordem e os seus membros saberão, tal como no passado e no presente, encontrar no futuro as soluções mais adequadas para desempenhar com sucesso as atribuições e competências que o Estado neles delegou e a comunidade empresarial e a sociedade em geral deles espera.

É devido o nosso sincero agradecimento a todos quantos, revisores e não revisores, de forma expressa ou anónima, por vezes com sacrifício das suas vidas particulares e familiares, deram o seu contributo, dentro e fora do país, para colocar a profissão ao longo desta caminhada de 30 anos no lugar de prestígio e de respeitabilidade que hoje desfruta.

Queremos também agradecer às empresas e outras entidades que nos apoiaram e patrocinaram esta comemoração.

À Comissão Organizadora vai igualmente o nosso agradecimento pelo empenho e dedicação postos na sua realização.

Finalmente, aos Oradores, aos Ilustres Convidados e aos Colegas, dizer-lhes que a Vossa presença e participação muito nos honra e enobrece.

Notas:
([1]) Cfr., Recomendação da Comissão Europeia, de 16.05.02, sobre a Independência dos revisores oficiais de contas na UE: Um conjunto de princípios fundamentais; C(2002) 1873 final, publicada no JO L191, de 14.07.2002.

(2) José de Almeida Serra, Finanças Públicas, Cadernos de Economia, Out/Dez 2001.

(3) De futuro, passarão a designar-se por IFRS *(International Finantial Reporting Standards).*

(4) Comunicação da Comissão ao Conselho, ao Parlamento Europeu e ao Comité Económico e Social, de 23.10.2001; COM (2001) 582 final.
Para um mercado interno sem obstáculos fiscais. Estratégia destinada a proporcionar às empresas uma matéria colectável consolidada do imposto sobre as sociedades para as suas actividades a nível da UE.
(5) Cfr., Recomendação da Comissão Europeia sobre o Controlo de Qualidade; COM (2000) 3304, de 15.11.2000, publicada no JO L91, de 31.03.2001.
(6) Cfr., Relatório Anual da Comissão do Controlo de Qualidade, de 13.09.01.

10
EM FORMA DE BALANÇO

10.1 Os relatórios e contas
(Só a partir do exercício de 2001 passaram a ser editadas brochuras dos Relatórios e Contas, pelo que só desde essa data existem mensagens do Bastonário inseridas naquele documento)

10.1.1 *Exercício de 2001*
(Mensagem do Bastonário inserida no Relatório e Contas do exercício de 2001)

O ano de 2001 ficará profissional e historicamente marcado pelo caso *Enron*. Ao prestarmos contas das actividades desenvolvidas durante este exercício, é nossa convicção de termos contribuído para renovar e desenvolver a profissão, por forma a que casos destes, ressalvadas as devidas proporções, não venham a acontecer no nosso país.

Por um lado, elaborou-se e aprovou-se um novo Código de Ética e Deontologia Profissional, assim como o Regulamento do Curso de Preparação para ROC, fechando-se um ciclo que teve início com a entrada em vigor do actual Estatuto da Ordem, organizou-se em parceria com a CMVM uma sessão pública de apresentação do *CD-ROM* das "Normas Contabilísticas Aplicáveis em Portugal", com a versão traduzida das IAS do IASB, manteve-se uma presença activa nos diversos *fora* internacionais, designadamente, a nível da FEE, do Comité de Auditoria da UE, do EERA e do EFRAG e desenvolveram-se diligências e mantiveram-se contactos regulares com diversos organismos nacionais ligados ou conexos com a profissão, no sentido de se promover o alargamento do âmbito de intervenção da actividade dos ROC, nomeadamente, nas autarquias locais, institutos públicos e serviços e fundos autónomos da administração pública.

Por outro lado, deu-se início ao Curso de Preparação para ROC segundo o novo regime, concluiu-se o trabalho relativo ao reconhecimento dos direitos adquiridos, lançaram-se as bases em que irá assentar o acompanhamento e a avaliação dos novos estagiários, aperfeiçoou-se o sistema do controlo de qualidade dos trabalhos realizados pelos ROC, instituído pela Ordem há mais de oito anos, e continuou-se a publicação da revista Revisores & Empresas e da Newsletter, tendo-se ainda conseguido, a par destas actividades, reforçar a situação económica e financeira da Ordem e, concomitantemente, realizar investimentos com a aquisição de instalações para formação em Lisboa, de equipamento informático e de diversas publicações para a Biblioteca.

Estas e as demais actividades descritas neste Relatório e Contas revelam bem a capacidade e o empenho manifestados por todos quantos se disponibilizaram para renovar e desenvolver a profissão. É esta a mensagem do dever cumprido que nos tem dado ânimo para enfrentar as dificuldades e os desafios com que nos temos deparado.

10.1.2 *Exercício de 2002*
(Mensagem do Bastonário inserida no Relatório e Contas do exercício de 2002)

O ano de 2002 foi essencialmente marcado pelos efeitos dos escândalos ocorridos a nível internacional, com especial repercussão na nossa actividade profissional. Com eles, esta actividade sofreu um abalo nos seus fundamentos e modo de estar, que nela motivou uma generalizada perda de confiança. Sendo certo que este abalo se tem caracterizado por ser de geometria e geografia variáveis a nível internacional, ele não tem naturalmente deixado de salpicar o exercício desta actividade em Portugal, pelo que a Ordem tem vindo a participar no intenso debate que se abriu depois desses escândalos, com vista a ajustar-se, no contexto da nossa dimensão relativa, às medidas correctivas que se têm vindo a propor e, nalguns casos, a implementar.

Mas outros acontecimentos marcaram o ano de 2002. Deles podemos destacar: a comemoração dos 30 anos da profissão; o seminário "A Contabilidade e a Auditoria. Que Futuro?"; a aprovação dos novos Regulamentos de Inscrição e de Exame e do Curso de Preparação para Revisores Oficiais de Contas; a aprovação do novo símbolo heráldico da Ordem; a eleição dos Órgãos Sociais para o triénio de 2003/2005; a aquisição de instalações no Porto para a futura Secção Regional do Norte; e o lançamento de um novo regime de estágio. Tudo isto a par do desenvolvimento da actividade técnica, quer a nível interno, quer internacional, bem como da inscrição, formação e apoio aos Revisores, e dentro dos objectivos traçados no Plano de Actividades e no contexto de uma situação económica e financeira que mesmo assim saiu reforçada neste exercício.

Continuamos a acreditar na profissão, apesar dos abalos que sofreu. É nossa convicção que sem ela o mundo seria pior, em particular a comunidade financeira. É isso que nos dá ânimo e motiva o nosso trabalho.

10.1.3 *Exercício de 2003*

(Mensagem do Bastonário inserida no Relatório e Contas do exercício de 2003)

Sob o ponto de vista estruturante, a profissão em 2003 continuou a sentir o reflexo de dois pontos significativos vindos do passado recente. Um, prende-se com o abalo que sofreu nos seus fundamentos e modo de estar, mercê dos escândalos contablilistico-financeiros ocorridos a nível internacional. Outro, tem a ver com a preparação da aplicação das Normas Internacionais de Contabilidade (NIC/IFRS) do IASB, em 2005, decorrente do Regulamento (CE) n.º 1606/2002.

Relativamente ao primeiro ponto, a Ordem tem vindo a participar do debate em curso, quer a nível nacional, quer internacional, e a promover estudos conducentes às alterações legislativas e regulamentares que se mostrarem necessárias.

Sobre o segundo ponto, a Ordem editou, em coordenação com o IASB, um livro sobre "Normas Internacionais de Relato Financeiro, 2003" e uma brochura sobre a "Adopção pela Primeira Vez das

Normas Internacionais de Relato Financeiro", em resultado do trabalho da Comissão de Revisão da Tradução destas normas. Para além disso, organizou quatro seminários introdutórios e dois cursos mais analíticos e de natureza prática sobre este tema.

Constituiu um momento alto da profissão a realização do VIII Congresso dos Revisores Oficiais de Contas, subordinado ao tema "Integridade, Competência e Independência". Deste Congresso resultaram reflexões, recomendações e conclusões que nos têm sido muito úteis quanto à orientação profissional a seguir no futuro próximo.

A outro nível, é de salientar a criação da Secção Regional do Norte e a aprovação do respectivo regulamento, concomitantemente com a entrada em funcionamento das suas instalações na Avenida da Boavista, no Porto. A partir de agora os Colegas têm ao seu dispor instalações dignas de representação e de apoio no Norte do país.

A par do já referido, a Ordem desenvolveu intensa actividade na área técnica, quer a nível nacional, quer internacional, bem como nas áreas da formação, do controlo de qualidade e dos sectores jurídico, das relações institucionais e internacionais e do departamento administrativo e financeiro. E ao mesmo tempo reforçou o seu Fundo Social neste exercício, por via dos resultados positivos apurados.

As actividades pormenorizadamente descritas neste Relatório e Contas revelam bem a capacidade e o empenho manifestados por todos quantos se têm disponibilizado para desenvolver a profissão. Os desafios são muitos e difíceis, Mas com competência, trabalho e dedicação, certamente, a Ordem e a profissão saberão vencê-los.

10.1.4 *Exercício de 2004*

(Mensagem do Bastonário inserida no Relatório e Contas do exercício de 2004)

No quadro das regras, condicionantes e perspectivas orientadoras desta actividade profissional, julgamos serem merecedores de destaque, pela forma relevante como marcaram o exercício de 2004, os seguintes pontos: a conclusão do processo de reorganização de todo o sector da revisão/auditoria às contas em Portugal. Ou seja, ao fim de largos anos, este sector de actividade, as suas organizações e respectivos profissionais, passaram a estar inteiramente regulados e sob a superintendência e controlo da Ordem. O que seguramente contribuirá para uma maior transparência do mercado profissional e uma melhor qualidade dos serviços prestados. Estamos em crer que é um dos processos mais estruturantes ocorridos nos últimos anos na profissão; a adesão da Ordem a um Fundo de Pensões aberto, com vista a proporcionar um esquema complementar de segurança social em benefício dos Revisores, o que se conseguiu depois de terem sido avançadas várias hipóteses alternativas; a deliberação do Conselho Directivo, nos termos previstos no Estatuto da Ordem, de tornar extensiva a derrogação da pontuação à generalidade dos Revisores que exerçam a actividade em regime de dedicação exclusiva; o VII Encontro Luso-Galaico de Revisores Oficiais de Contas e de *Auditores de Cuentas*, subordinado ao tema "Contabilidade e Revisão/Auditoria – Que Compromissos após 2005?", que teve lugar no Centro Cultural e de Congressos de Aveiro, em colaboração com a *Agrupación IV del Instituto de Censores Jurados de Cuentas de España*; e a preparação da edição de 2004 do livro das "Normas Internacionais de Relato Financeiro (IFRS)", publicado já em 2005, que apresenta profundas alterações face à edição anterior, tendo-se para o efeito obtido a devida permissão da *International Accounting Standards Committee Foundation* (IASCF).

Para além do referido anteriormente, exerceu-se intensa e a nosso ver profícua actividade no âmbito dos vários departamentos da Ordem, não só a nível interno, como externo, desenvolveram-se processos e mantiveram-se contactos regulares com diversos organismos e instituições ligados ou conexos com a profissão, no sentido de se promover esta actividade e o alargamento do seu âmbito de intervenção, designadamente naquelas entidades em que o interesse público ou social seja manifestamente relevante. A par disso, melhorou-se a situação económico-financeira da Ordem neste exercício, em particular, ao reforçar-se o seu Fundo Social por via dos resultados positivos obtidos.

Estas e as demais actividades pormenorizadamente descritas neste Relatório e Contas revelam bem a capacidade e o empenho manifestados por todos quantos se disponibilizaram para renovar e desenvolver a profissão. É esta a mensagem do dever cumprido que nos tem dado ânimo para enfrentar as dificuldades e os desafios com que nos temos deparado. A todos quero agradecer reconhecidamente em nome da Ordem e no meu próprio.

10.2 Os resultados

10.2.1 *Três meses depois*
(Editorial do Boletim da Câmara dos Revisores Oficiais de Contas n.º 14 de Janeiro/Março de 1998)

Três meses depois da tomada de posse deste Conselho Directivo, não será propriamente altura de se fazer um balanço do trabalho realizado, mas apenas de se anotar os traços essenciais das acções tomadas e das previstas tomar a curto prazo, consideradas mais relevantes.

Assim sendo, e respaldado nas normas legais e regulamentares aplicáveis e no programa de acção amplamente divulgado e maioritariamente sufragado pelos Colegas em 24 de Outubro de 1997, o Conselho Directivo meteu mãos à obra e:

- Apresentou o Plano de Actividades e o Orçamento para 1998, aprovados em Assembleia Geral de 22 de Janeiro passado;
- Iniciou uma reorganização interna da Câmara, pondo em funcionamento um organigrama funcional, a título experimental;
- Constituiu nove Comissões Técnicas, fixou-lhes objectivos estando presentemente todas em regular funcionamento;
- Pugnou pela aprovação da proposta de autorização legislativa de prorrogação dos honorários mínimos, em sede da Assembleia da República;
- Nomeou os representantes da Câmara na FEE e na CNC;
- Reatou as relações funcionais e de colaboração com diversos organismos, de que se destacam o Banco de Portugal, a CMVM, o IAPMEI e a CGD;
- Desenvolveu esforços com vista à sujeição a revisão legal das Cooperativas de ramos de actividade económica e social relevante;

- Estabeleceu contactos com diversos departamentos do Ministério das Finanças, em particular com o Gabinete do Senhor Ministro das Finanças;
- Está a desenvolver esforços com vista à organização da 3.ª Conferência da FEE sobre o EURO, a realizar no Hotel Meridien, em Lisboa, a 15 e 16 de Maio próximos;
- Efectuou contactos pessoais, em Bruxelas, com dirigentes e técnicos qualificados da FEE e da UE;
- Organizou o Curso de Preparação para Candidatos a Revisores Oficiais de Contas;
- Iniciou a reapreciação do projecto de formação académica, enquadrando-o na situação actual do ensino superior e na prevista revisão estatutária e regulamentar, sem prejuízo de se começar a traçar, desde já, o seu caminho crítico;
- Deliberou implementar um sistema integrado de controlo de qualidade e de actividade, que privilegia a qualidade do trabalho produzido e a forma como a actividade é globalmente desenvolvida, com vista à substituição sustentada e gradual, em regime opcional e gradual, em regime opcional mediante a verificação de determinados pressupostos, do sistema de controlo de actividade que tem vindo a ser adoptado (controlo indirecto através da limitação de pontuação);
- Reequacionou a matéria de seguros de responsabilidade civil profissional;
- Efectuou uma Sessão de Recepção aos Novos Colega, que teve lugar pela primeira vez e se pretende repetir em anos futuros;
- Apresentou o Relatório e Contas do exercício de 1997, aprovado em Assembleia Geral de 19 do corrente mês;
- Contratou um Assessor para a Comunicação Social;
- Iniciou o processo de reformulação da Revista da Câmara.

Três meses depois, o Conselho Directivo está de consciência tranquila quanto ao que fez. Seguramente que não fez tudo quanto tinha programado para este período. Mas uma coisa é certa. Procurou pautar a sua acção pelos interesses gerais da classe e no respeito das normas legais e regulamentares e do já referido programa de acção, com vista a uma efectiva renovação e desenvolvimento da profissão. A qual só será possível com o empenhamento dos Colegas, dos demais órgãos Sociais e dos assessores e pessoal técnico e administrativo da Câmara.

É isso que tem acontecido e estou certo que vai continuar a acontecer. Até porque há muito mais para fazer.

10.2.2 *Fim de funções*

(Discurso proferido na cerimónia de tomada de posse dos Órgãos Sociais para o triénio 2006/2008 e realizada na sede da Ordem em 5 de Janeiro de 2006)

Candidatámo-nos nos três mandatos em que exercemos funções com um programa subordinado ao lema da **"Renovação e Desenvolvimento da Profissão"**. Chegada a hora da passagem do testemunho, é hoje possível dizer-se, com satisfação, que foram cumpridos ou estão lançados todos os pontos desse programa.

Não foram fáceis estes oitos anos ao serviço da Ordem e da profissão. Passámos momentos críticos. Passámos períodos em que a profissão internacionalmente abanou. Todavia, passámos também momentos de afirmação e de reconhecimento institucional e profissional.

Certo é que foram anos de muito trabalho, de grande entusiasmo e sobretudo muito aliciantes, por pressentirmos que estávamos a trabalhar para a renovação e o desenvolvimento da profissão. Sentimos hoje que a profissão está melhor. Está mais consolidada. Está melhor organizada. E está melhor preparada para enfrentar e vencer os desafios que se lhe colocam no futuro próximo. Em suma, está mais perto das empresas e dos cidadãos e, desta forma, mais capaz de contribuir para uma maior fiabilidade da informação financeira e da prestação de contas no nosso país.

Para se ter uma ideia do caminho percorrido, gostaria de neste momento destacar, a título exemplificativo, alguns pontos, acções e medidas que tivemos oportunidade de concretizar.

Do ponto de vista da política legislativa, refira-se o momento da passagem da Câmara a Ordem, com a publicação em 1999 da lei que instituiu o seu actual Estatuto. Como dizia o então Ministro das Finanças, Professor Doutor António de Sousa Franco, na Sessão de Encerramento dos 25 anos da Câmara, " *A mudança de designação de uma Câmara para Ordem profissional não é uma espécie de título de nobreza gratuito que se atribui, mas é um desafio para a acrescida responsabilidade, quer da profissão, quer do seu órgão disciplinador*". Aceitámos esse desafio e procurámos corresponder a essa acrescida responsabilidade.

Com efeito, por força deste novo Estatuto a Ordem passou a exercer a regulação e a supervisão sobre toda a profissão, tendo-se iniciado desde logo a revisão dos vários Regulamentos e Códigos com vista a dar cumprimento ao nele estipulado, dispondo hoje a profissão de um conjunto de instrumentos jurídicos e regulamentares que a habilitam a exercer com dignidade, independência e qualidade a sua função de interesse público. E em paralelo foi também possível concluir, dentro do prazo legalmente previsto, o processo de integração na Ordem das organizações, quer de ligação internacional, quer de raiz nacional, que vinham exercendo a actividade de auditoria. Tratou-se a nosso ver de um dos processos mais estruturantes ocorridos ultimamente na profissão, uma vez que todo o sector de actividade de revisão/auditoria às contas passou a estar inteiramente regulado e sob a supervisão da Ordem, o que seguramente contribuirá para uma maior transparência do mercado profissional e uma melhor qualidade dos serviços a prestar.

Na área do acesso à profissão, inteiramente reformulada, inscreveram-se mais 200 novos Revisores (ou seja, mais 25% dos Revisores inscritos quando nos candidatámos) e mais 17 Sociedades de Revisores (mais 12%), sendo que hoje mais de 50% dos Revisores exercem a profissão em forma societária. E estão presentemente a fazer estágio 140 Membros Estagiários.

No que toca à formação despenderam-se mais de 9.800 horas no Curso de Preparação para Revisor (com uma média anual de 290 formandos) e mais de 2.100 horas em formação contínua destinada aos Revisores, aos seus colaboradores e a outros interessados (com uma média anual de 900 formandos).

Quanto à actividade dos Revisores, liberalizámos o seu controlo em relação aos que a exerçam em regime de dedicação exclusiva, e, em contrapartida, apostámos preferencialmente no controlo de qualidade dos trabalhos realizados, no sentido da monitorização das melhores práticas profissionais, quer através de recomendações de carácter pedagógico, quer da aplicação de medidas de natureza sancionatória. E como consequência lógica desta linha de orientação, propusemos oportunamente ao Governo a prorrogação por mais três anos do regime transitório dos honorários mínimos.

Abrimos a Ordem ao exterior, integrando nos seus órgãos técnicos pessoas e entidades com especial competência em matérias conexas ou ligadas à profissão. E, por sua vez, a Ordem passou também a fazer parte de entidades ou de órgãos externos, como o Conselho Consultivo da CMVM, o Conselho Nacional de Profissões Liberais (CNPL) (*) e o Conselho Nacional de Avaliação do Ensino Superior (CNAVES).

Promovemos o alargamento do mercado profissional em vários sectores de actividade e em diversas empresas e outras entidades e temos vindo a apresentar ao Governo outras propostas nesse sentido, designadamente quanto à revisão e certificação anual das contas das autarquias locais.

Desenvolvemos as relações internacionais sobretudo no espaço da União Europeia.

Aprovámos um novo organigrama da Ordem, criámos e desenvolvemos novos Departamentos e reestruturámos os seus serviços. A este nível, deram-se passos muito significativos nas áreas administrativa e financeira, da comunicação e da informatização, de que são exemplos a melhoria dos sistemas de informação, a actualização e a reorganização da rede informática e o lançamento de um novo *site* e de uma nova plataforma de dados relativa ao acesso à profissão.

Criámos a Secção Regional do Norte e inaugurámos as suas novas instalações na Avenida da Boavista, no Porto.

Realizámos dois Congressos dos Revisores e dois Encontros Luso-Galaicos de Revisores/Auditores de Cuentas, organizámos a 3.ª Conferência Internacional da FEE sobre o Euro e promovemos e participámos em múltiplas conferências, seminários e jornadas sobre temas relevantes ou de interesse para a profissão.

Comemorámos os 25 Anos da então Câmara e os 30 Anos da Profissão. Prestámos homenagem póstuma ao Colega Manuel Duarte

Baganha, primeiro Presidente do Conselho Directivo e da Assembleia Geral da referida Câmara, e admitimos como Membro Honorário da Ordem o Prof. Doutor Rogério Fernandes Ferreira.

Criámos o prémio de Auditoria da Ordem.

Promovemos também os prémios Nacionais e Europeus para os Relatórios de Sustentabilidade no âmbito dos *European Sustainability Reporting Awards* (ESRA) organizados pela *Association of Chartered Certified Accountants* (ACCA), assim como inscrevemos a Ordem como membro fundador do *multi-stakeholder* da *Global Reporting Initiative* (GRI) referente ao desenvolvimento sustentável.

Iniciámos a publicação da revista "Revisores & Empresas", constituímos o seu Conselho de Redacção, e lançámos uma *Newsletter* de carácter mais informativo.

Instituímos o símbolo heráldico da Ordem.

Reestruturámos e desenvolvemos a área técnica e da ética e deontologia profissional, através da criação de Comissões Técnicas e de Grupos de Trabalho cobrindo todas as matérias de intervenção profissional, tendo sido designadamente preparadas e aprovadas várias Directrizes de Revisão/Auditoria, Interpretações Técnicas e demais documentação pertinente, promovida a melhoria das ferramentas e das metodologias de trabalho a utilizar em ambiente informático e publicadas, em coordenação com o IASB, duas edições em livro das Normas Internacionais de Relato Financeiro (NIRF), bem como escrutinadas e revisitadas inúmeras questões ligadas à ética e deontologia profissional.

Emitimos centenas de pareceres e informações sobre matérias jurídicas de apoio aos Revisores e às empresas e outros interessados.

Na área social, promovemos a adesão da Ordem a um Fundo de Pensões aberto, com vista a proporcionar um esquema complementar de segurança social em benefício dos Revisores.

E durante este período de oito anos, a Ordem investiu mais de 2.000.000 €, fez contribuições para o Fundo de Pensões dos Revisores de 223.000 € e o Capital Próprio (Fundo Social) da Ordem mais que duplicou, estimando-se em cerca de 3.000.000 € no final de 2005.

O acabado de referir exemplifica o que foi feito apenas como pressuposto para melhor se compreender o presente e se equacionar o futuro. E no que respeita ao futuro, merecerá aqui ser sublinhado o que tem a ver com a publicação, dentro em breve, da 8.ª Directiva do Parlamento Europeu e do Conselho, relativa ao exercício da profissão, que vem revogar a sua homóloga com mais de 20 anos de existência.

Este novo texto pretende responder no quadro da União Europeia aos desenvolvimentos técnicos, éticos e deontológicos verificados na profissão desde essa data.

Da análise que foi possível fazer deste novo texto não nos parece que em geral ele venha a suscitar grandes ou difíceis ajustamentos ao que já existe e se pratica em Portugal. Há, no entanto, um que carecerá de uma criteriosa e fundamentada avaliação quando da transposição deste novo texto para o direito português. Trata-se da criação por parte de cada Estado-membro de um sistema eficaz de supervisão pública da profissão, com base em determinados princípios.

A este propósito pode e deve questionar-se entre nós a necessidade de criação *"ex novo"* de um tal sistema, quando o Estado Português devolveu os poderes que detém neste sector de actividade à Ordem dos Revisores, que representa, regula e supervisiona a profissão. Poderá até compreender-se essa necessidade noutros Estados-membros em que a organização deste sector de actividade esteja entregue a **entidades privadas** e aí possa haver uma entidade de cúpula de supervisão pública. Não é o caso em Portugal. Aqui, a Ordem é a entidade de cúpula da profissão. É essa a sua razão de ser.

E também **não resulta desta nova Directiva, que tal sistema passe necessariamente pela criação de uma entidade externa à Ordem.** A ser assim, teríamos uma entidade de supervisão a supervisionar outra entidade de supervisão, a Ordem dos Revisores, em matérias que são da exclusiva atribuição desta associação pública profissional. O que resulta desta nova Directiva é o Estado Português ficar obrigado a criar um sistema eficaz de supervisão pública da profissão. E esse sistema nós já temos desde o início da profissão, muito embora possa vir a carecer de alguns ajustamentos face ao disposto nesta nova Directiva.

Entretanto deixámos já entregue ao Governo uma proposta de revisão do Estatuto da Ordem, com vista a dar satisfação nomeadamente a esses ajustamentos, sem prejuízo da sua reapreciação em função do texto final desta nova Directiva que vier a ser publicado.

Tudo o que foi feito só foi possível com o empenho, a dedicação e o esforço de muitas pessoas e entidades. É o momento de expressar o meu sincero agradecimento a todos os que de uma forma expressa ou anónima, muitas vezes com sacrifício das suas vidas particulares e familiares, deram o seu contributo durante estes oito anos para colocar a Ordem no lugar de prestígio e de respeito que hoje desfruta.

Um agradecimento particular a todos aqueles que comigo se dispuseram a formar as várias equipas que integraram os órgãos sociais, estatutários e técnicos da Ordem, assim como a todos os que com o seu conselho avisado ou mesmo os que, discordando, com a sua crítica construtiva, me apoiaram a levar por diante este programa.

Um outro agradecimento vai para todo o Pessoal da Ordem, pela dedicação e zelo com que desempenharam as suas tarefas e disseram presente sempre que lhes foi solicitado, e, em especial, para o Senhor Coordenador-Geral Dr. Magalhães Pequito e para o meu Chefe de Gabinete Dr. Norberto Teixeira.

Permitam-me uma nota mais pessoal para agradecer à minha família, em particular, à minha mulher, o apoio que sempre me deu nestes oito anos em que estive à frente dos destinos da Ordem, e aos meus pais, pelos valores do trabalho, da lealdade e do respeito mútuo que desde cedo me incutiram, como forma de estar na vida. E também aos meus sócios e colaboradores do escritório pela ajuda e cooperação que sempre demonstraram enquanto exerci estas funções.

Senhor Bastonário Eleito, entrego-lhe uma Instituição mais forte, mais dinâmica, mais próxima dos Revisores, das empresas e dos cidadãos, mais organizada e sobretudo mais respeitada, do que aquela que recebi há oito anos atrás.

Este património também lhe pertence, já que comigo partilhou desde a primeira hora este percurso. Aproveito esta oportunidade para lhe agradecer muito sinceramente a colaboração leal e empenhada que sempre me dedicou.

Conhece a Ordem, conhece a profissão e seguramente está consciente da situação em que elas se encontram e dos desafios que se lhes vão colocar no futuro próximo. Estou plenamente convicto que os irá enfrentar e vencer, continuando a louvar-me na sua competência e nas suas qualidades profissionais e pessoais.

Como escreveu Fernando Pessoa há precisamente 80 anos *"Independência e Competência são duas qualidades que se exigem em quem fiscaliza"*. A que juntámos a *Integridade*, para com estas três qualidades darmos expressão ao símbolo da Ordem.

Confio, pois, no Senhor Bastonário e nos demais órgãos sociais hoje a empossar em continuarem a fazer *jus* e a honrar o símbolo da Ordem.

Desejo boa sorte a todos e um bom trabalho.

Nota:
(*) Actual CNOP – Conselho Nacional das Ordens Profissionais.

ÍNDICES

ÍNDICE IDENTIFICATIVO

	Título	Publicação	Pag.
1	AS TOMADAS DE POSSE		
1.1	Democraticidade eleitoral	Discurso proferido em 30 de Dezembro de 1997 no acto de posse dos Órgãos Sociais para o triénio 1998/2000	13
1.2	Continuar a estratégia da renovação e do desenvolvimento profissional	Discurso proferido em 22 de Maio de 2000 no acto de posse dos Órgãos Sociais para o triénio 2000/2002	16
1.3	Maiores responsabilidades profissionais para vencermos os difíceis desafios	Discurso proferido no acto de posse dos Órgãos Sociais para o triénio 2003/2005 em 8 de Janeiro de 2003	21
2	A PROFISSÃO E A ORDEM DOS REVISORES OFICIAIS DE CONTAS		
2.1	Firmas de auditoria podem vir a fazer revisão de contas	Entrevista concedida ao semanário Independente em 23 de Janeiro de 1998	27
2.2	A nova revista	Editorial da revista "Revisores & Empresas" n.º 1 de Abril/Junho de 1998	30
2.3	A profissão: problemas e desafios	Editorial da revista "Revisores & Empresas" n.º 2 de Julho/Setembro de 1998	32
2.4	Revisor Oficial de Contas: A profissão em Portugal	Artigo publicado na revista " Revisores & Empresas" n.º 2 de Julho/Setembro de 1998	34
2.5	Um estatuto para o presente e para o futuro	Editorial da revista "Revisores & Empresas" n.º 3 de Outubro/Dezembro de 1998.	60
2.6	Os desafios na profissão no século XXI, no contexto da integração europeia.	Conferência proferida no Instituto Politécnico de Setúbal – Escola Superior de Ciências Empresariais D. Eugénia em 18 de Março de 1999.	63
2.7	A Câmara dos Revisores Oficiais de Contas passa a Ordem	Entrevista concedida ao semanário "Vida Económica" – Suplemento Contabilidade e Empresas em Julho de 1999	73
2.8	O passado e o futuro dos ROC	Entrevista concedida ao jornal "Semanário Económico – Management" em 3 de Dezembro de 1999	77
2.9	Uma nova etapa profissional	Editorial da revista "Revisores & Empresas" n.º7 de Outubro/Dezembro de 1999	86
2.10	Acesso à profissão de ROC tem novas regras	Declarações ao jornal "Vida Económica" – Suplemento Contabilidade & Empresas de Maio de 2000	87
2.11	Um novo ciclo institucional	Editorial da revista "Revisores & Empresas" n.º 9 de Abril/Junho de 2000	90
2.12	A "Newsletter"	Editorial da "Newsletter" n.º 1 de Novembro de 2000	91

	Título	Publicação	Pag.
2.13	A profissão, o presente e o futuro	Editorial da revista " Revisores & Empresas" n.º13 de Abril/Junho de2001	92
2.14	O presente e o futuro da profissão de revisor oficial de contas em Portugal	Comunicação proferida no VI Encontro Galaico-Duriense de Auditores – Revisores de Cuentas ocorrido em Vigo em 9 de Junho de 2001	94
2.15	La empresa ibérica ante la globalização	Comunicação no X Encontro da AECA realizado em Setúbal em 27 de Setembro de 2002	99
2.16	Globalização da economia impõe especialização dos revisores	Entrevista concedida ao "Jornal de Leiria" em 28 de Novembro de 2002	107
2.17	Continuar	Editorial da revista "Revisores & Empresas" n.º19 de Outubro/Dezembro de 2002	110
2.18	As contas das autarquias deviam ser certificadas	Entrevista concedida ao jornal"Semanário Económico" em 3 de Janeiro e publicada a 6 de Janeiro de 2006	112
3	A CONTABILIDADE E AS NORMAS INTERNACIONAIS		
3.1	A Contabilidade e os desafios do século XXI	Editorial da revista "Revisores & Empresas" n.º 4 de Janeiro/Março de 1999	121
3.2	Lançamento das NIC em português e em *CD-ROM*	Discurso de abertura na cerimónia de lançamento das NIC em português, realizada em Lisboa no dia 19 de Abril de 2001	122
3.3	Novas normas vão afectar 50% das empresas cotadas na BVLP	Declarações ao "Diário Económico" em 21 de Abril de 2001	127
3.4	Plano Oficial de Contas para as Artes do Espectáculo	Comunicação realizada no seminário "Organizações, Cultura & Artes" que teve lugar no ISEG no âmbito do Centro de Estudos de Gestão e do MBA/Mestrado em Gestão realizado em Lisboa em 23 de Novembro de 2001	128
3.5	Competência e independência do contabilista e do revisor/auditor	Discurso de encerramento do Seminário "Contabilidade e Auditoria – que futuro?" realizado em parceria com o ISCAL no Fórum Picoas em 18 de Janeiro de 2002	142
3.6	A aplicação das IAS/IFRS – O papel das organizações profissionais	Comunicação realizada na conferência sobre Normas Internacionais de Contabilidade organizada pela Comissão do Mercado de Valores Mobiliário em 27 de Março de 2003 e publicada nos Cadernos do Mercado de Valores Mobiliários n.º 16 de Abril de 2003.	145
3.7	Normas Internacionais de Contabilidade	Editorial da revista "Revisores & Empresas" n.º 21 de Abril/Junho de 2003	149
3.8	O papel do revisor oficial de contas perante a Administração Fiscal	Conferência proferida em 30 de Maio de 2003, no Porto e organizada pelos jornais "Vida Económica" e "Boletim do Contribuinte"	151
3.9	Nova envolvente contabilística vai alterar gestão das empresas	Entrevista concedida ao Semanário "Vida Económica"-Suplemento Contabilidade & Empresas de Novembro de 2003	160

	Título	Publicação	Pag.
4	A REVISÃO/AUDITORIA E A CONSULTORIA		
4.1	O direito e a revisão de contas	Editorial da revista "Revisores & Empresas" n.º 6 de Julho/Setembro de 1999	163
4.2	Os ROC deveriam actuar num maior número de empresas	Entrevista concedida ao jornal "Semanário Económico" em 24 de Novembro de 2000	165
4.3	O sistema de revisão/auditoria às contas em Portugal	Editorial da revista "Revisores & Empresas" n.º12 de Janeiro/Março de2001	169
4.4	O caso *Enron*	Editorial da revista "Revisores & Empresas" n.º 16 de Janeiro/Março de2002	170
4.5	Devemos contribuir para atenuar a fuga fiscal	Entrevista concedida ao jornal "Semanário Económico" em 25 de Outubro de 2002	172
4.6	Maquilhagem? Todos podem ser tentados...	Entrevista concedida à revista "Exame" em 30 de Outubro de 2002	179
4.7	O papel dos ROC face à actual situação da auditoria em Portugal	Artigo publicado no jornal " Semanário Económico" em 14 de Março de 2003	181
4.8	Independência é fundamental na auditoria e consultoria	Entrevista concedida ao jornal "Vida Económica" de 17 de Abril de 2003	184
4.9	Auditoria e Consultoria	Artigo publicado nos "Cadernos de Economia", revista da Ordem dos Economistas, nº 65 de Outubro/Dezembro de 2003	187
4.10	Consultoria deve continuar	Entrevista concedida ao jornal "Expresso" em 11 de Outubro de 2003	192
4.11	Poderes públicos poderiam aproveitar competências dos ROC	Entrevista concedida ao jornal "Semanário Económico"em 21 de Novembro de 2003	197
4.12	Revisores devem desenvolver função de aconselhamento às empresas	Entrevista concedida ao jornal "Vida Económica" em 11 de Dezembro de 2003	202
4.13	Contribuir para a credibilidade da informação financeira	Artigo publicado no jornal "Semanário Económico" em 31 de Dezembro de 2003	206
4.14	ROC enfrentam grandes desafios	Declarações ao jornal "Semanário Económico" em 19 de Março de 2004	208
4.15	Os revisores oficiais de contas e as contas públicas	Artigo publicado no jornal "Diário Económico" de 9 de Novembro de 2004	210
4.16	O exercício da actividade em Portugal por estrangeiros	Editorial da revista "Revisores & Empresas" n.º 27 de Outubro/Dezembro de 2004	211
4.17	Câmaras com contas auditadas	Entrevista concedida ao jornal "Diário de Noticias" de 12 de Setembro de 2005	213
5	A ÉTICA E A DEONTOLOGIA PROFISSIONAL		
5.1	Conduta ética e deontológica	Comunicações realizadas na Conferência europeia de auditoria interna do IPAI levada a cabo em Lisboa a 4 de Novembro de 1998 e no II Simpósio Internacional da Contabilidade da Universidade Fernando Pessoa levado a cabo a 20 de Novembro de 1999	217

	Título	Publicação	Pag.
5.2	O caminho faz-se caminhando	Editorial da revista "Revisores & Empresas" n.º 14 de Julho/Setembro de 2001	228
5.3	Independência profissional	Editorial da revista "Revisores & Empresas" n.º 20 de Janeiro/Março de 2003	230
5.4	Ética e deontologia profissional	Editorial da revista "Revisores & Empresas" n.º28 de Janeiro/Março de 2005	231
6	O EURO		
6.1	O profundo significado da expressão "consciência crítica" das empresas	Discurso proferido na Sessão de Abertura da 3.ª Conferência Internacional sobre o Euro, organizada pela FEE pela CROC e realizada em Lisboa nos dias 15 e 16 de Maio de 1998	233
6.2	Contributos muito importantes	Discurso proferido na Sessão de Encerramento da 3.ª Conferência Internacional sobre Euro, organizada pela FEE e pela CROC, realizada em Lisboa nos dias 15 e 16 de Maio de 1998	235
6.3	A Contabilidade em ambiente *euro*	Conferência proferida nas VIII Jornadas de Contabilidade e Fiscalidade – "Agenda 2000" da APOTEC realizada em Leiria em Outubro de 1998 e publicada no Jornal da Contabilidade n.º 260 de Novembro de 1998	236
6.4	O euro e as empresas	Editorial da revista "Revisores & Empresas" n.º 15 de Outubro/Dezembro de 2001	248
7	A 8.ª DIRECTIVA		
7.1	Mais de 90% das empresas não têm as contas certificadas	Entrevista concedida ao jornal "Diário Económico" em 8 de Agosto de 2002	251
7.2	A Ordem controla a qualidade desde há dez anos	Reportagem da Sessão Pública do sorteio anual do controlo de qualidade, realizada no Hotel Tivoli-Lisboa em 24 de Setembro de 2003	255
7.3	Que modelo de fiscalização de sociedades	Editorial da revista "Revisores & Empresas" n.º 24 de Janeiro/Março de 2004	258
7.4	Uma nova lei europeia dos auditores	Editorial da revista "Revisores & Empresas" n.º 25 de Abril/Junho de 2004	259
7.5	A responsabilidade dos revisores/ /auditores	Editorial da revista "Revisores & Empresas" n.º 26 de Julho/Setembro de 2004	260
7.6	O novo paradigma da auditoria	Artigo publicado no semanário "Expresso" em 20 de Novembro de 2004	261
7.7	A supervisão pública da profissão	Editorial da revista "Revisores & Empresas" n.º 29 de Abril/Junho de 2005	264
7.8	Análise da nova Directiva Comunitária sobre Auditoria	Artigo de Dezembro de 2005, publicado no VII Volume de Direito dos Valores Mobiliários, editado pelo IVM-Instituto dos Valores Mobiliários da Faculdade de Direito de Lisboa, sob o título "A revisão da Directiva sobre Auditoria", entretanto revisto e actualizado	267

	Título	Publicação	Pag.
8	DO PASSADO AO FUTURO		
8.1	Homenagens		
8.1.1	A Gastambide Fernandes – Uma das pedras basilares da construção da Câmara	Discurso de homenagem ao Dr. Gastambide Fernandes proferido na Sede da Ordem em Lisboa no dia 2 de Julho de 1998.	295
8.1.2	A Manuel Duarte Baganha (póstuma)	Discurso proferido na homenagem póstuma ao Prof Dr Manuel Baganha que decorreu no Porto no dia 3 de Março de 2005	297
8.2	Recepção aos Novos ROC		
8.2.1	O registo do ROC nº 100	Discurso proferido na cerimónia de recepção aos Novos Colegas que decorreu nas instalações da Ordem em Lisboa em 19 de Março de 1998	299
8.2.2	Melhoria da convivência social entre a Câmara e os ROC	Discurso proferido na cerimónia de recepção aos Novos Colegas que decorreu nas instalações da Ordem em Lisboa em 11 de Março de 1999	302
8.2.3	O núcleo fundador da Ordem	Discurso proferido na cerimónia de recepção aos Novos Colegas que decorreu nas instalações da Ordem em Lisboa em 2 de Março de 2000	305
8.2.4	Abrem-se novos horizontes	Discurso proferido na cerimónia de recepção aos Novos Colegas que decorreu nas instalações da Ordem em Lisboa em 8 de Março de 2001	310
8.2.5	Uma profissão exigente mas também aliciante	Discurso proferido na cerimónia de recepção aos Novos Colegas que decorreu nas instalações da Ordem em Lisboa em 20 de Março de 2002	313
8.2.6	Manter pela vida fora a exigência profissional	Discurso proferido na cerimónia de recepção aos Novos Colegas que decorreu nas instalações da Ordem em Lisboa em 22 de Maio de 2003	317
8.2.7	A qualidade, a independência e a ética profissional	Discurso proferido na cerimónia de recepção aos Novos Colegas que decorreu no Centro Cultural e de Congressos de Aveiro em 30 de Outubro de 2004	320
8.2.8	Abertura de uma nova perspectiva profissional	Discurso proferido na cerimónia de recepção aos Novos Colegas que decorreu no Hotel Tivoli em Lisboa em 22 de Julho de 2005	321
9	CONGRESSOS, ENCONTROS E COMEMORAÇÕES		
9.1	Congressos		
9.1.1	É tempo de Congresso	Editorial da revista "Revisores & Empresas" n.º 10 de Julho/Setembro de 2000	323
9.1.2	Novas perspectivas para a profissão	Discurso proferido na sessão de abertura do VII Congresso dos Revisores Oficiais de Contas, realizado no Centro de Congressos de Lisboa em 28 e 29 de Novembro de 2000	324

Título		Publicação	Pag.
9.1.3	Após Congresso	Editorial da revista "Revisores & Empresas" n.º 11 de Outubro/Dezembro de 2000	330
9.1.4	VIII Congresso	Editorial da revista "Revisores & Empresas" n.º 22 de Julho/Setembro de 2003	331
9.1.5	Integridade, Competência e Independência	Discurso proferido na sessão de abertura do VIII Congresso dos Revisores Oficias de Contas, realizado no Centro de Congressos do Estoril em 27 e 28 de Novembro de 2003	332
9.1.6	Depois do Congresso	Editorial da Revista "Revisores & Empresas" n.º 23 de Outubro/Dezembro de 2003	342
9.2	Encontros		
9.2.1	O VII Encontro Luso-Galaico de Revisores/Auditores de Cuentas	Discurso proferido na sessão de encerramento do VII Encontro Luso Galaico, realizado no Centro Cultural e de Congressos de Aveiro em 29 e 30 de Outubro de 2004	344
9.3	Comemorações		
9.3.1	25 anos da Câmara dos Revisores Oficias de Contas	Discurso proferido na sessão de abertura da Comemoração dos "25 anos da Câmara dos Revisores Oficias de Contas", realizada no Salão Nobre do Hotel Ritz-Lisboa em 12 de Maio de 1999	347
9.3.2	25 anos da Câmara dos Revisores Oficias de Contas – A historia projecta-se no futuro	Editorial da revista "Revisores & Empresas" n.º 5 de Abril/Junho de 1999	353
9.3.3	30 anos da profissão	Editorial da revista "Revisores & Empresas" n.º17 de Janeiro/Março de 2002	354
9.3.4	Contribuir para a melhoria da prestação de contas	Discurso proferido na sessão de abertura da Comemoração dos "30 anos de uma profissão", realizada no Salão Nobre do Hotel Tivoli - Lisboa em 19 de Julho de 2002	355
10	EM FORMA DE BALANÇO		
10.1	Os relatórios e contas		
10.1.1	Exercício de 2001	Mensagem do Bastonário inserida no Relatório e Contas do exercício de 2001	365
10.1.2	Exercício de 2002	Mensagem do Bastonário inserida no Relatório e Contas do exercício de 2002	366
10.1.3	Exercício de 2003	Mensagem do Bastonário inserida no Relatório e Contas do exercício de 2003	367
10.1.4	Exercício de 2004	Mensagem do Bastonário inserida no Relatório e Contas do exercício de 2004	368
10.2	Os resultados		
10.2.1	Três meses depois	Editorial do Boletim da Câmara dos Revisores Oficiais de Contas n.º14 de Janeiro/Março de 1998	370
10.2.2	Fim de funções	Discurso proferido na cerimónia de tomada de posse dos Órgãos Sociais para o triénio 2006/2008 e realizada na sede da Ordem em 5 de Janeiro de 2006	372

ÍNDICE

PREFÁCIO	5
APRESENTAÇÃO	9

1 AS TOMADAS DE POSSE 13
   1.1 Democraticidade eleitoral 13
   1.2 Continuar a estratégia da renovação e do desenvolvimento profissional 16
   1.3 Maiores responsabilidades profissionais para vencermos os difíceis desafios 21

2 A PROFISSÃO E A ORDEM DOS REVISORES OFICIAIS DE CONTAS 27
   2.1 Firmas de auditoria podem vir a fazer revisão de contas 27
   2.2 A nova revista 30
   2.3 A profissão: problemas e desafios 32
   2.4 Revisor Oficial de Contas: A profissão em Portugal 34
   2.5 Um estatuto para o presente e para o futuro 60
   2.6 Os desafios na profissão no século XXI, no contexto da integração europeia 63
   2.7 A Câmara dos Revisores Oficiais de Contas passa a Ordem 73
   2.8 O passado e o futuro dos ROC 77
   2.9 Uma nova etapa profissional 86
   2.10 Acesso à profissão de ROC tem novas regras 87
   2.11 Um novo ciclo institucional 90
   2.12 A *"newsletter"* 91
   2.13 A profissão, o presente e o futuro 92
   2.14 O presente e o futuro da profissão de revisor oficial de contas em Portugal . 94
   2.15 *La empresa ibérica ante la globalización* 99
   2.16 Globalização da economia impõe especialização dos revisores 107
   2.17 Continuar 110
   2.18 As contas das autarquias deviam ser certificadas 112

3 A CONTABILIDADE E AS NORMAS INTERNACIONAIS 121
   3.1 A contabilidade e os desafios do século XXI 121
   3.2 Lançamento das NIC em português e em *CD-ROM* 122
   3.3 Novas normas vão afectar 50% das empresas cotadas na BVLP 127
   3.4 Plano Oficial de Contas para as Artes do Espectáculo 128

3.5 Competência e independência do contabilista e do revisor/auditor 142
3.6 A aplicação das IAS/IFRS – O papel das organizações profissionais 145
3.7 Normas Internacionais de Contabilidade 149
3.8 O papel do revisor oficial de contas perante a Administração Fiscal 151
3.9 Nova envolvente contabilística vai alterar gestão das empresas 160

4 A REVISÃO/AUDITORIA E A CONSULTORIA 163
4.1 O direito e a revisão de contas 163
4.2 Os ROC deveriam actuar num maior número de empresas 165
4.3 O sistema de revisão/auditoria às contas em Portugal 169
4.4 O caso *Enron* 170
4.5 Devemos contribuir para atenuar a fuga fiscal 172
4.6 Maquilhagem? Todos podem ser tentados... 179
4.7 O papel dos ROC face à actual situação da auditoria em Portugal 181
4.8 Independência é fundamental na auditoria e consultoria 184
4.9 Auditoria e consultoria 187
4.10 Consultoria deve continuar 192
4.11 Poderes públicos poderiam aproveitar competências dos ROC 197
4.12 Revisores devem desenvolver função de aconselhamento às empresas 202
4.13 Contribuir para a credibilidade da informação financeira 206
4.14 ROC enfrentam grandes desafios 208
4.15 Os revisores oficiais de contas e as contas públicas 210
4.16 O exercício da actividade em Portugal por estrangeiros 211
4.17 Câmaras com contas auditadas 213

5 A ÉTICA E A DEONTOLOGIA PROFISSIONAL 217
5.1 Conduta ética e deontológica 217
5.2 O caminho faz-se caminhando 228
5.3 Independência profissional 230
5.4 Ética e deontologia profissional 231

6 O EURO 233
6.1 O profundo significado da expressão "consciência crítica" das empresas .. 233
6.2 Contributos muito importantes 235
6.3 A Contabilidade em ambiente *euro* 236
6.4 O euro e as empresas 248

7 A 8.ª DIRECTIVA 251
7.1 Mais de 90% das empresas não têm as contas certificadas 251
7.2 A Ordem controla a qualidade desde há dez anos 255
7.3 Que modelo de fiscalização de sociedades 258
7.4 Uma nova lei europeia dos auditores 259
7.5 A responsabilidade dos revisores/auditores 260
7.6 O novo paradigma da auditoria 261
7.7 A supervisão pública da profissão 264
7.8 Análise da nova Directiva Comunitária sobre Auditoria 267

8	DO PASSADO AO FUTURO	295
	8.1 Homenagens	295
	8.1.1 A Gastambide Fernandes – Uma das pedras basilares da construção da Câmara	295
	8.1.2 A Manuel Duarte Baganha (póstuma)	297
	8.2 Recepção aos Novos ROC	299
	8.2.1 O registo do ROC n.º 1000	299
	8.2.2 Melhoria da convivência social entre a Câmara e os ROC	302
	8.2.3 O núcleo fundador da Ordem	305
	8.2.4 Abrem-se novos horizontes	310
	8.2.5 Uma profissão exigente mas também aliciante	313
	8.2.6 Manter pela vida fora a exigência profissional	317
	8.2.7 A qualidade, a independência e a ética profissional	320
	8.2.8 Abertura de uma nova perspectiva profissional	321
9	CONGRESSOS, ENCONTROS E COMEMORAÇÕES	323
	9.1 Congressos	323
	9.1.1 É tempo de Congresso	323
	9.1.2 Novas perspectivas para a profissão	324
	9.1.3 Após Congresso	330
	9.1.4 VIII Congresso	331
	9.1.5 Integridade, Competência e Independência	332
	9.1.6 Depois do Congresso	342
	9.2 Encontros	344
	9.2.1 O VII Encontro Luso-Galaico de Revisores/Auditores de Cuentas	344
	9.3 Comemorações	347
	9.3.1 25 anos da Câmara dos Revisores Oficiais de Contas	347
	9.3.2 25 anos da Câmara dos Revisores Oficiais de Contas – A história projecta-se no futuro	353
	9.3.3 30 anos da profissão	354
	9.3.4 Contribuir para a melhoria da prestação de contas	355
10	EM FORMA DE BALANÇO	365
	10.1 Os relatórios e contas	365
	10.1.1 Exercício de 2001	365
	10.1.2 Exercício de 2002	366
	10.1.3 Exercício de 2003	367
	10.1.4 Exercício de 2004	368
	10.2 Os resultados	370
	10.2.1 Três meses depois	370
	10.2.2 Fim de funções	372
INDICE IDENTIFICATIVO		381